Käte Frankenthal
Jüdin, Intellektuelle, Sozialistin

Reihe Campus
Band 1003

Die Lebenserinnerungen von Käte Frankenthal (1889–1976) erstrecken sich über die Zeit vom Ausgang des Wilhelminischen Kaiserreichs bis zu den ersten Jahren ihres Exils nach der Hitlerschen Machtergreifung. Sie beschreibt ihre Erfahrungen als eine der ersten Medizinstudentinnen in der Kaiserzeit, ihre Erlebnisse als Militärärztin im Ersten Weltkrieg sowie ihre berufliche und politische Laufbahn bis zum Ende der Weimarer Republik.

Käte Frankenthal, als ehemaliges SPD-Mitglied im Preußischen Landtag, Abgeordnete im Berliner Stadtrat und Stadtärztin in Berlin-Neukölln, war in der Lage, das politische Geschehen in der Weimarer Republik aus nächster Nähe zu beobachten. Ihre Erinnerungen enthalten viele interessante Streiflichter und scharfe Kritik der innenpolitischen Entwicklung, besonders der kommunalen Gesundheitspolitik in Berlin. Eindrucksvoll schildert sie ihre Auseinandersetzung mit dem Karrierismus und der Bürokratie innerhalb der SPD, sowie mit dem politischen Gegner, insbesondere den Nationalsozialisten, aber auch den Kommunisten.

Der letzte Teil der Erinnerungen ist eine spannende Darstellung der Hürden im Leben einer politischen Emigrantin in Europa und schließlich in den USA.

In einem Anhang erzählen die Herausgeber das weitere Leben der Käte Frankenthal und die Geschichte einer »Wiedergutmachung«.

Käte Frankenthal

Jüdin, Intellektuelle, Sozialistin

Lebenserinnerungen einer Ärztin in Deutschland und im Exil

Herausgegeben von Kathleen M. Pearle und Stephan Leibfried

Campus Verlag
Frankfurt/New York

Die Erstausgabe dieser Lebenserinnerungen ist 1981 im Campus Verlag unter dem Titel *Der dreifache Fluch: Jüdin, Intellektuelle, Sozialistin* erschienen. Sie enthält auf den Seiten 249 bis 316 ein ausführliches Nachwort, ein Verzeichnis der Veröffentlichungen von Käte Frankenthal und ein ausführliches biographisches Personenregister, in dem die Biographien aller in diesem Band erwähnten (kursiv gesetzten) Zeitgenossen aufgeschlüsselt werden. Sie gibt ferner zusätzliche Photographien und Dokumente wieder, auf die in dieser Ausgabe verzichtet wurde.

CIP-Kurztitelaufnahme der Deutschen Bibliothek

Frankenthal, Käte:
Jüdin, Intellektuelle, Sozialistin : Lebens=
erinnerungen e. Ärztin in Deutschland u. im
Exil / Käte Frankenthal. Hrsg. von Kathleen M.
Pearle u. Stephan Leibfried. – Frankfurt/Main ;
New York : Campus Verlag 1985.
(Reihe Campus ; Bd. 1003)
ISBN 3-593-33556-5

NE: GT

Veröffentlicht in der Reihe Campus 1985

Umschlaggestaltung: Atelier Warminski, Büdingen (unter Verwendung eines Paßfotos von Käte Frankenthal um 1940)
Satz: Satzstudio Frohberg, Freigericht
Druck und Bindung: Friedrich Pustet, Regensburg
Printed in Germany

Inhalt

Wir danken *Monika Richarz*, Berlin, für den Hinweis auf diesen Lebensbericht und ferner *Ralph A. Bing*, Menlo Park, Ca., dem Neffen *Käte Frankenthals* für seine stetige Hilfe und weiterführende Hinweise. Wir wurden vom *Senator für Wissenschaft und Kunst der Freien Hansestadt Bremen, der Zentralstelle für die Durchführung des Kooperationsvertrages mit der Arbeiterkammer Bremen, der Universität Bremen* und dem dortigen *Forschungsschwerpunkt Reproduktionsrisiken, soziale Bewegungen und Sozialpolitik* finanziell bei dieser Arbeit unterstützt. Schließlich hat uns auch die Untersützung durch die *Arbeitsgemeinschaft der Sozialdemokraten im Gesundheitswesen* (ASG) unter Vorsitz von *Herbert Brückner*, Bremen, gefreut, zumal es hier *mit* um die Erarbeitung der Geschichte sozialdemokratischer Gesundheitspolitik – als Teil allgemeiner sozialistischer Reformpolitik – geht (vgl. das Gruppenphoto S. 94).

Kathleen M. Pearle, Stephan Leibfried
New York und Bremen

Jugendjahre

Ich bin eine jüdische, intellektuelle Sozialistin – dreifacher Fluch! Vom Schicksal bestimmt war nur, daß ich als Jüdin geboren wurde. Als Tochter einer wohlhabenden Familie, geboren im 19. Jahrhundert[1*] in einer deutschen Mittelstadt von kleinstädtischem Charakter, war es nicht von vornherein bestimmt, daß ich ein Studium ergreifen und mich zum Sozialismus bekennen würde.

Um die Jahrhundertwende besuchten sechzehn jüdische Mädchen die zehnstufige „Höhere Mädchenschule"[2] in Kiel, mit etwa 600 Schülerinnen, die eine ziemlich primitive Allgemeinbildung gab und keinerlei Anstrengung machte, dem Abitur nahezukommen. Die Anzahl der Juden in der Bevölkerung war erheblich geringer als 2,5% [1900: 0,35%]. Die jüdischen Mädchen besuchten fast alle die höhere Schule. In der Volksschule gab es kaum jüdische Kinder. Drei von den sechzehn Mädchen wurden später Ärztinnen. Das war ein außerordentlich hoher Prozentsatz im Vergleich zu den weiblichen Studierenden im allgemeinen. Von den etwa dreißig christlichen Mädchen meiner Klasse haben nur zwei studiert.

Kiel war Sitz einer Universität, Marine-Akademie und Kriegshafen. Das gab dem gesellschaftlichen Leben das Gepräge. Es herrschte ein ausgesprochener Kastengeist, wobei der hohe Adel eine große Rolle spielte. Verschiedene Mitglieder des Kaiserhauses

* Alle Anmerkungen zu diesen Lebenserinnerungen sowie alle Einfügungen in [ ] Klammern sind von den Herausgebern zur Erläuterung hinzugefügt worden. Die Zwischenüberschriften sind im ursprünglichen Manuskript *nicht* enthalten. Kürzungen sind durch . . . gekennzeichnet.

1 *Käte Frankenthal* wurde am 30. Januar 1889 in Kiel, Exerzierplatz 4b geboren.

2 Heute die Ricarda-Huch-Schule. Zwischen 1882–1900 gingen 39 jüdische Schülerinnen auf diese Schule, im Jahre 1900 genau 16. *Käte Frankenthal* wurde in der früheren Höheren Mädchenschule I zu Kiel am 18. April 1895 in Klasse Xb eingeschult. Sie war im Klassenverband Xb die einzige jüdische Schülerin. Sie verließ die Schule am 12. Mai 1902 in Klasse IIIb mit dem Eintrag „nervenleidend", trat am 16. April 1903 wieder in die Schule ein, und zwar in Klasse IIb, die sie jedoch am 4. Dezember 1903 bereits wieder verlassen mußte. Bemerkung: „leidend".

studierten oder dienten in Kiel, und der Bruder des Kaisers hatte seine ständige Residenz dort. Das Straßenbild war belebt von den Uniformen der Offiziere und den bunten Mützen der Studenten. Die Töchter der Bürgerfamilien wurden im allgemeinen streng behütet vor den gelegentlichen demokratischen Tendenzen dieser jungen Leute. Es war eine selbstverständliche und akzeptierte Tatsache, daß eine feudale Studentenverbindung nicht die Tochter eines unteren Beamten einladen konnte, und eine Bürgerliche gehörte nicht in einen adligen Kreis. Zwischen den Gruppen herrschte keine eigentliche Feindseligkeit, sondern völlige Fremdheit und nur Mißtrauen bei gelegentlichen Annäherungen. Es waren keine Klassen, die den Ehrgeiz erweckten herüberzugleiten, sondern abgeschlossene Kasten, bei denen es kein Eindringen gab und um die man sich wenig bekümmerte. Viel Gemeinschaftsgeist gab es nicht.

Wenn Prinzessin *Heinrich* einen Wohltätigkeitsbasar veranstaltete, gingen wohl die meisten Bürger hin, um sich jene Kreise mal aus der Nähe anzusehen. Sie gaben wohl auch viel Geld aus, um von irgendeiner Hoheit eine Kleinigkeit zu kaufen, aber für welches Stift adeliger Damen oder einen ähnlichen Zweck das Geld bestimmt war, interessierte nicht. Andererseits, wenn die Stadt eine Veranstaltung traf, wurde bekannt gemacht, welche Hoheiten ihr Erscheinen zugesagt oder Spenden gemacht hatten. Das war für bestimmte Kreise ein Anreiz, auch dabei zu sein. Der Zweck der Veranstaltung war wiederum weniger interessant für die Hoheiten, umstürzlerische Zwecke verfolgte die Stadt nicht. Die Kasten besuchten sich gegenseitig, ohne sich dabei näher zu kommen.

Zu den offiziell geladenen Gästen gehörte immer auch die jüdische Gemeinde, deren Vorsitzender mein Vater [*Julius Frankenthal*] war. Die jüdische Gemeinde war klein und hatte eine ziemlich große Zahl von Armen. Es war selbstverständlich, daß die jüdischen Armen nie der öffentlichen Wohlfahrt zur Last fielen. Es war aber ferner selbstverständlich, daß die jüdische Gemeinde für kommunale oder allgemeine Wohlfahrtszwecke erhebliche Spenden machte. Auf dieser Basis genossen die Juden ein gutes Ansehen, und es wurde nicht beanstandet, wenn auf der Liste der offiziell Geladenen bürgerlich-jüdische Namen zusammenstanden mit dem hohen Adel. Ich durfte oder mußte vor Prinzessinnen knixen und ihnen sagen, wie ich heiße und wie alt ich bin. Ich wußte sehr bald, daß unser eigentlicher Name bei solchen Gelegenheiten war: „Die jüdische Gemeinde" und daß das nicht viel war. Aber ich konnte in der Schule davon erzählen und wurde darum beneidet. In der Schule gab es kein jüdisches oder antisemitisches Problem, es waren zu wenige Juden da. In keiner der zwanzig Klassen, zehn Parallel-Klassen, war mehr als eine Jüdin. Es war daher natürlich, daß meine Freundinnen ausschließlich Nicht-Jüdinnen waren.

Der Zufall wollte es, daß meine ersten Freundinnen dem hohen Adel angehörten. Sie waren sehr mittelmäßige Schülerinnen, aber es war deutlich fühlbar, daß sie von den Lehrern mit besonderer Zuvorkommenheit behandelt wurden. Sie waren eine Art Elite in der Klasse, obwohl sie durchaus nicht zur Elite der besten Schülerinnen gehörten.

Die Mädchen kamen gern zu mir und das war verständlich. Unser Heim war eine Art Kinder-Paradies.[3] Es war ein großes Haus, und die oberste Etage war ausschließlich das Reich der Kinder. Dort konnten wir niemanden stören und niemand störte uns. Wenn das Wetter es irgendwie erlaubte, kamen wir aber dem Haus gar nicht nahe, sondern verlegten das Feld unserer Tätigkeit in den großen Garten. Dort teilten wir unsere Aufmerksamkeit zwischen dem Spielplatz mit Schaukeln und Turngeräten und den Obstbäumen und Beerenhecken. Nichts war verboten, das fiel mir zuerst auf an den Fragen der anderen Kinder. „Dürfen wir denn das?", hörte ich die erstaunte Frage, wenn ich vorschlug, Obst zu pflükken, auf dem Rasen zu lagern oder die Küche heimzusuchen. „Ja, warum nicht?" Etwas anderes hätte ich nicht zu erwidern gewußt.

Manchmal besuchte ich meine Freundinnen. Ich fühlte mich dort beengt, aber nicht aus dem Gefühl heraus, daß das Milieu zu aristokratisch war. Es war eben eng. Im Nebenzimmer waren Erwachsene, da durften wir nicht viel Lärm machen. Zum Kaffee wurden wir hereingerufen, mußten am Tische sitzen und auf freundliche Fragen artige Antworten geben. Es war kein Zweifel, daß es bei uns hundertmal schöner war. Ich verstand vollkommen, daß meine Freundschaft viel begehrt war und daß ich den Kindern eine Gunst erwies, wenn ich vorschlug, zu uns zu gehen.

Das gesellschaftliche Ereignis im Kinderleben waren die Geburtstagsgesellschaften. Als die Kinder heranwuchsen und dem Backfischalter nahe kamen, wurden es richtige Gesellschaften. Wer zum Geburtstag eingeladen war, gehörte zum Freundeskreis. Daß die besten Freundinnen, mit denen man fast täglich zusammen war, eingeladen wurden, war ja selbstverständlich.

Mein Erstaunen war ungeheuer und naiv, als ich zum 13ten oder 14ten Geburtstag [?1902/1903] meiner besten Freundin nicht ein-

3 Von 1899–1909, also ab dem 10. Lebensjahr von *Käte Frankenthal* wohnte die Familie am Knooper Weg 57 in Kiel, ein Grundstück von 960 qm in bester Lage.

geladen wurde. Ich dachte zuerst, sie hätte mir keine Karte geschickt, weil sie mich ebenso gut mündlich einladen könne. Aber bald sah ich an ihrer Verlegenheit, daß es einen andern Grund hatte. Schließlich erzählte sie unter Tränen, daß die Mütter der Kinder zu ihrer Mutter eingeladen waren. Unsere Mütter kannten sich ja gar nicht, und sie meinte, meine Mutter [*Cäcilie F.*] würde wahrscheinlich nicht gerne kommen, und darum ... „Nein, Mutter und ich würden nicht kommen", sagte ich. Das Erlebnis war nicht eigentlich demütigend. Das Wort Hochmut kam mir nicht in den Sinn, ich fühlte mich ja weit überlegen. Meine Freundin bewunderte alles bei uns über die Maßen und war so glücklich, wenn sie kommen konnte. Aber die Beleidigung fühlte ich deutlich und es stand sofort fest: Du brauchst zu mir auch nicht mehr zu kommen. Ich wandte mich ostentativ der anderen Elitegruppe zu: den „besten Schülerinnen". Ich gehörte ohnehin zu ihnen, ohne daß ich besondere Anstrengungen dafür gemacht hatte. Meine Zeugnisse waren nur häufig verunziert durch Bemerkungen wie: „Unruhig" oder „Unordentlich", „Zerstreut". Meine Eltern nahmen das nicht tragisch, und daher tat ich es auch nicht. Die Musterschülerinnen, die immer ihre Hausarbeiten gemacht hatten und nie an einem Unfug beteiligt waren, hatten bisher keine Anziehungskraft für mich gehabt.

Jetzt setzte ich die Klassenerste in Erstaunen mit der Frage: „Wollen wir die Hausarbeiten zusammen machen – bei uns im Garten?" Wir wurden gute Freundinnen, aber es war eine andere Art von Freundschaft als die erste. *Erna* war ziemlich farblos. Sie lachte über meine Einfälle. Sie machte mir Spaß durch ihre Zurufe: „Sei vorsichtig! Fall nicht!" Aber sie kletterte nicht mit mir, wie *Vicki* es getan hatte: und sie produzierte keine närrischen Einfälle, an denen *Vicki* reich war. *Erna* hätte mich gelangweilt, wenn ich nicht beschlossen hätte, *Vicki* zu zeigen, daß ich zu einer Elite gehören kann, in die sie nicht eindringen konnte. Ich gab mir jetzt Mühe in der Schule und fing an zu brillieren. *Vickis* Leistungen wurden zusehends schlechter, nachdem ihr natürliches Recht, von mir abzuschreiben, fortgefallen war. Ich beachtete nicht ihre kläglichen Blicke während der Klassenarbeiten, bei denen ich ihr die Lösungen zu telegraphieren pflegte. Ich setzte dem Klassenhochmut meinen geistigen Hochmut entgegen.

Ich wußte auch, daß sie mit Sehnsucht an den Garten und an das ungezwungene Leben bei uns dachte. Als wir die Schule verließen, stellte ich mit Genugtuung fest, daß sie allein der verlierende Teil gewesen war und ich keinerlei Verlangen hatte, in der langweiligen Offiziersclique zu verkehren. Aber ich hatte nichts gefunden, was mir die alte Freundschaft ersetzen konnte.

Meine Eltern reisten viel. Mit etwa 12 Jahren machte ich die erste Auslandsreise mit ihnen. Das war meine erste Bekanntschaft mit der Paßfrage. Mein Geschichtslehrer fragte mich, ob ich wüßte, was für ein kostbares Dokument das sei und erklärte es. Er wies auf die glorreiche deutsche Geschichte hin, und daß der Paß besage, daß ich unter dem Schutze dieses großen Reiches stehe. Es gäbe nichts, was in der ganzen Welt so respektiert sei, wie der Paß des Deutschen Reiches. Dieser deutsche Paß, oder vielmehr seine Verweigerung, brachte mich dreißig Jahre später an den Rand der Verzweiflung. Ich war mit meinem Geschick sehr zufrieden und dachte oft daran, wie leicht alles anders und ganz furchtbar hätte sein können. An meine Eltern und die Sicherheit des Elternhauses dachte ich dabei auch. In erster Linie aber war ich froh, daß ich als Mensch und nicht als Tier geboren bin. Das Leben der vierbeinigen Kreaturen, die nicht sprechen und lesen und schreiben können, schien mir mitleiderregend und beängstigend langweilig. In zweiter Linie war ich froh, daß ich in Deutschland geboren war und nun in der ganzen Welt respektiert werden würde. Ich erwartete diplomatische Verwicklungen, wenn jemand im Ausland nicht höflich zu mir wäre. Als ich zu Hause von dem großen Glück sprach, daß wir mit deutschen Pässen reisen, sagte mein Vater: „Ach ja, die armen Engländer. Vor dem Dokument des British Empire hat kein Mensch Respekt, nur vor dem deutschen."

Zu Hause lebten wir ziemlich zurückgezogen. Nach meiner Kindheitserfahrung verstand und billigte ich die Gründe vollkommen. Mit 16 Jahren [1905] teilte ich alles Mißtrauen und alle Unsicherheit der jüdischen Kreise.

Berufsfragen für Mädchen, die nicht auf einen Broterwerb angewiesen waren, existierten damals nicht. Das gesellschaftliche Leben spielte sich in Privatzirkeln ab. In dem kleinen Freundeskreis meiner Eltern waren sehr wenige junge Leute, das „aus der Schule sein" in unserem Städtchen war nicht sehr anregend. Ich war froh, als beschlossen wurde, daß ich für ein Jahr in ein Töchterpensionat [Mädchenpensionat Wolf] nach Wiesbaden gehen sollte.

Es war ein jüdisches Pensionat. Unter den Schülerinnen waren viele Ausländerinnen. Ein paar russische Flüchtlinge waren dort, es war das Jahr 1906. Ein paar Polinnen, die von Pogromen und offiziellem Antisemitismus erzählten. Ein paar Engländerinnen und Französinnen, die wie wir offiziell keine Judenfrage kannten. Inoffiziell waren sie wohl alle mit der Tatsache bekannt, daß sie häufig im Leben Outsider sind. Das Institut war ziemlich kostspielig, alle Schülerinnen waren aus wohlhabenden Häusern. Abgesehen von der Tatsache, daß wir am Samstag keinen Unterricht und sonntags ein paar Stunden hatten, war von dem jüdischen Milieu nicht viel zu merken. Die Erziehung war darauf gerichtet, bald als junge Damen in die Gesellschaft einzutreten.

Der Unterricht war weit mehr anspruchsvoll als gründlich. Worte wie „Geistesblüte, Kultur, Ästhetik" spielten eine große Rolle. Aufsätze wurden geschrieben über die hochtrabendsten Themen, und je prätentiöser und phrasenreicher die Ausdrucksweise war, desto besser war der Aufsatz. Sprachen wurden im wesentlichen „im Verkehr mit den Landesangehörigen" gelernt. Die Umgangssprache war abwechselnd eine Woche Deutsch, Französisch und Englisch. Später, als ich mich zum Abitur vorbereiten wollte, sagte ich dem Gymnasialprofessor, daß ich hauptsächlich Latein, Mathematik und Naturwissenschaften lernen müsse; in Deutsch und modernen Sprachen wäre ich wohl weiter, als im Gymnasium verlangt werde. Der vorsichtige Mann schlug vor, daß ich ihm einige meiner Aufsätze, die im Pensionat großes Lob geerntet hatten, zeige. Er bewies mir dann, daß ich noch nie einen Aufsatz logisch disponiert und einen Gedanken einfach und klar ausgedrückt hatte. Ich konnte ganz fließend Englisch und Französich sprechen, aber die grammatikalischen Grundlagen fehlten fast vollständig. So umständliche Sachen wurden in der Erziehung von Mädchen nicht beachtet.

Im übrigen war das Leben im Pensionat gestempelt durch die Tatsache, daß die Vorsteherin, ein ältliches Fräulein, eine fürchterliche Angst hatte vor der Verantwortung, die sie mit vierzig jungen Mädels an der Hand hatte. Wir durften keinen Schritt allein gehen. Wenn etwas in der Stadt zu besorgen war, ging eine kleine Gruppe mit einer Lehrerin. Die täglichen Spaziergänge wurden im Gänsemarsch gemacht. Wir lernten „elegant" tanzen, sehr verschieden von dem einfachen Tanzunterricht, den ja die meisten schon gehabt hatten und der Spaß gemacht hatte. Gelegentlich wurden wir zu einer Reunion geführt, nachdem wir streng verpflichtet worden waren, nur miteinander zu tanzen. Der Arzt kam fast täglich ins Haus und gab endlose Anweisungen, die aufs Gewissenhafteste ausgeführt wurden.

Die strenge Überwachung amüsierte mich erst und langweilte mich dann grenzenlos. Ich war nie in meiner Freiheit beschränkt worden und hatte noch keine Tendenzen, die zu verheimlichen gewesen wären. Natürlich rebellierte ich gegen das System und entwickelte eine Virtuosität darin, gegen die Regeln zu verstoßen. Aber der einzige Zweck dieser Verstöße war, daß sie bemerkt werden und Aufregung hervorrufen sollten. Wenn ich unbemerkt entwischt und zurückgekommen war, hatte ich mich ganz vergeblich angestrengt.

Über den Unterricht mokierte ich mich, weil alles Schöne „unvorstellbar schön" und alles Großartige „überwältigend" genannt wurde, und die ganze Sache in Phrasen schwamm. Aber ich hatte keinen Ehrgeiz, mich mit irgend einem Fache intensiver zu beschäftigen und war doch überzeugt, daß dieses Pensionat das letzte Wort in Bildung und Erziehung wäre. Tatsächlich war es das Beste, was es damals für Mädchen gab.

Das Pensionsjahr wurde angenehm unterbrochen, als ich zur Hochzeit meiner Schwester [*Else* verh. *Bing*] beurlaubt wurde. Meine Schwester war 18 Jahre alt und hatte ein Jahr vorher das Pensionat verlassen. Sie lebte nach ihrer Verheiratung in München. Eine frühe Heirat in eine Großstadt war das erstrebenswerte Ziel, um der Öde zu entfliehen, die ein erwachsenes jüdisches Mädchen in Kiel erwartete.

Einige besonders hübsche Sachen, die meine Schwester zur Ausstattung bekam, wurden in doppelter Ausführung bestellt. Meine Eltern zeigten sie mir lächelnd: „Der Einfachheit halber, weil wir doch in nicht ferner Zeit wieder eine Tochter auszustatten haben." „Ihr werdet warten müssen, bis die Jüngste heranwächst, und sie ist erst zehn Jahre alt", sagte ich. Das wurde mit wohlwollendem Lachen aufgenommen. Mit sechzehn wollen alle Mädchen nicht heiraten, mit achtzehn verloben sie sich. Was sollten sie sonst tun?

Ich habe fast in allen Dingen meine Ansichten und Absichten geändert seit jener Zeit, aber nie in der Frage der Heirat. Meine grundsätzliche Ablehnung war so stark, daß später, wenn die Frage wiederholt an mich herantrat, niemand mich überreden konnte, sie auch nur einen Augenblick „vernünftig" zu überlegen.

Warum dieses selbst errichtete Tabu? Das Leben meiner Mutter, soweit ich es beobachten konnte, schien in jeder Weise beneidenswert. Sie hatte keine Sorgen oder wenigstens keine, die ich kannte. Mit dem großen Haushalt und drei Kindern war ihre Zeit auch ausgefüllt. Mein Vater war von äußerster Rücksicht und Aufmerksamkeit. Und doch war es klar, daß sich alles um ihn drehte und daß Mutter jede Stunde bereit sein mußte, ihr Tagesprogramm umzuändern. Mutter konnte äußerlich tun und lassen, was sie wollte. Tatsächlich konnte sie es natürlich nie. Und nicht, weil sie gerade diese Familie hatte, sondern weil sie überhaupt Familie hatte.

Ich dachte nicht, daß meine Mutter sich unglücklich fühlte. Aber daß ich einmal so leben sollte wie sie, war mir von früher Jugend an ein Grauen.

Es mag noch ein anderer Grund mitgespielt haben: Der erste ernstliche Heiratskandidat, kurze Zeit nachdem ich aus dem Pensionat kam, war ein Nicht-Jude. Meine Eltern versuchten nicht, mich zu beeinflussen. Ich wußte aber, daß sie im Herzen dieser Heirat abgeneigt waren, aus dem einzigen Grunde, weil der Mann Nicht-Jude war, sonst war nichts gegen ihn einzuwenden. Ich zweifelte nicht an der ehrlichen Neigung des Mannes. Ich hatte ihn gern und war mit ihm befreundet. Weiter konnte es nicht gehen, dagegen hatte ich selbst Schranken aufgerichtet. Ich war zwar überzeugt, daß die Verschiedenheit der Religion mir nie etwas ausmachen würde. Ich war aber auch überzeugt, daß eine christliche Familie nur ungern und mit Überwindung eine Jüdin aufnehmen würde. Und ich hatte zu keinem Manne das Vertrauen, daß diese Konflikte ihm nie etwas ausmachen würden.

Andererseits hatte ich keinerlei Vorliebe für jüdische Männer, im Gegenteil. Etwas aufdringlich Jüdisches im Aussehen oder in der Wesensart störte mich erheblich. Ich lehnte mich im stillen dagegen auf, daß Juden ein Monopol auf mein Interesse haben sollten. Meine intimen Beziehungen, von denen ich mich im späteren Leben durchaus nicht freihielt, waren ganz vorwiegend mit christlichen Männern. Aber ich pflegte sehr früh und sehr deutlich auszudrücken, daß eine Heirat oder überhaupt eine dauernde Bindung für mich nicht in Frage käme. So vermied ich es, daß je ein Mann die Frage aufzuwerfen hatte, ob ich meiner Abstammung wegen für ihn oder seine Familie akzeptabel sei.

Zunächst kehrte ich noch für einige Monate ins Pensionat zurück. Zum erstenmal fing ich an, Pläne für die Zukunft zu erwägen. Den Weg meiner Schwester wollte ich nicht gehen. Aber was ich wollte, wußte ich noch nicht.

Ich hatte einen Kreis von Freundinnen, aber keine der schwärmerischen Mädchenfreundschaften, wie sie wohl in jedem Internat gang und gäbe sind. Die Gespräche, soweit sie die Zukunft betrafen, waren einfach: Gesellschaften, Reisen, Heirat. Einige waren schon verliebt, und alle brannten darauf, sich zu verlieben. Eine Beurlaubung zur Hochzeit einer älteren Schwester war ein interessantes Ereignis für alle, und es wurde erwartet, daß man viel zu erzählen hätte. Ich enttäuschte und belustigte die Mädel, als ich erzählte: Ich habe beschlossen, einen Beruf zu ergreifen. Die Vorsteherin war schnell bei der Hand, um das Aufkommen überspannter Ideen zu verhindern. Der einzige Beruf, der überhaupt in Frage kam, war ja wahrscheinlich Lehrerin. „Du kannst es ja gleich versuchen“, meinte sie und gab mir eine kleine Gruppe von Ausländerinnen, die etwas Nachhilfe im Deutschen brauchten. Es kam wie vorauszusehen. Ich hatte bessere Verwendung für meine Freizeit und bat, mir den Unterricht wieder abzunehmen. Als ich das Pensionat verließ, war die Vorsteherin beruhigt, daß sie mir überspannte Ideen ausgetrieben hatte.

Ich sah das Pensionat nach sechs Jahren [1911] wieder, als meine jüngste Schwester [*Tina*] dort war und ich als Studentin im Wiesbadener Krankenhaus arbeitete. Ich wurde sehr herzlich empfangen und einer großen Gesellschaft vorgestellt: Frl. Dr. F., eine frühere Schülerin.

Das Vorwegnehmen des Doktortitels sind deutsche Studenten gewöhnt. Zimmervermieterinnen, Wäscherinnen, Kellner in einer Universitätsstadt tun es nie anders. „Der Herr Doktor“ ist nicht grob und unverschämt, er ist nur ein Spaßvogel. Ich erinnere mich an eine Vermieterin, die offenbar Bedenken hatte, ob ein „Fräulein Doktor“ ebenso nett sein würde. „Der Herr Doktor, der vor Ihnen hier wohnte, war sooo ulkig! Er sagte immer: Schulzin, Sie sind eine dumme Ziege!“ Kurz nach meinem Einzug präsentierte sie sich in einem ungewöhnlich scheußlichen Kleid und wollte wissen, wie sie aussähe. „Katastrophal“, sagte ich. „Hahahaha! Der Herr Doktor hätte gesagt, wie 'ne dumme Ziege! Nein, die Doktors!“ Von der Zeit hatte sie mich ins Herz geschlossen. Hätte ich gesagt: „Sehr hübsch, Frau Schulz“, dann hätte sie mich für hochnäsig gehalten.

Ich stellte also fest, daß Titel – oder auch nur die Anwartschaft darauf, vorausgesetzt daß man ein Examen besteht – nicht nur bei Zimmervermieterinnen in hohem Kurs stehen, sondern auch in dem gebildeten Pensionat. Und ich zog sogleich die Konsequenz, daß ich mich hier auch schlecht benehmen könne. Ich rauchte viel, antwortete auf Fragen mit überlegener Miene und trug nichts zur Unterhaltung bei. Ich war ja „Fräulein Doktor“ (drei Jahre auf Vorschuß) und konnte nicht eine eingebildete und langweilige Person genannt werden.

Als ich nach dem Pensionsjahr nach Hause zurückkehrte, nun als älteste Tochter, da meine Schwester verheiratet war, begann das sogenannte gesellschaftliche Leben. Es wurde bald klar, daß die gute Erziehung an mir verschwendet war. Ich gab mir keine Mühe, meine Langeweile und Abneigung gegen den ganzen Kreis zu verbergen.

An bestimmten Abenden kamen ein paar Freunde meines Vaters zum Skatspielen. Diese Abende fingen plötzlich an, mich zu interessieren, weil einer der regelmäßigen Gäste Professor am Gymnasium war. Ich fragte ihn eingehend über Lehrplan und Bücher, die im Gymnasium benutzt wurden. „Es scheint beinahe, Du willst das Abitur machen", sagte mein Vater belustigt. „Ja, das will ich, eben darum fragte ich."

Die Bemerkung war bald vergessen, als die Herren sich an den Spieltisch setzten. Aber in den nächsten Tagen kaufte ich Lehrbücher, zog mich in mein Zimmer zurück und fing an, mich mit Dingen zu beschäftigen, „die für Mädchen völlig zwecklos sind". Sehr bald kam ein Brief aus München. Meine Schwester schilderte in begeisterten Tönen das Leben in München und die Vorbereitungen zum Fasching. Leider konnte sie dies Jahr nicht viel mitmachen, da sie ein Baby erwartete [*Ralph Bing*]. Sie bat dringend, daß ich für ein paar Monate nach München käme, um ihr Gesellschaft zu leisten. Mein Schwager schrieb, daß meine Gesellschaft dringend benötigt werde, und er fügte gleich einige Einladungen für Bälle in seiner Verbindung bei.

Es mußte ein dringlicher Hilferuf von meinen Eltern nach München gegangen sein. Es gab bei uns kein Verbot, scheinbar konnte jeder tun und lassen, was er wollte. Tatsächlich aber war der Rahmen eng gezogen. Es war selbstverständlich, daß man ihn nicht überschritt. Wenn ein Mädel närrische Ideen bekam, wurde genau der Weg aufgezeigt, den sie zu gehen hatte. Wenn ich nach München ging, um den Fasching zu studieren, konnte ich lateinische Lehrbücher mitnehmen; darüber wurde nicht diskutiert. Das Leben in München war anregend genug. Museen, Theater, Ausflüge ins Gebirge und ein reges gesellschaftliches Leben brachten reichliche Abwechslung. Die Juden in München waren so zahlreich, daß man kaum merkte, wie weitgehend sie eine Gesellschaft in der Gesellschaft bildeten und vorwiegend untereinander verkehrten. Mein Schwager [*Max Bing*] und sein Bruder [*Wahlhaus*] gehörten einer Studentenverbindung an. Es war eine „schlagende und farbentragende Verbindung", die alles mitmachte, was für das deutsche Studentenleben charakteristisch war. Es war natürlich eine jüdische Verbindung[4]. In sehr wenigen Studentenverbindungen waren Juden und Christen gemeinsam. Diese wenigen Verbindungen wur-

4 Wohl der „K.C.". Vgl. zu seiner Geschichte: *Adolph Asch*, Geschichte des Kartellverbandes Jüdischer Studenten im Lichte der deutschen kulturellen und politischen Entwicklung, London: Selbstverlag 1964.

den von einigen jüdischen Kreisen bevorzugt und von christlichen Kreisen meist gemieden. Sie waren tatsächlich zu 95% jüdisch.

Ich sah immer dasselbe: Die jüdischen Gruppen als solche wurden geachtet. Das galt für die immer hilfsbereite jüdische Gemeinde in Kiel wie für das Pensionat mit hohem Erziehungsstandard in Wiesbaden; das galt auch für die gute jüdische Gesellschaft in München und für die „schlagenden" jüdischen Studentenverbindungen. Sie mußten sich aber zu jüdischen Gruppen zusammenschließen, da sie in den anderen Gruppen nicht akzeptiert wurden. Und da die Deutschen überall in Gruppen auftreten, bestand überall eine jüdische Minoritätsgruppe. Mir war das von Kindheit an deutlich fühlbar, und ich habe nie verstanden, wie Deutsche, die im kaiserlichen Deutschland gelebt haben, das Vorhandensein einer jüdischen Minoritätsfrage bestreiten können. Diese Minorität war weitgehend deutsch, in Sprache, Gebräuchen und Bestrebungen. Sie konnten aber nicht vergessen, daß sie Juden waren, weil sie dauernd gegen einen Grenzwall stießen, der um sie errichtet war und das Ghetto in Erinnerung brachte.[5]

Als Einzelpersonen hatten Juden und Nicht-Juden oft guten Kontakt und Freundschaft. Einzelpersonen konnten unter Umständen auch in nicht-jüdische Gruppen eindringen, wenn sie sich taufen ließen und alles, was in ihrer Macht stand, dazu taten, daß nichts mehr an die jüdische Abstammung erinnerte. Es ist nicht verwunderlich, daß die ehrgeizigsten und dynamischsten Persönlichkeiten diesen Weg gingen, und daß daher der Eindruck entstand: Wo man einen Juden hereinläßt, drängt er zur Spitze.

Große Zweige des öffentlichen Lebens waren für Juden gesperrt. Kein Jude konnte Offizier in der kaiserlichen Armee oder höherer Beamter im Staatsdienst werden; das war offiziell. Bei den Universitäten war es, soviel ich weiß, nicht offiziell, aber es wurde ebenso strikt durchgeführt, daß kein Jude Universitätsprofessor werden konnte. Selbst in der Weimarer Republik wurden nur wenige Juden ordentliche Professoren an der Universität.

Intellektuelle Juden drängten in die freien Berufe, vorwiegend als Ärzte, Anwälte und Künstler. Wo Anstellung und Karriere in

5 Zu einer anschaulichen Einführung in Leben und Lebensunterschiede dieser Zeit vgl. *Monika Richarz*, Hg., Jüdisches Leben in Deutschland. Selbstzeugnisse zur Sozialgeschichte im Kaiserreich, Stuttgart 1979, insbesondere S. 137ff. („In Dörfern und Kleinstädten"), S. 327ff. („Frauen"), S. 357ff. („Als Deutscher und Jude"). Eine bibliographische wie sachliche Einführung in die Entwicklung des modernen Antisemitismus gibt: *Reinhard Rürup*, Emanzipation und Antisemitismus. Studien zur Judenfrage der bürgerlichen Gesellschaft, Göttingen 1975, S. 184–202, 115–125.

Frage kamen, waren ihre Möglichkeiten sehr beschränkt.[6] Es war z.B. nicht vorstellbar, daß in der Kieler Mädchenschule, mit durchschnittlich einer Jüdin in jeder Klasse, ein jüdischer Lehrer angestellt worden wäre.

In einer Stadt wie Kiel, wo Offiziere und Universitätskreise eine so große Rolle spielten, war überhaupt der Ausschluß der Juden besonders fühlbar. Ich lernte die Einstellung meines Vaters schätzen, der alle Spenden „von der jüdischen Gemeinde" gab. Die Spenden stammten zum überwiegenden Teil von ihm. Das war bekannt, da die Juden, die in der Lage waren, etwas zu spenden, zu zählen waren. Die Anerkennung hatte oft eine persönliche Note, wurde aber von meinem Vater strikt abgelehnt. Als Repräsentant der Minderheitsgruppe, die mit der Gesamtgemeinde in guter Beziehung stand, interessierte er sich für deren Bestrebungen und beteiligte sich. Als Einzelperson hatte er keinerlei Bestreben, in Erscheinung zu treten und mit Kreisen in Kontakt zu kommen, die sonst keinen Kontakt mit Juden unterhielten.

In München machte ich einige Gesellschaften mit. Tanzen machte mir nicht das geringste Vergnügen, wahrscheinlich weil ich völlig unmusikalisch und unrhythmisch bin. Außerdem aber war ich in heftigster Rebellion gegen das übergescheite Arrangement meiner Familie, über dessen Zweck ich nicht einen Augenblick im Zweifel war. Ich bestand darauf, daß ich gekommen war, um meiner Schwester Gesellschaft zu leisten, und nicht um jeden Abend auszugehen. Das wurde als hohes Pflichtgefühl gedeutet. Es war gerade das Gegenteil. Ich wußte, daß dieses Verhalten unerwünscht war und einen Strich durch alle Rechnungen meiner Eltern machte. Ich widmete mich auch nicht viel meiner Schwester, sondern verbrachte täglich mehrere Stunden mit meinen Büchern. Schließlich versuchte man, mir klar zu machen, daß ich mein Pflichtbewußtsein übertreibe. Meine Schwester sei doch versorgt, wenn mein Schwager zu Hause sei, und ich solle mit seinen Eltern und seinem Bruder Gesellschaften besuchen.

„Ich habe mir gleich gedacht, daß ich in dieser Angelegenheit des Kindkriegens nicht viel helfen kann. Ich muß jetzt auch nach

6 Zu den historischen Hintergründen vgl. *Monika Richarz*, Der Eintritt der Juden in die akademischen Berufe. Jüdische Studenten und Akademiker in Deutschland 1678–1848, Tübingen 1974. Zu Darstellungen der Zeit über die *Käte Frankenthal* unmittelbar berichtet vgl. *Ernst Hamburger*, Juden im öffentlichen Leben Deutschlands. Regierungsmitglieder, Beamte und Parlamentarier in der monarchischen Zeit 1848–1918, Tübingen 1968; *Jakob Segall*, Die beruflichen und sozialen Verhältnisse der Juden im Deutschen Reich, Bd. I, Preußen, Berlin 1930.

Hause, um weitere Informationen über den Gymnasial-Lehrgang zu bekommen."

Ich verließ meine enttäuschten Verwandten und kam nach Hause zu meinen enttäuschten Eltern. Ich fing nun an, intensiv zu arbeiten, und lehnte Unterhaltungen, die mich ablenken sollten, brüsk ab. Meine Eltern wurden ernstlich besorgt und ungehalten. Ein „emanzipiertes Frauenzimmer", das zur Universität geht, das kam in dem Kieler Milieu gar nicht in Frage. In München tauchten um die Zeit die ersten Studentinnen auf, die nichts vom Blaustrumpf an sich hatten, und man gewöhnte sich schon an die Erscheinung der gut gekleideten und lustig im Fasching tanzenden Studentin. Aber in dem konservativen Kiel war man noch weit davon entfernt. Ich kannte zu jener Zeit nur eine Studentin, die allerdings in ihrem Aussehen und Auftreten der Inbegriff des Blaustrumpfes war. Diese Frau wurde mir oft als warnendes Beispiel vorgehalten.

Je mehr ich auf Widerstand stieß, umso intensiver widmete ich mich dem Studium. Ich wollte Unterricht nehmen. Meine Eltern sagten zum ersten Mal: Nein! Es kam zu erregten Auseinandersetzungen. Der Tag genügte mir nicht mehr zur Arbeit, ich saß bis spät in die Nacht am Schreibtisch, um meine Eltern zu reizen und zu beunruhigen.

Schließlich erzählte mein Vater seinem Freund, dem Gymnasiallehrer, spöttelnd, was ich da triebe, und bat ihn, doch mal zu prüfen, was denn eigentlich dabei herausgekommen sei. Ich wußte, daß ich den ersten Widerstand gebrochen hatte.

Der Lehrer prüfte mich so eingehend, wie er konnte. Er war Mathematiker. Dann ging er zu meinem Vater mit einem Gesicht wie ein Arzt, der eine traurige Wahrheit aussprechen muß. „Sehr unsystematisch und lückenhaft; aber mit systematischer Hilfe würde sie es leicht in einem Jahr schaffen", war seine Diagnose.

Mein Vater machte einen letzten, schwachen Versuch, mich umzustimmen. Ich hatte angefangen zu reiten und hatte viel Vergnügen daran. „Ich wollte Dir ein Pferd kaufen, aber natürlich, wenn Du durchaus lieber Unterricht haben willst . . ."

Ich bekam Unterricht, und nicht lange danach hatte ich auch ein Pferd. Mein Vater war Individualist, und im Grunde sah er es nicht ungern, daß auch ich meinen eigenen Weg ging.

Der Unterricht bei dem Mathematiker war besser als das Selbststudium, aber doch zu einseitig. Eines Tages las ich eine Notiz, die noch ungewöhnlich genug war, daß die Zeitung sie brachte. Eine Berliner Vorbereitungsschule nahm neuerdings auch Mädchen auf.

Ko-Education hatte es in Deutschland nie gegeben und ist bis heute nicht durchgeführt worden.

Mein Entschluß stand sofort fest: Ich wollte auf die Schule in Berlin gehen. Wieder kam es zu einigen kleinen Kämpfen, aber grundsätzlich hatte ich schon gewonnen.

„Keineswegs kann ein achtzehnjähriges Mädchen allein in Berlin sein, höchstens, wenn Du zu Verwandten gehst."

„Keineswegs werde ich zu Verwandten gehen. Ich will ungestört arbeiten." Es kam zu einem Kompromiß. Ich würde in einer Pension leben, in der auch eine entfernte Verwandte, eine ältere Dame, wohnte. Das hieß also, daß ich mit achtzehn Jahren allein in Berlin lebte. Damit war der Rahmen des Kieler Milieus endgültig verlassen.

Die Vorbereitungsschule, auch Presse genannt, hatte ein merkwürdiges Gemisch von Schülern. Die meisten konnten in der Schule nicht mitkommen oder hatten schlechte Noten bekommen und sollten nun hier unter sanftem Druck durch das Examen gepreßt werden. Ihr Interesse, Fortschritte zu machen, war sehr gering. Einige erwachsene Männer besuchten die Presse, die schon in einem anderen Beruf tätig gewesen waren, und nun unter großen Opfern an Geld und Energie nachträglich das Abitur machen und zur Universität gehen wollten. Für sie war jede Minute kostbar und sie waren äußerst ungehalten über die Verzögerungen und Wiederholungen, die für die anderen Schüler nötig waren. Die Mädchen waren nicht weniger eifrig und strebsam als jene Männer. Es waren aber junge Mädchen, die noch nicht unter dem Druck von Existenzfragen standen und noch aufgelegt waren, über Dummheiten zu lachen und Verzögerungen nicht tragisch zu nehmen. Sie waren alle dankbar für diese erste Gelegenheit, eine den Jungen gleichwertige Ausbildung zu bekommen.

Ich schloß Freundschaft mit zwei intelligenten jungen Leuten, die verlobt waren. Der junge Mann [*Martin Kahle*], damals etwa zwanzig Jahre alt, war recht begabt. Es war ihm aber unmöglich, eine Aufgabe, die er sich selbst gestellt hatte, zu erfüllen, weil er sich in hundert Theorien verlor. Sie heirateten, nachdem die junge Frau das Examen bestanden hatte und er durchgefallen war. Ich traf sie ein Jahr später wieder, als die junge Frau Studentin war und er zum zweitenmal durch das Abitur fiel. Er hatte sich zum vollkommenen Neurastheniker entwickelt. Zehn Jahre später, 1920, wurde er der erste sozialdemokratische Bürgermeister im Bezirk Kreuzberg-Berlin. Er galt als ideenreich, und die Partei setzte große Hoffnungen auf ihn. 1925 starb er an einem Herzleiden. Als intelligenter junger Mann, der jedem Gedanken ein „aber, andererseits" anhängte und nach jedem Entschluß Herzklopfen bekam, hatte er sicher eine Rolle in den Debatten der sozialdemokratischen Funktionäre gespielt. Was er aber als Chef einer Verwaltung geleistet hat, ist äußerst fraglich.

Das Leben in Berlin sagte mir ungemein zu. Wenn ich mich auch nie über Beschränkung meiner Freiheit zu beklagen hatte, fühlte ich doch jetzt erst, wie viele Beschränkungen die Kleinstadt, in der meine Eltern so wohlbekannt waren, an sich auferlegte. Die alte Dame, die versprochen hatte, sich um mich zu kümmern, gab diese Aufgabe bald als unerfüllbar auf. Der Besitz des Hausschlüssels machte mir kindliches Vergnügen. Ich geriet in einen Kreis von jungen Literaten und Künstlern, die alle ein ziemliches Bohemienleben führten, und machte mit ihnen die Nacht zum Tage. Im Unterschied zu ihnen ging ich aber regelmäßig zur Schule und arbeitete auch tagsüber.

Als Kind war ich unter ständiger Aufsicht des Arztes gewesen und galt als nervös und ruhebedürftig. Ich mißbrauchte das oft, um meine Umgebung zu tyrannisieren und mich Pflichten zu entziehen, die mich langweilten. Halbwegs war ich selbst davon überzeugt, daß meine Gesundheit Rücksicht erforderte.

Jetzt lachte ich über gute Ratschläge, daß ich mehr schlafen und an meine Gesundheit denken müßte. Ich prahlte mit meiner unverwüstlichen Gesundheit und Frische. Ich fing an, viel zu rauchen und zu trinken, weniger aus Vergnügen daran als aus Prahlerei, daß mir nichts schaden könne. Seit jener Zeit habe ich nie mehr einen Arzt gebraucht und nie mehr einen Gedanken an meine Gesundheit verschwendet. Die Pose unverwüstlicher Kraft hat dauernd die Pose überreizter Nerven ersetzt und hat mir viel im Leben geholfen.

Ich forcierte diese Pose später, lernte boxen, fechten und Jiu-Jitsu. So bekam ich für eine Frau ungewöhnliche Muskelkraft und war stolz darauf.

Warum ich das tat, kann ich nicht sagen. Wahrscheinlich fühlte ich mich als Jüdin sowohl wie als Frau permanent in die Defensive gedrängt. Kraftmeiertum stand bei Studenten in hohem Ansehen, das hat nicht erst der Faschismus gebracht. Ich durfte in München den Fechtboden besuchen und Mensuren ansehen.[7] Die Gegner

7 Vgl. zum studentischen Verbindungswesen aus heutiger Sicht: *Ulrich Bartscher*, Korporationen in Hochschule und Gesellschaft, Augsburg 1971; *Lutz Erwin Finke*, Gestatte mir Hochachtungsschluck. Bundesdeutschlands korporierte Elite, Hamburg 1963 (mit Literaturhinweisen auf S. 161–165).

schlugen sich mit Säbeln die Köpfe blutig. Niemand konnte zweifeln, daß das sehr weh tat, aber es war eine viel größere Schande, ein Zeichen des Schmerzes zu geben, als schlecht zu fechten und „abgeschleppt“ zu werden. Die Wunden wurden dann ohne jede Schmerzlinderung genäht, und zwar oft von den ungeübten Händen älterer Medizin-Studenten. Das war Tierquälerei, aber eine Äußerung des Schmerzes wäre eine furchtbare Blamage gewesen. Nur wenn der junge Mann die ganze Prozedur lächelnd durchgehalten hatte, war die Verbindung stolz auf ihn und auf seine „Schmisse“. Die Sitte, daß junge Akademiker sich mit gefährlichen Waffen die Gesichter zerhacken, habe ich in keinem der Länder, die ich später bereiste, wiedergesehen. In Deutschland war es dagegen so sehr ein Zeichen dafür, daß man satisfaktionsfähig und daher Gentleman ist, daß es den Neid der Jünglinge erweckte, die hinter dem Ladentisch standen oder sich sonst auf ehrbare Weise, wenn auch weitab von der Universität, ihr Brot verdienten. Manche hatten zwar Narben im Gesicht, die jedoch aussahen, als hätten die Armen einen entstellenden Unfall erlitten, da ihre Arbeit bewies, daß der Jüngling nicht „satisfaktionsfähig“ ist und kein Duell bestanden hat. Aber wenn er abends zum Tanz ging, sahen die Narben doch Schmissen zum Verwechseln ähnlich. Und wenn ein Kellner sagte „Jawohl, Herr Doktor!“, dann waren die Schmerzen nicht umsonst gelitten. Ich erinnere mich an einen Prozeß, in dem ein Hühneraugen-Operateur verurteilt wurde, der jungen Leuten auf Wunsch solche Verletzungen beibrachte, und schließlich einmal eine ungewollt schwere Verletzung setzte. In dem Prozeß stellte sich heraus, daß sein Klientel sehr groß war und er seit Jahren erfolgreich gearbeitet hatte.

Ich war angeekelt und mir wurde physisch übel, als ich die erste Mensur in München sah. Aber in meinem Drange nach Gleichberechtigung hatte ich etwas von dem Kraftmeiertum angenommen, noch bevor ich in die Universität eintrat.

Ich gebrauchte auch meine Kraft nach Studentenart. Vor einigen Jahren traf ich in Paris einen jungen Mann, den Sohn einer Ärztin, mit der ich zusammen gearbeitet hatte. Er sagte, daß seine Mutter ihm viel von mir erzählt habe und unvorsichtigerweise fragte ich, was sie erzählt hätte. Sie habe zweimal gesehen, daß ich Männer ohrfeigte!

Ich erinnere mich sehr gut an solche Vorfälle, es waren sogar mehr als zwei. Es war durchaus nicht so, daß ich erregt wurde, mich vergaß und hinterher mich furchtbar schämte. Im Gegenteil! Ich fand absolut, daß eine Ohrfeige die gebührende Antwort auf irgend eine Frechheit sei. Bei Studenten genügte eine Beleidigung wie „Fixieren“, d.h. herausfordernd ansehen, um eine Schlägerei mit nachfolgendem Duell hervorzurufen. Ich fand das immer lächerlich und mokierte mich weidlich über solche Heldentaten. Aber meine Reaktion auf irgendeine Beleidigung lag ganz auf derselben Linie, obgleich das ja bei Frauen nicht einmal üblich war. Etwas von dem deutschen Herrentum hatte abgefärbt.

Ich wurde in Berlin viel zu Atelierfesten eingeladen, bei denen es äußerst lustig und frei zuging. Es war die Zeit, wo viel über freie Liebe diskutiert wurde. Der Künstlerkreis legte Wert darauf, zu demonstrieren, daß er längst über die Diskussion hinausgewachsen und zur Tat übergegangen war. Die jungen Leute meinten wenigstens, was sie sagten und taten. Unwiderstehlich komisch waren dagegen ein paar gute Bürgerfrauen aus respektablen Häusern. Mit meinen achtzehn Jahren sagte ich: Alte Frauen. Sie mögen hoch in den Dreißigern gewesen sein. Sie konnten in dem Kreis mitschwimmen, weil sie reich waren und sich die Rolle als Mäzen viel Geld kosten ließen. Jede hatte einen besonderen Protegé, den sie „aus rein künstlerischem Interesse“ aushielt. Sie ließen sich alle Rücksichtslosigkeiten gefallen und waren dankbar, wenn so ein Jüngling sie in offener Gesellschaft küßte und abtätschelte. Sie starben beinahe bei dem Gedanken: Wenn das mein Mann wüßte!

Eine dieser Frauen war die Tochter der alten Dame, der ich halbwegs anvertraut war. Ihre Mutter fühlte sich entlastet, wenn ihre Tochter das junge Mädel, um das sie sich kümmern sollte, mitnahm. Es lag gewiß nicht an ihrer Tochter, daß ich alles nur ansah, aber nicht mitmachte. Die Kieler Erziehung lag mir noch zu sehr im Blute, das ganze Treiben mutete mich an wie ein Narrenhaus.

Meine Zeit war ausgefüllt mit Studium und Bummeln. Für praktische Sachen blieb keine Zeit und bestand auch keine Notwendigkeit. In der Pension wurde mein Zimmer aufgeräumt und meine Mahlzeiten serviert. Meine Mutter hatte erheblich mehr Interesse daran, daß ich sorgfältig gekleidet ging, als ich selbst. Da sie voraussah, daß ich nichts tun würde, nicht einmal ein Paket verschnüren, hatte sie, trotz ihres Widerstandes gegen das Berliner Experiment, ein System ausgedacht, das mir jede Mühe sparte. Ich hatte einen verschließbaren Postsack, der zweite Schlüssel dazu war zu Hause. Ich hatte nichts zu tun, als meine Wäsche und reparaturbedürftige Kleider in den Sack zu stecken, den die Pension einmal wöchentlich zur Post schickte. Ich bekam dann alles gewaschen und ausgebessert zurück. Unansehnlich gewordene Sachen wurden durch Neue ersetzt, noch bevor ich bemerkt hatte, daß es nötig war. Dieses System behielt ich während meiner ganzen Studienzeit bei.

Ich genoß noch für weitere fünfundzwanzig Jahre den Vorzug, daß alle praktischen Sachen sich automatisch regelten, ohne daß ich mich darum zu bekümmern hatte. Später, in meinem eigenen Haushalt, sorgte eine ausgezeichnete Wirtschafterin dafür. Um so größer war meine Perplexität, als ich mich 1933 völlig mittellos in der Emigration befand und alles für mich selber tun mußte. Es erschwerte die Eingewöhnung erheblich, daß ich noch nie einen Knopf angenäht oder etwas ausgewaschen und gebügelt, geschweige denn eine Mahlzeit gekocht oder ein Zimmer aufgeräumt hatte. Meine Unerfahrenheit kostete Lehrgeld. Als ich zuerst einsah, daß ich kein Geld mehr für Wäsche ausgeben konnte, tat ich schwarze und weiße Sachen zusammen in eine Schüssel mit warmem Wasser, und ließ sie über Nacht stehen. Das bekam den weißen Sachen nicht gut, und Neues kaufen konnte ich nicht. Ich mußte mich entschließen, außer der Arbeit auch noch etwas gesunden Menschenverstand aufzuwenden. Dann ging es.

Heute, nach sieben Jahren Emigration, bedauere ich nicht, daß ich nichts Praktisches gelernt hatte. Heute sind mir diese täglichen Sorgen noch genau so zuwider, wie sie es vor sieben Jahren waren. Ich glaube nicht, daß zuwidere Sachen angenehmer werden, wenn man sich von Kindheit an damit abgequält hat. Wären sie mir nicht wirklich zuwider, dann wäre ich ja manchmal in die Küche gegangen oder hätte mich mit Handarbeiten beschäftigt, wie z.B. meine Schwester es schon als Kind tat.

Ich stimme meinem Vater bei, dem eine Tante einmal Vorwürfe machte über die miserable Erziehung seiner Töchter: er könne doch nicht wissen, ob das Leben uns immer so verwöhnen werde. Und was sollen solche Mädchen tun, wenn sie einmal auf sich selber angewiesen seien? Mein Vater gab zu, daß er wirklich nicht für alle Zukunft aussorgen kann. Eben darum, für die beschränkte Zeit, wo er sorgen könne, wolle er unser Leben angenehm gestalten. Wenn es später einmal unangenehm werde, dann war es wenigstens nicht immer so.

Ich sehe immer wieder, daß die Menschen, die nie etwas Schönes gehabt haben, in Verzweiflung geraten, wenn das Leben verrinnt ohne Aussicht, daß sie je an die Sonnenseite kommen werden. Diejenigen dagegen, die Vieles gehabt haben und wissen, daß Besitz und Sicherheit nicht der Inbegriff alles Glückes sind, haben Distanz zu den Dingen gewonnen und können Schicksalsschläge viel eher ertragen.

Noch aus einem andern Grund bin ich mit meinem Werdegang zufrieden. Dutzend Male in den letzten Jahren, wenn ich ganz auf dem Hund war, wurden mir Stellen angeboten als Kinderfräulein, Wirtschafterin oder ähnliches. Wenn die geringste Möglichkeit bestanden hätte, mir mit solchen Sachen einen Broterwerb zu verschaffen, wäre ich wahrscheinlich diesen Weg gegangen, wie es viele meiner Kolleginnen getan haben. Da aber keinerlei solche Möglichkeit für mich bestand, mußte ich meine ganze Energie zusammennehmen und habe 1939 wieder eine ärztliche Praxis angefangen, ohne ein ärztliches Instrument zu besitzen und ohne die Miete für den nächsten Monat gesichert zu haben. Wie dieses Experiment ausgehen wird, weiß ich noch nicht. Ich weiß aber, daß ich meinen Eltern für nichts so dankbar bin, als für meine „schlechte" Erziehung. Sie hat mich davor bewahrt, auf eine Bahn zu geraten, wo jede Stunde jeden Tages ein Grauen für mich wäre.

Ich war etwa ein halbes Jahr in Berlin, als ich zurückgerufen wurde. Diesmal war es kein Arrangement, um mich abzulenken, das hatten meine Eltern wohl aufgegeben. Es hatten sich [wohl 1908] Dinge in der Familie ereignet, die meine Anwesenheit zu Hause notwendig machten. Die wirtschaftliche Lage hatte sich grundlegend geändert. Verwandte und Freunde, die bisher am meisten über meine Pläne gespottet und sie als Launen einer jungen Dame angesehen hatten, deren Vater kostspielige Launen bezahlen kann, rieten mir nun dringend, weiter zu arbeiten und das Abitur zu machen; es würde mir helfen, eine bessere Stellung zu finden.

Ich dachte nicht einen Augenblick daran, das Examen zu machen, um dann eine Stellung als Sekretärin oder Gouvernante oder ähnliches anzunehmen. Mein Plan stand fest, zur Universität zu gehen, und zwar hatte ich mich für das Studium der Medizin entschieden. Ich wußte nicht sehr viel über den eigentlichen Inhalt des ärztlichen Berufes. Seit ich mich überhaupt mit etwas ernstlich beschäftigte, waren es die rein akademischen Fächer, vor allem Latein, Mathematik und Geschichte, die zum Abitur verlangt werden. Unmittelbar nach dem Abitur muß der deutsche Student entscheiden, welches Berufsstudium er ergreifen will. Die College-Jahre fehlen, in denen der junge Student in verschiedene Disziplinen ein wenig hineinschauen kann, bevor er sich für einen Beruf entscheidet. Meine Entscheidung war hauptsächlich beeinflußt durch die Persönlichkeit unseres Hausarztes [*Dr. Jacob*], für den ich große Sympathie hatte. Die große Autorität und Wichtigkeit, die dem Arzte zugebilligt wird, wenn jemand in der Familie krank ist, imponierte mir. Wenn keine Krankheit vorlag, kam der Arzt regelmäßig ein paarmal im Jahr, hauptsächlich um nach den Kindern zu sehen. Wenn vorher von Gesundheitsproblemen nichts zu merken war, so war es doch erstaunlich, wieviel zu besprechen war, sobald er ins Haus kam, und für wie viele Dinge sein erfahrener Rat gesucht wurde.

Ich bin später meinem Hausarzt-Ideal nicht treu geblieben. Ich ging in das öffentliche Gesundheitswesen und wandte mich entschieden gegen die Glorifizierung des Hausarztes. Arme Leute haben keinen, und bei Bemittelten können unter Umständen auch zu viele Probleme entdeckt werden. Ich persönlich wurde erst ganz gesund, als ich der hausärztlichen Überwachung und der Diagnose „nervös und schonungsbedürftig" entwachsen war.

Obgleich in dieser Zeit die Stimmung zu Hause sehr bedrückt war, fühlte ich mich selbst viel freier. Das Kieler Milieu, das sonst wie ein Alpdruck auf mir lag, konnte mir nichts mehr anhaben. Es war für mich entschieden, daß ich nicht mehr hierher gehörte, und nur zu Besuch war, wie lange sich der Besuch auch ausdehnen würde.

Ich war auch duldsamer gegen die Fragen meiner Mutter, die viel über mein Leben in Berlin wissen wollte. Ihre Besorgnis war mir jetzt verständlich, ich hatte ja gesehen, daß Berlin ein gefährliches Pflaster für junge Menschen war. Ich hatte ein bißchen Mitleid mit ihr und ihrer alten Freundin in der Berliner Pension, die sich so gar keine Vorstellung davon machen konnten, was für ein Leben ihre Kinder führten.

Daß die ältere Generation, je mehr sie uns kennenlernte, unsere Sitten verachtete und von der guten alten Zeit sprach, hielt ich für ein immer wiederkehrendes geschichtliches Ereignis. Daß aber die junge Generation jetzt dasselbe tut und sich viel eher mit der Großeltern- als mit der Eltern-Generation versteht, gibt zu denken.

Ich sah sehr bald, daß es verschiedene Grade der Verarmung gibt. Wenn ein großes Haus zusammenbricht, handelt es sich um große Summen. Die relativ kleinen Bedürfnisse des täglichen Lebens leiden nicht so bald Not. Ich besaß schon persönlich genug Schmuck und Wertgegenstände, um mein Studium finanzieren zu können, und ich konnte mich von ihnen ohne das geringste Bedauern trennen. Richtige Not kennenzulernen, war mir für eine spätere Zeit des Lebens vorbehalten.

Für den Augenblick dachte ich nicht daran, auf die Schule zurückzukehren, sondern nahm mein Selbststudium wieder auf. Ich arbeitete intensiv und meldete mich zum nächsten Prüfungstermin. Außer mir war noch eine Frau im Examen. „Zwei Kieler Abiturientinnen", das war noch ein Ereignis, das groß aufgemacht durch die Zeitung ging.[8] Ich war gerade zwanzig Jahre alt, hatte also trotz Mädchenschule und vieler Störungen die männlichen Abiturienten nahezu eingeholt. Die größten Schwierigkeiten waren überwunden, und ich hatte nun einen normalen Studiengang vor mir.

Das erste Jahr [1909/1910] blieb ich in Kiel. Professor für Physik war damals [?] Prof. [*Philipp*] *Lenard*, der spätere Nobelpreisträger, der jetzt ein Buch über „Deutsche Physik" geschrieben hat, in dem er über die Rassegebundenheit der Wissenschaft spricht und den „Juden Einstein" lächerlich macht. Viele deutsche Wissenschaftler prostituieren jetzt die Wissenschaft im Dienste Hitlers, aber keiner kann sich darin mit *Lenard* messen.

Damals hatte er seine rassische Seele noch nicht entdeckt. Er war ein hervorragender Lehrer und wegen seiner liebenswürdigen und witzigen Art sehr beliebt. In seinem Kurs waren zwei Frauen, und er hatte durchaus nichts dagegen. Er zog uns zur Mitarbeit heran und zeigte besonders an mir so viel Interesse, daß die Studenten anfingen, mich damit zu necken. In Kiel konnte wahrlich niemand darüber im Zweifel sein, daß ich Jüdin bin. Wäre Deutschland normal geblieben, dann wäre wahrscheinlich *Lenard* auch ein großer Mann geblieben.

Die Anatomie ist die Klippe für viele Mediziner. Die meisten hatten wie ich sehr wenig Vorstellung über die Dinge, die einen im Medizinstudium erwarten. Bei der ersten Leichenöffnung werden immer verschiedene krank, und einige kehren nicht zurück und wechseln das Studium.

Mir machte die Anatomie nicht das Geringste aus, aber über ein sachliches Interesse brachte ich es denn doch nicht hinaus. Niemand konnte mich überreden, daß der Geruch oder der Anblick angenehm sei. In der Pause zog ich daher den weißen Mantel aus, wusch mir gründlich die Hände und ging in den Garten, um mein Frühstück zu essen. Das, ich muß es zugeben, war nicht forsch. Einige Studenten behielten immer die blutbefleckten Mäntel an, setzten sich auf Hocker in die Nähe der Leichen und packten seelenruhig ihr Frühstück aus. Ein richtiger Mann und künftiger Arzt ekelt sich doch nicht! Viele, die sicher gern in den Garten gegangen wären, machten es ihnen getreulich nach. Was so ein Burschenschaftler kann, kann doch ein Korpsstudent schon lange!

8 *Käte Frankenthal* bestand ihr Abitur am 6. März 1909 im Reform-Realgymnasium in Kiel. Die Mitabiturientin hieß *Elisabeth Eigenbrodt*.

Ich weiß nicht, ob es eine Eigenheit der Deutschen, oder der Jugend im allgemeinen ist, so merkwürdige Ansichten über Forschheit zu haben. Sicher wurde wie alle Begriffe von Freiheit, auch der Begriff der „akademischen Freiheit" in Deutschland mißverstanden. Die Studenten im ersten Jahr sind ja nicht älter als die Sophomores oder Juniors[9] im College. Im College würden die Professoren aber solchem Unfug steuern, ohne daß die jungen Leute sich dadurch in ihrer Freiheit beeinträchtigt fühlen.

Solange ich zu Hause lebte, stand ich noch etwas abseits vom Studentenleben. Ich lernte es erst völlig kennen, als ich im zweiten Jahr [1910/1911] meines Studiums nach Heidelberg ging.

Dieser Entschluß war wieder eine Quelle der Beunruhigung für meine Eltern. Aber sie hatten so etwas schon vorausgeahnt und es aufgegeben, mich zu beeinflussen. Immerhin bestand mein Vater darauf, mich nach Heidelberg zu bringen und zu sehen, wo ich untergebracht wäre. Er mietete schließlich für mich eine hübsche, kleine Zweizimmer-Wohnung.

Wir waren nicht in der Lage, unnötige Ausgaben zu machen, und ich war der Ansicht, daß zwei Zimmer unnötig seien. Die typische „Studentenbude" ist ein Zimmer. Mein Vater betonte aber, daß ich immerhin eine Studentin bin und nicht ein Student. Ich würde ja wahrscheinlich Bekanntschaften machen und junge Leute einladen. Das wäre natürlich unmöglich, wenn ich nur ein Schlafzimmer hätte.

Dies war der letzte väterliche Versuch, mich im Rahmen der Wohlerzogenheit zu halten. Er schlug vollständig fehl, und der Fehlschlag kam unmittelbar nach seiner Abreise und war nicht von den leisesten Gewissensbissen begleitet. Ich fand, daß es nun an der Zeit ist, das Leben nach allen Seiten kennenzulernen.

Heidelberg ist die typische deutsche Studentenstadt, von ganz anderem Charakter als Kiel. In Kiel war das Straßenbild von Uniformen beherrscht, und die Professoren standen immer in leisem Wettstreit mit den noch exklusiveren Offizierskreisen. Die Studenten standen mehr im Hintergrund. In Heidelberg dominierten die bunten Mützen der Studenten. Die Professoren waren meist alte Herren der Verbindungen und unterhielten enge freundschaftliche Beziehungen mit den Studentenkreisen.

Die bunten Mützen der Studenten sind nicht mehr so harmlos wie die der Gymnasiasten. Im Gymnasium werden auch schon bunte Mützen getragen, aber dort bedeuten sie noch Einheit, Zuge-

9 Die ersten beiden Jahrgangsklassen des amerikanischen College.

hörigkeit zu einer Schulklasse. An der Universität bedeuten sie Unterschiedlichkeit, Zugehörigkeit zu einer Gesellschaftsklasse. Die Farbentragenden sind in erster Linie Studenten. Sie sind Borussen, Teutonen, etc. Die Stürmerkappen schreien über die Straße: Wir gehören einem feudalen Korps an, kostspielig und vornehm. Andere Kappen künden an: Wir sind Burschenschaftler, weniger exclusiv und reich, aber freisinniger. Keine Farben zu tragen bedeutet auch etwas: Nicht mitmachen wollen oder können. Das „Zurschautragen" der Gesinnung und Zugehörigkeit war immer eine auffallende Gewohnheit der Deutschen. Im Jahre 1932, als ein schleichender Bürgerkrieg herrschte, wurde das ein Problem. Es gab damals wenige junge Leute, die nicht an ihrem Überrock die Zeichen zur Schau trugen: Ich bin Nazi, Kommunist, Sozialist, Eiserne Front usw. Der Anblick der „feindlichen Abzeichen" verursachte unzählige blutige Zwischenfälle.

Der Übergang vom Gymnasium zur Universität ist ein großer Schritt. Gymnasiasten sind Schüler, die unter strenger Aufsicht von Schule und Elternhaus stehen. Am Tage nach dem Abitur sind sie Studenten und genießen völlige akademische Freiheit. Das bedeutet, daß sie ihre Zeit verbummeln, ihre Gesundheit ruinieren und auf den Namen des Vaters Schulden machen können.

Es ist eine Art Ehrensache, daß das bis zu einem gewissen Grade geschieht. Prüfungen finden nicht statt. Während des ganzen medizinischen Studiums gibt es nur eine Zwischenprüfung, die man frühestens im dritten Jahr machen kann. Wenn sie nicht gemacht wird, kümmert sich niemand darum. „Der ewige Student" war ein dankbares Objekt für Witzblätter. Es war der Typ des Sohnes reicher Eltern, der Jahre und Jahre an der Universität zubrachte, sich einen mächtigen Bierbauch und zahlreiche Schmisse zulegte und nie ein Examen machte.

Ich erinnere mich an den Fall eines Studenten, den ich gut kannte und der in eine andere Kategorie gehörte. Er war sehr ehrgeizig und eher ein Streber, der mehr lernte und wußte als die meisten von uns. Auf junge Studenten, die in Gefahr waren zu verbummeln, übte er einen guten Einfluß aus. Niemand zweifelte daran, daß er leicht und pünktlich seine Examina machen würde, und er teilte auch prompt nach seinem fünften und zehnten Semester mit, daß er die Prüfungen bestanden hat. Im nächsten Jahre besuchte er mich und bekannte, daß alles Schwindel war. Er hatte noch nicht einmal sein erstes Examen gemacht, er hatte einfach nicht den Mut gefunden, hineinzugehen. Nun konnte er frühestens nach drei Jahren fertig werden. Weil er sich seines Versagens schämte, hat er das Zwischenexamen dann nicht nachträglich gemacht, sondern eifrig alle Kurse für Fortgeschrittene besucht. So mußte jeder annehmen, daß er das erste Examen hinter sich hat und auf das zweite lossteuert. Er war damals dem Selbstmord nahe, und seine Eltern, die unglaublich stolz waren auf den strebsamen einzigen Sohn, waren nicht in viel besserer Verfassung, als sie erfuhren, was passiert war. Die akademische Freiheit bedingte es, daß sich niemand um den Studenten zu kümmern hatte. In diesem Falle hätte eine nur leise dirigierte Freiheit viel Ungemach verhüten können.

Die einzige Führung, der sich der junge Student freiwillig unterwirft, ist die der Verbindung. Jeder Neuling, genannt Fuchs, wird einem älteren Semester, genannt Bursche, zur studentischen Erziehung zugeteilt. So ängstlich die Studenten ihre akademische Freiheit verteidigen und es als Einbruch in ihre Rechte ansehen würden, wenn die Fakultät eine so diskrete Führung übernehmen würde, wie z.B. hier in den Colleges, so begeistert geben sie jedes bißchen Freiheit und Selbstbestimmung auf, um sich der Diktatur ihrer selbstgewählten Organisation zu unterstellen. Die sinnlosesten Anordnungen werden ohne Zögern ausgeführt. „Es ist nicht sinnlos", erklärten sie, „es bildet den studentischen Geist".

Dem Fuchs bleibt im ersten Jahr sehr wenig Zeit zum Studium. Viel Zeit muß auf dem Fechtboden verbracht werden. Er muß ein tadelloser Fechter werden, muß lernen, sich korrekt in „Ehrenhändeln" zu benehmen und sich mannhaft zu duellieren. Zu bestimmten Stunden wird „angetreten zum Bummel", d.h. tadellos angezogen und in Couleur wird durch die Stadt flaniert. Wehe, wenn das Füchschen sich eine Unkorrektheit in der Aufmachung zu Schulden kommen läßt oder nicht mit vorschriftsmäßig abgebogenem Arme grüßt. Die größte Rolle spielt aber der Trinkcomment. Eine nahezu unbeschränkte Fähigkeit, Bier in sich hineinzugießen, ist gleichbedeutend mit einem hohen Grade von Selbstzucht und Disziplin. „Fuchs, steig in die Kanne", hieß es bei jeder Gelegenheit, wenn der Neuling eine naseweise Bemerkung machte oder sonst einen Fehler. Er mußte dann ein großes Maß Bier auf einen Zug heruntergießen, und wenn er es gut machte, war ihm vergeben. Schlappmachen gab es dabei nicht.

Ich hatte Gelegenheit, mehrere Verbindungshäuser zu besuchen. Auch dem weiblichen Besucher wurden mit Stolz die Toiletten mit der „Kotzvorrichtung" gezeigt. Das sind funkelnde Metallgriffe über einem Becken, damit die Jünglinge sich festhalten können, wenn sie erbrechen müssen. Nur kurze Zeit dürfen sie verwenden, um den Magen so von dem Übermaß an Flüssigkeit zu entleeren. Sehr bald müssen sie wieder am Tische sitzen und weiter trinken. Wenn sie grün sind im Gesicht, erfolgt eine Flut von Neckereien und sehr bald wieder der Befehl: In die Kanne.

Bei diesen Trinkgelagen war den Opfern nicht viel wohler als später den Opfern von *Goebbels,* wenn ihnen ein Liter Rizinusöl eingegossen wurde, wenn auch die Folgen nicht so schlimm waren. Aber die freiwillig gewählte Schreckensherrschaft und die Überzeugung, daß sie sich wie Männer benähmen und studentischen Geist pflegten, machte Spaß. Ich erinnere mich an viele, die als schlanke Jungen ankamen und im Laufe eines Semesters fünfzehn oder zwanzig Pfund zunahmen. Im allgemeinen fühlten sie sich dabei wohl oder, wenn sie es nicht taten, hätten sie es nicht zugegeben.

Erst nach dem Kriege haben sich diese Trink- und Duellsitten geändert. Zu meiner Zeit waren sie voll im Gange. Später habe ich in Deutschland oft dieselbe Opferwilligkeit und denselben Gehorsam für die eigene Organisation angetroffen, dieselbe Überheblichkeit gegen Außenstehende, die den tieferen Sinn der Handlungen nicht verstehen und die Weisheit der Führung anzweifeln wollten. Die organisierten deutschen Arbeiter in der Republik, und die Korpsstudenten in der Kaiserzeit, verachteten sich gegenseitig, aber sie hatten viele Wesenszüge gemeinsam. Ich selbst genoß die Freiheit wieder in vollen Zügen, wenn ich mir auch wiederum sagte, daß ich ja eigentlich nie unter Zwang gelitten hatte. Ich konnte aber jetzt Dinge tun, die ich zu Hause und selbst in der Berliner Pension nicht tun konnte. Tatsächlich hatte ich das nie als einen Mangel empfunden. Eine gewisse Ordnung war mir noch so sehr Routine, daß ich nie versucht hatte, sie fortzudenken. Jetzt aß ich in billigen Studentenkneipen und zu möglichst unregelmäßigen Zeiten. Ich fand das nicht primitiver, sondern sehr viel schöner als die guten Mahlzeiten, die mir regelmäßig in der Pension in Berlin serviert worden waren. Ich hatte viel Besuch in meiner Wohnung, zu späten Stunden, und genoß diese Freiheit. Zu Hause oder in Berlin hätte ich das nicht tun können, es war mir aber damals auch noch gar nicht eingefallen.

Mit zwei Studenten war ich intim befreundet. Beide traf ich unter merkwürdigen Umständen im späteren Leben wieder. Der erste studierte Philosophie. Er war ein verträumter und sentimentaler Junge. Sein Spitzname unter den Studenten war: *Traumulus.* Ich glaube, dieser Name hat mich zuerst angezogen. Wir machten weite Spaziergänge und versuchten, alle Probleme der Welt zu lösen. Er war ein glühender Patriot, sein Lieblingsthema war „Helden und Heldenverehrung". Später habe ich nicht viel an ihn gedacht, aber hätte ich es getan, dann hätte ich wahrscheinlich vermutet, daß er in einer kleinen Universitätsstadt sitzt und sich mit Philosophie beschäftigt. Hätte ich ihn nicht wiedergesehen, dann würde ich jetzt annehmen, daß er Nazi ist. Da ich ihn gesehen habe, glaube ich, daß er es nicht ist und nur Eines hat: Angst, seine Stellung als Mittelschullehrer zu verlieren und aus seiner Ruhe gerissen zu werden. Selbstverständlich wird er zur N.S.-Lehrerschaft[10] gehören und erzählen, wie er schon als Student Heldenverehrung getrieben hat. Von seinen Beziehungen zu einer Jüdin wird er nicht erzählen. Am liebsten möchte er wahrscheinlich in ein Mauseloch kriechen. Er war in seinen Wunschträumen ein Held, aber praktisch ein Spießbürger.

Es war Ende der zwanziger Jahre, als ich ihn in Berlin traf. Die sozialdemokratische Partei war damals auf der Höhe ihrer Macht. Ich war preußische Landtagsabgeordnete. Verkehr mit Sozialdemokraten war auf nichts weniger verdächtig als auf revolutionäre Neigungen. Im Gegenteil, er konnte nur von Vorteil sein. Ich sprach in einer öffentlichen Versammlung. Ein ältlicher Mann mit einem Gehörapparat und Schmissen im Gesicht irritierte mich ein bißchen, weil er mich unverwandt anstarrte. Die Schmisse waren ja die Visitenkarte dafür, daß er wahrscheinlich Akademiker war. Sonst hätte ich ihn nicht dafür gehalten. Mit ihm war eine Frau, so unscheinbar und grau, daß sie als Prototyp für das anwesende Kleinbürger-Publikum gelten konnte.

Nach dem Vortrag kamen viele Leute heran, um mit mir zu sprechen. Da jener Mann dicht neben mir stand, ohne etwas zu sagen, wandte ich mich schließlich an ihn.

„Wollten Sie etwas fragen?"

„Ja! Ich wollte fragen, ob Sie sich gar nicht mehr an Heidelberg und den Philosophenweg erinnern."

Ich glaubte, er spräche irre. Nichts kam mir bekannt vor. In Heidelberg waren wir gleichaltrig, also mußten wir es wohl immer noch sein. Aber damals sagte ich, daß ich mütterliche Gefühle für ihn habe. (Zu Unrecht.) Jetzt sah er aus, als wäre er zwanzig Jahre älter als ich. Das Gehörleiden hatte er im Kriege bekommen. Ob er ein Held war? Scheinbar nicht.

10 Zu dieser Entwicklung vgl. *Michael H. Kater*, Hitlerjugend und Schule im Dritten Reich, in: Historische Zeitschrift 1979 (Jg. 228), S. 572–623, mit einem Vergleich Lehrer/Ärzte S. 609/610.

„Diese grausigen Zeiten, die wir durchgemacht haben, laß uns nicht davon sprechen."

„Du schwammst doch immer in Heldentum und Heldenverehrung?"

„Ja, ja, ich erinnere mich. Man ist doch nur einmal jung."

Die Frau sprach fast nichts. Ich weiß nicht, wie viel sie von mir wußte und wie ungern sie diesem Zusammentreffen zugestimmt hatte. Aber sie hatten ein Anliegen, irgend etwas, das ich vergessen habe. Ich gab ihnen einen Empfehlungsbrief. Sie dankten überschwenglich.

„Ich habe immer gedacht, daß Du mal eine große Frau wirst."

Mein anderer Freund studierte Jura. Er stammte aus proletarischen Verhältnissen, was damals noch auf den Universitäten recht selten war. Er war das einzige Kind eines Arbeiters. Die Familie lebte auf dem Lande. Der Vater hatte den größten Teil seines Lebens in derselben Fabrik verbracht und war dort Vorarbeiter, dann schließlich Fabrikaufseher geworden.

Seit die Lehrer gesagt hatten, daß der Junge einen guten Kopf hätte und etwas lernen soll, hatte sich das Lebensziel der Familie auf den einen Punkt konzentriert: Der Junge soll studieren. Er hatte alle Charakteristika dieser Familiensituation. Bei jeder Ausgabe, die er machte, fühlte er, daß sein Vater mit seinen Zigaretten und seine Mutter mit ihrem Sonntagskleid dafür bezahlen. Es stand fest, daß er dafür nur zurückzahlen kann, indem er Außerordentliches leistete und außerordentliche Ehren heimbrächte.

Zu den außerordentlichen Ehren gehörte die bunte Mütze. Er war Burschenschaftler und die Sehenswürdigkeit des Dorfes, wenn er nach Hause kam . . .

Mit ihm hatte ich die ersten Diskussionen über Sozialismus. Er hatte dieselbe Einstellung, die ich später so oft wiederfinden sollte. Haß gegen die Besitzenden, deren Leben so viel leichter ist als seines und die ihm den Aufstieg so schwer gemacht hatten. Noch größer war sein Haß gegen seine Klassengenossen. Seine Abstammung empfand er wie ein Bleigewicht. Sein Streben war, von der verhaßten und verachteten Proletarierklasse fort und in die verhaßte und beneidete besitzende Klasse hineinzukommen.

Er war ein feinfühliger und im Grunde weicher Junge. Seine Ferien gehörten natürlich seinen Eltern. Er wußte, wieviel sein Kommen für sie bedeutete. Aber auf ihm lasteten die Ferien im heimischen Milieu wie ein Alpdruck.

Er hatte klassenkämpferische Ideen und war empfindlich gegen soziale Ungerechtigkeit und Unterdrückung. Der junge Burschenschaftler und Jurist fühlte sich aber durch nichts mit seinen alten Klassengenossen verbunden. Wäre er aus einem bürgerlichen Milieu gekommen, oder wäre er wie sein Vater Proletarier geblieben, dann wäre er wahrscheinlich aktiver Sozialist geworden. Viele solcher Leute wurden Karriere-Sozialisten. Sie kamen durch die Partei in einflußreiche und hochbezahlte Stellungen und entwickelten sich zu dem unrühmlich-bekannten Typ des Parteibonzen.[11]

Ich verbrachte zwei Jahre der Studentenzeit mit ihm. Während des Krieges schrieb er mir noch oft. Er war begeisterter Fliegeroffizier.

Theoretisch war er Pazifist und hatte ein klares und scharfes Urteil über die Rolle Deutschlands in der Vorkriegszeit. Nichts konnte ihn davon überzeugen, daß eine feindselige Welt das friedfertige, unschuldige Deutschland zum Krieg gezwungen hatte, oder daß der Mann, der ein paar Meilen weiter westlich geboren war, der Feind sei. Er verurteilte den Krieg, aber er liebte das Kriegshandwerk mit seinen atemberaubenden Spannungen und Gefahren, wie Kinder es lieben, Indianer zu spielen. Ich habe viele solcher Typen gesehen. In ihren Wunschträumen waren sie Idealisten und Menschheitsverbesserer. Praktisch waren sie Wilde.

„Jezt heißt es Dienst tun und auf dem Posten sein", schrieb er mir, „die Zeit zum Theoretisieren ist vorüber." Mit Stolz meldete er, daß er das Eiserne Kreuz erster Klasse erhalten hatte.

Kurz vor Friedensschluß wurde er ziemlich schwer verwundet. In den Novembertagen 1918 war er als Rekonvaleszent in einem Berliner Militär-Hospital, wo ich ihn besuchte. Seine Verwundung nahm er nicht tragischer als einen Schmiß bei der Mensur. Es war ein Ehrenmal.

Im übrigen war er tief deprimiert. Als ihm erlaubt wurde, den ersten Spaziergang zu machen, war er kaum dazu zu überreden. Der „Mob" war auf der Straße. Die Offiziersepauletten und das Eiserne Kreuz bedeuteten jetzt für ihn das Bekenntnis, daß er zum bedrängten Vaterland stehe. Der Mob würde ihm die Ehrenzeichen abreißen. Der Mob hatte sich gegen das Vaterland gewendet. Die Dolchstoßlegende wurde von diesem enttäuschten jungen Offizier und von vielen anderen gefühlsmäßig erfunden, lange bevor die Gegner der Republik das Wort öffentlich gebrauchten.

Dank dem Gegensatz, der zwischen uns alten Freunden fühlbar wurde, nahm ich wahrscheinlich die erste Einladung, öffentlich für

11 Vgl. dazu u.a. S. 128–130, 143–144, 147–149.

die sozialdemokratische Partei zu sprechen, schneller an, als ich es sonst getan hätte.

Wir waren an jenem Tage in meine Wohnung gefahren, nachdem er endlich eingewilligt hatte, Zivil anzuziehen und in eine Droschke zu steigen.

Ein Funktionär kam zu mir und fragte, ob ich das Referat in einer Versammlung übernehmen würde. In seiner Verlegenheit nannte der Mann mich „Fräulein Genossin". Das „Fräulein" klang natürlich in diesem Zusammenhang sehr komisch. Die Arbeiter haben sich viel schwerer daran gewöhnt, sich als gleichberechtigt mit Leuten zu betrachten, die aus dem Bürgertum stammten, als umgekehrt.

Mein Freund hatte noch große Schmerzen und lag auf dem Sofa. Er verbarg sein Gesicht im Kissen, damit ich ja merken solle, daß er über die komische Art von Sozialisten, miteinander zu verkehren, lachen muß. Ich sagte daher ohne Zögern: „Gewiß, ich will gern das Referat übernehmen."

Als wir wieder allein waren, sagte mein Freund: „Ich weiß nicht, wo ich jetzt stehe. Die Konservativen sind viel zu lau. Wenn es eine Partei rechts von ihnen gäbe, wäre ich dort." Der Name „*Adolf Hitler*" existierte damals noch nicht. Als er fünf Jahre später anfing, in Deutschland zu putschen, fand er ein dankbares Feld bei jenen „Beleidigten und Erniedrigten", die schlechte Verlierer waren und sich nie mit der Niederlage abfinden konnten.

Was aus meinem Freund geworden ist, weiß ich nicht. Wir unterhielten uns noch sachlich, mit dem Bewußtsein, uns gegenseitig weder überzeugen zu können, noch zu wollen. Die beginnende politische Siedehitze, die später so viele Freunde und Familien auseinanderriß, zerbrach auch unsere Freundschaft.

Als ich zuletzt von ihm hörte, war er Amtmann, d.h. daß er einen ziemlich einflußreichen Beamtenposten in der Republik hatte, die er haßte. Wahrscheinlich hat er sich in dieser Eigenschaft der „Partei rechts von den Konservativen", die er herbeisehnte, angeschlossen. In diesem Falle muß er, wie viele andere, alle seine Jugendideale gründlich vergessen haben: Klassenkampf, Pazifismus und die jahrelang gepflegte Freundschaft mit einer Jüdin.

In den sonnigen Tagen in Heidelberg war die Zukunft noch verhüllt. Ich widmete mich mit Eifer dem Studium und machte zugleich eine Entdeckung, die mich sehr beeindruckte: Selbst in der Wissenschaft stand nicht alles fest, und es gab nicht nur „richtig" und „falsch". Die Heidelberger Schule lehrte manches vollkommen anders, als die Kieler es getan hatte.

Es ist in Deutschland erlaubt und üblich, verschiedene Universitäten zu besuchen. Die meisten Studenten begnügen sich mit zwei oder drei. Ich brachte es in zehn Semestern auf sechs Universitäten und verbrachte auch noch die Ferien in verschiedenen Städten und Krankenhäusern. Danach hatte ich so viele autoritativ vorgebrachte Ansichten gehört, daß ich mindestens eines gelernt hatte: Unsere Wissenschaft ist nichts weniger als exakt. Ich war vorbereitet zu zweifeln, und Ansichten, die ich für richtig gehalten hatte, angesichts neuer Tatsachen zu verwerfen.

Als befreiend empfand ich es, daß während meiner Studienzeit die Stellung der Studentin sich zusehends änderte. Man hörte auf, in ihr etwas Extravagantes und „Nicht-ganz-in-die-Ordnung-passendes" zu sehen. Offenbar hatte Kiel besonders geringe Anziehungskraft für Studentinnen. In Heidelberg waren schon erheblich mehr. In meinen letzten Semestern waren durchschnittlich zehn bis fünfzehn Prozent Frauen in den Kursen. Es waren bereits viele junge Mädchen dabei, die in nichts an einen Blaustrumpf erinnerten und völlig unbefangen auftraten.[12]

Von den Studenten wurden sie kameradschaftlich behandelt. Es war keine Feindseligkeit vorhanden, aber auch keine besondere Rücksichtnahme. Eher im Gegenteil. Daß in einem überfüllten Hörsaal ein Student nie einer Studentin seinen Sitzplatz anbieten würde, war selbstverständlich. Aber oft genug sah man eine Studentin und einen Jüngling um die Wette auf einen frei gewordenen Platz lossteuern. Der Sieger im Rennen war sichtlich froh, wenn er seiner Kollegin gerade den Platz fortschnappen konnte. Ich habe merkwürdigerweise nie eine Studentin kennengelernt, obgleich ich stets einen großen Kreis von Studenten um mich hatte.

Von Heidelberg ging ich [zum Wintersemester 1910/1911] nach Erlangen. Das ist eine reizlose kleine Stadt, die wenig Anregung bietet. Sie wird daher mit Vorliebe von Examenskandidaten aufgesucht, wenn sie nach mehreren verbummelten Semestern mit Volldampf arbeiten müssen. Wenn man aus Heidelberg kommt, scheint es, als wären die Studenten plötzlich um mehrere Jahre älter geworden. Die Kollegs sind regelmäßig besucht und das Kneipenleben spielt keine große Rolle. Hin und wieder fuhr man ins nahe gelegene Nürnberg, um sich ein bißchen zu amüsieren.

12 Zur Entwicklung des Frauenstudiums in der Weimarer Zeit vgl. *Michael H. Kater*, Krisis des Frauenstudiums in der Weimarer Republik, in: Vierteljahresschrift für Sozial- und Wirtschaftsgeschichte 1972 (Jg. 59), S. 207–255, mit weiteren Verweisen für die Zeit vor dem Ersten Weltkrieg.

Ich stand nicht unter jenem Druck, da ich mein Studium von Anfang an ziemlich systematisch eingeteilt hatte. Ich fühlte mich daher jenen törichten Jünglingen weit überlegen. Tatsächlich machte ich meine Torheiten nur auf eine wenig verschiedene Art.

Am Tage vor dem Examen[13] fuhr ich nach Nürnberg, trank viel und verlachte alle Mahnungen, mit dem letzten Zuge nach Hause zu fahren. Ich nahm den Frühzug gegen 5 Uhr morgens und kam völlig übernächtigt und müde ins Examen.

Es wäre mir durchaus nicht gleichgültig gewesen, wenn ich durchgefallen wäre. Selbst wenn ich nur „genügend" bekommen hätte, wäre es mir nicht recht gewesen. Ich hatte damit gerechnet, mit „sehr gut" zu bestehen, und tat es auch. Da alles gut ging, wurde meine Heldentat mächtig bewundert. Hätte ich damit mein Examen verdorben, dann wäre ich als törichter als die törichsten Jünglinge verlacht worden. Die Wertschätzung hängt immer vom Erfolg ab.

Anatomie-Professor in Erlangen war der spätere Deutsch-Nationale Reichstagsabgeordnete *Spuler*. Er war ein wunderlicher Mensch, ohne den geringsten Sinn für Humor. Jung und gut aussehend, gab er sich viel Mühe, der Liebling der Studenten zu werden. In Wirklichkeit verzichtete er vergeblich auf den respektvollen Abstand, den die Studenten gewöhnlich gegenüber der Fakultät hielten. Er war nicht beliebt, sondern lächerlich.

Eines Tages konnte ich ihm eine Frage aus der Anatomie der Genitalsphäre nicht beantworten. Er schien von diesem Versagen viel peinlicher berührt zu sein als ich selbst und forderte mich auf, nach dem Kurs in sein Zimmer zu kommen.

Ich hatte schon zwei Jahre Medizin studiert und war auf alles Mögliche vorbereitet, nur nicht auf diese Frage:

„Sind Ihnen die anatomischen Unterschiede zwischen den Geschlechtern klar?"

Mein Sinn für Humor erwachte sofort. „Nein, Herr Professor", sagte ich.

„Wissen Sie etwas über die Biologie der Geschlechtsvorgänge?"

„Nein, Herr Professor."

Er seufzte. Es war scheinbar eine furchtbar schwere Verantwortung, nun auch noch unwissende Mädchen aufzuklären.

Er zeigte mir anatomische Präparate (die ich schon in Kiel gesehen hatte). „Ist es Ihnen nun klar?"

„Ich glaube."

13 *Käte Frankenthal* bestand ihr Examen am 2. August 1911.

Er empfahl mir Literatur. Ich hatte viel reichhaltigere zu Hause. „Sie sollten bestimmt etwas davon lesen."

„Danke, Herr Professor."

Es war nichts Anzügliches oder Frivoles in dieser Unterredung. Er bewies sich nur, daß ein gewissenhafter Dozent den Studenten mehr zu geben hat als Vorlesungen. Daß ein Student, der bald das Examen machen will, sich mit diesen Dingen beschäftigt haben muß, oder das Studium der Medizin aufgeben sollte, kam ihm nicht in den Sinn. Dafür kam er auch später in den Reichstag.

Ich vergeudete seine Zeit und vereitelte sein ernstes Streben. Dafür kam ich später in den Landtag.

Nach dem Examen fuhr ich nach Hause. Ich war lange nicht dort gewesen und hatte nicht die Absicht, mich lange aufzuhalten. Meine Eltern hatten sich nun mit dem Studium ausgesöhnt und waren stolz auf den Erfolg. Bekannte, die sich früher nicht genug tun konnten mit Hohn und Spott, behandelten mich, als hätte ich den Nobelpreis bekommen. Es wäre wirklich nicht auszudenken gewesen, nach einem Mißerfolg nach Kiel zurückzukommen.

Erste politische Erfahrungen: Sozialismus und emanzipiertes Frauenleben

Meine Eltern wollten mir etwas schenken, was ich mir wünschte. Aber mein Wunsch überraschte sie doch. Ich wollte eine Ferienreise nach Paris, und zwar wollte ich allein reisen.

Ich war immerhin erst 22 Jahre alt, also für Kiel noch ein junges Mädchen, das behütet werden mußte. Meine Eltern hatten aber die einzig richtige Einstellung gefunden, mit mir auszukommen. Meine Mutter drückte das so aus, als meine umfangreiche Korrespondenz ankam: „Die einzige Rücksicht, um die ich Dich bitte, ist, daß Du Deine Briefe nicht herumliegen läßt. Ich will mich nicht darüber ärgern."

Ich fuhr also für sechs Wochen nach Paris. In dieser Zeit verliebte ich mich in Paris und bin dieser Liebe immer treu geblieben. Ich kenne wenige Deutsche, die in Paris gelebt haben und es nicht lieben. Paris, das heißt nicht nur die Stadt mit ihren landschaftlichen und baulichen Schönheiten. Nicht nur die Fülle der Kunstschätze und der Unterhaltungen aller Art. Zum Bild von Paris gehört ganz wesentlich der Menschenschlag. Diese liebenswürdige Leichtigkeit, die nur möglich ist, wenn Demokratie etwas Selbstverständliches ist. Ob man mit einem Portier spricht oder mit einem Generaldirektor, niemand erstirbt vor Unterwürfigkeit oder platzt vor Würde. Es spricht ein Mensch mit einem anderen, genau wie man Prunkgebäude und halb verfallene Häuser in trauter Nachbarschaft zusammen sieht.

Man braucht nicht ängstlich zu fragen, welches der richtige Titel ist: Doktor, oder Professor, oder gar Geheimrat? Mit „Monsieur" kommt man ziemlich weitgehend aus.

Ich bewunderte die Ruhe, mit der die Franzosen ihre Mittagspause genießen. In den billigen Restaurants sieht man zahlreiche Arbeiter, die dort für wenig Geld essen. Aber zu dem billigsten Essen gehört ein Schoppen Wein, weißes Brot und eine freundliche Bedienung. Ich dachte an die deutschen Arbeiter, die eher ihren Rock zu Hause lassen würden als ihr eingewickeltes Butterbrot, und an ihre Art, es hinunterzuschlingen, in der Straßenbahn oder wo sie gerade gehen und stehen. Ich habe viele Länder gesehen, wo die Leute schlechter essen als in Deutschland. Ich habe aber nie ein Volk gesehen, bei dem das Essen so sehr Nahrungsaufnahme und so wenig Genuß ist wie bei den Deutschen. Solange die Deutschen nicht geradezu hungern, kann man ihnen auf dem Gebiete der Ernährung Unglaubliches bieten, bevor sie rebellieren. Die Franzosen würden auf diesem Gebiete viel weniger Spaß verstehen.

Ich sprach mit vielen Franzosen, die deutsche Städte kannten. Oh ja, die deutschen Städte sind sehr interessant, sehr ordentlich und sauber. Die Theater bieten reinste Kunst, und in den Museen sahen die Menschen sich die Dinge an wie Schüler, die etwas auswendig lernen müssen. Viele Franzosen kamen nach Deutschland, um es kennenzulernen. Aber ich kannte wenige, die es immer wieder nach Deutschland zog.

Ich war in den folgenden Jahren häufig in Paris, zuletzt im Jahre 1933/34. Es war eines meiner elendsten Jahre in der Emigration.[14] Ich lernte ein Paris kennen, mit dem ich früher nicht in Berührung gekommen war. Aber trotzdem erkannte ich wieder das schöne, strahlende Paris, und liebte es sogar in dieser Zeit.

Die zweite Hälfte meines Studiums begann. Ich verbrachte es in München, Wien [Sommersemester 1912], Freiburg [Wintersemester 1912/1913–1913/1914], und die Ferien in Krankenhäusern in Wiesbaden und Hamburg.

Der Winter [1911/1912] in München war sehr verschieden von jenem ersten Winter, als ich mich zwangsweise amüsieren sollte, um meine Pläne zu vergessen. Unnötig zu sagen, daß ich eine Einladung, bei meiner Schwester zu wohnen, ablehnte.

Mein Hauptinteresse war jetzt das Studium sozialistischer Literatur. Ich verkehrte in einer kleinen Gruppe sozialistischer Studenten. Politische Diskussionen wurden im allgemeinen an der Universität wenig geführt. Der einzige „Gegner“, der uns wild beschimpfte und trotzdem einer der gutmütigsten und anhänglichsten Freunde war, war der anarchistisch eingestellte Schriftsteller *Erich Mühsam*. Er war ein Original und wollte auch nichts anderes sein. Er redete überstiegenen Unsinn, den er selbst als solchen erkannte, und hatte eine masochistische Sucht, sich lächerlich zu machen. Seine natürliche Häßlichkeit machte er so auffällig wie möglich. Oft sah er so schmutzig und verwildert aus, daß man Angst bekommen konnte. Dann würde er sicher jede Frau umarmen und mehr oder weniger unsanft zurückgestoßen werden.

14 Vgl. dazu unten S. 208ff.

Meist erschien er im Cafe und rief mit dröhnender Stimme: „Wer macht mich zum Glücklichsten der Sterblichen und gibt mir zu essen und zu trinken?"

Ich kannte *Mühsam* von Kindheit an. Er war aus wohlhabender Familie und konnte von zu Hause alles bekommen, was er brauchte. Aber er wollte nie darauf verzichten, zerlumpt auszusehen und sich lächerlich zu machen. Er wollte verspottet werden, um Tiraden halten zu können über den Unverstand der Menschen, für die er nur Verachtung hatte.

Seine politische Einstellung konnte keinem Staatswesen gefährlich werden. Es war ihm so zur zweiten Natur geworden, sich zum Clown zu machen, daß er überhaupt keinen Gedanken mehr vernünftig ausdrücken konnte. Seine Gedichte wurden manchmal gedruckt. Sein Lieblingsvers daraus hieß:

> Sie würden mich zu Tränen rühren,
> Wenn Sie meinen Hund von der Räude kurieren.

Dieser Mann, der überhaupt keine Einstellung zur menschlichen Gesellschaft hatte und nur nach dem Grotesken strebte, spielte später in der Münchener Räte-Republik eine gewisse Rolle als Arbeiter- und Soldatenrat, sehr zur Belustigung aller Gegner der Revolution. Unter dem Nazi-Regime wurde er als „staatsgefährdend" verhaftet und unter furchtbaren Qualen zu Tode gemartert.

Ich besuchte in München Kliniken und hatte zum erstenmal mit Patienten zu tun. In jener Zeit wurde mit den Patienten in öffentlichen Krankenhäusern recht rauh verfahren. Nicht, daß es an wissenschaftlicher Behandlung gefehlt hätte. Wir hatten hervorragende Ärzte, die Wissenschaft bekam gerade damals aus Deutschland eine ganze Reihe wertvoller Beiträge. Aber sie waren in erster Linie Forscher, und die Patienten waren „Material".

„Große Fortschritte erfordern große Opfer. Das war so in der Tuberkulin Ära, das ist so in der eben aufkommenden Salvarsan Ära, das ist bedauerlich, aber unvermeidlich." Diese an sich unbestreitbare Wahrheit hörte ich in allen Tönen – meist von ganz jungen Assistenzärzten. Jeder Neuling nahm eine Chance für künftigen Ruhm als Wissenschaftler wahr und benutzte als Material die Patienten.

Wirklicher Schaden wurde selten angerichtet. Aber wieviel Blut wurde den Leuten abgezapft! Wieviele Einspritzungen zu Versuchszwecken gemacht! Wieviele schmerzhafte Untersuchungen zu Übungszwecken.

In der Vorkriegszeit war der Assistent der unbestrittene Chef der Abteilung – das erkannte nicht nur das Personal an, sondern auch die Patienten. Wie oft habe ich solche jungen Ärzte schreien hören: „Wissen Sie, was gut für Sie ist, oder weiß ich es? Wenn Sie nicht gehorchen, können Sie nach Hause gehen!“ Das geschah häufig, wenn Dinge gemacht wurden, für die der Arzt sich interessierte, die aber mit der Krankheit des Patienten gar nichts zu tun hatten, wie z.B. Blutentnahmen, wenn für irgendeinen Versuch Blut gebraucht wurde.

Ich erinnere mich an eine Frau, die fast sterbend hereinkam und die überhaupt nicht mehr behandelt werden konnte. Sie hatte einen interessanten Blutbefund, und es wurden viele Untersuchungen an ihr gemacht. Schließlich sagte sie mit bemerkenswerter Energie: „Es geht zu Ende! In meiner letzten Stunde lasse ich nichts mehr an mir machen.“

Der Arzt war wütend: „Wenn Sie so unvernünftig sind, wird es wohl zu Ende gehen, dann kann ich Ihnen nicht helfen.“ Er kümmerte sich den Tag nicht mehr um die Frau. Abends starb sie.

Reife und erfahrene Ärzte ließen sich natürlich so grobe Verstöße nicht zuschulde kommen. Aber die Chefärzte interessierten sich wenig für das persönliche Verhalten ihrer Assistenten. Patienten beklagten sich selten, und wenn sie es taten, kamen sie gleich in den Verdacht, unverschämte Querulanten zu sein.

Für die Chefärzte waren die Assistenten keine Respektspersonen. Sie kanzelten sie manchmal ab wie die Schulbuben, wenn sie sachliche Fehler machten. Ich habe aber nie gehört, daß Fehler im persönlichen Verhalten mit ähnlicher Strenge gerügt wurden, oder daß irgendein Wert darauf gelegt wurde, Verständnis für die menschlichen Pflichten des Berufes bei den jungen Ärzten zu wecken.

Nach dem Kriege hat sich das gründlich geändert. Die Patienten kannten genau ihre Rechte und brachten ihre Klagen nicht nur beim Chefarzt vor, sondern häufig gleich bei einer politischen Instanz oder in der Presse. Die Krankenhausärzte waren eher unsicher, als daß sie Herrschaftsgelüste bekamen.

Nach dem Krieg war ich zehn Jahre lang Mitglied der Berliner Gesundheitsdeputation [1921–1931] und hatte Gelegenheit, den Wechsel in der Einstellung des Publikums zu beobachten. In der ersten Zeit hatten wir oft Diskussionen darüber, warum das Publikum eine solche Abneigung dagegen hatte, die öffentlichen Krankenhäuser aufzusuchen, die doch das Beste boten. Später drehten sich die Diskussionen um den Bettenmangel und die Neigung des Publikums, unnötigerweise ins Krankenhaus zu gehen.

In einem Falle in meiner Studentenzeit wurde die soziale Frage von einem Professor in einer Weise behandelt, die besonders darum großen Eindruck auf mich machte, weil niemand, mit dem ich darüber sprach, etwas Ungewöhnliches darin gefunden hatte.

In der Klinik wurde ein tuberkulöses Kind vorgestellt. Der Vater brachte das Kind und folgte mit sichtlicher Spannung der Erörterung. Nach der Untersuchung fragte der Professor einen Studenten, wie er die Prognose stellen würde.

„Ziemlich gut", sagte der Student.

„Absolut schlecht", sagte der Professor. „Sie müssen die soziale Seite beachten. Wäre es ein Kind, das man monatelang in ein gutes Sanatorium schicken könnte und das jahrelang beste Pflege haben könnte, dann würde die Tuberkulose wahrscheinlich ausheilen. Wie sie sehen, ist es aber ein klinischer Fall, arme Leute. Besondere Pflege wird das Kind nicht haben, und darum wird auch die Krankheit nicht ausheilen."

Dort stand der Vater, regungslos. Die Kleider des zum Tode verurteilten Kindes hingen über seinem Arm wie an einem Garderobenständer. Niemand kümmerte sich um seine Anwesenheit. Es wäre eine Verzögerung von zwei Minuten eingetreten, wenn man mit der Erörterung dieser brutalen Wahrheiten gewartet hätte, bis er den Saal verlassen hatte. Die Studenten hätten vielleicht etwas Wichtiges in diesen zwei Minuten gelernt, nämlich daran zu denken, daß sie mit Menschen zu tun haben.

Nach diesem Erlebnis beschloß ich, [wohl im Jahr 1918] aktive Sozialistin zu werden.[15]

Eine meiner ersten klinischen Stationen war im Krankenhaus für geschlechtskranke Frauen [in München]. Die Fragen der Sexualreform haben im öffentlichen Leben in Deutschland eine so große Rolle gespielt, und sie wurden so politisch behandelt, daß ich gleich hier auf die Einstellung der verschiedenen Richtungen zu

15 Zum Verhältnis von Sozialdemokratie und Frauen vgl. jetzt: *J.H. Quataert,* Reluctant Feminists in German Social Democracy, 1885–1917 Princeton, N.J., 1979. Vgl. ferner mit wieder einem anderen Blickwinkel auf diese Entscheidung *Käte Frankenthals: Kurt Grossmann,* Deutsche Juden auf der Linken, in *Herbert Strauss, Kurt Grossmann,* Hg., Gegenwart im Rückblick, Heidelberg 1970, S. 86–105 und *Hans Helmuth Knüttler,* Die Juden und die deutsche Linke in der Weimarer Republik 1918–1933, Düsseldorf 1971. Vgl. im *Kontrast* zu Entwicklung und politischer Struktur der *jüdischen* Frauenbewegung: *Marion A. Kaplan,* The Jewish Feminist Movement in Germany. The Campaigns of the Jüdischer Frauenbund, 1904–1938, London: Greenwood Press 1979.

der Frage der Prostitution und Geschlechtskrankheitenbekämpfung eingehen will.[16]

Bis zum Jahre 1927 gab es in Deutschland staatlich lizensierte Prostitution. Im Gesetz wurden diese Frauen als „Weibspersonen" oder „Dirnen" bezeichnet. Diese Bezeichnungen wurden im Krankenhaus, wenn auch nicht ausgesprochen, so doch deutlich in der ganzen Einstellung zu diesen Patientinnen ausgedrückt. Es waren nicht Frauen, kaum Menschen. Sie standen jeden Tag in langer Reihe an, um ihre Behandlung zu bekommen. Man hätte sich lächerlich gemacht, wenn man von Schonung des Schamgefühls gesprochen und abgesonderte Behandlungsräume verlangt hätte.

Weihnachten freilich erstreckt sich die Sentimentalität in Deutschland in jeden Winkel, und sogar diese Abteilung hatte ihre Feier. Die Frauen durften eine Aufführung machen, die die katholischen Schwestern mit ihnen eingeübt hatten, und die „Weibspersonen" erschienen als Engel mit angehefteten Flügeln und wallenden Gewändern. Der Geschmacklosigkeit war keine Grenze gezogen. Es war eine der bemerkenswertesten Weihnachtsfeiern, die ich je erlebt habe.

Ich kam erneut mit der Frage in Berührung während des Krieges, als ich im Felde war. Die Besatzungstruppe war stark mit Geschlechtskrankheiten verseucht. Es wurden darum alle herumstreichenden Frauen aufgegriffen und zur Untersuchung gebracht. Ich wurde mit der Untersuchung und eventuellen Behandlung beauftragt.

Die Frauen, die ich zu sehen bekam, rangierten im Alter von 12 bis zu 60 Jahren. Sie waren unbeschreiblich schmutzig und voll Ungeziefer, so daß ich mir kaum vorstellen konnte, daß jemand sie ohne Gummihandschuhe anfassen mochte.

Ich konnte bald nicht daran zweifeln, daß solche Wünsche doch bestanden. Ich mußte beantragen, daß das Herumstreichen der

16 Vgl. zu einem ersten historischen Einstieg mit Akzent auf die Zeit vor dem ersten Weltkrieg und einem Ausblick auf die Reformversuche der Weimarer Zeit: *Richard J. Evans*, Prostitution, State and Society in Imperial Germany, in: Past and Present 70 (February 1976) S. 106–129. Vgl. ferner neben der in Fußnote 18 genannten Arbeit: *Manfred Stürzbecher, Otto Schwéers:* Unterlagen über die Verbreitung der Geschlechtskrankheiten in Berlin (Oktober 1930), in: Deutsches Medizinisches Journal 1972 (Jg. 23, Heft 9) S. 573–576 (mit weiterweisenden Literaturangaben auf S. 576); aus der Reformperspektive eines der führenden sozialdemokratischen Gesundheitspolitiker der Weimarer Zeit (Stadtarzt Berlin-Prenzlauerberg) vgl. *Alfred Koracb*, Über die Kommunalisierung der Prostituiertenfürsorge in Berlin, in: Veröffentlichungen auf dem Gebiet der Medizinalverwaltung 1922 (Bd. XV, Heft 6) S. 472–496.

Männer um die Baracke verboten würde, obgleich es bekannt war, daß die Insassen der Baracke ansteckend krank waren. Am beharrlichsten in Annäherungsversuchen waren nicht die Soldaten, sondern die Offiziere. Unzählige Male wurde ich gefragt – natürlich aus rein wissenschaftlichem Interesse – ob die Mädchen nach der Entlassung ungefährlich seien und, ganz ungeniert, wann bestimmte Mädchen entlassungsfähig wären.

Die grenzenlose Verachtung gegen die „Weibspersonen", noch dazu die polnischen, um die es sich handelte, bestand natürlich bei den Offizieren ebenso, wenn nicht mehr, als es im Krankenhaus in München der Fall war. Aber diese Verachtung richtete keine Scheidewand auf. Viele Familienväter haben sich trotz aller Warnungen infiziert. Natürlich spielten die besonderen Verhältnisse des Krieges, der Mangel an Frauen eine Rolle. Aber auch in normalen Zeiten waren die Männer merkwürdig wenig wählerisch, wenn sie auch die Objekte ihrer Wahl kaum als menschliche Wesen betrachteten.

Nach der Revolution kam sehr bald die Frage auf, wie die gesetzliche Regelung der Prostitution und der Bekämpfung der Geschlechtskrankheiten neu gefasst werden solle. Über dieses Gesetz wurde so viele Jahre verhandelt, daß es erstaunlich war, daß schließlich etwas hygienisch ganz Brauchbares herauskam. In den Debatten und erregten Kämpfen wurde die Frage als hochpolitisch behandelt.

Das Zentrum (katholisch) fürchtete völligen Sittenverfall, wenn die polizeiliche Kontrolle aufgehoben würde. Das Gesetz würde „Geschlechts-Bolschewismus" in Deutschland einführen.

Die Rechtsparteien sahen einen Versuch der Sozialisierung und wiesen auf die erheblichen Kosten hin, die den Steuerzahlern erwachsen würden. Ärzteorganisationen machten ihren Einfluß in allen Parteien geltend, um die Ausdehnung der unentgeltlichen Behandlung zu verhindern. Die Linksparteien behandelten die Frage der Reform wie eine große revolutionäre Errungenschaft, nachdem so wenige Errungenschaften nach der Revolution vorzuweisen waren.

Ich arbeitete in der Fachkommission der sozialdemokratischen Partei, in der das Gesetz dutzende von Malen besprochen wurde. Was für Probleme dort auftauchten! Es bestand Einigkeit darüber, daß die polizeilich kontrollierte und lizensierte Prostitution abgeschafft werden sollte. Aber das Wort „Prostitution" auch nur zu gebrauchen, verstieß schon gegen den neuen sozialen Geist. Andererseits mußte man zugeben, daß diese unangenehme Sache, die man nicht aussprechen durfte, die aber seit Jahrtausenden existiert hatte, auch nach Erlaß dieses Gesetzes nicht verschwände. Man mußte sich also weiter darum kümmern.

Das Reichsgesetz wurde schließlich ein Kompromiß, in dem der Wille der sozialdemokratischen Fraktion weitgehend zum Ausdruck kam. Es wurde der Partei-Öffentlichkeit als großer Erfolg präsentiert. Die Polizeikontrolle war abgeschafft, und es war wesentlich ein sanitäres Fürsorgegesetz, dessen Durchführung Selbstverwaltungsaufgabe der Gemeinden wurde[17].

Die preußische Regierung, die unter Führung von Sozialdemokraten stand, erließ sofort Ausführungsbestimmungen für die Gemeinden, die alle Möglichkeiten schufen, den Sinn des Gesetzes zu anullieren und das alte Kontrollwesen, das offiziell von der Partei als vom hygienischen und sozialen Standpunkt schädlich bezeichnet wurde, durch eine Hintertür wieder hereinzulassen. Es war interessant zu beobachten, wie sich das auswirkte. Jeder konnte nun im Rahmen des Gesetzes tun, was er wollte. In Berlin, wo die Linken stark waren, wurden die neuen Wege beschritten. In den westpreußischen Gemeiden, wo die Katholiken stark waren, war bald wieder alles beim Alten. Einige Aufschriften hatten sich geändert, statt „Polizei" hieß es „Gesundheitsamt". Lizenzkarten wurden nicht mehr ausgegeben. Aber an den Maßregeln gegen die Prostituierten wurde nicht viel geändert.

Es war nicht das erste und nicht das einzige Mal, daß die Gruppe *Braun-Severing* den Willen der Partei ignorierte. Sie standen mehr unter dem Einfluß des Zentrums als unter dem der eigenen Partei. Parteidisziplin wurde von den Mitgliedern bis zum Äußersten gefordert und erzwungen. Die Führung fühlte sich nie gebunden, dem Willen der Partei gegenüber Disziplin zu üben.

Für das Wort „Prostitution" wurde auch, wie für manches andere, eine neue Bezeichnung gefunden. Es hieß jetzt: „Personen mit häufig wechselndem Geschlechtsverkehr". Den Wortschwall statt eines Wortes konnte man beim besten Willen in der Amtssprache nicht gebrauchen. Es wurde abgekürzt und hieß: „HwG". Es gab einen Sturm von Heiterkeit in der Berliner Stadtverordnetenver-

17 Vgl. zu einer Dokumentation dieser Vorgänge die Mitteilungen der Deutschen Gesellschaft zur Bekämpfung der Geschlechtskrankheiten. Zu Analysen bzw. spezielleren Dokumentationen vgl. *Florian Tennstedt*, Alfred Blaschko – das wissenschaftliche und sozialpolitische Wirken eines menschenfreundlichen Sozialhygienikers im Deutschen Reich, in: Zeitschrift für Sozialreform 25 (1979), S. 513–523, 600–614, 646–667. Vgl. ferner zu einem der Hauptinitiatoren dieser Reform: Dr. *Georg Löwenstein*, Kommunale Gesundheitsfürsorge und sozialistische Ärztepolitik zwischen Kaiserreich und Nationalsozialismus – autobiographische, biographische und gesundheitspolitische Anmerkungen, Bremen: Universität 1980 (Arbeitsbericht zu verschütteten Alternativen in der Gesundheitspolitik Nr. 3)

sammlung, als der Vertreter des Hauptgesundheitsamtes [*Otto Schwëers*] wiederholt von „HwGs" sprach und auf die Bitte der Stadtverordneten, den Fachausdruck zu verdeutschen, erklären mußte, daß es kein Fachausdruck sei, sondern nur die Abkürzung der neudeutschen Sprache.

Jener Vertreter des Gesundheitsamtes war einer der befähigsten Leute in der Berliner Verwaltung, ein Mann mit weitem Blick und großen Kenntnissen. Nur ein Organ fehlte ihm völlig: Das Rückgrat. Er war ein unverbesserlicher Opportunist. Er gehörte der Demokratischen Partei an. Nach den Wahlen 1928, als die Sozialdemokratie auf der Höhe ihrer Macht war, diskutierte er mit mir die Frage, ob er nicht zur Sozialdemokratie übertreten solle, da er doch in den meisten Fragen des Gesundheitswesens mit uns konform ginge.

Ich ermutigte ihn nicht dazu, da ich den Beitritt von Leuten wie ihm, die keine Sozialdemokraten sind, als einen Schaden für die Partei ansah. Wir hatten zu viele von diesen Intelligenzlern, die nur in einigen Fachfragen mit uns gingen, die gar nicht an die Probleme des Sozialismus rührten. In der kritischen Zeit hingen diese Leute wie ein Bleigewicht an der Partei. Sie suchten Schutz gegen den Faschismus, aber sie wollten auch keine sozialistischen Kampfhandlungen. Sie wollten „Frieden für unsere Zeit".

Jener Mann muß mir ewig dankbar sein für meine ablehnende Haltung. Er ist der einzige leitende Beamte des Gesundheitsamtes, der unter den Nazis seine Stellung behalten hat. Da er erst im Vorhof der sozialdemokratischen Partei stand, konnte er noch herumschwenken.

Ich habe immer seinen Opportunismus hoch eingeschätzt. Daß ihn aber jetzt nicht die Nerven verlassen, wo jedes Wort, das er spricht, gegen sein besseres Wissen ist, ist dennoch bemerkenswert. Natürlich ist ein Mann von seinen Fähigkeiten, seiner Geschicklichkeit in der Darstellung von Dingen und seiner Charakterlosigkeit von großem Wert für das Regime.

Ich habe einige Stichproben über die jetzigen Verhältnisse und eine Veröffentlichung, in der der Leiter der Berliner Abteilung vor der Machtergreifung seine Ansichten ausgesprochen hat. Auf einen Sonderdruck hat er geschrieben: Frau Stadtverordnete Dr. F . . . ergebenst gewidmet. Bln. 16.3.1931.

Ich zitiere zunächst aus dieser Arbeit[18]:

18 *Käte Frankenthal* zitiert hier aus: *Otto Schwëers*, Prostituiertenüberwachung in Berlin nach dem neuen Gesetz zur Bekämpfung der Geschlechtskrankheiten, in:

„Eine meines Erachtens sehr treffende Beurteilung der zwangsweisen Gesundheitskontrolle gab der ehemalige Leiter der Berliner Sittenpolizei. Dr. [med. Georg] *Gueth* ... *Gueth* sagte ... Hier hilft kein Zwang, sondern nur eine Ausgestaltung der Untersuchung derart, daß die Mädchen sie gern in Anspruch nehmen."

Ferner: „Ausnutzung der vom Gesetz gebotenen Möglichkeit zur versteckten Aufrechterhaltung der Reglementierung wird in Berlin in vollem Bewußtsein der Tragweite dieses Beschlusses abgelehnt."

Ferner: „Als besonderer Anreiz für die freiwillige Inanspruchnahme der Krankenanstalten ist für die Geschlechtskranken eine weit über das ... übliche Maß hinausgehende günstige Regelung der Kosteneinziehung getroffen worden. ... Auch die Wiedereinziehung erfolgt nur bei dem Kranken selbst, nicht aber bei seinen Angehörigen ... Krankenkassen werden nur dann in Anspruch genommen, wenn der Kranke damit einverstanden ist."

Ferner: „ Als wichtigstes Lock- und Propagandamittel ist den Beratungsstellen das Recht gegeben, kostenlos Vorbeugungs- und Desinfektionsmittel auszugeben."

Ferner: „Was geschieht nun aber mit Personen, die ... die gesundheitsfürsorgerische Aufsicht ablehnen, sich ihr entziehen oder sich als unbeeinflußbar erweisen? Würde man in solchen Fällen jedesmal zum Zwange greifen, so wäre das Gesetz nicht ‚Gesundheitsfürsorge', sondern nur eine verkappte Reglementierung. Eine solche innere Unehrlichkeit müßte sich auf die Dauer rächen. ... Maßgebend hierfür ist auch der Gesichtspunkt, daß die weiten, für die Weiterverbreitung der Geschlechtskrankheiten in Frage kommenden Personenkreise nur dann Vertrauen zu den Beratungsstellen fassen können, wenn die Gesundheitsbehörde nicht die Mittel durch den Zweck heiligen läßt, sondern auch der Prostituierten völlige Rechtssicherheit gewährt."

Das war der Standpunkt zu einigen der umstrittensten Fragen im Jahre 1931. Ich stimmte in großen Zügen völlig damit überein, ging aber nicht ganz so weit wie der spätere Nazi-Beamte in dem Bestreben, nur durch Fürsorge und Lockung auf unbeeinflußbare Leute zu wirken.

Die jetzige Situation ist folgende: Das Gesetz zur Bekämpfung der Geschlechtskrankheiten wurde bereits im März 1933 geändert. Das war also einer der ersten gesetzgeberischen Akte des *Hitler-*

Alfred Grotjahn, Leo Langstein, Fritz Rott (Hg.). Ergebnisse der sozialen Hygiene und Gesundheitsfürsorge, Bd. 2., Leipzig 1930, S. 360–391, hier S. 365.

Regimes. Unzucht als solche ist wieder unter Strafe gestellt. Das alte Übel, daß Kranke sich verbergen und Angst haben, zum Arzt zu gehen, weil sie bestraft werden können, ist also wiedergekehrt.

Wenn die Nazis sagen: „Unter Strafe gestellt", dann meinen sie es. Das Reichsgesundheitsblatt von 1935, S. 871, veröffentlicht ein Urteil des Oberlandesgerichtes Breslau, in dem gesagt wird: Eine Dirne hielt sich auf der Straße auf, um Männer anzulocken. Es kam aber kein Mann vorüber. Sie wurde trotzdem bestraft. Es heißt in der Begründung: „Ein Bereithalten zur Unzucht ist bereits darin zu finden, daß eine Dirne in einer Dirnengasse auf und ab geht ... Auch der Kaufmann bietet Waren im Schaufenster an, wenn niemand vorbeigeht."

Es ist bemerkenswert, daß das Urteil von „Dirnengassen" spricht, obwohl Dirnengassen und Kasernierung noch immer nach dem Gesetz verboten sind. Praktisch spielt das Verbot keine Rolle. Im Februar 1934 wurde in Essen die Kasernierung wieder eingeführt, mit folgender Begründung: In der Erkenntnis, daß nur eine solche Regelung des Dirnenwesens den Erfordernissen der nationalen Erhebung gerecht werden kann, die unter radikaler Ausnutzung der gesetzlich gegebenen Möglichkeiten die Dirnen aus dem öffentlichen Verkehrswesen herausbringt, hat der Polizeipräsident in Essen durch eine Dienstanweisung die Kasernierung der Prostituierten angeordnet (was eine radikale Verletzung der gesetzlich gegebenen Möglichkeiten ist).

Nach dem alten Gesetz bezogen sich alle Vorschriften auf Männer und Frauen in der gleichen Weise. Unter den Begriff „HwG" fielen auch die Männer, die der Volksgesundheit gefährlich waren.

Jetzt sind die Männer Herrenmenschen und haben offenbar wieder die gleiche Einstellung wie einst die Offiziere der alten Armee.

Die „Medizinische Welt" schreibt am 7. März 1936: „Die in einzelnen Bezirken bemerkte leichte Steigerung der Zahl von Neuerkrankungen in den letzten zwei Jahren ist u.a. durch die politisch bedingten großen Kundgebungen ... verursacht, sowie nach unserer Erfahrung durch die Zusammenfassung der jungen Männer in Kameradschafts- und anderen Lagern, in deren Nähe sich, besonders in Großstädten, häufig zweifelhafte weibliche Individuen herumtreiben, eine Zeiterscheinung, der die zuständigen Stellen besondere Beachtung schenken müssen."

Über die Schwierigkeiten bei der Bekämpfung der Geschlechtskrankheiten berichtet das Reichsgesundheitsblatt 1934, S. 399, u.a. folgendes: „Die Behandlung der Minderbemittelten ist in etwa der Hälfte der Fälle nicht ausreichend gesichert. Es kommt vor, daß

Wohlfahrtsämter wegen Rückerstattung der Auslagen pfänden. Krankenhäuser und Wohlfahrtsämter lassen es an Verschwiegenheit fehlen. Ein Arzt berichtet, daß fast alle seine weiblichen Patienten, bei denen er die Diagnose auf den Krankenschein schrieb, ihre Stellung verloren. Die zur gründlichen Behandlung nötigen Mittel würden das zwei- bis vierfache des heute bewilligten Betrages ausmachen. In verschiedenen Großstädten ist die Prostitution wieder auf bestimmten Straßen und Häuserblocks zusammengedrängt.

Nach diesen in offiziellen Blättern geschilderten Zuständen ist es nicht erstaunlich, wenn man den Effekt hört. Das Deutsche Ärzteblatt, Nr. 25, 66. Jahrg. berichtet, daß im Jahre 1934 21% aller Patienten in ansteckendem Zustand sich der Behandlung entzogen, und zwar 12,5% aller Männer und 40% aller Frauen!

Ich habe in der vielen Mußezeit, die ich in den sieben Jahren der Emigration hatte, ständig die deutschen Veröffentlichungen verfolgt. Ein ähnlicher Zusammenbruch alles dessen, was aufgebaut und wohl organisiert war, ist auf vielen anderen Gebieten festzustellen. Ich habe dieses Beispiel gewählt, weil die Fragen so stark in der öffentlichen Diskussion in Deutschland standen, und das Publikum sich sehr auf die Fürsorgemaßnahmen verließ.

Während es in den ersten Jahren [nach 1933] noch leicht war die Entwicklung zu verfolgen, wurden später die statistischen Angaben und fachlichen Äußerungen immer seltener. Das bedeutet keineswegs, daß Günstiges mitzuteilen wäre. Seit Beginn des Krieges ist unglücklicherweise die Literatur aus Deutschland nicht mehr in den hiesigen Bibliotheken eingetroffen, und es ist nicht mehr möglich, die Entwicklung der inneren Verhältnisse zu verfolgen.

Kriegsausbruch und Anfang der ärztlichen Tätigkeit

Ich will wieder den Faden meines Lebensberichtes aufnehmen.

Der letzte Teil meiner Studentenzeit verlief ohne wesentliche Ereignisse. Ostern 1914 bestand ich das Staatsexamen in Freiburg im Breisgau. Es traf sich, daß ich eine Medizinalpraktikantenstelle in Kiel fand. Ich war froh, an eine Universitätsklinik zu kommen. Die guten Krankenhäuser hatten immer ein Überangebot an jungen Ärzten.

Meine Eltern waren inzwischen nach Hamburg verzogen, unser Haus war verkauft. Mit alten Bekannten hatte ich keine Fühlung mehr, wir hätten auch weniger denn je etwas miteinander anzufangen gewußt. Ich hatte Verbindung mit Sozialisten, merkte aber deutlich, daß ich nur mit Vorbehalt akzeptiert wurde. Ich verstand das nur zu gut. In Kiel war es ja bekannt, daß ich aus einem vom Sozialismus weit entfernten Lager stammte. Ich widmete mich meinen Berufspflichten und schrieb meine Doktorarbeit. Sie war kaum gedruckt, als der Krieg ausbrach.

Deutschland war in Fieberdelirien. Die Straßen waren voll von Menschen. Wenn drei Menschen zusammenstanden, stürzten zwanzig andere hinzu: „Was ist los? Nachrichten? Extrablätter?“ Im Nu bildete sich ein Auflauf und niemand wußte, warum man zusammengelaufen war.

Bei Kriegsausbruch 1939 saß ich mit meinen Freunden in Amerika wie festgebannt am Radio. Niemand traute sich aus dem Haus. Im Jahre 1914 hatte man keine Ruhe im Hause. Jeden Augenblick konnten wichtige Nachrichten kommen und man mußte auf der Straße sein, um sie aufzufangen. Vor den Zeitungshäusern, wo die Telegramme angeschlagen wurden, war es immer schwarz vor Menschen. Nur die vordersten Reihen konnten etwas sehen. Jeder wollte wissen, was da steht, und jeder wußte etwas zu berichten. Die wildesten Gerüchte schwirrten durch die Stadt.

Wenn ein Trupp Rekruten sichtbar wurde, kannte die Erregung keine Grenzen mehr. Es war ein Schreien, Tücher schwenken, Blumen werfen. Frauen warfen sich auf die verdutzten Jünglinge und küßten sie. In der Straßenbahn standen alte Frauen auf, um den Rekruten Platz zu machen. Alles für unsere künftigen Helden! Das Spießbürgertum feierte Orgien. Manchmal sahen die Straßen aus wie ein vergrößerter Karneval.

War es Freude und Enthusiasmus, was sich da so wild gebärdete? Wo immer ich mit Einzelnen sprach, hatte ich entschieden einen entgegengesetzten Eindruck. Wofür oder wogegen sollten die Massen enthusiastisch sein? Es wußte ja im Grunde niemand, was vorging. Kaum die politischen Führer wußten es, und ganz und gar nicht die Massen.

Die Einberufung zum Militär konnte bei den Familien nur Grauen erregen. Die Öffentlichkeit war gerade näher damit bekannt geworden, was der berüchtigte „Kasernenhofton" wirklich bedeutete.

Im Juli 1914 hatte der sensationelle Prozeß gegen *Rosa Luxemburg* wegen Beleidigung der Armee stattgefunden. *Rosa Luxemburg* hatte in einer Rede behauptet, daß an jedem Tage in jeder Kaserne Deutschlands sich ein Drama abspiele. Der Kriegsminister [*General Erich von Falkenhayn*] hatte sie wegen Beleidigung verklagt, und die Verteidigung hatte 922 Zeugen für die Behauptung angeboten. Der Prozeß hatte die entsetzlichsten Enthüllungen gebracht. Furchtbarste Mißhandlungen der Leute durch Vorgesetzte und ältere Kameraden wurden aufgedeckt. Die Leute waren gezwungen worden, sich gegenseitig in den Mund zu spucken, Fußböden mit Zahnbürsten aufzuschrubben, die Haare der Geschlechtsteile waren ihnen abgesengt worden. In der Instruktionsstunde waren warnende Beispiele mitgeteilt worden, was Leuten passiert, wenn sie sich beschweren.

Als ich kürzlich jene Prozeßberichte wieder las, glaubte ich, Berichte aus einem Nazi-Konzentrationslager zu lesen. In einem Jahr waren 425 Selbstmorde oder Selbstmordversuche in der Armee bekannt geworden, also sogar mehr als ein Drama jeden Tag.

Nach einer Woche Verhandlung hatte der Kriegsminister Vertagung beantragt, um die schwersten Fälle näher zu untersuchen. In der Presse herrschte Einigkeit darüber, daß die Armee auf das Schwerste kompromittiert war.

Rosa Luxemburg, ihr Verteidiger *Paul Levi* und viele andere sprachen während des Monats Juli 1914 dauernd in großen Versammlungen über das Thema: Die Soldatenmißhandlungen. Viele Zehntausende hatten die Redner gehört. Alle Zeitungen brachten die Berichte. Nie war die Öffentlichkeit so in Aufruhr gegen die Armee gewesen wie zu Beginn des Krieges.

Nun schien das alles vergessen zu sein. Schulen berichteten stolz über den Patriotismus der Schüler. Viele 17jährige verließen die Schulbank, um als Freiwillige in den Krieg zu gehen. Die 16jährigen waren verzweifelt, weil der Krieg zu Ende sein könnte, bevor sie dran kämen.

Die Steigerung der Erregung zur Siedehitze hatte sich nicht einmal über den einen Monat erstreckt, der seit dem Mord von Sarajevo vergangen war. Daß der Fürstenmord für einige Zeit die Zeitungen füllte, daß viel von der allgemeinen Empörung über die abscheuliche Bluttat geschrieben wurde, war nur natürlich. Die Empörung bestand aber im Grunde nur in einem Kopfnicken, wenn die Zeitung empört schrieb. Das Publikum nahm dies sensationelle Ereignis ebenso gleichmütig hin wie andere Sensationen.

Vom empörten Zeitungsleser zum rasenden Krieger ist noch ein großer Schritt.

Die drohende Kriegsgefahr war nicht länger als acht Tage im Bewußtsein der Massen, seit dem Österreichischen Ultimatum an Serbien am 23. Juli. Der Krieg war da, ein fait accompli, noch bevor das Volk einen klaren Gedanken fassen konnte.

Im Krankenhaus, in den Familien, die ich sah, wurde von nichts anderem gesprochen als von dem furchtbaren Unglück, wenn die Männer eingezogen würden. Die Katastrophe schien so unfaßbar und sinnlos, jeder Einzelne fühlte so sehr, daß der Krieg ihm aufgezwungen ist, daß die Presse dies Gefühl nur in den Plural umzusetzen brauchte: Dieser sinnlose Krieg ist uns aufgezwungen. Die Hysterie, die auf den Straßen herrschte, war die einzige Quelle des Trostes, wenn die verzweifelten Menschen sich gegenseitig zuschrieen: Es kann nicht lange dauern! Deutsche Männer! Deutsche Kraft! Deutsches Schwert! Das Volk war ja daran gewöhnt, in Gesängen und Dichtungen allen Tugenden das Attribut „Deutsch" voranzustellen. Eine Andeutung, daß es auch russische Männer, englische Kraft und ein französisches Schwert gäbe, grenzte an Hochverrat, weil der Gedanke nicht erträglich schien.

Das Kraftgefühl wurde in neuen Versen ausgedrückt, und mit der langen Reihe der Kriegserklärungen wuchs die Reihe der Verse zu größenwahnsinnigen Dimensionen an: Jeder Schuß – Ein Ruß. Jeder Stoß – Ein Franzos. Jeder Tritt – Ein Britt. Jeder Klaps – Ein Japs, usw.

Ein Bild von *Kaiser Wilhelm* und *Kaiser Franz Joseph*, sich tief in die Augen sehend, stand in jedem Schaufenster. Und damit man es ja richtig versteht, waren die gekrönten Häupter umrahmt durch das Wort: Nibelungentreue!

Über die wahren Hintergründe sind sich bekanntlich die Gelehrten bis heute noch nicht einig. Die Gründe, die dem deutschen Volk präsentiert wurden, waren einfach und plausibel.

Erstens die Nibelungentreue erforderte es, daß wir kämpfen, wenn Österreich kämpfen muß. Zweitens Deutschland ist eingekreist von feindlichen Mächten, die es vernichten wollen.

Die Tatsachen, die bekannt wurden, entsprachen nicht ganz den angegebenen Gründen. Am 28. Juli erklärte Österreich den Krieg an Serbien. Die weiteren Nachrichten lauteten: 1. August: Deutschland erklärt Rußland den Krieg. 2. August: Deutschland stellt Belgien ein Ultimatum. 3. August: Deutschland erklärt Frankreich den Krieg. 4. August: Deutschland greift Belgien an.

Erst am 5. August bekam Deutschland die erste Kriegserklärung von England. Und erst am 6. August wurde die Nibelungen-Affaire bereinigt: Deutschland erklärte Serbien den Krieg, und Österreich erklärte Rußland den Krieg.

Einer erzählte dem anderen, daß man doch aufgeklärt genug sei zu wissen, daß die Kriegsschuld nicht davon abhänge, wer wem Krieg erklärt, die wahren Gründe lägen viel tiefer. Aber niemand in den Massen kannte sie. Die Situation war grundverschieden von der 1939, wo das Volk seit Jahren psychisch und materiell auf den Krieg vorbereitet ist und unbestreitbar ein beträchtlicher Teil des Volkes ihn mitgeplant hat.

Im Kaiserlichen Deutschland, selbst mit seiner beschränkten Demokratie, hatte das Volk noch immer die selbst gewählten Führer, von denen es Information und Richtlinien erwartete.

Die sozialdemokratische Partei, die SPD, hatte unendlich oft in theoretischen Erörterungen jeden imperialistischen Krieg verurteilt, und bei Ausbruch eines Krieges mit Generalstreik und mit der Umwandlung in den revolutionären Krieg gedroht.[19]

Als Österreich das Ultimatum an Serbien stellte, schien die Partei ihrem Standpunkt zunächst treu zu bleiben. Am 25. Juli erließ der Parteivorstand einen Aufruf, in dem es hieß: Sind doch die Forderungen dieser Regierung so brutal, wie sie in der Weltgeschichte noch nie an einen selbständigen Staat gestellt worden sind, und können sie doch nur darauf berechnet sein, den Krieg geradezu zu provozieren!

Es folgte eine Flut von Protestversammlungen und Resolutionen. Die Sozialdemokraten waren auf die Parole des aufgezwunge-

19 Vgl. allgemein zur Lage der Sozialdemokratie in dieser Zeit: *Dieter Groh*, Negative Integration und revolutionärer Attentismus. Die deutsche Sozialdemokratie am Vorabend des Ersten Weltkrieges, Frankfurt/Main usf.: 1973.

nen Krieges nicht hereingefallen. Wer die Sozialdemokraten hören wollte, dem wurde es eingehämmert: Das österreichische Ultimatum provoziert den imperialistischen Krieg!

Am 28. Juli schrieb der „Vorwärts", das Zentralblatt der SPD: Nicht der Zarismus ist in diesem Augenblick die schlimmste Gefahr, sondern das übelberatene Österreich.

Am 28. Juli fanden Friedenskundgebungen der SPD in ganz Deutschland statt. In allen Kundgebungen wurde eine Resolution vorgelegt, die mit den Worten begann: Österreich hat mit seinem brutalen Ultimatum Serbien den Krieg erklärt.

Am 31. Juli schrieb der „Vorwärts", nachdem er betont hatte, daß diesmal Frankreich und Rußland ehrlich zu Ausgleichsverhandlungen bereit seien: Und da sollte Österreich die unfaßbare Gewissenlosigkeit haben, sich gegen jene Mächte zur Mäßigung taub zu stellen? Und Deutschland sollte entschlossen sein, mit einem *solchen* Bundesgenossen durch dick und dünn zu gehen auf die Gefahr der Weltkatastrophe hin?

Dann kam plötzlich der Umschwung.

[*Philipp*] *Scheidemann* spricht in seinen Memoiren[20] über die Konferenz, die am 1. August [1914] in Paris stattfand und an der der spätere Reichskanzler und Parteivorsitzende *Hermann Müller* teilnahm. *Müller* erklärte in Paris, daß das deutsche Volk nicht genügend informiert worden sei, bevor das Ultimatum an Serbien abging; dafür sei die Regierung zu tadeln. Aber alle Parteikreise seien der Ansicht, daß, sollte es zum Kriege kommen, Rußland schuldig sei, und Frankreich nicht genügend Einfluß auf Rußland ausgeübt habe, um den Frieden zu bewahren.

Wenn *Müller* gesagt hat „alle Parteikreise", dann hat er die Mitgliedschaft vergessen. Die Mitglieder waren noch drei Tage in der Weltgeschichte zurück und glaubten noch an die Resolutionen, die sie verabschiedet hatten.

Es kam der verhängnisvolle 4. August mit dem endgültigen Einschwenken der Sozialdemokraten in die Nationale Front. In der Erklärung, die *Hugo Haase* im Reichstag verlas, hieß es: Wir wollen das Vaterland nicht in der Stunde der Gefahr verlassen. Wir sind hier in völliger Übereinstimmung mit der Internationalen, die immer das Recht der Nationen auf Unabhängigkeit und Selbstbestimmung anerkannt hat.

Haase, der spätere Führer der Unabhängigen Sozialdemokraten, hatte in der Fraktion gegen die Erklärung gestimmt. Er wußte, daß

20 Erinnerungen eines Sozialdemokraten, 2 Bde., Berlin: 1927.

niemand die Unabhängigkeit und das Selbstbestimmungsrecht Deutschlands bedroht hatte. Auf Verlangen der Fraktion mußte gerade *Haase* diese Erklärung verlesen. So war er offiziell mit einer Sache identifiziert, die er verurteilte. Das war die berühmte Parteidisziplin!

In der Vormittagssitzung des Reichstages am 4. August hatte *Bethmann-Hollweg* den Einfall in Belgien bekannt gegeben. Diese Tatsache war also der SPD bereits bekannt, als sie in der Nachmittagssitzung die Kriegskredite bewilligte mit der Begründung, das Recht der Nationen auf Unabhängigkeit und Selbstbestimmung verteidigen zu wollen.

Scheidemann schreibt über den 4. August: Damals glaubten wir alle, daß Deutschland angegriffen war, daß die Franzosen das Wasser in Deutschland vergiftet und Nürnberg und Fürth bombardiert haben.

„Alle" haben nicht zwischen dem 31. Juli und dem 1. August ihre Überzeugung, daß die Zentralmächte den Krieg provozieren, geändert. Viele haben die Wandlung der offiziellen Partei nie verstanden. Das Geheimnis, was in jenen 24 Stunden vorgegangen ist, wird wohl nie ganz geklärt werden. Die wenigen Persönlichkeiten, die damals die Verhandlungen führten, sind tot. In ihren Veröffentlichungen konnte ich keine Antwort finden.

Der „Vorwärts" hörte auf, sich im Tenor von den bürgerlichen Blättern zu unterscheiden. Er hatte nur die Wahl, das zu tun, oder sein Erscheinen einzustellen. Im September 1914 war er zweimal verboten worden, das zweite Mal auf unbestimmte Zeit. Am 1. Oktober erschien er wieder, brachte aber an der Spitze des Blattes eine Verordnung des Oberbefehlshabers *von Kessel*, in der es hieß: „Der Rechtsanwalt *Hugo Haase*, M.d.R., hat zusammen mit dem Geschäftsführer des Vorwärts, *Richard Fischer*, M.d.R., am 28. d.M. um Aufhebung meines Verbotes vom 27. d.M. gebeten. Auf die von mir gestellte Bedingung, daß in Zukunft mit Rücksicht auf die mit Kriegsausbruch hervorgetretene Einmütigkeit des Deutschen Volkes das Thema „Klassenhaß und Klassenkampf" im Vorwärts nicht mehr berührt werden dürfe, hat Herr *Haase* . . . erklärt, daß die Redaktion des Vorwärts . . . den Beschluß bekundet hat, für die Dauer des Kriegszustandes die Zeitung unter jener von mir geforderten Bedingung zu redigieren und die zur Durchführung derselben notwendigen Maßnahmen innerhalb der Redaktion zu treffen."

Der „Vorwärts" hielt sein Versprechen so wörtlich, daß durch besonderen Erlaß sogar seine Verbreitung bei den Soldaten im

Felde erlaubt wurde, während schon im Frieden das Verbreiten von revolutionären und sozialdemokratischen Schriften bei der Armee verboten war. Manchmal versuchte der „Vorwärts" noch einige Tatsachenberichte einfließen zu lassen, die die offizielle Hetze etwas berichtigen konnten. Er veröffentlichte z.B. Anfragen des Abgeordneten *Liebknecht* an Krankenhäuser, in denen vom Feinde mißhandelte Frauen oder Leute mit ausgestochenen Augen liegen sollten, und die Antwort der Krankenhäuser, daß ihnen keine solchen Fälle bekannt seien. Einen Einfluß, der sich von der anderen Presse unterschied, hat aber die sozialistische Presse während des Krieges im Lande und im Felde nicht ausgeübt.

Ich war zu Kriegsbeginn noch im Kieler Krankenhaus. Dort gingen die Wogen der Erregung nicht weniger hoch als in der Stadt. Am 1. August wurden zum erstenmal die Gehälter in Papier statt in Gold ausgezahlt. Es dauerte noch Jahre, bis das Papiergeld wertlos wurde. Im August 1914 konnte man noch mit dem Gehalt ebensoviel kaufen wie vorher mit dem Goldgeld. Aber es war das erste Gefahrensignal, das wirklich verstanden wurde. Die Gehaltsempfänger schienen von einer Panik erfaßt zu sein. Was sollte werden, wenn das Papiergeld nicht angenommen wird und man für sein Geld nichts kaufen kann? Die Frage wurde im Krankenhaus sehr ernstlich erörtert. Wie man es sich vorstellte, daß die Wirtschaft das vom Staate ausgezahlte Geld nicht annimmt, weiß ich nicht. Auf alle Fälle, darüber bestand Einigkeit, gab es nun zweierlei Geld. Das alte Gold mußte man aufheben, und das Papiergeld mußte man ausgeben. Die Kriegshamsterei wurde pünktlich am 1. August 1914 geboren. Die Gruppe, die zu beobachten ich Gelegenheit hatte, waren junge Ärzte, die sich alle für eifrige Patrioten hielten. Aber vor Schreck über das Papiergeld hatte man ganz vergessen, daß der Krieg ja nur kurz und siegreich sein würde.

Am Tage nach Kriegsausbruch war ich, wie immer, im Krankenhaus und schrieb meine Krankengeschichten, als der Stationsarzt aufgeregt hereinkam: „Junge Kollegin! Sie haben wohl noch nicht gemerkt, daß wir Krieg haben!"

Das Krankenhaus wurde sofort auf Kriegsbetrieb umgestellt. Ausführliche Krankengeschichten schreibt man im Frieden. Im Kriege werden nur die allernotwendigsten Notizen gemacht. Alle Patienten, die gehfähig waren, wurden entlassen. Nur eine Abteilung für Schwerkranke blieb belegt. Es mußte Raum geschaffen werden für die Verwundeten.

Man hätte denken können, daß vor den Toren Kiels eine Schlacht raste. Tatsächlich raste nur die Aufregung in den Köpfen.

Kiel kam während des ganzen Krieges nicht so nahe an die Feuerlinie, daß so umfassende Maßnahmen, wie sie im August 1914 getroffen wurden, notwendig geworden wären.

Ich wollte im August für einen Tag nach Hamburg [zu den Eltern] fahren. Es wurden drei Tage daraus. Die Reise von Kiel nach Hamburg dauert gewöhnlich zwei Stunden. An diesem Tage dauerte sie etwa zehn Stunden. Fahrpläne waren aufgehoben, die Personenzüge blieben stehen, bis einmal Platz frei wurde, eine Station weiterzukommen. Ich hatte Muße, Dutzende von Militärzügen zu betrachten. Die Menschen waren dort zusammengepfercht wie das liebe Vieh. Keine Ahnung hatten sie, wohin sie verfrachtet wurden. Aber alle Züge waren mit Aufschriften bemalt, wie: Nach Paris, zur Behebung des französischen Geburtenrückganges. Viele Aufschriften waren noch erheblich drastischer. Wo immer ein Zug sichtbar wurde, drängten die Reisenden an die Fenster und belachten und begröhlten die guten Witze. Die Soldaten wurden mit Schokolade, Zigaretten und Früchten beworfen. Es wurde fortwährend gesungen. Ich weiß nicht woher plötzlich alle die blutrünstigen Lieder kamen. Viele hatte ich nie zuvor gehört.

Viele Soldaten hatten sicherlich vor kurzem mit schwerem Herzen Abschied genommen. Aber in dieser gehobenen Stimmung konnten die Herzen nicht schwer bleiben. Das ganze Kriegsunternehmen schien wie ein Abenteuer, ein Jux.

Hin und wieder freilich ertönte ein schnarrender Befehl, diese unwiedergebbare Stimme des Preußischen Kasernenhofes. Alles stand dann wie angenagelt. Auch den unbeteiligten Zuschauern ging es durch Mark und Bein. Die Enthüllungen im *Luxemburg*-Prozeß waren noch frisch in Erinnerung. Nach dem Krieg lief wieder ein großer Prozeß wegen Soldatenmißhandlungen im Krieg. Es gab immer Brutalität in Deutschland, wenn eine Gruppe Macht hatte und eine andere wehrlos war.

In den Fachzeitschriften erschienen bald lange Spalten mit Stellenangeboten. Viele Ärzte waren eingezogen, und es entstand ein Wettlauf um die Zurückgebliebenen.

Ich hatte noch keine bezahlte Stellung, und meine pekuniäre Lage war in der letzten Zeit recht schwierig geworden. Ich schrieb eine Bewerbung, ohne viel Hoffnung. Im ersten Jahre nach dem Examen gab es noch keine bezahlten Stellen.

Ich wurde sofort angenommen als Assistentin an das größte Berliner Krankenhaus.[21] Es gab außer dem regulären Assistenten-

21 *Käte Frankenthal* war vom 1. Februar bis zum 1. Juni 1915 auf der Augenabteilung des Rudolf Virchow Krankenhauses in Berlin (Chefarzt Dr. *Fehr*).

gehalt noch eine Kriegszulage. Warum das? Eine merkliche Teuerung bestand noch nicht. Außergewöhnliche dienstliche Anforderungen wurden auch nicht gestellt. Der „Staff" war aufgefüllt mit Ärztinnen und mit älteren oder reklamierten[22] Ärzten. Das Geld wurde natürlich ausgegeben und die Nachfrage der Zivilbevölkerung nach Konsum- und Luxusartikeln war stark.

Der Krieg war nun schon ein paar Monate alt, und die erste Aufregung war vorbei. Der Krankenhausbetrieb ging in ziemlich normalen Bahnen. Gelegentlich wurde ein Arzt einberufen. Die weiblichen Ärzte waren ungewöhnlich zahlreich. Sonst erinnerte nicht viel an den Krieg.

Die Verpflegung der Ärzte war nicht nur gut, sondern üppig. Zum Frühstück kamen Schüsseln mit kaltem Fleisch und Eiern auf den Tisch, die bis mittags stehen blieben, weil viele Deutsche gewöhnt sind, noch ein zweites Frühstück zu nehmen. Außer dem meist warmen Abendbrot wurde abends wieder ein kaltes Buffet aufgestellt, damit diejenigen, die ins Theater gingen, ein frühes Abendbrot nehmen konnten oder noch einen späten Imbiß, wenn sie nach Hause kamen, oder, wenn sie wollten, beides. So üppig wie Anfang 1915 war die Verpflegung in den Krankenhäusern nie mehr nach dem Kriege, als ich Mitglied der Berliner Gesundheitsdeputation war.

Ich erlebte hier ein zweitesmal, daß ein Kreis von Ärzten einen Schock bekam, und zwar war es diesmal die Einführung der Brotkarte. Wir merkten noch nichts vom Hunger. Aber es wurde umständlich, wenn man eine Mahlzeit in der Stadt nehmen wollte. Und es war wiederum ein jedem verständliches Gefahrensignal, daß nicht alles so ruhig und ungestört bleiben würde. Die Zivilbevölkerung war ebensowenig auf das vorbereitet, was ihr bevorstand, wie das Militär.

Es läßt sich nicht bestreiten, daß in der Regulierung all solcher Fragen das Nazi-Regime tüchtiger ist. Das Deutsche Volk hat diesmal den Ernst der Zeit schon lange vor dem Kriege begriffen. An Nahrungsmittelknappheit und schlechtes Essen ist man bereits gewöhnt.

Unmittelbar nach Beginn dieses [2.] Krieges wurde die Regulierung für die ärztliche Versorgung der Zivilbevölkerung bekannt gemacht. Jeder Arzt, männlich und weiblich, ist dienstpflichtig und hat alle Aufgaben zu übernehmen, zu denen er eingesetzt wird. Die eingezogenen Ärzte dürfen keine Vertreter für ihre Praxis bestel-

22 Aus Gründen der zivilen Versorgung von der Einziehung freigestellte Ärzte.

len. Im Lande praktizierende Ärzte, die aufgerufen werden, die Praxis eines im Felde Stehenden mitzuversorgen, bekommen dafür keine Vergütung. Andererseits müssen im Felde stehende Ärzte ihre Praxisräume und Einrichtung ohne Vergütung für noch nicht etablierte Ärzte zur Verfügung stellen, die zur Übernahme eines ärztlichen Dienstes bestimmt werden.

Die Regulierungen enthalten noch viele Unklarheiten. Die September-Nummer des „Deutschen Ärzteblattes“ [von 1939], die letzte, die hier [in New York] einging, kündigte bereits Kommentare an. Sicher ist erreicht: erstens, daß die im Lande Bleibenden nicht die Wirtschaft durch Luxuskonsum belasten können; zweitens, daß nicht der Staat, sondern die im Lande Arbeitenden die Familien der im Felde Stehenden ernähren müssen; drittens, daß der Haß und die Eifersucht, die im Weltkrieg zwischen der leidenden Front und dem schlemmenden Hinterland bestanden, nicht aufkommen können. Bei der Verteilung der Leiden und Entbehrungen ist diesmal niemand vergessen.

Der Bevölkerung wird mitgeteilt, daß die ärztliche Versorgung durch den Staat sichergestellt sei. Wie gut oder schlecht die Versorgung auch sein mag, das klingt beruhigend. Im Jahre 1914 wiesen die Ärzteverbände in den Zeitungen auf die Überlastung der im Lande tätigen Ärzte hin. Die Bevölkerung wurde aufgefordert, Hausbesuche in den Morgenstunden zu bestellen, da man sonst außer in Notfällen nicht damit rechnen könne, daß der Arzt am gleichen Tage komme. Das klang beunruhigend.

Ich war noch nicht lange im Berliner Krankenhaus, als eine Bekannte mir schrieb, daß ihr Mann in wenigen Tagen einrücken müsse und es ihm unmöglich sei, einen Vertreter zu finden. Sie bat dringend, ob ich nicht kommen wolle und bot mir ein Gehalt an, das ungefähr das Doppelte dessen betrug, was ich im Krankenhaus bekam. Sie wußte, daß ich eine ganz junge und unerfahrene Ärztin war. Aber wenn sie überhaupt einen Vertreter finden wollte, mußte sie ihn aus einer anderen Stelle fortangeln. Man wurde damals in Deutschland Kriegsverdiener, ob man wollte oder nicht.

Ich akzeptierte und lernte das Leben eines Landarztes kennen. Es fehlten bereits viele Ärzte in den umliegenden Dörfern. Die Patienten kamen von weit her, und ich mußte meilenweit herumfahren. Ein Landarzt muß natürlich alles behandeln, was kommt. Konsultationen mit Fachärzten gibt es nicht. Ich hätte oft gern gewußt, ob meine Patienten ebensoviel Angst vor der Behandlung hatten wie ich. Männer kamen wie Frauen, da kein anderer Arzt erreichbar war.

Ich hatte die Doktorsgattin gekannt, als sie ein junges Mädchen war, intelligent und mit vielerlei Interessen. Sie pflegte jetzt mit Sorgfalt ihren Garten, versorgte die Hühner und verarbeitete die selbstgezogenen Produkte sehr kunstgerecht in der Küche. Sie versicherte mir, daß das Kochen Spaß mache, wenn man doch nichts anderes anzufangen weiß. Übrigens koche ihr Mann noch besser als sie, und das werde ihm beim Militär sicher zustatten kommen.

Es waren ein Apotheker, ein Lehrer und ein Richter in dem Ort. Alle waren ältere Männer und unverheiratet. Sie pflegten an einem Stammtisch im Wirtshaus zu sitzen, an dem auch der Arzt zu sitzen pflegte.

Die Ankunft einer Ärztin war natürlich ein Ereignis. Daß täglich die sozialdemokratische Zeitung in das Doktorshaus geliefert wurde, war sofort bekannt und rief nicht geringe Aufregung hervor. Daß ich Zigarren rauchte, was ich mir in der Studentenzeit angewöhnt hatte, war ebenfalls sofort bekannt, und man wußte nicht recht, ob das noch Spaß, oder schon ein Skandal war. Die größte Sensation rief es scheinbar hervor, als mich die Langeweile gelegentlich ins Wirtshaus trieb, und ich mich an den Stammtisch setzte, um mit den Honorationen ein Glas Bier zu trinken. Zuerst schienen sie nicht abgeneigt, mich hinauszuwerfen. Da das aber in der ländlichen Gemütlichkeit viel zu anstrengend gewesen wäre, tolerierten sie mich, und ich gewann bald ihre Herzen.

Alle Anregungen der Universitäten und des wissenschaftlichen Betriebes der Krankenhäuser waren noch frisch in meiner Erinnerung. „Der Menschheit ganzer Jammer faßte mich an", als ich diese Männer sah, die doch auch einmal mit Hoffnungen und Plänen ihre Studien auf der Universität betrieben hatten. Hier saßen sie nun, abgeschlossen von der Welt. Ihre Lektüre bestand im wesentlichen aus dem Lokalblättchen, ihre Interessen waren die gleichen wie die der Bauern. Sie übten ihren Beruf aus, wie sie es vor 30 oder 40 Jahren gelernt hatten, und hatten es nicht einmal gemerkt, daß die Wissenschaft Fortschritte gemacht und die Zeit über sie hinweg gegangen war. Berliner Zeitungen und das kleine Kistchen mit Büchern, das ich mitgebracht hatte, wagte ich nicht einmal anzubieten. Es paßte einfach nicht in den Rahmen. Das einzige, was sie am Krieg interessierte, war, daß der Doktor und ein paar Burschen im Dorf eingezogen waren.

Man hatte sich so wenig zu sagen, daß sie zu stumpf wurden, um den Mund aufzumachen und „Guten Abend" zu sagen. Wer hereinkam, klopfte mit der Faust auf den Tisch, und die Umsitzenden taten das Gleiche. Das bedeutete so viel wie „Guten Abend".

Es stand sofort bei mir fest, daß ich in dieser friedlichsten Idylle nicht die Zeit des Weltbrandes verbringen würde. Ich sagte der Doktorsfrau, daß ich so lange bleiben wolle, bis sie einen ständigen Vertreter für die Kriegszeit gefunden hätte. Es dauerte aber einige Wochen, bis ein älterer Herr eintraf, um mich abzulösen.

Die Verhältnisse in Deutschland standen in keinem Verhältnis zu der Ruhe, die in jenem Dorfe herrschte. Vom Felde kamen Siegesnachrichten. Aber Nachrichten von „zurückverlegten Fronten“ ließen sich nicht ganz unterdrücken. Wenn Verluste sich nicht leugnen ließen, verlachte man sie. Aber das Lachen klang nicht echt. Der Verlust von Togo z.B. wurde in folgender poetischer Form mitgeteilt:

Denkt, man nahm uns Togo fort!
Deutschland, hast Du Worte?
Nahm die ungeschützte Stadt,
Stürmte die Aborte!
England, Deine erste Tat
Muffelt sehr zum Himmel.
Wenn Dir davon übel wird,
Kriegst Du Deutschen Kümmel.

Man sah in der Stadt viele Leute in Trauerkleidern und bedrückt aussehende Individuen. Die Masse beherrschte nicht mehr die Straße, und die Individuen hatten nichts zu jubeln.

Die Arbeitslosigkeit war so groß, daß viele Gemeinden zum erstenmal Arbeitslosenunterstützung einführten. Die Unterstützung der Familien, deren Ernährer im Felde standen, war ganz ungenügend und reichte kaum zum Leben.

Gleichzeitg mit dem in Erscheinung tretenden Massenelend tauchte die abstoßende Erscheinung des Kriegsgewinnlers auf. Diese Leute, die am Krieg reich wurden, traten schamlos hervor. Sie hatten auch keine Sorgen um Angehörige. Sie waren „unabkömmlich“, oder hatten es verstanden, sich in der Etappe in Sicherheit zu bringen.

Eine Karikatur aus dieser Zeit ist mir in Erinnerung geblieben, weil sie so charakteristisch war. Ein Mann wirft die Zeitung auf den Tisch und schreit: „Ich bin ruiniert!“ Die Frau antwortet: „Um Gottes willen, was ist passiert? Ist der Friede ausgebrochen?“ Beide Typen hatten jüdische Züge. Erscheinungen im deutschen Leben, die unangenehm waren, wurden immer als „jüdisch“ bezeichnet.

Kriegserlebnisse als Militärärztin[23]

Man konnte sich nicht wohl fühlen im Lande, es war alles nicht ganz sauber. Wer berufstätig war, wurde überzahlt und hatte große Chancen, weil die Konkurrenz im Felde war. Der Einzelne konnte daran nicht viel ändern. Aber es war kein erhebendes Gefühl, zu der Armee der Drückeberger zu gehören.

Ich lernte in dieser Zeit meinen Beruf schätzen. Ich stand noch auf demselben Standpunkt, den die Sozialdemokratie vor Ausbruch des Krieges eingenommen hatte: Der imperialistische Krieg ist ein Verbrechen. Als Arzt konnte ich aber ins Feld gehen und brauchte mich nicht an der Schlächterei zu beteiligen.

Ärzte wurden im Felde gebraucht. Es wurden viele Studenten als Ärzte beschäftigt, um den dringendsten Bedarf zu sichern. Ich zweifelte daher nicht daran, daß meine Meldung für den Felddienst angenommen würde.

Ich hatte mich geirrt. Es wurde mir mitgeteilt, daß ich als Krankenschwester hinausgehen könne und daß das sehr erwünscht sei. Als Militärärztin könne ich aber nicht eingestellt werden, da ich als solche Offiziersrang hätte. Ein deutscher Mann dürfe keiner Frau unterstellt sein, das würde die Disziplin gefährden.

In der Emigration, wenn ich dringend Arbeit suchte, ist mir oft vorgeschlagen worden, doch Krankenpflegen zu übernehmen. Man scheint meist anzunehmen, daß Krankenpflege und ärztlicher Beruf sich ähnlich wären. Ich kann mir kaum zwei Berufe denken, die sich unähnlicher sind. Ich war gewiß in den letzten Jahren nicht wählerisch mit meinen Berufen, habe aber nie Kranke gepflegt. Ich kann eine Diät verordnen, aber ich kann sie weder zubereiten, noch lächelnd servieren. Ich kann Bettruhe anordnen, aber ich kann kein Bett machen, so daß Kranke sich darin wohl

23 Vgl. zu einem allgemeinen Einstieg: *Ursula von Gersdorff*, Frauen im Kriegsdienst 1914–1945, Stuttgart 1969. Zur allgemeinen sozialen Entwicklung aller Klassen im Kriege vgl. vor allem *Jürgen Kocka*, Klassengesellschaft im Krieg, Deutsche Sozialgeschichte 1914–1918, Göttingen 1973.

„Als Arzt konnte ich aber ins Feld gehen und mich an der Schlächterei nicht beteiligen."
Eine Legitimationskarte des K.u.K. Militärstationskommandos Tarnow aus dem Nachlaß von K. Frankenthal.

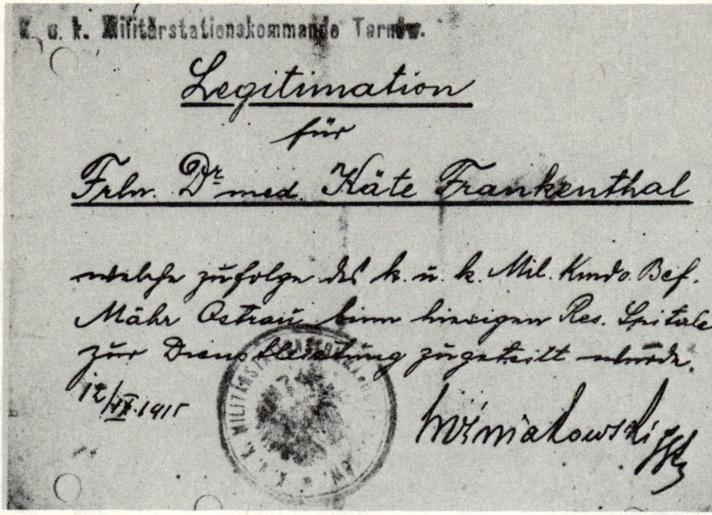
K. u. k. Militärstationskommando Tarnow.

Legitimation

für

Frln. Dr. med. Käte Frankenthal

welche zufolge d. k. u. k. Mil. Kmdo. Bef. Mähr Ostrau beim hiesigen Res. Spitale zur Dienstleistung zugeteilt wurde.

12/VII. 1915

fühlen. Ich habe mich speziell mit Psychiatrie beschäftigt und verstehe, warum Kranke nicht guter Laune sind. Aber ich könnte nicht den ganzen Tag um sie sein und freundlich und geduldig bleiben.

Selbst wenn ich mehr Talent zur Krankenpflege hätte, wäre es mir nicht eingefallen, den Vorschlag des Militärs anzunehmen. Wenn die deutschen Truppen lieber ohne Ärzte oder mit Studenten auskommen wollten als mit weiblichen Ärzten, dann hatte ich dort keinen Platz.

Ich hatte gelesen, daß Österreich ebenfalls starken Ärztemangel hatte, und versuchte es aufs Geratewohl in Wien. Ich wurde sofort eingestellt. Während meiner Militärjahre hatte ich sehr viele Schwierigkeiten, aber Disziplinschwierigkeiten habe ich nie gehabt.

Ich versuchte ja nicht, Kampfhandlungen zu dirigieren. Unter den ärztlichen Anordnungen einer Frau hat die Disziplin der österreichischen Armee nicht gelitten.

Ungewöhnlich war übrigens eine Militärärztin auch bei den Österreichern. Ich habe während des ganzen Krieges keine andere getroffen. Im Kasino erzählten mir die Kollegen später, als wir sehr gut miteinander auskamen, daß sie die beste Absicht gehabt hätten, mich so schnell wie möglich wieder 'rauszugraulen. Sie hatten nicht für die Disziplin gefürchtet, aber das ganze Kriegshandwerk war damals noch Männersache. Bei all den Strapazen und dem primitiven Leben kann man keine Frau dabei haben, auf die man noch Rücksicht nehmen sollte. Nun, ich erwartete keine Rücksicht und hätte keine angenommen. Es war bald vergessen, daß es beschlossen war, meine Anwesenheit als Störung zu empfinden.

Ich kam zur Karpathenarmee und wurde einem Feldlazarett zugeteilt. Wenn ich gedacht hatte, bei der Armee den Ereignissen näher zu sein, so war das ein großer Irrtum. Wir hatten nicht einmal die Nachrichten, die man im Hinterland durch die zensierten Zeitungen bekam. Die Post kam sehr unregelmäßig. Ab und zu bekam ich einen Pack Zeitungen, dann wieder für längere Zeit nichts. Die täglich ausgegebenen Tagesbefehle sprachen meist vom Vormarsch unserer Truppen und von der Zahl von Gefangenen, die unsere Truppen gemacht hatten.

Diese Nachrichten wurden kaum von irgend jemand als Information angesehen, dafür war das unbefriedigte Interesse zu groß. Aber den Zweck, die Stimmung zu heben, erfüllten sie trotzdem.

Die Frage war nur, was für Hoffnungen bei den Siegesnachrichten erweckt wurden. Im ganzen war es wohl die Hoffnung auf einen sowohl baldigen als auch siegreichen Frieden. Aber das „baldige" stand weit im Vordergrund.

Die Aufnahme der Tagesbefehle, über die man sich fast nie unterhielt, war kein Maßstab für die Stimmung. Dafür gab es andere Anzeichen, die man beobachten konnte.

Alle Zeitungen brachten rührende Geschichten von Verwundeten, die, kaum verbunden, verlangten, in den Schützengraben zurückgeschickt zu werden, und von Urlaubern, die zu Hause keine Ruhe hatten, weil es sie zurück zu ihrer Truppe zog. Ich habe in den drei Jahren, die ich draußen war, keinen derartigen Fall gesehen.

Andere Fälle habe ich massenhaft gesehen, und zwar alle Grade von Simulation, Angstneurosen, Hysterie und Selbstverstümmelung.

Zuerst meldeten sich Freiwillige in großen Scharen, voller Elan und Abenteuerlust. Ich sah sie in der zweiten Phase, wenn ihre Neugier schon befriedigt war, wenn sie zurückgebracht wurden, schwer krank oder verwundet. Ich habe keinen gesehen, der freiwillig zurück wollte.

Fälle verbissenen Hasses habe ich oft beobachtet und zwar vorwiegend zwischen den verschiedenen Nationalitäten in Österreich-Ungarn. Für einige Zeit war ein Feldgeistlicher bei uns, der ein Ungar war. Er war ein gebildeter Mann, mit mir sprach er fließend deutsch. Mit den Österreichern schien er sich kaum verständigen zu können. Als er abkommandiert wurde, brachte er eine Flasche Wein, die er mit mir trinken wollte. Er kam auf einen sehr gefährlichen Posten, aber er wollte feiern, daß er die österreichischen Visagen nicht mehr zu sehen brauchte.

Als ich durch Budapest kam, versuchte ich vergeblich, einem Kellner klar zu machen, was ich essen wollte. Nach längerer Zeit griff ein Offizier ein, der am Tisch saß, und verdolmetschte meine Bestellung. Er entschuldigte sich, daß er nicht früher seine Hilfe angeboten hatte. Er hatte sich erst am Dialekt vergewissert, daß ich Deutsche bin. Österreichern würde er nicht helfen.

Der Sprachwirrwarr in den österreichischen Spitälern war furchtbar. Es wurde tschechisch, slovakisch, kroatisch, serbisch, ungarisch, polnisch, russisch gesprochen. Ich gewöhnte mir eine Zeichensprache an und war froh, wenn ich das Notwendigste verständlich machen konnte. Vielen der österreichischen Ärzte ging es nicht besser als mir. Es kam mir sehr stark zum Bewußtsein, wie wenig Zusammengehörigkeit in einem Volke besteht, das keine Sprachgemeinschaft hat.

Als der alte Kaiser starb, mußte ich meine Abteilung auf Kaiser *Karl* vereidigen. Ich las die Formeln, die mir gegeben wurden, vor, erst auf deutsch, dann in verschiedenen anderen Sprachen, die ich nicht verstand. Sicher konnte niemand verstehen, was ich da las. Sehr viele österreichische Offiziere nahmen die Vereidigung in derselben Weise vor.

Dann ging ich von Bett zu Bett und drückte jedem die Hand. Das bedeutete, daß sie mir geschworen haben, ihrem Kaiser treu zu dienen.

Wie sehr mir, der deutschen Sozialistin, dieser Treuschwur am Herzen lag, läßt sich denken. Die Kriege des Kaisertums und des Zarismus konnten nur mit Revolutionen enden, daran zweifelte ich nicht, und darauf hoffte ich. Die Massen waren nur Objekte dieser Systeme, und ich wartete darauf, daß sie zu der Tatsache erwachten, daß sie nicht wissen, wofür sie geopfert werden.

Bei den Kriegen des Nationalsozialismus und des Bolschewismus bin ich nicht so sicher. Da sind Massen, die überzeugt sind, daß sie diese Systeme aufgebaut haben, und die bereit sind, sie mit ihrem Leben zu verteidigen. Eine Revolution wie 1918, wo das Kaisertum verschwand, ohne daß jemand dafür kämpfte, ist wohl nicht mehr denkbar. Wenn jetzt die Explosion von innen erfolgt, wird ein erbitterter Kampf gegen die Machthaber und ihre Anhänger geführt werden müssen. Das bedeutet Bürgerkrieg, in dem der Sieger nicht von vornherein feststeht.

Der einzige Fall von fanatischem Haß, den ich im Kriege fand, war der eines russischen Kriegsgefangenen. Es war ein ungewöhnlich kräftiger junger Bursche, der im Hospital war, weil er Flecktyphus hatte. Es war in einer Zeit, wo wir mit Nahrungsmitteln und Medikamenten ausreichend versorgt wurden, daher wurden auch die Gefangenen gut behandelt. Als der Mann Rekonvaleszent war, sollte er wie alle Rekonvaleszenten leichtere Arbeiten verrichten. Er weigerte sich mit der Begründung, daß er für den Feind nichts tun wolle. Er wurde ein paar Tage bei Wasser und Brot eingesperrt, dann wieder zur Arbeit kommandiert. Er weigerte sich wieder. Dann wurde er einer Strafe unterworfen, die in der deutschen und österreichischen Armee offiziell war und nicht so selten auch bei den eigenen Leuten angewendet wurde: Zwei Stunden anbinden. Die Leute wurden an einen Pfahl gebunden, die Arme hochgezogen, so daß die Fußspitzen eben noch den Boden berührten. Diese Strafe war sehr gefürchtet, und zwar nicht in der Hauptsache aus psychischen Gründen: die körperliche Prozedur war furchtbar quälend. Sie durfte nur angewandt werden, wenn nach ärztlichem Urteil „keine Bedenken bestanden". Trotzdem waren die Leute meist nach zwei Stunden ohnmächtig.

Der Russe weigerte sich am nächsten Tag wieder zu arbeiten. Ein Befehl wurde darauf zwar nicht gegeben, der Kommandant sagte nur: „Wenn Sie nicht wissen, wie man mit so einem Kerl fertig wird, Feldwebel, ich wüßte, was ich täte."

Der Feldwebel verstand den Wink recht gut. Ich sah später die Spuren der schweren Mißhandlung an dem Mann.

Ich gefährdete nun wahrscheinlich die ganze militärische Disziplin, indem ich versuchte, mit dem Russen zu verhandeln, obgleich ich „nicht zuständig" war. Ich erklärte ihm, daß er nichts gegen Rußland tue, wenn er hilft, das Essen zu tragen, von dem ja die Gefangenen auch bekommen. Außerdem sei es viel besser für ihn herumzuarbeiten, als den ganzen Tag in der Zelle zu liegen. „Viel schöner arbeiten", bestätigte er. „Nun, dann ist ja alles gut?" „Nix gut, Panje Doktor". Dem Manne, der alle Mißhandlungen ertragen hatte, standen Tränen in den Augen. Er war froh, daß jemand mit ihm sprach, und hätte mir wohl gern einen Gefallen getan. Aber dem Feinde helfen, das konnte er nicht.

Ich hätte gern festgestellt, was in dem Schädel dieses Bauernburschen vorging, warum er die Leute, die ebensowenig über sich selbst bestimmen konnten wie er, als seine Feinde ansah. Aber so weit konnte ich die Disziplin nicht gefährden. Der Zeitpunkt war auch nicht zu einer solchen Diskussion geeignet, nachdem sie ihn gerade angebunden und verprügelt hatten.

Er wurde ins Gefängnis abtransportiert. Ich halte es für wahrscheinlich, daß er sich hat erschießen lassen, ehe er etwas für den Feind tat. Das war der einzige Fall von wahrem Fanatismus, dem ich im Felde begegnet bin.

Ich arbeitete zunächst auf einer Verbandstation. Jeder Fall, wo ein Dum-Dum-Geschoß oder eine verdächtige Verletzung gefunden wurde, sollte sofort gemeldet werden. Es traf sich, daß die ersten Dum-Dum-Geschosse in Wunden von Gefangenen gefunden wurden. Sie waren also von den Zentralmächten angewendet worden.

Die Erklärung, die dafür gegeben wurde, war ganz plausibel und wahrscheinlich richtig. Übereifrige Leute können selber die Geschosse anfeilen, und sie so den Dum-Dum ähnlich machen. Das sei zwar verboten, aber in der Verbitterung gegen den Feind geschehe es doch hin und wieder. Wenn bei Deutschen Dum-Dum Verletzungen festgestellt wurden, machte die Presse ein großes Aufheben davon, und die gleiche Erklärung kam nicht in Frage.

Es brach eine schlimme Typhus-Epidemie aus. Ich kam zur Epidemie-Abteilung. Meine vier Vorgänger waren an schwerem Flecktyphus erkrankt. Ich mußte völlig immun sein, da ich unter den gegebenen Verhältnissen nicht erkrankte.

Es war damals schon bekannt, daß Flecktyphus durch Läuse übertragen wird. Das Problem aber, Notspitäler nahe der Front läusefrei zu halten, war noch nicht gelöst. Die Patienten lagen in Baracken. Desinfektion, Badeeinrichtung usw. waren in ausgebauten Ställen untergebracht. Die Leute wurden eingeliefert, nachdem sie oft wochenlang im Schützengraben gelegen hatten. Sie waren so verschmutzt und verlaust, daß man denken konnte, die Läuse würden die Kleidungsstücke forttragen. Mit den primitiven Einrichtungen und dem ungeschulten Personal war es ganz unmöglich, der Situation Herr zu werden. Fast das gesamte Personal erkrankte. Es wurde erst besser, als genügend Rekonvaleszenten oder Leute, die früher die Krankheit überstanden hatten und daher immun waren, vorhanden waren, um den Dienst zu übernehmen.

So primitiv das Hospital war, und so schwer die Kranken auch litten, so ungewiß der Ausgang der Krankheit war, die besonders bei den Deutschen und Österreichern eine große Sterblichkeit bewirkte, ein Flecktyphus wurde von den meisten doch als Rettung angesehen. Für Wochen waren sie vor der Hölle des Schützengrabens sicher.

Rekonvaleszenten nach dieser Krankheit sind sehr geschwächt. Es war aber auch nicht zu übersehen, daß der Wille zur Genesung fehlte. Die Mahnungen wurden immer dringender, daß die Leute zu lange in den Lazaretten steckten und daß die Ärzte schneller rekonvaleszieren sollen. Um jeden Patienten mußte man kämpfen, damit er nicht hinausgeschickt wurde, bevor er einigermaßen dazu imstande war. Die Frage freilich, wie gesund ein Mensch werden muß, bevor er im Schützengraben umkommen kann, konnte ich mir selber nicht beantworten.

Ich empfand es sehr stark, daß wir eine umgekehrte Auslese trafen. Eine latente Tuberkulose, ein kompensierter Herzfehler waren Lebensretter. Man mußte zweifeln, ob es nicht richtiger wäre, vollwertige Gesundheit einen Grund zu nennen, der zur Verwendung als Kanonenfutter untauglich macht. Die Auswahl für den Kriegsdienst wurde so getroffen, als handele es sich darum, die Leistungsfähigsten für ein Sportteam zu finden und nicht für einen Krieg, von dem viele als Krüppel oder überhaupt nicht zurückkämen.

Jetzt besteht in Deutschland Arbeitspflicht für die Tuberkulösen, nicht als Beschäftigungstherapie im Interesse der Kranken, sondern als Dienst für das Vaterland. *Hitlers* These gegen die umgekehrte Auslese mag mit Zustimmung aufgenommen werden. Die traurige Tatsache ist nur, daß überhaupt keine Auslese stattfindet. Gesunde und Kranke werden gleichermaßen zugrundegerichtet.

Um einen meiner Patienten hatte ich nicht zu kämpfen. Er war ein ausgezeichneter Wiener Koch und war als Rekonvaleszent in der Offiziersküche beschäftigt. Als ich nach einigen Wochen sagte, dieser Mann sei jetzt entlassungsfähig, erhob sich Rebellion bei den Offizieren. Sogar der Kommandant, der immer auf Rekonvaleszierung drängte, apellierte an meine Menschenfreundlichkeit, doch so unangenehme Tatsachen mal zu vergessen. Mir war es ja im Grunde einerlei. Der Mann blieb monatelang in der Offiziersküche.

Ich hatte auch eine gewisse Verpflichtung, einen guten Koch zu stellen, da ich meine Kameraden in der Küchenfrage enttäuscht hatte. Gleich nach meiner Ankunft hatten sie gefragt, ob ich die Küche übernehmen würde. Ein Leutnant war Küchenoffizier, der nichts davon verstand, und man rechnete auf mich, daß es jetzt endlich etwas Ordentliches zu essen geben würde. Ich mußte gestehen, daß ich weniger als nichts davon verstehe.

Nach der ersten Mahlzeit meinte ich, die Herren seien wählerisch. Ich fand es recht gut. Es gab Rindfleisch mit Brühe und Kartoffeln.

Die Herren grinsten nur. Nachdem es eine Woche lang dasselbe gegeben hatte, fragten sie, ob ich es noch immer gut fände. Das Menü wurde nie gewechselt. Es wurden täglich Rindfleich und Kartoffeln geliefert, aber sehr wenig andere Zutaten. Die Leute in der Küche wußten sich keinen anderen Rat, als das Fleisch und die Kartoffeln einfach zu kochen, und der Küchenoffizier konnte nur täglich den gleichen Speisezettel unterschreiben. Ich hätte auch keinen anderen Rat gewußt.

Der gelernte Koch konnte mehr mit dem Material anfangen. Er überraschte uns mit Gulasch, Schmorbraten, Kartoffelpuffern usw. Seine Reformen wirkten noch nach, als er schon wieder fort war.

Bei der Mannschaftsverpflegung war es dasselbe. Der vorhandene Mangel wurde noch fühlbarer, weil man nicht verstand, das Material auszunutzen.

Es herrschte das alte militärische Prinzip, daß jeder das zu können hat, wozu er kommandiert wird. Es war purer Zufall, wenn Leute an eine Stelle kamen, wo sie ihre Kenntnisse nutzbar machen konnten. Auf den Koch war ich nur aufmerksam geworden, weil er immer den Saal belustigte durch seine Kommentare über das Essen.

Später bekamen wir viele Skorbutfälle, als Zeichen dafür, daß der Mangel an frischer Nahrung bedrohliche Folgen zeitigte. Mit großer Schwierigkeit bekamen wir etwas frisches Obst für die Kranken bewilligt. Es wurde damit gespart wie mit Gold, während die Zahl der Skorbutfälle anstieg. Wenige Meilen entfernt von dem Lazarett waren Obstgärten, um die sich niemand kümmerte. Das Obst verfaulte an den Bäumen.

Das Lazarett war dauernd belagert von Bettlern, die gierig alle Abfälle aßen. Dutzenden von Bettlern wurde gesagt, sie sollten doch das Obst pflücken, für sich selbst und für uns. Das Lazarett versprach, ihnen alles Obst abzukaufen, was sie brächten. Es wurde nie etwas gebracht. Ich ergänzte den Bestand an dem wertvollen Medikament, indem ich oft meinen Burschen in die Obstgärten schickte. Es war ein Spaziergang von etwa zwei Stunden, und er brachte dann so viel Obst, wie er tragen konnte. Die ganze Ernte hätte uns gehört, wenn wir sie nur genommen hätten.

Das Oberkommando der Formation war deutsch, und die Deutschen litten ebenso an Skorbut wie die Österreicher. Es war also keine „österreichische Schlamperei“ . . .

Die kleinsten Posten, die die Leute für eine Weile aus der Gefechtslinie brachten, waren hochbegehrt. Ich sagte einmal einem Unteroffizier, er möchte mir einen Mann suchen, der deutlich schreiben kann, um die Verordnungen bei den Visiten aufzuschreiben. Ein Mann, der das Zimmer gerade sauber machte, wurde so aufgeregt, daß er fast vergaß, daß er sich nicht einmischen darf. Ich fragte, ob er schreiben kann, und er beteuerte eifrig, daß er es könne. Was er in Zivil sei? Rechtsanwalt in Wien! Er stand kurz vor der Rekonvaleszierung und war überglücklich, daß er den Posten bekam. Ich bekam heraus, daß er verheiratet war und drei Kinder hatte. Ungefragt sagte er nie ein Wort. Sein ganzes Bestreben war, eine vollkommene, stets dienstbereite, unauffällige Ordonnanz zu sein, damit ich möglichst lange die unangenehme Tatsache seiner wiederhergestellten Gesundheit vergäße. Ich tat es.

Es gab noch andere begehrte Stellen. In beiden Armeen hatte jeder Offizier einen Burschen zur persönlichen Bedienung. Das war in der „Gebühr“ und daran wurde während des ganzen Krieges festgehalten. Diese Leute hatten natürlich nichts zu tun. Da nun aber einmal jeder Offizier einen Soldaten für seine Bedienung absorbierte, machten sich Akademiker und Bauernburschen um diese Stellen Konkurrenz.

Mein Bursche war ein Pole, der kaum deutsch verstand. Er empfand es als Auszeichnung, daß er der einzigen Frau zugeteilt war. Ich bin nie wieder mit so viel Sorgfalt bedient worden und beschloß damals, daß ich immer nur männliche Bedienung haben wollte. Das hat sich aber später nie durchführen lassen.

Je länger der Krieg dauerte, um so schwieriger wurde die Aufgabe, Leute, die einmal draußen gewesen waren, wieder herauszubringen. Simulation wurde vielfach wissenschaftlich betrieben.

Ein Mann hatte alle Symptome einer halbseitigen Blindheit. Die Symptome waren bei allen Tests vorhanden, bei denen der Laie gewöhnlich nicht weiß, welches Auge geprüft wird. Es war nur erstaunlich, daß bei den schweren Symptomen der Augenhintergrund und die Reflexe normal blieben. Der Mann wurde zur Beobachtung in eine Augenklinik nach Lemberg geschickt. Die Diagnose lautete: Ungewöhnlich geschickte Simulation.

Zucker wurde nie in Substanz ausgegeben, sondern nur den Getränken zugesetzt. Trotzdem wurden Leute gefaßt, die den gesüßten Tee ihrem Urin zusetzten, um Diabetes vorzutäuschen.

Fortwährend ergingen Warnungen, die Aufsicht zu verschärfen, damit keine Selbstbeschädigungen vorkommen können. Es kamen aber doch zahlreiche Fälle vor, und zwar wurden Methoden gewählt, die zeigten, daß die Leute alles riskieren wollen, sogar Siechtum und eventuell ihr Leben, um nur nicht wieder ins Gefecht zu kommen.

Schwerste Augenentzündungen traten auf. Wir dachten zuerst, es sei Trachom[24]. Es wurde festgestellt, daß die Leute sich Sand in die Augen gerieben hatten.

Besondere Aufsicht war erforderlich, wenn Leute mit Gonorrhoe im Lazarett waren. Eine nicht zu gefährliche Krankheit, wegen derer aber die Leute so lange zurückgehalten wurden, bis sie völlig ausgeheilt waren, weil die Verbreitung bei der Truppe gefürchtet wurde, war für bestimmte Zwecke sehr geeignet. Mit Gonorrhoe-Eiter wurde ein schwunghafter Handel getrieben. Einmal wurde ein ganzer Saal bestraft, weil mehrere Leute sich dies kostbare Material beschafft und sich selbst infiziert hatten.

Sogar tuberkulöser Auswurf wurde verkauft und gekauft. Die Leute schluckten den ekligen und tödlichen Stoff. Sie wollten lieber die Schwindsucht bekommen, als wieder in den Schützengraben gehen.

Wenn der Aufenthalt in einem Feldspital erstrebenswert wird, dann zeigt das die Relativität aller Begriffe. Das Spital war nicht auf eine bestimmte Kapazität eingerichtet, weder mit Betten noch mit Pflegepersonal und Ärzten. Ausgebildetes Pflegepersonal war überhaupt sehr wenig vorhanden, meist wurden flüchtig angelernte Leute eingestellt.

Als ich zuerst auf die Abteilung kam und so ein angelernter Pfleger mir das Verordnungsbuch vorlegte, sah ich es mit preußischer Pedanterie durch, bevor ich unterschrieb. Ich sah mit Schrekken, daß Morphium nach Gramm, statt nach Centigramm aufgeschrieben war. Ich blätterte zurück und sah, daß das bei früheren Verordnungen auch schon passiert war. Die leere Flasche trug nur die Aufschrift: Morphium.

Ich rief sofort den Apotheker an. Der lachte nur über meinen Schrecken. „Ja, was glauben Sie, das habe ich ihnen doch nicht gegeben. Sie haben die richtige Dosis bekommen, ein Hundertstel von dem, was aufgeschrieben war.“

Es war fast eine Kränkung für den Sanitäter, wenn der Arzt die Verordnung las, bevor er unterschrieb. Später gab es viele Tausen-

24 Hartnäckige Bindehautentzündung.

de im Lande, die überzeugt waren, daß sie große Erfahrung besässen. Sie hatten wichtige Sachen jahrelang selbständig gemacht, aber sie hatten nie gelernt, daß sie die gröbsten Fehler machten. Diese Selbstsicherheit, die jeder berechtigten Grundlage entbehrte, begünstigte nicht nur das Pfuschertum auf ärztlichem Gebiet, es war ein Zug, der sich auch in vielen anderen Zweigen bemerkbar machte.

Wenn ein Schub von Kranken ankam, mußten sie auf alle Fälle untergebracht werden. In den Transporten von der Front war alles zusammengewürfelt. Völlig verlauste und hochfiebernde Leute, von denen man gleich annehmen konnte, daß sie Flecktyphus hatten, lagen neben Influenzakranken und Verwundeten. Die Ärzte fügten sich in das Unvermeidliche. Die Verschleppung von Epidemien ins Hinterland wurde ziemlich erfolgreich abgeschnitten. Aber noch im Hospital war eine Bekämpfung der Verschleppung nicht möglich.

Ich erinnere mich an eine Nacht, in der dreihundert Leute ankamen, die meisten fiebernd, und wir hatten nur hundert Betten frei. Die ganze Nacht wurde gearbeitet, um je drei Kranke in zwei Betten unterzubringen. Zum mindesten mußten sie vorher zuverlässig entlaust sein. Die permanente Läuseinspektion hatte mir schon lange den Beinamen „Lausetante" eingetragen. In dieser Nacht machte ich ihm alle Ehre, und ich war nicht aufgelegt, auf den Humor der Österreicher einzugehen. Es waren gerade einige Cholerafälle aufgetreten, und die Situation war weniger denn je humoristisch.

Über die Vorgänge dieser Nacht, mit kleinen Situationskomiken. wurde noch tagelang gelacht. Das Komischste, was dabei berichtet wurde, war: „ Und unsere Preußin war wütend, weil wir so blöde Witze machten."

Wir hatten nur verschiedene Ausdrucksweisen für dasselbe Gefühl. Das Grauen war so groß, daß man ebenso gut lachen konnte. Es war die Hilflosigkeit in Situationen, die niemand meistern konnte, die oft zu Reaktionen führte, die wie Stumpfheit aussahen. Daß die Generation, die den Krieg mitgemacht hat, es so gar nicht fertiggebracht hat, der jungen Generation einen Begriff von dem Grauen, das wir erlebt haben, zu vermitteln, ist eine der größten Sünden, die ich mir selbst und meinen Zeitgenossen vorwerfe. Kurz nach dem Kriege kam gute und realistische Literatur heraus; vor allem das Buch von Remarque „Im Westen Nichts Neues", wurde viel gelesen. Aber schon 1931 [Herbst 1930] konnten die Nationalisten verhindern, daß in Berlin der Film „Im Westen

Nichts Neues" gezeigt werden konnte. Um die gleiche Zeit riefen linke Kreise Störungen bei dem nationalistischen Film „Fredericus Rex" hervor, aber nur mit dem Erfolg, daß die Demonstranten verhaftet wurden und der Film weiterlief.

Die Gefangenen wurden in provisorischen Lagern untergebracht, die aber oft zum Daueraufenthalt wurden. Alle Gefangenen wurden geimpft, um die Einschleppung von Krankheiten zu verhindern. Das Verhalten bei Impfungen hat nachträglich eine rassenpolitische Bedeutung bekommen. Der deutsche Professor [*Fritz*] *Lenz* schreibt in seinem Buch über „Menschliche Erblichkeitslehre"[25]: „Ich beobachtete während des Krieges mehrfach, wie Soldaten aus Süditalien bei der Vornahme von Schutzimpfungen, die so gut wie schmerzlos waren, laut schrien: O, Mama, Mama! Bei nordischen, mongolischen und indianischen Kriegern wäre das wohl undenkbar."

Das Undenkliche geschah aber. Ich stellte zwar keine Rassenuntersuchungen an, beobachtete aber in den Tausenden von Impfungen, die ich vorgenommen habe, daß die Deutschen und Österreicher sich ebenso benahmen wie die Russen, und wie *Lenz* es bei den Süditalienern sah. Sie schrien nicht nur, sondern bei jedem größeren Impftermin wurden einige ohnmächtig.

Das war eine sehr merkwürdige und interssante Erscheinung. Im Krieg gewöhnen sich ja die Nerven an viel. Die permanente Lebensgefahr ist akzeptiert, und man kann unmöglich permanent Angst haben. Kanonendonner stört kaum die Unterhaltung oder den Schlaf. Aber in der Reihe zu stehen und einen Nadelstich zu erwarten, das konnten immer einige nicht ertragen.

Ich bin viel in den Lagern herumgefahren, um die Impfungen durchzuführen. Besondere Roheit von seiten des Personals habe ich dabei nicht gesehen, aber völlige Gleichgültigkeit gegenüber den unmenschlichen Verhältnissen, in denen die Leute massenhaft zugrunde gingen. Wenige Kilometer entfernt waren die Fronten, wo man versuchte, jeden Träger einer anderen Uniform zu töten. Die eigenen Truppen litten mehr und mehr unter Hunger und Kälte. Die Gefangenen starben daran. Ärzte waren tagelang nicht zu erreichen, und für gewöhnliche Erkrankungen wurden auch keine gerufen. Wenn es schien, daß eine ansteckende Krankheit aufgetreten war, wurde meist unser Spital benachrichtigt, und es fuhr dann sobald wie möglich ein Arzt hinaus. Wenn ich zum Impfen kam,

25 Gemeint sein dürfte: *Eugen Fischer, Fritz Lenz:* Menschliche Erblichkeitslehre, München: J.F. Lehmanns ^{1}1921, ^{2}1923.

Cholera an der Front: „Völlige Gleichgültigkeit gegenüber unmenschlichen Verhältnissen, in denen die Menschen massenhaft zugrunde gehen.“
Offener Befehl zur Auslagenerstattung für eine Schutzimpfung (aus dem Nachlaß von K. Frankenthal)

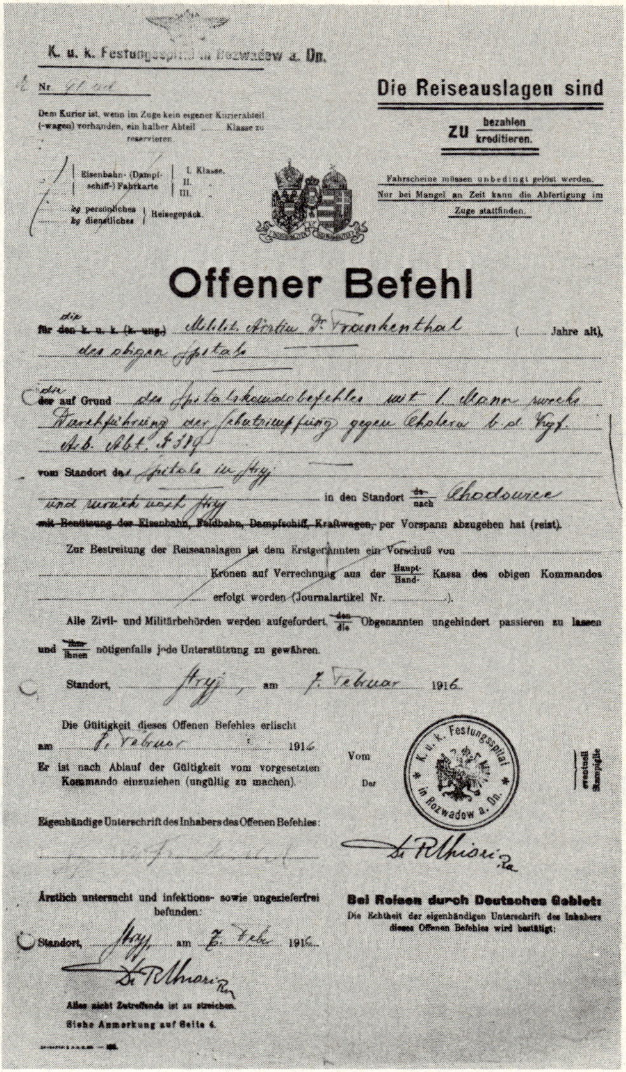
K. u. k. Festungsspital in Rozwadow a. Dn.

Nr. 91 ad

Dem Kurier ist, wenn im Zuge kein eigener Kurierabteil (-wagen) vorhanden, ein halber Abteil ...... Klasse zu reservieren.

Eisenbahn- (Dampfschiff-) Fahrkarte I. Klasse. II. III.

kg persönliches / kg dienstliches Reisegepäck.

Die Reiseauslagen sind zu bezahlen / kreditieren.

Fahrscheine müssen unbedingt gelöst werden. Nur bei Mangel an Zeit kann die Abfertigung im Zuge stattfinden.

Offener Befehl

für ~~den k. u. k. (k. ung.)~~ die Militär-Ärztin Dr. Frankenthal (...... Jahre alt), des obigen Spitals

~~der~~ die auf Grund des Spitalskommandobefehles mit 1. Mann zwecks Durchführung der Schutzimpfung gegen Cholera b. d. Kgf. Arb. Abt. 4519

vom Standort des Spitals in Stryj

und zurück nach Stryj in den Standort ~~de~~ nach Chodowice

~~mit Benützung der Eisenbahn, Feldbahn, Dampfschiff, Kraftwagen,~~ per Vorspann abzugehen hat (reist).

Zur Bestreitung der Reiseauslagen ist dem Erstgenannten ein Vorschuß von ...... Kronen auf Verrechnung aus der Haupt- / Hand- Kassa des obigen Kommandos ...... erfolgt worden (Journalartikel Nr. ......).

Alle Zivil- und Militärbehörden werden aufgefordert, ~~den~~ die Obgenannten ungehindert passieren zu lassen und ~~ihm~~ ihnen nötigenfalls jede Unterstützung zu gewähren.

Standort, Stryj, am 7. Februar 1916.

Die Gültigkeit dieses Offenen Befehles erlischt am 7. Februar 1916.
Er ist nach Ablauf der Gültigkeit vom vorgesetzten Kommando einzuziehen (ungültig zu machen).

Vom Der

K. u. k. Festungsspital in Rozwadow a. Dn.

eventuell Stampiglie

Eigenhändige Unterschrift des Inhabers des Offenen Befehles:

Dr. R. Mhiori Rg

Ärztlich untersucht und infektions- sowie ungezieferfrei befunden:

Standort, Stryj, am 7. Feber 1916.

Dr. R. Mhiori Rg

Bei Reisen durch Deutsches Gebiet:
Die Echtheit der eigenhändigen Unterschrift des Inhabers dieses Offenen Befehles wird bestätigt:

Alles nicht Zutreffende ist zu streichen.
Siehe Anmerkung auf Seite 4.

wurde ich oft gefragt, ob ich einige Leute ansehen möchte, „weil ich gerade da bin". Die Leute lagen in überfüllten Schlafräumen auf Stroh, und dort habe ich mehrere Fälle von Flecktyphus und von Unterleibstyphus festgestellt. Diese Fälle wurden dann ins Hospital verlegt. Ich meldete auch Fälle von Lungenentzündung und von anderen Krankheiten, aber die wurden nicht aufgenommen.

Das Oberkommando der Armee war deutsch. Es war eine gemischte Formation, und das Lazarett wurde auch zu etwa 50% von Deutschen belegt. Charakteristische Unterschiede im Verhalten der Österreicher und der Deutschen habe ich dort nicht beobachtet. Ich war viel mit den Deutschen zusammen, und sie machten sich weidlich lustig über die österreichische Schlamperei. Ich glaube, zu der großen Überheblichkeit war kein Anlaß. Bei den Deutschen wurde noch ein wenig mehr geschrien und stramm gestanden, obgleich die Österreicher auf dem Gebiete schnell lernten. Es war eine irrige Ansicht, daß die Österreicher, weil sie nicht die militärische Tüchtigkeit der Deutschen erreichten, ihnen an militärischer Roheit etwas nachstünden. Statistiken zeigten, daß die Zahl der Selbstmorde in der relativ kleinen Österreich-Ungarischen Armee an der Spitze von allen europäischen Armeen stand. Deutschland kam erst an zweiter Stelle. Frankreich hatte nur halb so viele Fälle wie Deutschland.

Die Österreicher sprachen nur eher aus: Da kann man halt nix machen. Die Deutschen warfen nicht so leicht die Flinte ins Korn, selbst wenn man wirklich „nix machen konnte".

Es war manchmal lustig zu beobachten, wie vorgefaßte Meinungen wirkten. Eine vorgefaßte Meinung war es, daß die Österreicher zwar sonst nicht viel können, aber daß ihre Küche gut ist. Alle deutschen Offiziere wollten gern 'mal bei uns zum Essen eingeladen werden. Wir hatten unser berühmtes Rindfleisch mit Kartoffeln, das wir schon nicht mehr riechen konnten, weil gerade niemand da war, der etwas von Küche verstand. Aber unsere Gäste hatten sich auf die österreichische Küche gefreut, und darum schmeckte es ihnen.

Die Deutschen hatten am erfolgreichsten für sich Quartier gemacht. Ich war bei dem deutschen Oberst eingeladen und meinte, der ganz geschmackvollen Einrichtung nach schließen zu können, daß bessere Leute hier gewohnt haben müssen. Ach nein, der Herr Oberst hatte nur einen tüchtigen Burschen. Er hatte die alten Sachen herausgeworfen und aus der ganzen Ortschaft die besten Sachen zusammentragen lassen.

Es war eine österreichische Ortschaft, die erst von den Russen eingenommen und dann von den Deutschen und Österreichern zurückerobert worden war. Die Befreier waren keineswegs weniger verhaßt als die Russen. Es macht für die Bevölkerung keinen so großen Unterschied, ob Feinde oder Freunde ihr Eigentum davontragen und sie aus ihren Wohnungen verdrängen.

Auf Veranlassung der deutschen Abteilung richtete ich die Kontrolle für geschlechtskranke Frauen ein, die ich früher erwähnt habe. Als der Oberst die Frage aufbrachte, sagte ich, ich wolle es gern tun, aber er könne mich doch dann zur Deutschen Armee übernehmen, wo ich hingehören würde. Der Oberst war mir sehr gewogen und machte darum eine lange Eingabe. Die Antwort war, daß dieser Dienst sehr erwünscht sei und unter allen Umständen durchgeführt werden solle. Aber eine Ärztin dürfe in die Deutsche Armee nicht übernommen werden.

Eines Tages wurde ich zum Kommandanten gerufen. An der montenegrinischen Grenze war eine Epidemie ausgebrochen, und da unsere Epidemien im Abflauen waren, sollten wir einen Experten schicken. Ich sollte diesen Dienst übernehmen. Im Krieg avanciert man schnell zum Experten. Unter gewöhnlichen Umständen wäre ich noch eine sehr junge Assistentin in einem Krankenhaus gewesen.

Ich kam nach Montenegro und dann an verschiedene Plätze in Dalmatien. Die eingespritzten Schutzstoffe konnten nichts mehr ausrichten gegen die Verwüstungen durch Hunger, Erschöpfung und Kälte. Die Widerstandskraft der Menschen war gebrochen. Überall flammten Epidemien auf, und man konnte nicht viel mehr tun, als die Verschleppung einzuschränken.

Im polnischen Gebiet war ich oft in schauerlichen Quartieren, wo ich dauernd auf der Ungezieferjagd sein mußte. In Dalmatien waren alle Offiziere zusammen in einer Baracke einquartiert, und es war ganz sauber. Aber als Privatleben empfand ich diese Zeit als die unangenehmste. Ich war die einzige Frau in der Baracke. Es war eigentlich ein großer Raum, der nur durch gezogene Wände in Einzelzimmer geteilt war. Man konnte sich durch mehrere Zimmer unterhalten, ohne die Stimme zu erheben. Das bedeutete natürlich, daß man dazu verurteilt war, die Unterhaltung von verschiedenen Gruppen zu hören.

Ich habe zu Anfang gesagt, daß ich keine Rücksicht wünschte, aber ich muß jetzt eine Einschränkung machen. Wenn es keinen anderen Grund gab, nicht dauernd die dümmsten Zoten durch die Baracke zu schreien, dann hätte ich manchmal gewünscht, daß sie mit Rücksicht auf mich geschwiegen hätten. Aber immerhin war es interessant zu beobachten, bis zu welchem Niveau die Lebensgewohnheiten von gebildeten Menschen herabsinken können. Ich glaube, daß Frauen sich nie so gehen lassen. Nicht, daß sie wirklich mehr Kultur haben, aber sie dekuvrieren sich nicht so weit.

Daß Kommandant wie junge Leutnants im Hemd über den Korridor liefen und nie daran denken würden, einen Mantel überzuwerfen, war ein Anblick, an den ich mich bald gewöhnte, wenn ich ihn auch nie geschmackvoll fand. Die Unterhaltung war auf einen Ton abgestimmt, wie er meist nur bei 17jährigen Jungen üblich ist.

Wir waren auf einem wunderbaren Flecken Erde. Spät im Oktober konnte man noch in der Adria schwimmen. Aber es hatten schwere Kämpfe in der Gegend stattgefunden. Die Zivilbevölkerung war größtenteils fort, und es war wie in einer Einöde.

Die berufliche Tätigkeit war zum Verzweifeln. Wir hatten massenhaft Fälle von schwerer Malaria. Die Kranken kamen per Schiff an, und fast jedes Schiff brachte mehrere Tote. Die Malaria-Abteilung war wochenlang ohne Chinin. Die Leute gingen unter unseren Augen zugrunde, und wir konnten nichts tun. Das war schlimm, aber es wurde fast schlimmer, als Chinin kam. Es war eine beschränkte Menge, und wir wußten nicht, für wie lange und für wie viele Fälle es reichen mußte. Es erging daher der Befehl, daß es nur für unsere Leute ist, nicht für die Gefangenen. Die militärische Anordnung, erst für die eigenen Leute zu sorgen, ist wohl verständlich. Für Ärzte ist es aber fast unerträglich, Menschen von Fieber geschüttelt zu sehen und nicht das Medikament auszugeben, das greifbar ist. Als kein Chinin da war, konnte ich mich noch entschließen, mit den Leuten zu reden und sie zu vertrösten. Als es da war und ich es nicht ausgeben durfte, wußte ich für die Gefangenenabteilung keinen Trost mehr.

An der krassen Not zerbrach die militärische Moral. Viele Leute wurden eingeliefert mit erfrorenen Gliedmaßen. Wenn Gefangene kamen, die gute Schuhe und Mäntel hatten, oder gar noch ein paar Konserven im Tornister, waren alle tief niedergeschlagen. Ja, wenn die anderen noch solche Sachen haben, und wir haben nichts mehr ...

Das erste Weihnachtsfest im Felde war noch erfreulich. Es kamen Berge von Liebesgaben. Jeder bekam gute wollene Sachen, Tabak und Eßwaren. Auch Bücher waren reichlich vorhanden und sehr begehrt. Die Angehörigen schickten viel. Großen Eindruck machten aber auch die Mengen von anonymen Gaben der Bevölkerung an die Armee.

Bei dem letzten Weihnachtsfest konnten die Soldaten an den Paketen von zu Hause sehen, wie armselig es im Lande zuging. Liebesgaben von der Bevölkerung hatten fast aufgehört. Das Hospital gab jedem einen Teller mit ein paar Äpfeln, Kuchen und einem Päckchen Tabak. Die Hoffnung auf warme Kleidung und andere brauchbare Sachen ging bei fast niemandem in Erfüllung. Bücher waren kaum aufzutreiben und wurden auch viel weniger verlangt als früher.

Das Heimsenden von Liebesgaben aus dem Felde kam auf. Es gab aber nichts heimzusenden, was auf redlichem Wege erworben war. Die Veruntreuungen nahmen einen großen Umfang an. Die Offiziere waren daran weit mehr beteiligt als die Soldaten.

Wenn es unmöglich wird, den Pflichten gerecht zu werden, erlahmt das Pflichtbewußtsein. Je häufiger der Bekleidungsoffizier Leute mit berechtigten Wünschen abweisen muß, desto unwirscher wird er. Je schlechter das Essen wird, desto übler werden Klagen aufgenommen. Auch die Ärzte, die keine Medikamente hatten, nahmen es den Leuten übel, daß sie welche brauchten. Nur ein geringer Teil der Offiziere, mit denen ich zusammentraf, waren Berufsmilitärs. Die meisten waren Reservisten und hatten im Zivilleben einen Beruf, wo sie nicht gewohnt waren zu kommandieren und blinden Gehorsam zu finden. Sie nahmen aber sehr schnell die militärischen Allüren an. Durch das Einströmen von Reserveoffizieren ist der Ton nicht gebessert worden. Vielfach gebärdeten sie sich in ihren neuen Machtpositionen wie die Neureichen in ihrem Reichtum. Sie konnten ihre Autorität nicht genug unterstreichen.

Ich erinnere mich an einen Wiener Dozenten, der einen Mann anschrie: „Können Sie nicht ‚Habt acht!' stehen?" Der Mann antwortete: „Nein, Herr Oberst, ich kann nicht, ich habe ein Holzbein." Beim zweiten Blick würde man es gesehen haben. Alte Berufsoffiziere regten sich viel weniger über eine Laxheit in den Ehrenbezeugungen auf und waren nicht ganz so militärisch.

Es ist nach meiner Erfahrung nicht richtig, daß die Offiziere schlemmten, während die Soldaten hungerten. Das Offiziersessen wurde in demselben Maße schlechter. Aber verglichen mit der Mannschaftsverpflegung war es zu allen Zeiten viel besser gewesen. Solange alle ausreichend versorgt waren, kümmerten sich die Soldaten nicht viel um den Unterschied. Aber als es nicht mehr ausreichend war, rief der Unterschied Verbitterung hervor.

In Polen hatten sich fast alle Ärzte gern bei der Visite aufgehalten, hatten mit den Patienten gesprochen und waren gern bereit gewesen, kleine Wünsche zu erfüllen. In Dalmatien wurden die ärztlichen Visiten immer militärischer und kürzer. Jeder fürchtete sich davor, berechtigte Wünsche und Klagen zu hören, denen nicht abzuhelfen war.

Die Offiziere spielten jeden Abend Karten bis spät in die Nacht hinein. Wenn etwas Alkoholisches aufzutreiben war, wurde dann getrunken. Ich wurde oft zum Spielen eingeladen, alle erboten sich, mir die Spiele beizubringen. Ich weigerte mich und habe bis heute nie ein Kartenspiel gelernt. Es war ein zu trostloser Eindruck zu sehen, wie die Berufspflichten immer mehr als Last empfunden wurden und die Zeit totgeschlagen wurde mit Spielen, Trinken und Zoten. Ich hatte Angst vor der geistigen Infektion, und ich wußte von meiner Studentenzeit her, daß ich gegen solche Dinge nicht immun war. Viele der Offiziere waren verheiratet und haben wahrscheinlich früher ein inhaltsreiches Leben gehabt. Sie kamen als andere Menschen nach Hause zurück. In Beruf und Familie haben sich die Nachwirkungen des Kriegslebens noch lange bemerkbar gemacht.

Ich verbrachte meine Zeit nicht viel nutzbringender als die anderen, nur machte ich mir künstlich etwas zu schaffen. Wir hatten ja ein ungewöhnliches Material und ein Experiment, das ein zweites Mal zu beobachten hoffentlich keine Generation Gelegenheit haben würde. Hunderte von Fällen waren in klinischer Beobachtung, deren Krankheiten ohne oder mit unzureichender Medikation verliefen. Ich verbrachte Stunden am Mikroskop mit Blutuntersuchungen und mit der Sichtung von Fieberkurven. Das nützte niemandem etwas, aber es beschäftigte mich. Ich hatte schließlich eine Kiste mit Material, das ich später einmal ausarbeiten wollte. Ich habe es nie getan.

Daneben jagte ich allen Zeitungen nach, derer ich habhaft werden konnte, und erhielt mühsam meine Korrespondenz aufrecht. In der ersten Zeit jagten alle Zeitungen nach. Jetzt gaben die Kollegen mir ihre Zeitungen mit Achselzucken: „Sie lesen ja noch das Zeug.“ Man vermutete nichts mehr über Dauer und Ausgang des Krieges. Es war eine tödliche Ermüdung eingetreten.

Zurück nach Deutschland: Versorgungslage, Praxisaufbau und Revolution

Anfang 1918 nahm ich meinen Abschied und ging nach Deutschland zurück. Man war nirgends den Ereignissen ferner als im Felde. Man konnte nur im Lande Verbindungen aufrecht erhalten.

Ich hatte beim Militär ein gutes Gehalt bezogen und kaum Gelegenheit gehabt, Ausgaben zu machen. Der größte Teil meiner Ersparnisse war in Kriegsanleihen angelegt. Ich hatte gehofft, sie später zur Anschaffung einer ärztlichen Einrichtung zu benutzen.

Die Zeichnung der Kriegsanleihe war nur formal freiwillig. Tatsächlich blieb einem keine Wahl. Man wurde nur gefragt, wieviel man zeichnen will. Nichts zu zeichnen, war unmöglich. Zu geringe Zeichnungen konnte ich auch nicht machen, da es ja bekannt war, daß ich unverheiratet war und keine Familie zu unterhalten hatte. Privatangelegenheiten gab es beim Militär nicht, der Kommandant selbst warb für die Zeichnungen. Immerhin hatte ich immer für „laufende Ausgaben" genug zurückbehalten, so daß es mir über die erste Zeit hinweghalf.

Meine ersten Ersparnisse waren natürlich restlos verloren, als der Krieg verloren war. Meine Praxis baute sich schnell auf, und ich konnte bald wieder Ersparnisse machen. Dann kam die Inflation, und die zweiten Ersparnisse wurden zu Papier. Nun hatte ich zehn Jahre Zeit zu arbeiten und machte beträchtliche Rücklagen. Dann kam die Emigration.

Nur der Vermögensverlust, den ich in meiner Jugend im Elternhaus erfahren hatte, war ein persönliches Geschick.[26] Die drei späteren Rückschläge haben das ganze deutsche Volk getroffen. Selbst diejenigen, die nicht von der Emigration betroffen sind, können zum größten Teil über ihr Vermögen nicht mehr verfügen.

Ich ging zunächst nach Hamburg, um meine Eltern zu besuchen. In Wien hatte ich einen kurzen Aufenthalt. Ich ging in die Stadt und kaufte ohne Schwierigkeiten ein paar Schachteln Konfekt. Ich wollte gern etwas anderes kaufen, fand aber, daß die berühmten

26 Vgl. dazu im Personenregister die Biographie von *Julius Frankenthal.*

geschmackvollen Wiener Läden keine anziehenden Auslagen mehr hatten. Ich schob es darauf, daß ich in Eile war und wahrscheinlich nicht an den richtigen Plätzen Umschau gehalten hatte. Ich beschloß, in Hamburg mehr Geschenke zu kaufen.

Den nächsten Aufenthalt hatte ich in Berlin. Während ich auf den Zug wartete, ging ich in ein Café und bestellte eine Tasse Schokolade und Gebäck. Das schlechte Essen war in der letzten Zeit beim Militär der Hauptgesprächsstoff gewesen. Es hieß immer, wir werden schlecht beliefert. Ich hatte mich darauf gefreut, wieder in eine Stadt zu kommen, wo diese Schwierigkeiten nicht bestanden.

Der Kellner sah mich an, als wäre ich vom Mond gefallen. Ich sprach ja nicht mit ausländischem Akzent. Eine Deutsche, die wie etwas Selbstverständliches Schokolade und Gebäck verlangte, mußte wohl nicht ganz bei Verstand sein.

Wir einigten uns auf Kaffee, und ich bekam die erste Tasse von deutschem Kriegsgebräu und eine merkwürdig kleisterige Masse, die als Gebäck bezeichnet wurde.

Wir hatten in Österreich auch keinen reinen Kaffee mehr bekommen, und es bestand Einigkeit darüber, daß man das Zeug, das uns serviert wurde, kaum trinken konnte. Aber es sah wenigstens noch aus wie Kaffee. Im Vergleich mit dem Berliner Getränk war es von hervorragender Qualität.

Zu Hause fand ich alles sehr verändert. Im Mittelpunkt des Tages standen die Einkäufe. Morgens wurde die Zeitung studiert um festzustellen, welche Marken fällig sind und was für Waren heute zu haben sind. Der halbe Tag des Mädchens war damit ausgefüllt, vor Läden anzustehen, um einige Waren zu bekommen. Meine Mutter hatte es in der ersten Zeit selber getan, aber es überstieg ihre Kraft. Sie bekam Ohnmachtsanfälle. Sie kochte nun und besorgte einen großen Teil der Wirtschaft selbst. Daß sie nicht einmal zu meinem Empfang einen Kuchen backen konnte, war ihr sehr schmerzlich.

Die Schokolade, die ich in Wien gekauft hatte, rief Sensation hervor. Es gab sehr selten eine Tafel Schokolade auf Marken. Richtige, gute Pralinees gehörten in Deutschland schon der Geschichte an.

Ich hatte mir vorgenommen, Geschenke zu kaufen. Mutters Mantel gefiel mir gar nicht. Ich schlug vor, daß wir in die Stadt gehen und einen kaufen. Naiver Gedanke! Der Mantel war gar nicht alt, er war nur von schäbigem Stoff, und besseren gab es nicht. Das einzige, was man markenfrei kaufen konnte, und was trotz der bitteren Not im Lande in allen Zeitungen angepriesen wurde, waren Seide, Pelze und Luxussachen. Meine Mutter wollte nichts derartiges, aber sie nahm gern meinen Militärmantel an, der zwar nichts weniger als elegant war, aber noch von richtigem Stoff. Ich hatte noch einen anderen, und zwei Mäntel zu besitzen, wäre in dieser Zeit ein unberechtigter Luxus gewesen.

Meinen Vater beglückte ich, als aus meinem Gepäck die groben Herrentaschentücher zum Vorschein kamen, die ich im Felde benutzt hatte. Er hatte schon seit langem Mutters Taschentücher benutzt, von denen noch ein alter Bestand da war, und behauptete, er bekomme vor Angst einen Schnupfen, wenn er so ein dünnes Tuch in der Tasche trage.

Es wurde bereits über die Kleiderabgabeverordnung gesprochen, die einige Monate später erlassen wurde. Einstweilen forderten alle Zeitungen täglich auf, freiwillig Kleidungsstücke abzugeben. „Haltet die Heimfront intakt! Sorgt dafür, daß die Arbeiter in den lebenswichtigen Betrieben arbeitsfähig bleiben! Liefert überflüssige Kleidung ab!"

Im Juli 1918 kam die Verordnung der Reichsbekleidungsstelle. Alle Männer hatten ein vollständiges Verzeichnis ihrer Oberkleider und von Stoffen, die zur Herstellung von Oberkleidern dienen, einzureichen. Die Richtigkeit des Verzeichnisses konnte nachgeprüft werden. Befreit von dem Anmeldungszwang war, wer bereits einen vollständigen Männeranzug abgeliefert hatte.

Gleichzeitig wurde beschlossen, daß alle Behänge (Sonnenvorhänge, Gardinen etc.) in allen öffentlichen Gebäuden, Büros und größeren Fabriken zu beschlagnahmen sind. Als Ersatz sollten Behänge aus Papiergarn bereitgehalten werden. Die alten Stoffbehänge sollten zur Herstellung von Leibwäsche für die minderbemittelte Bevölkerung verwendet werden.

Die „Alte-Hosen-Verordnung" wurde bitter bewitzelt. Das Vortäuschen allgemeiner Solidarität und Opferbereitschaft zum Durchhalten machte keinen Eindruck mehr auf die Bevölkerung. Die Not war nicht zum kleinsten Teil verschuldet durch die weitverbreitete Hamsterei und den Schleichhandel. Man wußte, welche Bestände an Waren von Kriegsgewinnlern angesammelt worden waren. Wer zehn gute Anzüge und 100 Meter wollenen Stoff gehamstert hatte – eine durchaus nicht seltene Erscheinung – durfte jetzt die ganze Angelegenheit verschweigen, vorausgesetzt, daß er nur einen abgetragenen Anzug zur Verfügung gestellt hatte. Wer dagegen noch drei brauchbare Anzüge besaß, mußte seinen Reichtum anmelden und Solidarität beweisen.

Wir hatten draußen durch Briefe und Berichte von Urlaubern gewußt, daß es schlimm im Lande aussah, aber wie schlimm es war, davon hatten wir doch keine Ahnung. Die erschreckendsten Tatsachen wurden so lange wie möglich von den Truppen ferngehalten.

Mein erster Gang durch die Stadt war niederschmetternd. Viele Läden hatten als einzige Auslage ein Schild: Heute keine Ware! Andere Läden waren vollgeklebt mit Schildern, die anzeigten, was es diese Woche auf Marken gibt. Vor den Läden standen lange Reihen von Menschen, fast ausschließlich Frauen. Manche hatten sich einen Hocker mitgebracht, weil sie das stundenlange Stehen nicht aushielten. Das elende Aussehen und die schlechte Kleidung dieser Menschen war so in die Augen fallend, daß man nicht mehr zu fragen brauchte, wie die Stimmung im Lande ist. Lange bevor alle Kunden abgefertigt waren, erschien meist das gefürchtete Schild: Waren ausverkauft! Nach stundenlangem Stehen in jedem Wetter, mit ungenügender Kleidung, gingen die Leute nach Hause, ohne Lebensmittel erhalten zu haben.

Schutzleute hielten Ordnung, damit die „Schlangen" nicht den Verkehr störten, und keine staatsgefährdenden Bemerkungen gemacht wurden. Der alte Beamtenton lebte noch.

Ein amüsantes Erlebnis führte mir vor Augen, wie sehr die Deutschen noch auf Ordnung hielten in dieser wohlorganisierten Hungersnot.

In Wien war meine Reisetasche abhanden gekommen. Eines Tages bekam ich die Mitteilung, daß sie gefunden und auf dem Zollamt in Hamburg abzuholen sei. Mein Vater hatte etwas auf dem Zollamt zu tun und versprach, sie mitzubringen.

Er brachte sie auch, aber er hatte folgende Verhandlung zu führen:

„Wir können Ihnen die Tasche nicht geben, es sind Zigarren darin", sagte der Zollbeamte.

„Darum können Sie sie mir doch geben. Wenn etwas zu verzollen ist, werde ich den Zoll bezahlen", schlug mein Vater vor.

„Das geht nicht. Die Einfuhr von Zigarren ist verboten."

„Ja, dann nehmen Sie die Zigarren heraus."

„Das geht auch nicht. Dann wären sie ja noch immer nach Deutschland eingeführt."

„Was soll denn geschehen?"

„Die Tasche muß nach Österreich zurückgehen, und dort müssen die Zigarren herausgenommen werden."

Nach langer Debatte wurde ihm erlaubt, die Zigarren zu zerbrechen, so daß sie nicht mehr in Form von Zigarren eingeführt waren. Es war eine angebrochene Kiste mit weniger als 50 Stück Inhalt. Zigarren waren damals schon so teuer und schlecht in Deutschland, daß sicher auch die Zollbeamten bessere Verwendung dafür gehabt hätten, als sie zu zerbrechen. Aber Ordnung muß sein! Um jene Zeit legte ein Reichstagsabgeordneter dem Kriegsminister Tabakpäckchen für die Truppen vor, deren Inhalt nur aus Häcksel bestand.

Ich siedelte nach Berlin über und bekam eine Assistentenstelle an der Charité [am Institut für Krebsforschung unter Prof. *Ferdinand Blumenthal*].[27] Jetzt, wo eine Teuerungszulage sehr angebracht gewesen wäre, wurde sie nicht bezahlt. Es war aber erlaubt, nebenher Privatpraxis zu betreiben.

Ich begann meine Praxis in zwei möblierten Zimmern und mit den allernötigsten ärztlichen Instrumenten. Die Hoffnung, mein Geld aus Österreich zu bekommen und eine richtige Einrichtung zu kaufen, hatte ich bereits aufgegeben.

Es ist eine harte Aufgabe, Arzt zu sein, wenn die Bevölkerung am Verhungern ist. Im Juni 1918 war die Kartoffelmenge, die in Berlin ausgegeben wurde, pro Kopf und Woche sieben Pfund. Ende Juni wurde sie auf drei Pfund herabgesetzt. Am 5. Juli 1918 war die wöchentliche Ration pro Kopf ein Pfund Kartoffeln und ein Kilo Brot. In dieser Woche war die Volksernährung auf ihrem tiefsten Stand.

Am 6. Juli kamen Alarmnachrichten aus Österreich. Kaiser *Karl* hatte an den Deutschen Kaiser einen Appell um Brot gerichtet, da Österreichs Verpflegungsschwierigkeiten unlösbar wurden. Es wurde beschlossen, daß bis zur nächsten Ernte alle Getreidevorräte gemeinsam verwertet werden sollten. Die Nibelungentreue rief keine Begeisterung mehr hervor. Die Berliner hatten gerade in jener Woche täglich fünf dünne Schnitten Brot und eine Kartoffel.

Am 12. Juli wurde fleischloses Kochen eingeführt. In den Wochen, die nicht fleischlos genannt wurden, gab es in Städten mit mehr als 100 000 Einwohnern 200 Gramm wöchentlich, in anderen Orten weniger.

Es entspann sich eine Fehde zwischen Bayern und Berlin wegen der angeblichen Bevorzugung Berlins. Der „Vorwärts“ schrieb: „Letzte Woche hatten wir 10 mal so viel wie Bayern, 10 x 0 = 0.“

27 *Käte Frankenthal* arbeitete an diesem Institut 1917–1918. Sie hatte als Assistenzärztin die Frauenabteilung in ihrer Obhut und beschäftigte sich ferner in der Poliklinik insbesondere mit der Behandlung tuberkulöser Geschwulste. In einem Zeugnis vom 14.2.1918, unterzeichnet von Prof. *Ferdinand Blumenthal* wird speziell darauf abgehoben, daß sie „sich das Vertrauen der Kranken erworben habe“.

Ich wohnte bei einer Witwe, die eine etwa vierzehn Jahre alte Tochter hatte. Als ich mich auf Reisen an- und abmeldete, bekam ich einmal zufällig eine Brotkarte zu viel und gab sie der Frau. Sie sagte gierig: „Die haben Sie *mir* gegeben, nicht meiner Tochter. Das Mädel nimmt jeden Tag Schnitten mit in die Schule, und es bleibt fast kein Brot für mich übrig." Das Mädchen, das im Wachstumsalter war, sah aus, als könne man sie zerbrechen, und die Mutter machte sich sicher Sorgen um ihr einziges Kind. Aber die Frau brach auch fast zusammen. Der Hunger machte die Menschen tierisch.

Das Publikum bekam nicht einmal die kargen Rationen, die offiziell bewilligt wurden. Bestenfalls mußte man stundenlang darum anstehen, was nicht jeder konnte. Immer wieder war angeblich die Ware ausverkauft. Man wußte, wo sie blieb. Im Schleichhandel, zu Phantasiepreisen konnte man alles bekommen.

Die Ärzte durften ein viertel Liter Milch täglich als „Heilmittel" aufschreiben. Es gab wenig Menschen in Deutschland, denen man nicht mit gutem Gewissen hätte bescheinigen können, daß Milch für sie ein Heilmittel wäre. Aber es gingen immer wieder dringende Appelle an die Ärzte, sparsam mit der Verordnung von Krankenmilch zu sein.[28]

Kann man sich wundern, daß Leute versuchten, zu Schleichhandelspreisen ein ärztliches Attest zu bekommen? Kann man an der Berechtigung der Klagen zweifeln, daß Leute, die hohe Preise für Konsultationen zahlten, Milchatteste bekamen, und den Armen gesagt wurde, ihr Kind sei nicht elender als alle anderen? Die Hungersnot brach alle Moral. Ich hatte ein förmliches Grauen vor jeder Sprechstunde. Man war nicht mehr Arzt, sondern Untersuchungsrichter. Es war die einzige Zeit, wo ich in Deutschland echtes Hungerödem sah. Später in der Inflationszeit und in der Wirtschaftskrise von 1929–1933 sah ich Fälle von schlechter Ernährung, Vitaminmangel, nervöser Erschöpfung, psychischen Depressionen und Hautkrankheiten infolge vernachlässigter Körperhygiene, alles, was man als „Elendskrankheiten" bezeichnen kann. Aber Hungerödeme sah ich nicht mehr. Wenn Nahrungsmittel im Lande sind, spart die Bevölkerung alles andere ein, um Nahrung zu bekommen. In den ersten Jahren meiner ärztlichen Praxis in Deutschland waren keine Nahrungsmittel im Lande, und man sah die direkten Auswirkungen des Hungers.

28 Zur Entwicklung der Gesundheitsverhältnisse in dieser Zeit vgl. allgemein: *Franz Bumm*, Hg., Deutschlands Gesundheitsverhältnisse unter dem Einfluß des 1. Weltkrieges, Stuttgart 1928.

Zu allem Unglück brach 1918 die Spanische Grippe aus. Junge Menschen erkrankten am Morgen und waren am Abend tot. Die Widerstandsfähigkeit war gebrochen. Die Ärzte standen macht- und ratlos der Situation gegenüber.

Merkte man die Sturmzeichen? Im Herbst 1918 lief die neunte Kriegsanleihe. Zeichnungsschluß war der 6. November, er fiel also mit der Revolution zusammen. Konnte man überhaupt noch jemandem raten, sein Geld in Kriegsanleihen anzulegen, anstatt den allgemeinen Wettlauf um Lebensmittel im Schleichhandel mitzumachen und sich vor dem Verhungern zu schützen?

Alle Zeitungen, einschließlich der sozialdemokratischen, warben täglich in beschwörenden Worten, das Vaterland zu retten und Kriegsanleihen zu zeichnen. Bis zum 5. November 1918 erschienen diese Inserate täglich in allen Zeitungen. Einige Inserate aus dem sozialdemokratischen Zentralblatt „Vorwärts" aus der Zeit unmittelbar vor der Revolution lauteten wie folgt:

„Nicht sorgen, nicht quälen.
Nicht die Feinde zählen.
Tu entschlossen still
Was die Stunde will.
Zeichne die Neunte."

„Der Neunte Gang zu den Altären des Vaterlandes! Leg Dein Scherflein in die Opferschalen! Die Anderen, Größere wie Du, Herrliche, Glorreiche, füllen sie mit ihrem Blut. Sie zu ehren, gib zur Neunten!"

„Einstehe für Pflichterfüllung bis zum Äußersten", daß hat einst ein deutscher Offizier dem Kaiser aus dem fernen Kiautschou gedrahtet, als schon der Tod an seine Festung pochte. . . Darum, zeichne!"

„Wer jetzt auf seinem Geldsack sitzt, der spart für den Feind. Wer Kriegsanleihe zeichnet, spart für seine Kinder."

„Gesinnungen sind wohlfeil. Worte erschüttern nur die Luft. Erst die Tat zeigt den Wert. Deine Tat sei die Neunte!"

Heroismus, Sentimentalität, Kaisertreue, Egoismus, Gesinnungslosigkeit – an alle Instinkte wurde appelliert, um das letzte Geld des hungernden Volkes für die Kriegsanleihe zu mobilisieren. Auch in den Parteizusammenkünften wurde dieselbe Sprache geführt. Die Mitglieder waren verwirrt, verängstigt und fühlten sich gedemütigt. Die deutschen Arbeiter waren dazu erzogen, in all ihrem Elend einen Trost zu haben: Wenn der Kapitalismus, der all das Elend verschuldet, zusammenbricht, dann weist der Sozialismus den Weg, eine bessere Welt zu bauen. Nun, da alles zusammenbrach, sahen sie, daß der Sozialismus keinen anderen Rat wußte als die Bourgeoisie: Durchhalten, um das Bestehende zu erhalten.

Inzwischen rollten die Ereignisse unaufhaltbar, so sehr auch die SPD versuchte, sich ihnen entgegenzuwerfen. Die schlechte Lage an der Front ließ sich nicht mehr verheimlichen. Langsam wurde es dem Volke beigebracht, daß der Krieg verloren sei. Gleichzeitig wurde gebremst, gewarnt, beschworen! Jede Regung des Volkes könne das Unglück nur vergrößern.

Wenn später *Ebert* sagte, er hasse die Revolution, wenn gesagt wurde, die SPD habe sie nicht gewollt und sich nur an die Spitze gestellt, als sie ausgebrochen war, so ist an der Wahrheit dieser Angaben nicht zu zweifeln. Die Parteipresse aus dieser schicksalsschweren Zeit enthält die historischen Beweise. Wenn bei anderen Gelegenheiten die SPD davon sprach zu verteidigen, was sie in der siegreichen Revolution gewonnen hatte, so ergeben dieselben Beweise, daß diese Darstellung der Berechtigung entbehrt.

Am 4. August 1918, dem vierten Jahrestag der ersten Kriegskreditbewilligung, schrieb der Chefredakteur des „Vorwärts", [*Friedrich*] *Stampfer*: „Unser Programm lautet nicht: Erst die Revolution und dann den Frieden, sondern kurz und bündig: Frieden!"

Am 24. September wurde von Reichstagsfraktion und Parteiausschuß der Beschluß gefaßt, daß die Partei bereit sei, unter formulierten, sehr bescheidenen Bedingungen in die Regierung einzutreten. Es kann nicht festgestellt werden, ein wie großer Teil der Partei hinter den achtzig Männern stand, die für diesen Beschluß stimmten. Die Parteimitgliedschaft hatte keine Gelegenheit, vorher dazu Stellung zu nehmen und kaum nachher. Es war ein fait accompli, über das wenig diskutiert wurde, weil es doch nicht mehr zu ändern war.

Einige Fraktionsmitglieder wünschten, daß in die formulierten Bedingungen aufgenommen werde, die Partei behalte sich das Recht vor, Maßnahmen der Regierung zu kritisieren, auch wenn Sozialdemokraten in der Regierung seien. *Scheidemann* lehnte es ab, eine solche Forderung aufzunehmen, weil sie ja selbstverständlich wäre. Das war vier Jahre, nachdem der „Vorwärts" auf sein selbstverständliches Recht verzichtet hatte, über Klassenkampf zu schreiben. Später wurde jede Kritik in der Partei damit abgebogen, daß man doch nicht die Regierung angreifen könne, in der unsere eigenen Genossen sitzen.

Der Eintritt der Sozialdemokraten in die Regierung sollte der Herbeiführung des Friedens dienen. Aber sie hielten noch krampfhaft an der Illusion fest, daß es für Deutschland noch eine Wahl gäbe zwischen „Frieden" und „Fortsetzung des Kampfes". *Ebert* sagte in jener Sitzung, als der Eintritt in die Regierung beschlossen wurde: „Wir wollen keinen Zweifel daran lassen, daß ein Frieden um jeden Preis nicht in Betracht kommt."

Am 3. Oktober, als der vollzogene Eintritt in die Regierung bekanntgegeben wurde, schrieb *Stampfer*: „Wehe dem Volke, das seine Waffen fünf Minuten zu früh an die Wand stellt! Die Entfaltung der nationalen Verteidigungskraft erfordert aber auch, die Aufrechterhaltung der Ordnung im Innern. Ein Volk, das am Ende eines langen Krieges die Geduld verliert und die Aufrechterhaltung der inneren Verwaltung lähmt oder unterbindet, gleicht einem Kranken, der im Fieberdelirium seine Verbände abreißt und aus dem Bett springt."

Zwei Tage nach Zusammensetzung der Regierung erging die Note an Präsident *Wilson* mit der Bitte, Friedensverhandlungen einzuleiten. Die nationalen Verbände entfalteten eine wüste Opposition. In Demonstrationen und Versammlungen wurde das feige Zurückweichen der roten Regierung angeprangert. Selbstmordbataillone, Kampf bis zum letzten Mann wurden gefordert.

Die Regierung schwieg. Erst Mitte November, nach Ausbruch der Revolution, veröffentlichte der dann zurückgetretene Kanzler *Max von Baden* seine Flugschrift, in der er die Situation, in der die Regierung Anfang Oktober war, klarlegte. Er schrieb, daß das Waffenstillstandsangebot ihm bei seinem Regierungsantritt fertig vorgelegt wurde. Auf seinen Gegenvorschlag, ein detailliertes Kriegszielprogramm aufzustellen, erwiderten die militärischen Autoritäten, die Lage an der Front erfordere binnen 24 Stunden ein Waffenstillstandsangebot. Nach einer Woche erklärten sie dann, daß sie sich am 1. Oktober über die Lage an der Front getäuscht hätten.

Diese Situation war den sozialdemokratischen Ministern bekannt, als die Partei ihre Warnungen ausstieß: Keinen Frieden um jeden Preis! Nicht die Waffen fünf Minuten zu früh aus der Hand stellen!

Das zu Tode erschöpfte Volk wollte von keinem selbstmörderischen Heroentum mehr wissen. Die Unabhängige Sozialdemokratische Partei, die sich 1917 abgespalten hatte, prangerte nun die Regierungspolitik noch bitterer an, als die Nationalistischen Verbände es von der anderen Seite her taten. Die Anhänger der beiden sozialistischen Parteien hatten sich gegenseitig so viele Vorwürfe zu machen, daß der Ernst der Situation durch diesen Kampf ganz überschattet wurde.

Die erste Nachricht von revolutionären Aufständen erschien in Berlin am 8. November [1918]. Später schrieb der „Vorwärts", daß die Aufstände am 5. November bekannt wurden und nach zuverlässigen Mitteilungen mindestens eine Woche früher auf hoher See begonnen hätten. Sicher ist wohl, daß die ersten Aufstände unter Führung keiner Partei standen. Und ganz sicher ist wohl, daß die SPD, die ja genug Verbindungen hatte und nun auch in der Regierung war, schon tagelang von den Aufständen wußte, als sie noch die Öffentlichkeit ermahnte, wie es einst ein Polizeipräsident getan hatte: „Ruhe ist die erste Bürgerpflicht!"

Der Ton, den *Stampfer* am 3. Oktober angeschlagen hatte, als er einen Aufstand mit einem Fieberwahn verglich, wurde beibehalten, als die Revolution schon im Gange war.

Am 18. Oktober erließ der Vorstand der SPD einen Aufruf, in dem es hieß:

„Deutschland und das deutsche Volk ist in Gefahr, das Opfer der Eroberungssucht englisch-französischer Chauvinisten zu werden. Was wir am 4. August 1914 erklärt haben: In der Stunde der Gefahr lassen wir das Vaterland nicht im Stich, gilt heute in verstärktem Maße. Mit einem Frieden der Vergewaltigung, der Demütigung, der Verletzung seiner Lebensinteressen, wird sich das deutsche Volk nie und nimmer abfinden. . .

Wir sind auf dem Wege zum Frieden und zur Demokratie. Alle putschistischen Treibereien durchkreuzen diesen Weg, dienen der Gegenrevolution."

Als dieser Aufruf erlassen wurde, hatte bereits das Militärkommando den erwähnten Appell an die Regierung gerichtet, daß zu Verhandlungen keine Zeit mehr sei, und eine sofortige Bitte um Frieden erfolgen muß.

Am 4. November erließ der Parteivorstand einen weiteren Aufruf:

„Durch unterschriftslose Flugblätter und durch Aufforderung von Mund zu Mund ist an Euch die Aufforderung ergangen, in den nächsten Tagen die Betriebe zu verlassen und auf die Straße zu gehen. Wir raten Euch dringend, dieser Aufforderung nicht zu folgen."

Zur Zeit dieses Aufrufes waren bereits die Meutereien auf hoher See ausgebrochen.

Am 6. November, als bereits die Arbeiter- und Soldatenräte in verschiedenen Städten des Reiches gebildet wurden, leugnete man die Situation noch immer. Der Parteivorstand erließ folgenden beschwörenden Aufruf:

„Entstehen jetzt Unruhen, so wird die schon jetzt unzureichende Volksernährung ganz ins Stocken geraten, die arbeitende Bevölkerung wird dem Hungertode ausgeliefert sein, während die Besitzenden sich noch immer zu helfen wissen werden. Das ist auch in Rußland so gekommen, und selbst die

Gewaltmethoden des Bolschewismus haben daran nichts zu verändern vermocht."

Dann war es geschehen und nicht mehr zu verheimlichen. Die SPD schwenkte herum, wie sie es zwischen dem 31. Juli und 1. August 1914 getan hatte, und stellte sich an die Spitze der Revolution.

Noch am 8. November kam ein beschwichtigender Aufruf:

„Der Friede ist gesichert. In wenigen Stunden wird die Waffenruhe eingetreten sein. Nur jetzt keine Unbesonnenheiten, die das an der Front beendete Blutvergießen im Lande wieder aufleben machen."

Es wurde mitgeteilt, daß ein Ultimatum an den *Kaiser* gestellt worden sei, heute abzudanken, andernfalls würden die SPD-Minister zurücktreten.

Am gleichen Tage berichtete die Presse über die Soldatenaufstände in Kiel, Hamburg und Bremen.

Am 9. November war die große Schlagzeile im „Vorwärts": „Die Deutsche Freiheitsbewegung!" Es hieß im Text:

„In den Hansestädten, in zahlreichen Städten Mitteldeutschlands ist die Bewegung siegreich! Bayern und Braunschweig sind zu Volksrepubliken erklärt worden . . . Welcher Siegeslauf der Bewegung in den wenigen Tagen seit Kiel . . . Es gilt jetzt die Bewegung in den unblutigen Formen, in denen sie sich bisher bewegt hat, zum Abschluß zu bringen. Versuche zu Gegenmaßregeln, die nicht im Einverständnis mit der Regierung, also von Unverantwortlichen auf eigene Faust unternommen werden . . . könnten nur namenloses Unheil anrichten."

Die Regierung hieß noch immer: *Prinz Max von Baden.* Der *Kaiser* hatte noch immer nicht abgedankt, die sozialdemokratischen Minister waren nicht zurückgetreten.

Am 10. November wurde veröffentlicht, daß *Prinz Max* [*von Baden*] zurückgetreten sei, und der erste Aufruf erschien, gezeichnet von Reichskanzler *Ebert.* Der Tenor war noch derselbe wie in den vorhergegangenen Aufrufen des Parteivorstandes. Es hieß:

„Mitbürger! Ich bitte Euch alle dringend, verlaßt die Straßen! Sorgt für Ruhe und Ordnung."

Ordnungsrufe nutzten aber nichts mehr, und in derselben Nummer, in der der Aufruf erschien, feierte der „Vorwärts" die siegreich marschierende Revolution. In dem Leitartikel hieß es:

„Einen Sieg hat das deutsche Volk und besonders auch das Berliner Proletariat errungen, der ohne Beispiel in der Geschichte dasteht."

In einem anderen Artikel derselben Nummer hieß es:

„Wie wird das Volk in Waffen zur Freiheitsbewegung sich stellen: Das war die Frage, die noch gestern früh auf den Lippen schwebte. Aber schon in den frühen Morgenstunden erhielten wir die glückverheißende Antwort."

Dann folgte der Bericht über den „roten Sonnabend" in Berlin und die stattgefundenen Straßenkämpfe. Und schließlich die Mitteilung, daß der „Vorwärts" die rote Fahne gehißt hatte.

Die sozialdemokratischen Arbeiter hatten, getreu ihren Parolen, bis gestern Putschereien als unverantwortlich und die Ernährung der Arbeiter gefährdend zurückgewiesen. Sie rieben sich die Augen, als sie nun lasen, daß die Freiheitsbewegung gesiegt hatte. Aber alle, mit denen ich sprach, fühlten sich wie von einem Alpdruck befreit. Die Spannung der letzten Zeit war zu groß gewesen. Von links und von rechts wurden die Sozialdemokraten als Feiglinge und Verräter beschimpft. Nun endlich konnten sie wieder den Kopf erheben. Sie waren so glücklich, daß sie nicht mehr abseits von der gärenden Bewegung stehen mußten, daß sie bereits daran glaubten, daß die Sozialdemokratie die revolutionäre Bewegung zum Siege geführt habe.

Es folgten nun die Verhandlungen zwischen SPD und USP über die Bildung der revolutionären Regierung, und aus den Punkten, über die eine Einigung erzielt werden mußte, ersah man, welchen Weg die Parteien verfolgten. Die USP hatte sechs Bedingungen für ihren Eintritt in die Regierung gestellt, und die SPD antwortete darauf wie folgt:

1. Deutschland soll eine soziale Republik sein – das ist auch unser Ziel, aber das Volk soll darüber in einer konstituierenden Versammlung entscheiden.
2. Alle Macht den gewählten Vertrauensmännern der gesamten werktätigen Bevölkerung und der Soldaten – Ist mit dieser Forderung die Diktatur eines Teiles einer Klasse gemeint, hinter der nicht die Volksmehrheit steht, so müssen wir diese Forderung ablehnen, weil sie nicht unseren demokratischen Grundsätzen entspricht.
3. Ausschluß aller bürgerlichen Mitglieder aus der Regierung – abgelehnt, weil dadurch die Volksernährung erheblich gefährdet würde.
4. Beteiligung der Unabhängigen nur für drei Tage, um eine für den Abschluß des Waffenstillstandes fähige Regierung zu bilden – die Beteiligung der Unabhängigen ist mindestens bis zum Zusammentritt der konstituierenden Versammlung erforderlich.
5. Die Ressortminister sollen nur technische Gehilfen der entscheidenden Kabinettsminister sein – zugestimmt.
6. Gleichberechtigung der beiden Parteien im Kabinett – wir sind für Gleichberechtigung aller Mitglieder des Kabinetts, aber die konstituierende Versammlung soll darüber entscheiden.

Trotz dieser unüberbrückbar scheinenden Gegensätze kam die Regierung der sechs Volkskommissare zustande. Über den wichtigsten Streitpunkt, die konstituierende Versammlung, wurde beschlossen, daß sie erst nach Konsolidierung der durch die Revolution geschaffenen Zustände geschaffen werden solle.

Der Weg der Revolution war somit aufgezeigt: Es sollte so bald wie möglich eine neue Parlamentswahl stattfinden. Die Minister des alten Systems waren unentbehrlich, wenn sie auch bescheiden „technische Gehilfen" genannt wurden. Keine der Arbeiterparteien war vorbereitet, gestützt auf eigene Fachleute, die Aufbauarbeit in einem neuen System zu übernehmen.

Die *Hitler*partei hat drei Jahre, bevor sie zur Macht kam, ein detailliertes Organisationsprogramm der Partei veröffentlicht. Zu allen Ressorts wie Wirtschaft, Verwaltung, Gesundheit, Sozialpolitik usw. waren Führer und ein Stab von Fachleuten ernannt. Dieser Parteiapparat, der schon ganz staatsmäßig aufgebaut war, konnte unverändert 1933 den Staat übernehmen. Nicht einmal eine Bürokraft wurde als „technischer Gehilfe" von dem alten System benötigt.

In einem Punkt ähnelte die Revolution von 1918 der Machtergreifung der Nazis, und zwar in dem Kampf gegen die zweite Revolution. Bei den Nazis waren Strömungen, die nach der Machtergreifung etwas von der Verwirklichung der zum Teil ganz sozialistisch klingenden Programmpunkte sehen wollten. Im Juli 1933 wandten sich in derselben Woche *Hitler, Göring* und *Goebbels* in Reden an das Volk und erklärten in ihrer eindeutigen Weise: Wir haben die totale Macht. Die Revolution ist zu Ende. *Goebbels* formulierte es in einer Radiorede über alle deutschen Sender besonders eindringlich: Die Regierung hat ein wachsames Auge auf jene getarnten bolschewistischen Elemente, die jetzt noch von einer zweiten Revolution reden.

Auch 1918 war die Revolution mit der Machtergreifung beendet, und die Machtergreifung war alles andere als total. *Ebert* flocht in seine Reden ein: Ich als früherer Sattlergeselle! Als *Noske* im Januar 1919 Soldaten im Berliner Bürgerkrieg heranzog, beruhigte er die Massen mit einem Aufruf, in dem er sagte: „Arbeiter, die Reichsregierung hat mir die Führung der republikanischen Soldaten übertragen. Ein Arbeiter steht also an der Spitze der Macht der sozialistischen Republik." (Ich zitiere wörtlich. Es hieß: sozialistische Republik.)

Nach der Ermordung von [*Karl*] *Liebknecht* und *Rosa Luxemburg* hielt *Scheidemann* eine der unerfreulichsten Reden, die bei einer solchen Gelegenheit gehalten werden können. Er bedauerte den gewaltsamen Tod der früheren Genossen. Von *Rosa Luxemburg* sagte er, daß sie eine hochbegabte Russin war, die eine Scheinheirat gemacht habe, um der Ausweisung aus Deutschland zu entgehen. Ihr Fanatismus sei daher verständlich, nicht aber der des Sohnes von dem verehrten *Wilhelm Liebknecht.* Diese Fanatiker begnügten sich nicht mit einer Revolution, sie wollten noch eine zweite.

Als die SPD es erzwungen hatte, daß die Wahl zur Nationalversammlung schon auf den 19. Januar [1919] festgesetzt wurde, bevor irgend etwas konsolidiert war, gab es kaum einen Menschen in Deutschland, der nicht unglücklich und verzweifelt war. Die Nationalisten und Monarchisten ebenso wie die Sozialisten aller Schattierungen. Die Revolution war verloren, wie der Krieg und die Monarchie verloren war.

Reformen wurden durchgeführt. Das Frauenwahlrecht war bereits versprochen. Am Abend der Revolution saßen wir in einer Vorstandsgruppe des Frauenstimmrecht-Verbandes und beschlossen, daß es jetzt an der Zeit sei, für das Stimmrecht zu kämpfen. Es sollte eine Petition an Präsident *Ebert* gehen, um ihn an das Versprechen zu mahnen. Am nächsten Morgen war das nicht mehr nötig. Wir lasen an den Litfaßsäulen, daß wir bereits das Stimmrecht haben. Leider waren die Frauen auf die Übernahme ihrer nicht erkämpften Rechte ebenso wenig vorbereitet, wie es die Arbeiterschaft war.

Eine Sozialisierungskommission war eingesetzt worden, um die Fragen der für eine Sozialisierung reifen Betriebe zu studieren. Niemand erwartete, daß sie über das Studium herauskommen würde. Während des Bürgerkrieges erschienen überall Plakate mit der Aufschrift: Die Sozialisierung marschiert. Sogar die sozialdemokratischen Arbeiter kommentierten dazu, sehr realistisch: In den Dreck marschiert sie.

In Preußen hatte sich auch eine Regierung, bestehend aus SPD und USPD, gebildet. Die Unabhängigen hatten als Kultusminister *Adolf Hoffmann* bestimmt. Das war einer der schlechtesten Witze, die in der Revolution gemacht wurden. *Adolf Hoffmann* war ein Original, bekannt durch seine witzigen, aber oft höchst geschmacklosen Bemerkungen. Er legte Wert darauf, das ungrammatikalischste Deutsch zu sprechen, das man produzieren kann. Wenn die Bürgerlichen darüber lachten, pflegte er zu sagen: „Nu lachen sie wieder über ihre Volksschule“, oder „Ich kenne nicht den Unterschied zwischen mir und mich, wohl aber zwischen mein und dein“. Das

Ganze war ein bißchen Theater. *Hoffmann* war ein alter Parlamentarier und ein intelligenter Mensch. Es war fast unmöglich, daß er nicht im Laufe der Zeit richtiges Deutsch gelernt hatte. Ich hörte ihn auch, wenn er wirklich erregt wurde und plötzlich ganz richtig sprach. Er hatte das Ungebildetsein als persönliche Note gewählt und posierte darin. Sein Kampf gegen die Kirche zeichnete sich durch Taktlosigkeit aus. Besonderen Anstoß erregte er damit, daß er gern die Öffentlichkeit darüber informierte, daß er als uneheliches Kind geboren war.

Daß dieser Mann Kultusminister wurde, bedeutete für die bürgerlichen Akademiker ungefähr dasselbe, was es für den Völkerbund bedeutete, als der Nazivertreter ihm eine Nase drehte.

Die Charité, in der ich arbeitete, ist ein staatliches Krankenhaus und gehört zur Universität. Die Professoren dort schwankten zwischen Wut und Hohn über ihre höchsten Vorgesetzten. Diese Wahl brachte große Teile der Bevölkerung gegen die neue Ordnung auf und konnte ihr keine Freunde werben.

Der Charité-Direktor [*Ernst Pütter*] sagte: „Ich müßte zu meinem Chef *Adolf Hoffmann* gehen, aber der wird sagen: Mich ist das alles eins." Allgemein kursierte der Witz, der erste Erlaß des Kultusministers werde lauten: Der Unterschied zwischen mir und mich ist aufgehoben.

Das erste Weihnachtsfest im Frieden und in der Heimat fand uns mitten im Bürgerkrieg. Täglich wurden die Kriegsbulletins herausgegeben wie im Felde. Täglich wurde die Zahl der Toten, Verwundeten und Gefangenen bekanntgegeben.

Die Massen waren bereit gewesen, vereint Waffen zu ergreifen zur Beendung des Krieges und des Kaisertumes. Das Kaisertum war kampflos verschwunden, und der Krieg war beendet. Jetzt wurde in den Straßen gekämpft um die Frage: Wer weist den Weg zum Aufbau? Man vergaß zu fragen: Wer weiß den Weg?

Niemand wußte ihn. Das Jahr [1919] endete mit der Spaltung der USP. In Anwesenheit von russischen Delegierten unter Führung von [*Karl*] *Radek* konstituierte sich der Spartakusbund als Kommunistische Partei Deutschlands (KPD). Die Tragödie der Arbeiterbewegung nahm ihren Lauf.

Der erste Beschluß war: Nichtbeteiligung an der Wahl zur Nationalversammlung. *Rosa Luxemburg, Karl Liebknecht* und *Paul Levi,* die führenden Köpfe der Bewegung, stimmten dagegen. *Rosa Luxemburg* führte sehr klar aus, daß es nur zweierlei gäbe: Das Zusammentreten der Versammlung zu verhindern oder dort vertreten zu sein und den Willen der revolutionären Partei zur Geltung zu bringen. Wenn man das Erstere nicht könne, müsse das Letztere geschehen. Sie wurde überstimmt mit 62 gegen 23 Stimmen.

Die Nationalversammlung wurde zwei Tage nach der Ermordung der kommunistischen Führer gewählt. Die Sozialdemokraten wurden offen der Mordhetze beschuldigt. Zwei Tage vor der Ermordung [am 13.1.1919] hatte der „Vorwärts" ein Gedicht von *Artur Zickler* veröffentlicht, in dem es hieß:

[*Das Leichenhaus*

Vielhundert Tote in einer Reih' –
Proletarier!
Es fragten nicht Eisen, Pulver und Blei,
ob einer rechts, links oder Spartakus sei,
Proletarier!
Wer hat die Gewalt in die Straßen
gesandt, Proletarier?
Wer nahm die Waffe zuerst zur Hand
und hat auf ihre Entscheidung gebrannt?
Spartakus!]
Vielhundert Tote in einer Reih' –
Proletarier!
Karl, Rosa, Radek und Kumpanei –
Es ist keiner dabei, es ist keiner dabei!
Proletarier!"

Diese aufrüttelnden Ereignisse konnten sich in den Wahlen nicht ausdrücken, da die Kommunisten sich an der Wahl nicht beteiligten. Die Sozialdemokraten bekamen 163 Sitze, der Rest der Unabhängigen nur 22, und wurde damit bedeutungslos. Die Bürgerlichen hatten 236 Sitze. Es war eine feste Mehrheit gegen Sozialisierung geschaffen, und die Sozialdemokratie konnte sich darauf berufen, daß sie nach demokratischen Grundsätzen nichts dagegen unternehmen könne.

Die Sozialdemokratie wiegte sich und die Öffentlichkeit in dem Glauben, daß die Arbeiter vernünftiger waren als ihre linken Führer und sich geschlossen hinter die SPD gestellt hatten. Im Dezember hatte der frühere Reichstagspräsident [*Konstantin*] *Fehrenbach* versucht, den alten Reichstag einzuberufen. Der „Vorwärts" hatte geschrieben: Gegenüber der konterrevolutionären Parole: Einberufung des Reichstages! gibt es nur eine revolutionäre Parole: Schleunige Einberufung der Nationalversammlung! Die Arbeiter hatten offenbar diese Parole verstanden.

Die Wahlbeteiligung war ungewöhnlich hoch gewesen, nahezu 83%. Es lag auf der Hand, daß viele Kommunisten nicht der Parole der Nichtbeteiligung gefolgt waren, sondern dem Rat von *Luxemburg* und *Liebknecht.* Da die Kommunisten keine eigenen Kandidaten aufgestellt hatten, haben sie die von ihnen bitter gehaßten Sozialdemokraten gewählt, in der Hoffnung, daß es doch ein gewisses Gegengewicht gegen die bürgerliche Reaktion bedeuten würde.

Selten waren unsere Versammlungen unrealistischer und unehrlicher als in jener Zeit.

Während der Tagung der Nationalversammlung ging eine Welle von Streiks über Deutschland. Berlin war eine Woche lang unter Standrecht. *Noskes* Erlaß sagte: Jede Person, die mit Waffen in der Hand gegen Regierungstruppen kämpfend gefunden wird, ist sofort zu erschießen. Alle Augenblicke stieß man auf uniformierte Posten, die Plakate trugen mit der Aufschrift: Halt! Wer weiter geht, wird erschossen! In Anlagen und auf öffentlichen Plätzen wurden Maschinengewehre montiert. Die Bevölkerung war verängstigt und verstört. Es hatte doch geheißen, die Revolution sei siegreich beendet, und eine zweite gäbe es nicht. In Berlin sah es nicht so aus.

Während des Belagerungszustandes wurde ein Verbot öffentlicher Tanzlustbarkeiten erlassen. Das Verbot war keine überflüssige Geste. Es hatte sich etwas fast Unbegreifliches ereignet. Während der Bürgerkrieg tobte und es gefährlich war, über die Straße zu gehen, während die Verhandlungen von Versailles vorbereitet wurden, während die Leute vor den Lebensmittelgeschäften Schlange standen und oft genug vor Hunger und Erschöpfung umfielen, war in dem eleganten Westen Berlins eine wahre Tanzwut ausgebrochen. Die Straßen erschollen gleichzeitig von Kanonendonner und von übermütiger Tanzmusik.

Was fiel diesen Leuten ein, durch den Bürgerkrieg zu tanzen? Das Berliner Tageblatt stellte psychologische Betrachtungen an und schrieb, es sei etwas Unheimliches, so als ob die Menschen auf dem Vulkan tanzten.

In den Novembertagen hatte man keine Tanzerei gesehen. Damals ging der Kampf gegen die Monarchie, und man hatte ein Jahr vorher in Rußland gesehen, was eine Revolution für die Besitzenden bedeuten kann. Nach einigen Wochen war in Deutschland die Gefahr vorbei. Die Arbeiter schossen aufeinander, das Feuer richtete sich nicht gegen die Besitzenden. Es war wieder ein Parlament da mit einer bürgerlichen Mehrheit, und es wurde demokratisch regiert. Man hatte im Berliner Westen Veranlassung, zu feiern und zu tanzen. Die Revolution war tot.

Ein Ereignis aus der revolutionären Zeit war sehr bezeichnend. *August* und *Fritz Thyssen* wie *Edmund Stinnes,* und einige andere Großindustrielle waren verhaftet worden, weil ein Kellner angezeigt hatte, er habe ein hochverräterisches Gespräch mitgehört. Der „Vorwärts" brachte eine kleine Mitteilung, daß die Betreffenden aus der Haft entlassen wurden, weil die Aussage des Kellners nicht einwandfrei zu beweisen wäre. Er knüpfte die Mahnung daran, vorsichtig mit Verhaftungen zu sein, da die persönliche Freiheit in der Republik nicht schlechter, sondern besser gewährleistet sein müsse als unter dem alten Regime.

Aber mit der Entlassung war die Sache nicht erledigt. Die Herren Großindustriellen kauften sich eine volle Seite in allen großen Zeitungen – sie konnten es ja bezahlen – und erhoben öffentliche Anklage wegen Freiheitsberaubung. Sie waren nicht etwa mißhandelt worden, aber sie tadelten, daß sie am 7. Dezember verhaftet wurden und nicht, wie es ihr Recht war, nach 24 Stunden verhört wurden, sondern erst am 9. Dezember, und sie wurden erst am 11. Dezember entlassen. Sie forderten Strafverfolgung des zweiten Vorsitzenden des Arbeiter- und Soldatenrates in Mühlheim/Ruhr [*Serforth*], der in einer Versammlung gesagt hatte, die *Stinnes* und Konsorten würden Deutschland an die Entente verkaufen, wenn ihnen der Achtstundentag und die Lohnerhöhungen nicht passen.

Auch der „Vorwärts" brachte die ganzseitige Erklärung ohne Kommentar.

Daß die Herren bereit waren, Deutschland zu verkaufen, haben sie bei der Inflation und dem Aufkommen *Hitlers* gezeigt. Als *Thyssen* bei dem System, dem er in den Sattel geholfen hat, in Ungnade fiel, ist er geflohen, ohne eine ganzseitige Anklage im „Völkischen Beobachter" zu veröffentlichen. Er hätte damit wohl auch kein Glück gehabt. Ebenso haben die reichen Leute nicht in der russischen Revolution getanzt.

Politische und soziale Lage Berlins und der Berliner Ärzte

Ich kann wenig über mein persönliches Leben in jener Zeit sagen, oder ich könnte in einem Satze sagen: Ich hatte keines. Als ich versuchte, mir jene Zeit in Erinnerung zu bringen, fiel mir nur ein Wort ein: der Zusammenbruch.

Ich gehörte der SPD an. Die Spaltung hatte sich vollzogen, als ich im Felde war. Während ich noch überlegte, was wohl das größere Unglück war, die Spaltung der Bewegung oder der Kurs, den die SPD einschlug, kam die kommunistische Spaltung der USP. Das bedeutete die Zersplitterung der Bewegung und entschied für mich die Frage gegen den Übertritt zur USPD.

Als die Schießerei in Berlin begann, wurde von allen Seiten getuschelt über furchtbare Sachen, die jeder gesehen haben wollte. In Hausfluren und auf den Straßen sollten Verwundete liegen und ohne Hilfe verbluten.

Ich sprach mit dem Direktor des Rettungsamtes [*Paul Frank*]. Es sei schlimm genug, gab er zu, aber man könne nicht herankommen, es werde zu stark geschossen. Ich meinte, wenn nicht geschossen wird, sei Rettungsdienst weniger erforderlich. Auf mein Drängen bekam ich die erste fliegende Rettungsstation und war so wieder im Kriegsdienst.

Die erste Station machte ich in dem Hause des Preußischen Innenministers [*Bill*] *Drews* auf. Ich war erstaunt zu sehen, welche Angst diese Leute hatten. Es war ihnen noch nicht so klar, wie es uns war, daß nicht einmal den Hauptschuldigen am Kriege, viel weniger dem ziemlich unbedeutenden Minister ein Haar gekrümmt werden würde.

Ich kam herein mit drei Sanitätern und der Roten Kreuz-Flagge und erklärte, daß wir einige Räume in Anspruch nehmen müssen, um eine Rettungsstation aufzumachen. Ich kann mir nicht denken, daß ich furchterregend aussah. Aber statt einer Antwort ertönte ein Schrei: Meine Kinder, schonen Sie meine Kinder! Ich konnte Frau *Drews* gerade auffangen, bevor sie sich mir zu Füßen warf. Es gelang mit Mühe, sie von unserer harmlosen Absicht zu überzeugen

Käte Frankenthal als sozialistische Gesundheitspolitikerin. Ein Gruppenphoto vom ersten und letzten sozialdemokratischen Ärztetag der Weimarer Zeit in Leipzig vom 31. Mai 1931 anläßlich des letzten Parteitages der SPD vor der nationalsozialistischen Machtergreifung

Photographie: Claus Pinkau

Quelle: Mathilde Eliassow, Rudolph Goldstein, Israel

*Sozialistische Ärzte in der Weimarer Zeit: Erläuterungen zu einem Bild**

Käte Frankenthal ordnete sich gesundheits*politisch*, bis zu ihrem Übertritt zur SAPD im Dezember 1931, der Arbeitsgemeinschaft sozialdemokratischer Ärzte (= AsÄ) zu und beteiligte sich auch an ihrer Arbeit. Im folgenden sei umrissen, in welchen *sozialpolitischen Zusammenhängen* diese Initiative zu sehen ist:

Sozialpolitisch und sozialdemokratisch engagierte Ärzte gründeten *1913* in Berlin unter Führung von *Ignaz Zadek*, sen. – „ein Vorbild in dem Bestreben, sozialistische und demokratische Gesinnung mit fachlicher Tüchtigkeit und ärztlicher Gewissenhaftigkeit zu verbinden" *(A. Grotjahn)* –, *Karl Kollwitz*, dem Ehemann der Graphikerin *Käte Kollwitz*, und *Ernst Simmel*, dem später sehr bekannten Psychoanalytiker, den *Sozialdemokratischen Ärzteverein.* In ihm vereinigten sich Ärzte, von denen manche schon zu Zeiten des Sozialistengesetzes zur Sozialdemokratie gestanden und die Arbeiter in ihrem Kampf um die Verbesserung der Arbeits- und Lebensverhältnisse mit fachlichem Rat und politischem Engagement unterstützt hatten. Mühsam haben sie um die praktische Verwirklichung *sozialhygienischer Forderungen* und um die *Vermittlung im wirtschaftlichen Kampf zwischen Krankenkassen und Ärzten* im Interesse des erkrankten Arbeiters gefochten.

In der Weimarer Republik werfen die politischen Richtungskämpfe *1924* ihre Schatten auch auf den Sozialdemokratischen Ärzteverein. Er faßt sich nunmehr – neben dem neu geschaffenen und sich getrennt entwickelnden *Verein sozialistischer Ärzte* (VsÄ) – allein als Arbeitsgemeinschaft der in der Sozialdemokratischen Partei organisierten Ärzte auf, allerdings immer noch in engem Kontakt mit der größeren wie breiteren sozialistischen Ärztebewegung im VsÄ, wie die Teilnahme von 15 der 36 hier abgebildeten Ärzte an der Karlsbader Konferenz des VsÄ vom 23.–25. Mai 1931 illustriert. Diese AsÄ konzentriert sich nunmehr auf die Ausgestaltung der *kommunalen Gesundheitspolitik* und der *Gewerbehygiene* und versucht so die gesundheitspolitischen Forderungen der Sozialdemokratischen Partei und der freien Gewerkschaften voranzutreiben und zu verwirklichen. Erfolge, vor allem in Berlin, bleiben dabei ebensowenig aus wie *Angriffe* von *reinen Standes- und Wirtschaftsorganisationen der Ärzte* und zunehmend auch von den *rechten Parteien.*

Diese zunächst nur blockierende und einzelne sozialpolitische Fortschritte unterhöhlende Interessenkonstellation führte schließlich 1933 nicht nur zu einer Zerstörung dieses Teils der Sozialdemokratie zusammen mit der Gesamtpartei, sondern auch zu einer tiefgreifenden Einschränkung, in der Regel *Zerstörung der beruflichen Arbeitsmöglichkeiten dieser Ärzte*, die mehrheitlich (19) von den Ausschließenden, den gleichgeschalteten Ärztevereinen, wie von Staat und NSDAP, *als „Staatsfeind" verfolgt* wurde. Soweit ein Ausschluß 1933 nicht erfolgte bzw. auf Beschwerde rückgängig zu machen war, hat spätestens der Entzug der Approbation für „jüdische Ärzte" zum 30.9.1938 deren berufliche Arbeitsmöglichkeiten zerstört. Diese Zerstörung führte schließlich bei manchen zu einer Zerstörung ihres Lebens und bei so gut wie allen übrigen zur Emigration. Nur drei von den hier abgebildeten Ärtzen kehrten nach 1945 zurück. *Käte Frankenthal* gehörte nicht zu ihnen.

Eine umfassende, aktive, präventive und arbeitsweltbezogene Gesundheitspolitik setzt gerade heute ein breites sozialpolitisches Engagement im gesamten Gesundheitssektor voraus. Diesen Anforderungen stehen – im Vergleich zur Weimarer Zeit – *eher geringere, organisatorisch weniger gestützte Innovationspotentiale gegenüber.* Ist das nur Zufall oder die Konsequenz „objektiver" Daten in der Gesundheitsversorung – oder nicht vielmehr eine Folge *dieser* Perspektiven des letzten halben Jahrhunderts?

* Eine biographische Aufschlüsselung dieses Bildes findet sich auf den S. 94, 317ff. der 1. Auflage.

und die Kinder, die von der Angst angesteckt waren, zu beruhigen. Dann bekamen wir Körbe mit Erfrischungen und Leinen für die Verwundeten, was wir nicht verlangt hatten, aber gut gebrauchen konnten. Als wir aufbrachen, drückte sie mir die Hand und dankte für das große Verständnis, das doch nur eine Frau aufbringen könne.

Das hatte sie sich eingebildet. Ich hatte mich gar nicht um sie gekümmert. Es gab ja, weiß Gott, anderes zu tun.

Eine andere Station hatte ich für einige Tage im Reichstag. Es war sehr schwer, von dort zu den Stellen zu gelangen, von denen Verwundete gemeldet wurden. So oft wir hinausgehen mußten, schrie der Sanitäter wie eine Beschwörerformel: „Das Rote Kreuz! *Fräulein* Doktor!" mit so komischer Betonung des „Fräulein", daß es mir trotz der tragischen Situation als etwas Humoristisches in Erinnerung geblieben ist.

Von den Dächern wurde unaufhörlich geschossen, und die Schützen gingen auf die Beschwörungsformel nicht ein. „Bleibt zu Haus, Rotes Kreuz!", tönte es zurück. Diesen Rat konnten wir leider nicht befolgen. Wir mußten in diesen Tagen eine große Zahl Schwerverwundeter hereinbringen.

Wenn in einer Stadt geschossen wird, wo die Geschosse so oft zurückprallen, sind meist die Verwundungen sehr schwer. Außerdem wurden einwandfrei Dumdumgeschosse festgestellt. Welche Partei sie verwendete, oder ob beide es taten, wußte man nicht. Festzustellen war nur, daß im Bürgerkrieg der Haß so groß war, wie es bei den feindlichen Armeen im Felde selten der Fall war.

Eines Tages ging ich, aus der Charité kommend, durch eine völlig ruhige Straße, in der nicht gekämpft wurde. Plötzlich stürzte eine Frau schreiend aus einem Haus. Ich verstand, daß jemand verwundet ist und ging herauf. Irgend jemand hatte von irgendwo geschossen. Ein Mann saß in seiner Wohnung am Schreibtisch, bei geschlossenen Fenstern. Der Zufall wollte es, daß die Kugel durch das Fenster und dem Manne in die Stirn drang. Er war sofort tot.

Die Frau sagte, daß sie zurückgezogen lebten und sich nie um etwas gekümmert hätten. In der letzten schrecklichen Zeit waren sie kaum auf die Straße gegangen. Dann brach sie in eine Flut von Verwünschungen aus, wie ich sie selten gehört habe. Die Roten! Die Regierung! Der Krieg! Alles war schuld an dem sinnlosen Unglück, das sie getroffen hatte.

Ich hatte viele Menschen im Kriege sterben sehen, fern von ihren Angehörigen. Sterbende sind meist still. Ich hatte auch viele im Krankenbett sterben sehen, beweint von ihren Angehörigen. Ich hatte noch nie die unmittelbare Reaktion von Hinterbliebenen auf einen Mord gesehen. Es machte einen tiefen Eindruck auf mich. Ich wußte ja, wie viele in Deutschland von Deutschen ermordet worden sind. Viele Hinterbliebene würden alles in Deutschland verfluchen, wie diese Frau es tat. Der Haß, der aus einem Bürgerkrieg entsteht, ist schwer auszulöschen.

Wenn die Zeiten ruhiger waren, arbeitete ich in der Charité. Ich traf dort einen besonders netten Kreis von jüngeren Ärzten. Mehrere von ihnen sind jetzt führende Männer in der Medizin [u.a. *Wolff*]. Ich schloß eine Reihe wertvoller Freundschaften, die bestehen blieben, solange ich in Deutschland war, und aus denen ich vielerlei Anregung bekam.

Keiner dieser jungen Akademiker befaßte sich aktiv mit Politik, obwohl die meisten mit lebhaftem Interesse die Ereignisse verfolgten. Trotzdem täglich gesagt und geschrieben wurde, daß die sozialistische Republik geschaffen wird, konnte der Sozialismus diese Kreise nicht erfassen. Der Grund war nicht, daß sie die sozialistische Idee ablehnten, weil sie einer privilegierten Schicht angehörten, die um ihre Privilegien bangte. Der Grund war, daß die Idee nicht sichtbar wurde, die diese Menschen gewinnen und begeistern konnte.

Wir führten lange und freundschaftliche Diskussionen. Sie bedauerten, daß ich meine Zeit und Kräfte an eine Sache vergeude, die ihnen wohl theoretisch interessant, aber praktisch unheilvoll schien. Daß es von einem Manne wie *Hoffmann* abhängen sollte, was aus den Universitäten wird, hatte ihnen allen einen Schock versetzt.

Alle diese Leute haben etwas in ihrem Berufe geleistet. Keiner hat sich in all den Phasen, durch die Deutschland ging, je am öffentlichen Leben beteiligt.

Ein nicht unbeträchtlicher Teil von ihnen ist heute äußerlich gleichgeschaltet. Sie sind nun ältere Leute, haben meist Familien und wollen eben leben und arbeiten. Daß sie innerlich den Nationalsozialismus akzeptiert haben, glaube ich nicht. Aber ihre Kinder werden in der Hitlerjugend erzogen und vom öffentlichen Leben erfaßt werden.

Schon nach dem *Kapp* Putsch 1920 wurden Sitzungsprotokolle der Verschwörer gefunden und veröffentlicht. Unter den Verschworenen waren zahlreiche Universitätsverbände, Korps und Burschenschaften. Soweit die Akademiker nicht die Entwicklung als Außenstehende mit Interesse verfolgten, traten sie in Opposition gegen das neue System.

Mein Chef [Prof. Dr. med. *Peter Róna*[29]] war ein Wissenschaftler, der sich wohl mit der Idee des Sozialismus nie befaßt hatte. Er hatte dieselbe Einstellung wie große Teile des Bürgertums. Die traurigen Zustände, die jetzt herrschten und die nicht unter der Monarchie geherrscht hatten – das war also das Wirken der Sozialisten.

Obgleich ich inzwischen 30 Jahre alt geworden war und mir ein ziemlich bestimmtes Auftreten angewöhnt hatte, hielt er doch meine Zugehörigkeit zu den Sozialisten für eine jugendliche Verirrung. Er gab sich große Mühe, mich in die wissenschaftliche Laufbahn zu bringen. Zweimal war die Möglichkeit vorhanden, daß mein Leben einen ganz anderen Verlauf hätte nehmen können.

Als die Abbau-Verordnung [1924] kam, um Plätze für die Kriegsteilnehmer frei zu machen, mußten die Frauen aus der Charité entlassen werden. Ich bekam eine Empfehlung an eines der schönsten wissenschaftlichen Institute. Es reizte mich sehr, dort zu arbeiten, selbst wenn ich meinen Arbeitsplatz hätte bezahlen müssen.

Der Direktor des Institutes überraschte mich sehr, indem er mir eine bezahlte Stelle als seine Privatassistentin anbot. Das war fast zu gut, um wahr zu sein. Er merkte wohl meine freudige Überraschung. Die Arbeiten, die ich in der Charité veröffentlicht hatte, lagen auf seinem Tisch. Er sagte: „Sehr nett, die Arbeiten – und auch die Autorin! Sie sind gut auf dem Wege und brauchen jetzt nur einen liebevollen Lehrer!"

Hätte der Mann nicht einen so unangenehmen Eindruck auf mich gemacht, und wäre seine Annäherung nicht so plump gewesen, dann wäre ich wahrscheinlich in eine Tätigkeit gekommen, die mein ganzes Interesse beansprucht und mir wenig Zeit für anderes gelassen hätte. So stand ich kurz auf und ging hinaus.

29 Prof. Dr. med. *Peter Róna* war Abteilungsvorsteher im Pathologischen Institut. Er leitete die chemische Abteilung an der *Käte Frankenthal* von 1921–1925 mit Unterbrechungen arbeitete. Seit Oktober 1917 war der Leiter des Pathologischen Instituts der Geheime Medizinalrat Prof. Dr. *Otto Lubarsch. Lubarsch* war ein getaufter Jude mit sehr ausgeprägten nationalistischen, wenn nicht bald nationalsozialistischen Sympathien. Er starb noch vor der Machtergreifung. Von 1920–1921 arbeitete *Käte Frankenthal* auch am Pathologischen Institut, aber wohl auf einer anderen Abteilung. In einem Zeugnis heißt es für diesen Zeitraum: „hat eine Reihe von wissenschaftlichen Arbeiten ausgeführt, deren eine von der Balneologischen Gesellschaft gekrönt wurde." 1925 dürfte *Käte Frankenthal* das Pathologische Institut verlassen haben, weil die Abbauverordnung sie dazu zwang. Sie hatte allerdings noch einen letzten Kontakt zur Charité: sie arbeitete vom 1. Mai–1. Oktober 1926 an der Universitätsfrauenklinik bei Prof. Dr. *Bernhard Zondek*, einem weiteren jüdischen Gelehrten, der allerdings keine ordentliche Professur an der Charité hatte. Es heißt in seinem Zeugnis: „In Gynäkologie ausgezeichnet eingearbeitet". Vgl. zu den Genannten das Personenregister.

Die zweite Chance, die mir geboten wurde, war an einem ebenfalls recht interessanten Institut der Universität Greifswald. Es wurde mir in Aussicht gestellt, daß ich mich dort im Laufe von etwa zwei Jahren habilitieren könnte. Das war eine Möglichkeit, die bisher für Frauen und für Juden nicht bestanden hatte und die sehr verlockend war. Es war schon damals zweifelhaft, ob die Gleichberechtigung lange dauern würde. Die antisemitische Bewegung in Deutschland war immer in Deutschland aktiv, sie war nur vorübergehend etwas schweigsam geworden.

Die Herren *von Gebsattel, von Bodelschwingh, Fürst Salm-Horstmar* und andere hatten während des ganzen Krieges in Presse und Parlament offene Judenhetze getrieben.[30] Oberst *Reinhard*, der „Retter von Berlin", der zur Liquidierung der Revolution von *Ebert-Noske* herbeigerufen wurde, und der in seinem 1933 erschienenen Buch[31] seinen ganzen Hohn und Haß über seine damaligen Auftraggeber ausgießt, schreibt, daß *Noske* ihn im Februar 1919 ersucht habe, in Berlin eine Judenschutztruppe aufzustellen, da die Juden sich durch radikale Strömungen bedroht fühlten. *Reinhard* lehnte das ab, da er mit dieser Gründung der Truppe einen nicht zu ertragenden Spott zugemutet hätte.

Über diese Vorgänge war 1919 die Öffentlichkeit nicht informiert. Aber das Bestehen radikal antisemitischer Strömungen, sogar in der Revolution, und die Tatsache, daß der „Retter von Berlin" mit ihnen sympathisierte, war bekannt.

Was konnte ich in Greifswald erwarten? Die Stadt schien mir wie eine verstärkte Auflage von Kiel, nur noch viel kleinstädtischer, viel cliquenhafter und konservativer. Wenn ich mich dort habilitierte, würde ich wahrscheinlich den größten Teil meines Lebens dort verbringen.

Ich würde aber nie zur Habilitierung kommen. Ich wußte, daß ich längst vor Ablauf von zwei Jahren dort Zusammenstöße haben würde.

Ich hatte feste Gepflogenheiten angenommen, von denen sogar die Berliner Nachbarschaft Notiz nahm. Jeden Morgen um 6 Uhr verließ ich im Reitanzug das Haus, um eine Stunde zu reiten. Dann konnte man mich beim Frühstück auf dem Balkon sehen, eine Zigarre rauchend und einen großen Packen Zeitungen studierend.

30 Vgl. allgemein zum Hintergrund solcher Vorgänge: *Peter Pulzer*, Die Entstehung des politischen Antisemitismus in Deutschland und Österreich 1867–1914, Gütersloh 1966; *Egmont Zechlin*, Die deutsche Politik und die Juden im ersten Weltkrieg, Göttingen 1969.

31 Die Wehen der Republik, Berlin 1933.

Zuerst las ich den „Vorwärts". Es kamen viele Leute zu mir, deren Erscheinung in dem Hause, in dem ich wohnte, auffiel, und die oft schon den Portier informierten, daß sie zur „Genossin F." wollten. Die Abende pflegte ich in Parteisitzungen und Versammlungen zu verbringen, worüber ja oft die Presse Auskunft gab.

In Greifswald, wo die ostpreußischen Junker zu Hause waren, würde ich sicher reichlich Gelegenheit zu politischen Diskussionen haben. Aber wie würde die Fakultät das aufnehmen? Und wie die Bevölkerung, deren Vertrauen als Ärztin ich gewinnen mußte?

Ich war entschlossen, auf keinen Fall Berufspolitiker zu werden in dem Sinne, daß ich mich meinem Beruf entfremde und wirtschaftlich von der Partei abhängig würde. Ich lehnte daher auch ein späteres Angebot ab, Parteisekretärin zu werden. Berlin ist immerhin eine der wenigen Weltstädte, wo man persönlich unabhängig ist, weil niemand viel Zeit darauf verwendet, sich um andere zu kümmern, und wo ich schon eine ärztliche Praxis aufgebaut hatte. Hier wollte ich bleiben. Und ich blieb und fühlte mich wohl dort, bis der Hitlerismus mich vertrieb.

Nach Friedensschluß und Beendigung des Bürgerkrieges ging trotz der tiefen Niedergeschlagenheit ein Aufatmen durch das Volk. Es kamen Lebensmittel in das Land. Wenn auch die Teuerung stieg und Arbeit knapp war, so konnte man doch wieder etwas für sein Geld kaufen. Arbeit und Brot waren wieder in den Gesichtskreis gerückt, und das war viel.

1920 kam der *Kapp*-Putsch und zeigte zweierlei: Erstens, die Republik hatte keine Verteidigung; die bewaffnete Macht stand gegen die Republik. Zweitens, das Wiedererscheinen der reaktionären Mächte trieb die Arbeiter zusammen, die sich noch kurz vorher in Straßenkämpfen umgebracht hatten. Die Regierung war geflohen, ohne den Kampf aufzunehmen. Die Arbeiter nahmen in dem Generalstreik den Kampf gegen *Kapp* auf.

Die sechs Wochen später tagende Reichskonferenz der SPD zeigte die ganze Trostlosigkeit der Situation in der Regierung auf. Der *Kapp*-Putsch war ausgebrochen, als die Marinebrigade *Ehrhardt* aufgelöst werden sollte. *Noske* war damals Reichswehrminister. Auf der Konferenz gab er folgende niederschmetternde Erklärung ab:

> Die Marinebrigade *Ehrhardt* läßt sich nicht auflösen ... Das ist natürlich ein schrecklicher Zustand, das ist eine Blamage. Aber wir müssen zusehen, daß diese 4000 Mann sich nicht restlos auflösen lassen. Es ist auch eine Blamage, daß ein Mann wie [*Hermann*] *Ehrhardt*, der längst hätte an die Wand gestellt werden müssen, nach Wilhemshaven reisen und seine Familie besuchen kann. Unsere Macht ist eben nicht stark genug.

Der Mann, der für diese Zustände, die wohl mit „blamabel" zu milde bezeichnet sind, die Hauptverantwortung trug, war aus dem Ministerium ausgeschieden. Aber er entbehrte nicht des Humors, wenn ausgerechnet Exzellenz *Scheidemann* ihm antwortete:

„Genosse *Noske,* Du hast die Psyche der Offiziere studiert. Du verstehst die Arbeiter nicht mehr, und sie verstehen Dich nicht mehr."

Die Arbeiter verstanden jedenfalls, daß mit der Ausschiffung von *Noske,* so notwendig und begrüßenswert sie auch war, vergangenes Unglück nicht gutgemacht und künftige Probleme nicht gelöst sind. Im Januar 1919 hatten die Sozialdemokraten 163, die Unabhängigen 22 Mandate bekommen. Im Juni 1920 bei der Reichstagswahl bekamen die Sozialdemokraten 102, die Unabhängigen 84 Mandate. Das löste freilich auch kein Problem. Es zeigte nur den ohnmächtigen Wunsch der enttäuschten Arbeiter nach einer anderen Führergarnitur.

Seit dem *Kapp*-Putsch verschwand die Frage der Reichswehr nicht mehr aus den Diskussionen, es kristallisierte sich aber nie eine klare Stellungnahme heraus. Der alte Standpunkt war: Antimilitaristisch! Nach dem Kriege war die Stimmung: Noch mehr antimilitaristisch! Als die Reichswehr wiederholt eingesetzt wurde, um Streiks niederzuschlagen, und die alten Offiziere wieder mit alter Überheblichkeit auftraten, wurde die Einstellung immer stärker, daß die Arbeiter nichts mit der Reichswehr zu tun haben wollten. Um so aktiver waren die Feinde der Republik, ihre Anhänger in die Reichswehr hinein zu dirigieren. In kurzer Zeit war die republikanische Reichswehr frei von Republikanern.

Vier Jahre waren nur verstrichen seit der Revolution, und kaum drei Jahre seit Beendigung der schlimmsten Hungersnot, als das Volk in das Ruhrabenteuer und in den Hexensabbat der Inflation gestürzt wurde. Von dieser Zeit an war Deutschland mit Einschluß der Sozialisten unrettbar dem Nationalismus verfallen. Die große Chance für *Hitler* brach an.

Der Reichstag nahm gegen nur zwölf Stimmen eine Entschließung an, in der es hieß: Der Reichstag wird die Regierung bei jeder zur entschlossenen Abwehr dieses Gewaltaktes zweckdienlichen Maßnahme mit allen Kräften unterstützen.

Die SPD hatte Zustimmung beschlossen, nachdem als Konzession erreicht worden war, daß die Blankovollmacht auf „zweckdienliche" Maßnahmen beschränkt wurde. Es wurde als bedauerlicher Zwischenfall gerügt, daß ein Teil der Fraktion sich der Stimme enthalten oder den Saal verlassen hatte.

Der Chauvinismus in der Partei überschlug sich nun. Kein Wort mehr von der Schuld Deutschlands am Kriege. Kein Wort mehr von der Rolle der deutschen Kapitalisten, den *Stinnes* und Konsorten. Alles Unglück, das jetzt auf das Volk herunterprasselte, hatte nur eine Ursache: Die verruchten Feinde Deutschlands, die so schnöde ein entwaffnetes Volk überfallen hatten.

Die Nationalisten erklärten mit viel Lärm: Wir haben es ja immer gesagt! Die Unterzeichner des Versailler Vertrages und die Erfüllungspolitiker haben Deutschland zugrunde gerichtet! Die Sozialdemokratie knickte zusammen: Wenn wir gesündigt haben, sind wir bekehrt. Jetzt gibt es nur Sabotage und Widerstand. Die Presse war voll von Greuelberichten über die Brutalitäten der Besatzungstruppen. Der Haß gegen das Ausland erreichte wieder Siedehitze wie vorher im Kriege. Während des Krieges fand man alle öffentlichen Plätze, mit Vorliebe die Bedürfnisanstalten, verschmiert mit der Aufschrift: Gott strafe England! Jetzt wurde in denselben eigenartigen Tempeln gestöhnt: Gott strafe Frankreich!

Inzwischen wurde das deutsche Volk gestraft mit einem Jahr des Elends, wie es wohl noch kein anderes Volk erlebt hat. Es war viel schlimmer als im Kriege und in der ersten Nachkriegszeit. Damals gingen die Leute herum mit hungrigem Magen und wenig Geld in der Tasche, und konnten keine Lebensmittel finden, weil die Läden leer waren.

Jetzt waren Lebensmittel im Lande, und jeder hatte die Taschen vollgestopft mit Hunderttausenden oder Millionen, Milliarden oder Billionen – wie es gerade die Zeit brachte. Die Zahlen, mit denen man keinen Begriff mehr verband, erzeugten eine Art Rausch. Immer wieder glaubten die Leute, reich zu werden, wenn wieder höhere Zahlen auf dem Papier standen. Aber das Geld zerrann, bevor man etwas kaufen konnte. Die Läden schlossen oft schon mittags. Die Waren wurden zurückgehalten. Welcher Kaufmann würde Abends ein Pfund Butter für eine Million verkaufen, wenn er am nächsten Morgen zwei Millionen dafür bekommen kann?

Während des Krieges hatte der Schleichhandel schlimme Auswüchse gezeitigt. Aber die Zustände waren damals hochmoralisch, verglichen mit den Dingen, die jetzt vorgingen. Es wurde überhaupt nicht verkauft, wenn man nicht eine extra Prämie für den guten Willen zahlte.

Das bekannte Witzblatt „Ulk“ brachte einmal folgende kleine Geschichte, die sehr treffend die allgemeine Stimmung ausdrückte: Einige Leute bauen Luftschlösser, was sie zuerst tun wollen, wenn normale Zeiten zurückkehren. Nach verschiedenen Vorschlägen hatte einer die beste Idee. Sein erster Weg sollte zu seiner Butterfrau sein – der er jetzt den Hof machen muß –, um ihr eine runter zu hauen. Die Idee fand im Publikum viel Beifall.

Die Notenpresse konnte nicht so schnell arbeiten wie erforderlich, wenn immer andere Scheine zu Kleingeld degradiert wurden. Man riß die Millionenscheine durch und zahlte die Hälfte für eine Straßenbahnfahrt. Die andere Hälfte wurde sowieso bald wertlos.

Nach meiner Sprechstunde pflegte ich meine Taschen zu entleeren und meiner Wirtschafterin den Papierwulst, den ich eingenommen hatte, ungezählt zu geben. Es wäre ganz gleichgültig gewesen, wenn sie davon etwas für sich gekauft hätte. Nur zurückbringen durfte sie mir das Geld nicht. Am nächsten Tage war es nichts mehr wert. Was ich überhaupt zu essen bekam, verdankte ich den guten Beziehungen dieses Mädchens in der Nachbarschaft.

Freunde, die meine mangelhaften Hausfrauentalente kannten, ermahnten mich und die Wirtschafterin immer wieder, doch ja kein Geld liegen zu lassen. Sie war sehr gewissenhaft und kam nie nach Hause, bevor sie das Geld ausgegeben hatte. Sie hatte gute Beziehungen zu einem Zigarrengeschäft, und wenn sie nichts anderes bekommen konnte, legte sie immer einen beträchtlichen Teil des Geldes dort an. Nach der Inflation war ungefähr alles, was von meinen Ersparnissen geblieben war, einige hundert vertrockneter und schlechter Zigarren, die der Schrecken meiner Freunde wurden, wenn sie mich besuchten.

Zigarren waren nicht die schlechteste Kapitalanlage. Ich hatte wenigstens immer etwas zu rauchen. Bei der Flucht in die Sachwerte kauften Leute alles, was wertbeständig war, bis herab zu Nägeln und Schuhriemen. Wenn jemand gerade Schuhriemen brauchte, würde er vielleicht ein Ei zum Tausch geben. Tauschhandel wurde damals mit allem getrieben.

Eines Tages kam ein Mann in meine Sprechstunden. Nach der Konsultation fragte er, ob er bezahlen solle oder ob ich lieber Fleisch haben will, er sei Schlachter. Natürlich wollte ich Fleisch! Der Tauschwert für eine Konsultation war sehr gering, höchstens 1/4 Pfund Fleisch konnte man dafür einhandeln. Die Einnahmen aus freien Berufen konnten ebenso wenig mit der Teuerung Schritt halten, wie es die Löhne der Arbeiter konnten. Ich war erfreut, als er sagte, daß er mir mehr Fleisch verkaufen könne. Meine Wirtschafterin nahm Geld und eine Ledertasche und ging mit ihm, um den lange entbehrten Braten gleich nach Hause zu bringen. Vor einem großen Hause ließ er sich die Tasche und das Geld geben und sagte, er würde das Fleisch herunterbringen. Er wurde nie mehr gesehen.

Ich war froh, daß der Wirtschafterin nichts passiert war, stellte fest, daß ich eine Dummheit gemacht hatte, und ließ die Sache ruhen. Nach einiger Zeit wurde der Mann gefaßt. Er hatte wochenlang den Trick bei Dutzenden von Ärzten angewandt, wie er sagte nie ohne Erfolg. Die Zeit züchtete eben Schwindler, und wenn Leute hungrig sind, fallen sie auf jeden Schwindel herein.

Meine Mutter war 1921 gestorben. Mein Vater war nun 70 Jahre alt und starb im Sommer 1923. Er lebte in der letzten Zeit in einer Pension. Als ich ihn dort besuchte, lobte er es, daß er sehr gut gepflegt werde mit Fleisch, Butter und Eiern. Er bezahle aber auch in einem Monat so viel, wie früher die ganze Familie in einem Jahr gebraucht habe. Hätte er gewußt, daß er dafür nicht mehr als eine Mahlzeit haben konnte und daß ich jeden Monat den restlichen Betrag für seine Pension zahlte, dann wäre er in den Hungerstreik getreten. Er war ein bekannt kluger Kaufmann gewesen und bis zu seinem Ende in geistiger Frische. Aber die Zeit war zu viel für die alten Leute. Er wußte nicht mehr, was in der Welt vorgeht und was aus seinem Geld wurde.

Wenn Sparen gleichbedeutend wird mit dem Fortwerfen von Geld, und Ausgaben für ein paar vergnügte Stunden schließlich die beste Kapitalanlage sind, gibt das eine Umwertung aller Werte. Man sah unterernährt aussehende Menschen in Theaterlogen und Tanzdielen. Im Berliner Westen tauchten merkwürdige Gestalten auf. Es waren die Inflationsgewinnler oder in den meisten Fällen nur diejenigen, die glaubten, in der Inflation reich zu werden.

Es gab eine Gruppe von wahren Inflationsgewinnlern, und sie profitierten in ungeahntem Ausmaß. Jeder, der verschuldet war, konnte reich werden. Er zahlte das in Gold erhaltene Kapital in Papier zurück und konnte sich spielend drückender Schulden entledigen. Die Aufwertungsprozesse wurden juristische Preisrätsel. Jeder groß angelegte Betrug war auf ganz legalem Wege möglich. *Hitlers* „Brechung der Zinsknechtschaft" haben die Schieber in Deutschland schon 1923 vorweggenommen.

Wem es gelang, etwas ohne Barzahlung zu bekommen und sich eine Rechnung schicken zu lassen, die er mit nur geringer Verzögerung bezahlte, der hatte Ware ohne Leistung praktisch umsonst bekommen und den anderen betrogen. Solcher Betrug wurde nahezu Ehrensache selbst in Kreisen, die sonst nicht skrupellos waren. Die Arbeiter verlangten und bekamen ihre Löhne in immer kürzeren Abständen. Mit einem Wochenlohn konnten sie natürlich nicht wirtschaften. Es konnte aber nicht so schnell gezahlt werden, daß sie nicht doch immer die Betrogenen waren.

Wegen der verzögerten Zahlungen und der Entwertung kam es zu einem Konflikt zwischen Krankenkassen und Ärzten. Die Ärzte traten in den Streik[32] und beschlossen, zwar die Patienten zu behandeln, aber nicht mehr auf Kassenschein, sondern nur gegen sofortige Barzahlung durch die Patienten. Es wurde sehr betont, daß sich der Streik gegen die Krankenkassen und nicht gegen die Kranken richtete. Die sozialistischen Ärzte standen auf dem Standpunkt, daß es den Patienten gleichgültig sein könne, ob sich der Streik gegen sie richtet oder sich nur bedauerlicherweise gegen sie auswirkt. Die arbeitende Bevölkerung war gerade in dieser Zeit nicht in der Lage, für ärztliche Hilfe zu zahlen, und der Gesundheitszustand war so schlecht, daß man keine Experimente machen konnte. In diesem Falle waren also die „Roten" die Streikbrecher, und die bürgerlichen Ärzte die Radikalen. Wieder eine Umwertung der Werte.

Aus diesem Streik gingen die Eigenbetriebe der Krankenkassen hervor, die dann noch für viele Jahre die Beziehungen zwischen Ärzten und Krankenkassen trübte und ein ständiges Kampfobjekt waren.[33]

Jeder fühlte sich von jedem in dieser Zeit betrogen. Das allgemeine Mißtrauen, die Skrupellosigkeit und der Zusammenbruch der Moral waren grenzenlos.

Bei der Flucht in die Sachwerte wurden die Sparkonten unbrauchbar als Anlage. Jeder, der ein Sparbuch zu besitzen pflegte, in das er solide und ruhig seine Ersparnisse eintragen ließ, fing nun an, an der Börse zu „spekulieren". Jeder hatte einen Freund, der etwas von Bank- und Börsensachen verstand, und wenn es nur der Türhüter der Bank war. Die merkwürdigsten „Tips" kursierten und

32 Vgl. *Herbert Täger*, Die Entwicklung des Berliner Krankenkassenwesens unter besonderer Berücksichtigung der Kriegs- und Nachkriegszeit einschließlich des Ärztestreiks 1923/24, Diss. Erlangen 1925 und die Biographie *N. Marx*, S. 299.

33 Vgl. zu den Ambulatorien *Florian Tennstedt*, Soziale Selbstverwaltung. Geschichte der Selbstverwaltung in der Krankenversicherung, Bonn: Verlag der Ortskrankenkassen 1977, S. 150–180. Eine Studie von *Eckhard Hansen*, *Michael Heisig*, *Stephan Leibfried*, *Florian Tennstedt*, über die Zerschlagung der Ambulatorien in Geestemünde und Berlin 1933 ist in Vorbereitung. Zur gesundheitspolitischen Brisanz der Ambulatoriumsfrage im Jahre 1981, in dem der Bundesgerichtshof mit der Fragestellung „Krankenkassen oder nationaler Gesundheitsdienst" konfrontiert ist, vgl. *Stephan Leibfried*, *Florian Tennstedt*, Verfehlte Optik? Gezielte Rezeptur? Einiges über Eigenbetriebe der Krankenkassen und ein privat (isierend) es Rechtsgutachten, in: Zeitschrift für Sozialreform 1980 (Jg. 26. Heft 12) S. 695–714.

wurden aufgeregt weiter erzählt. Ein Tip, um den ganz Berlin wußte und der sich hartnäckig lange Zeit hielt, war, daß die Hundertmarkscheine mit rotem Stempel aufgewertet werden sollten. Wie das Gerücht entstanden ist, weiß ich nicht. Ich glaube nicht, daß von offiziellen Stellen jemals auch nur der Plan erörtert worden ist. Vielleicht hat es jemand aufgebracht, der zufällig einen Packen von dem wertlos gewordenen Zeug besaß, das bestenfalls noch Kindern zum Spielen dienen konnte. Ich weiß aber, daß viele Menschen auf der Jagd nach solchen Scheinen waren und fantastische Summen dafür bezahlt haben.

Andere vorsichtige Menschen kamen auf den Gedanken, daß Metallgeld immer seinen Metallwert behält. Wir hatten zwar schon im Kriege keine Kupfer- und Nickelmünzen mehr gehabt, sondern etwas, was kaum mehr Metallwert besaß. In einer Zeit, wo etwa tausend Mark die kleinste gangbare Münze war, brachte mir ein Freund einen Sack voll alter Pfennigstücke. Ich bin oft über den Sack, der in einer Ecke stand, gestolpert und habe schließlich eine Schar von Kindern mit den Spielmünzen [unzutreffend] beglückt.

Leute, die gar nicht wußten, was eine Aktiengesellschaft ist, kauften Aktien und studierten gespannt den Kurszettel. Was die Gesellschaften produzierten, in welchem Teil des Landes sie lagen oder irgendwelche Fakten, kannten diese Aktionäre nicht. Ich habe so grenzenlose Naivität besonders bei Frauen gesehen, zweifle aber nicht, daß sie auch häufig genug bei Männern vorkam.

Nicht nur diese Art Leute, sondern auch andere, die etwas von geschäftlichen Dingen verstanden, verfielen dem Zahlenrausch und rechneten sich reich. Börsenjobber bejubelten direkt den Fall der Mark, weil er ihnen nach dem Kurszettel riesige Gewinne brachte. Nach der Stabilisierung sahen sie mit Verwunderung, wie wenig von dem Zauber übrig geblieben war.

Ausländer kamen in Massen nach Deutschland und vergrößerten den Haß gegen alles Ausländische. Die Fremden erregten viel Aufsehen und Anstoß. Trotzdem kann man natürlich nicht sagen, daß sie sich im Durchschnitt übel benahmen. Es war damals schwer, das Leben in Deutschland zu verstehen, wenn man mitten darin stand. Fremde mußten glauben, daß sie in ein Tollhaus geraten sind, wo es keine Regeln gab. Da war ein Land, wo jeder Millionen in der Tasche hatte, wo die Menschen hungerten, weil die Preise immer noch schneller kletterten, als ihr Papierreichtum wuchs – und wo doch, am richtigen Geld gemessen, alles so unglaublich billig war. Die Ausländer waren die einzigen, die einen Eindruck von dem wahren Preis der Sachwerte hatten. Was für Papiermilliardäre unerschwinglich war, kostete in Dollar, als er eine Billion wert war, praktisch nichts. Reisende, die sonst sparen und bescheiden leben, wohnten in Berlin in Luxushotels und machten große Einkäufe in den elegantesten Geschäften, in die ein Deutscher überhaupt nicht mehr hineingehen konnte. „Für die Ausländer ist ganz Deutschland ein großer Ausverkauf", das Wort wurde oft mit Bitterkeit und Neid gesagt.

Ich hatte eine Patientin aus Holland, eine ziemlich ungebildete Frau, die in einem Luxushotel wohnte. Sie verlangte, von der Ärztin selbst massiert zu werden, weil sie zu einer Masseuse kein Vertrauen hatte. Ich hätte es nicht für Millionen getan. Ich tat es aber für einen guten und wertbeständigen Gulden täglich, und das half mir lange Zeit über alle Schwierigkeiten hinweg. In Holland hätte sie solche Ansprüche nicht gestellt und wäre wahrscheinlich froh gewesen, wenn eine Masseuse für einen Gulden täglich gekommen wäre. Aber in Deutschland war Ausverkauf.

Verwandte von mir kamen aus Kalifornien, eine Frau mit drei Kindern. Sie luden mich in ein gutes Hotel ein, und als meine Cousine fünf richtige Menus bestellte, machte ich sie darauf aufmerksam, daß die Zeche in astronomische Zahlen gehe. Nachdem sie aber zu meinem leichten Staunen wirklich alles bezahlt hatte, sagte sie, daß sie so viel in einem guten amerikanischen Hotel bei einem Dinner für fünf Personen als Trinkgeld geben müsse. Der ganze Abend hatte sie kaum einen Dollar gekostet. Die Großeltern schickten den Kindern einen Dollar für Schokolade. Sie haben sich köstlich darüber amüsiert. Für einen Dollar konnte man nahezu ein Schokoladengeschäft auskaufen.

Das dramatische Jahr endete dramatisch. Nach Zusammenbruch des Ruhrwiderstandes hatte sich die Öffentlichkeit zum erstenmal mit Herrn *Hitler* zu beschäftigen, der in München putschte. Es ist ja bekannt, wie er in der dann fälligen Gerichtsverhandlung das Gericht anschrie, als er zu fünf Jahren Festungshaft verurteilt wurde, als Gefangener sein hochverräterisches Buch schrieb und nach neun Monaten wieder in Freiheit gesetzt wurde. Warum er damals in der ausländerfeindlichen Stimmung nicht als lästiger Ausländer ausgewiesen wurde, gehört zu den Unbegreiflichkeiten der deutschen Geschichte.

Stadtverordnete und Stadtärztin

Die Wahlen im Mai 1924 zeigten deutlich das Erstarken der nationalen Bewegung. Die inzwischen vereinigte SPD und USP hatten vor vier Jahren noch zusammen 186 Mandate gehabt. Im Mai 1924 bekamen sie 100, und die Kommunisten gingen von 4 auf 62 herauf. Das Ergebnis kam niemandem unerwartet.

Von den 29 Millionen Wählern hatten sich nur die 3,7 Millionen kommunistischer Wähler gegen Nationalismus und Chauvinismus erklärt. Die Sozialisten hatten den nationalistischen Kurs wacker und an führender Stelle mitgemacht. Die 6 Millionen Wähler, die ihnen verblieben waren, waren nationalistisch, wie es die überwiegende Mehrheit des Volkes seit 1923 war. Den größten Wahlerfolg hatten die Rechtsparteien mit nationalistischer Tradition.

Die Kommunistische Partei kam einige Jahre später in das nationalistische Fahrwasser, als die Nazis schon stark waren und die Kommunisten die Parole hatten, den Gegner mit seinen eigenen Waffen zu bekämpfen: Nationalbolschewismus gegen Nationalsozialismus. Die KPD brachte ihr Programm der Nationalen Befreiung heraus, und stellte es in ihrer Presse Punkt für Punkt dem *Hitler*programm gegenüber. Zum Beispiel: *Hitler* sagt, Zahlung der Versailler Tribute nur nach Maßgabe des Möglichen. Wir sagen: keinen Pfennig Tribute mehr. Wer ist hundertprozentiger? Das Volk fand, *Hitlers* Nationalismus sei hundertprozentiger. Seit 1930 gab es in Deutschland keine Partei mehr, die den chauvinistischen Nationalismus bremste.

Für ein paar Jahre nach der Stabilisierung zog leidlich Ruhe und Ordnung ein. Das deutsche Wirtschaftwunder geschah. Alles ging wieder aufwärts. Es sind in meiner Erinnerung Jahre intensiver und befriedigender Arbeit, in denen meine größte Schwierigkeit darin bestand, zwischen meinen Berufs- und politischen Pflichten zu lavieren, um allem gerecht zu werden und auch ein bißchen wieder meinem Privatleben Rechte einzuräumen. Darin war ich freilich nicht sehr erfolgreich. Die Verschiedenheiten meiner Pflichten, von denen ich gleich sprechen werde, brachten es mit sich, daß zu

Persönlichem wenig Zeit blieb. ...

Der wirtschaftliche Aufstieg machte sich auch in der ärztlichen Praxis bemerkbar. Es erschien wieder ein Typ von Patienten, der in der Inflation fast verschwunden war. Es waren diejenigen, die nicht versichert waren und Probleme zu erörtern hatten, die viel Zeit in Anspruch nahmen. Eine weit verbreitete Krankheit war, daß Leute psychisch noch lange in der Inflationszeit lebten. Trotz aller Ängste und Sorgen war das Leben in gewisser Weise anregender und reizvoller gewesen. Jetzt wurden wieder Mark und Pfennige verdient, einfach gelebt und für die Zukunft gespart. Vorher war die Zukunft unausdenkbar gewesen, aber man verdiente bei den Sprüngen der Kurse Millionen. Viele Kleinbürger hatten die Allüren von Lebemännern und -damen angenommen und konnten schwer wieder zurückfinden in den geordneten Alltag. Ich habe viele Ehen daran scheitern sehen, die sicher als Opfer der Inflation anzusehen waren.

Die zehn Jahre von 1914 bis 1924 waren nicht spurlos an der Volksgesundheit vorübergegangen. Während im Kriege jede Schwächung der Volksgesundheit geleugnet worden war, kamen während der Ruhrbesetzung, als Deutschland ganz in der Rolle des unschuldig Leidenden war, wichtige Enthüllungen heraus. Der Bericht des preußischen Volkswohlfahrtsministers sprach von der furchtbaren Verbreitung von Tuberkulose, Rachitis und dem schlechten Gesundheitszustand der Schulkinder. In Berlin wurde eine soziale Gesundheitsfürsorge aufgebaut, die als vorbildlich galt.

Der Aufbau meiner Praxis war von Beginn ohne Schwierigkeiten vor sich gegangen. Mit der Revolution wurden Frauenrechte modern, und viele Frauen beschlossen plötzlich, daß sie sich nur von einer Ärztin behandeln lassen wollten. Ich verdiente genug Geld, aber ich konnte in der ersten Zeit nicht menschenwürdig leben, so wie es am Ende des Krieges und kurz danach die meisten Menschen in Deutschland nicht konnten. Der Einkauf von Lebensmitteln und die Handhabung der Marken erforderte viel Zeit und Planung. Ich konnte beides nicht aufwenden und bekam daher immer nur einen Teil der Rationen, die damals ausgegeben wurden. Der Versuch, die Ersatzmittel einigermaßen schmackhaft zu machen, scheiterte sogar bei erfahrenen Hausfrauen. Ich versuchte es erst gar nicht. Ich aß Brot und kochte Kartoffeln, Haferflocken und Graupen in Wasser. Das Gebräu, das 1918 als Kaffee verkauft wurde, versetzte ich mit einer Koffein-Tablette, um wenigstens eine anregende Wirkung zu haben. Meine Fleischkarte gab ich immer meinen Verwandten und wurde dann einmal wöchentlich an dem großen Tage, an dem es Fleisch gab, zu einer richtig gekochten Mahlzeit eingeladen.

Kurz nach dem Bürgerkrieg 1919 hätte ich beinahe eine schwere persönliche Fehldiagnose gestellt. Ich war müde, körperlich und psychisch. Ich arbeitete viel und verdiente mehr, als ich brauchte. Aber die möblierten Zimmer, in denen ich wohnte, waren ungemütlich und primitiv. Mein Essen, meine Kleidung, alles war noch viel vernachläßigter, als es der Not der Zeit entsprach.

Es war das einzige Mal in meinem Leben, daß ich dachte, ich hätte das Junggesellenleben über: Es wäre an der Zeit zu heiraten.[34] Ich war nicht die einzige, die in dieser Weise auf Ermüdungserscheinungen reagierte. Die Zahl der Eheschließungen war im Kriege bis auf 4,1 pro Tausend der Bevölkerung heruntergegangen und schnellte nach dem Kriege bis auf 14,5 herauf, um dann wieder schnell abzufallen. Eine sehr große Anzahl dieser Nachkriegsehen ging wieder in die Brüche.

Zu meinem Glück pflege ich zu präzisieren, was ich eigentlich will. Ein Ehemann hätte mir die kleinen Schwierigkeiten des täglichen Lebens nicht abgenommen, sondern nur vergrößert. Über Einsamkeit hatte ich gewiß nicht zu klagen. Wenn jemand Privatrechte an meiner Zeit gehabt hätte, konnte das die Sache nur komplizieren. Mütterliche Instinkte hatte ich nicht. Ein Kind würde eine völlige Umstellung meines Lebens erfordert haben, und dazu hatte ich keinen Augenblick die Absicht, nicht einmal in jener Zeit. Das Sexuelle war für mich nie ein Problem. Seit meiner Studentenzeit, als ich voll erwachsen war, habe ich dieser Seite des Lebens freiwillig den Platz eingeräumt, der ihr nun einmal von Natur bestimmt war. Daher hat es nie eine dominierende Rolle gespielt. Gewissenskrupel hatte ich nicht. Eine Dauerbindung kam für mich von vornherein nicht in Frage, und daraus habe ich keinen Hehl gemacht. Ich glaube nicht, daß mir ein Mann auf dem Gebiet etwas vorzuwerfen hat. Die Frage wurde im allgemeinen zufriedenstellend gelöst. Sehr viele berufstätige Frauen meiner Generation in Deutschland hatten eine ähnliche Einstellung zu diesen Fragen.

Bei meiner Überlegung damals wurde mir bald klar, daß ich keineswegs heiraten wollte. Ich wollte nur besser wohnen und die Hausstandsfragen abschütteln, von denen ich nichts verstand und denen ich nicht gewachsen war. Ich kaufte also Möbel, nahm eine Wohnung [zunächst in Berlin-Tiergarten, Lessingstr. 45] und eine Wirtschafterin. Dann fühlte ich mich wieder wohl. Hätte ich eine

34 Zu dieser Zeit war *Käte Frankenthal* mit Dipl. Ing. *Martin Hosch* befreundet.

verkehrte Entscheidung getroffen, dann hätte ich ohne Frage sehr bald die Zahl der Kriegsscheidungen vermehrt.

Es war der letzte Moment, in dem es möglich war, eine Wohnung zu nehmen. Die Wohnungsnot war eine der größten Kalamitäten im Nachkriegs-Deutschland. Meine Wohnung war viel zu groß und zu teuer. Der Mangel an Kleinwohnungen war am empfindlichsten. Es war schon damals unmöglich, eine zu finden.

Ich war erst wenige Monate in meiner Wohnung etabliert, als die Wohnungszwangswirtschaft eingeführt wurde, die dann die Bevölkerung für Jahre heimsuchte. Es durften keine Wohnungen mehr frei vermietet werden. Wer eine Wohnung wünschte, mußte das beim Wohnungsamt anmelden. Es wurde dann geprüft, ob der Anspruch berechtigt und begründet ist. Bei Leuten, die vorher noch keine eigene Wohnung gehabt hatten, wurde die Berechtigung fast nur anerkannt, wenn sie heirateten. Wenn jemand in Untermiete oder bei Verwandten gelebt hatte, und das aus irgend einem Grunde zu ändern wünschte, wurde die Berechtigung auf eine eigene Wohnung nie anerkannt.

Ferner kam die Beschlagnahme überflüssigen Wohnraumes, was für die Bevölkerung die Schlimmste von allen Belästigungen war. Jede erwachsene Person hatte Anspruch auf ein Zimmer, für Kinder wurde weniger Raum bewilligt. Für Praxis, Büros usw. wurden so viele Räume bewilligt, wie das Wohnungsamt nach Prüfung für erforderlich hielt. Waren mehr Räume in einer Wohnung, als den Bewohnern nach dieser Berechnung zustanden, dann mußten sie die übrigen Räume vermieten oder vom Wohnungsamt geschickte Mieter aufnehmen.

Schließlich gab es die Mieterschutzverordnung, die vorsah, daß Inhabern von Räumen nicht ohne Einwilligung des Wohnungsamtes gekündigt werden konnte. Die Einwilligung gab es praktisch nie, weil keine andere Unterkunft zu beschaffen war, und man die Leute nicht auf die Straße setzen konnte.

Diese Maßnahmen waren notwendig. Der Wohnungsbau war jahrelang nicht gefördert worden, und bei dem Zurückströmen der Massen aus dem Felde entstanden chaotische Zustände auf dem Wohnungsmarkt. Aber es gibt für die Bevölkerung nichts Schlimmeres als diesen Einbruch in das häusliche Leben. Die deutschen Wohnungen sind nicht so komfortabel gebaut wie die amerikanischen. Selbst in großen Wohnungen ist selten mehr als ein Badezimmer vorhanden. Leicht einrichtbare „Kitchinetten“ sind nicht bekannt. Wenn zwei Parteien in einer solchen Wohnung zusammen leben, können sie es nicht vermeiden, viel voneinander zu sehen und zu hören.

Heiratskandidaten mußten oft jahrelang auf eine Wohnungszuweisung warten. Sehr häufig heirateten sie inzwischen und lebten getrennt, jeder bei seinen Eltern, oder zusammen bei den Eltern eines Teiles. Unzuträglichkeiten wurden gesteigert durch das Bewußtsein, daß man die Gemeinschaft nicht auflösen kann, wenn sie unerfreulich wird. Es kam zu wahren Familientragödien. Heiratskandidaten wurden bevorzugt behandelt, wenn schon ein Kind unterwegs war. Davon wurde sehr ausgiebig Gebrauch gemacht. Es hieß im Volksmund: Die Wohnungsamtskinder.

Noch schlimmer war es beinahe, wenn Fremde in einer Wohnung zusammen leben mußten. Emittierungs-, Beleidigungs- und Schadensersatzklagen überschwemmten die Gerichte so, daß besondere Mieteinigungsämter eingerichtet wurden. Schon der Name war eine Mahnung, daß es nicht viel Zweck hatte zu streiten, da man sich wahrscheinlich doch wieder einigen mußte. Der einfachste Ausweg aus dem häuslichen Unfrieden, daß eine Partei eine andere Wohnung nahm, war nicht gegeben.

Ich bekam auch Untermieter, was mein Vergnügen, ein eigenes Heim zu haben, erheblich beeinträchtigte. Manchmal fielen mir die Mieter mit ihren harmlosen Lebensäußerungen, wie Gäste empfangen und lachen, Kochgerüche, telefonieren usw. so auf die Nerven, daß ich ungern nach Hause kam. Einige waren ganz angenehme Menschen. Hätten sie nicht in meiner Wohnung gewohnt, dann hätte ich sie gern ab und zu eingeladen. Aber als dauernde Mitbewohner wurden mir auch angenehme Menschen lästig.

Ich hätte gern eine kleinere Wohnung für mich allein gehabt. Da ich in der glücklichen Lage war, schon eine eigene Wohnung zu besitzen, konnte ich tauschen. Aber in Folge der Zwangswirtschaft wurden überall große Wohnungen zum Tausch gegen kleine angeboten und nie umgekehrt. Nach Jahren kam ein Ringtausch [und damit ein Umzug in die Flotowstr. 12 in Berlin-Tiergarten] zustande, an dem vier Parteien beteiligt waren. Das Zustandebringen solcher Tauschgeschäfte war von Agenten zu einer Spezialität ausgebaut worden. Es war mit so viel Formalitäten beim Wohnungsamt und mit so viel Unkosten verbunden, daß man oft zweifeln konnte, ob selbst für etwas so Erstrebenswertes wie ein ungestörtes Heim die Umstände nicht zu groß waren.

Ich praktizierte zehn Jahre in Berlin und wurde dann zum Stadtarzt ernannt. Daneben hatte ich meinen Arbeitsplatz an der Charité beibehalten und publizierte meine Arbeiten. Das hatte nicht viel Sinn, da ich Laboratoriumsuntersuchungen machte, die nicht einmal meine klinische Erfahrung erweiterten. Ich wußte, daß ich mich nicht gleichzeitig mit Praxis, öffentlichem Leben und wissenschaftlicher Arbeit beschäftigen konnte, und es war bereits entschieden, daß das öffentliche Leben von mir Besitz ergriffen hatte. Trotzdem behielt ich meinen Arbeitsplatz bis Mitte der 20er Jahre bei und veröffentlichte etwa ein Dutzend Arbeiten. Diese Rastlosigkeit, selbst wenn kein Ziel gesetzt ist, dürfte wohl ein jüdischer Zug sein.

Eine ärztliche Praxis in Berlin war interessant genug und gab viele Einblicke in außerberufliche Fragen.

Die arbeitende, erwerbslose und hilfsbedürftige Bevölkerung war in Pflichtkrankenkassen oder hatte Anspruch auf wohlfahrtsärztliche Versorgung. Es war niemand in Deutschland ohne ärztliche Versorgung. Auch Leute, die gewöhnlich nicht hilfsbedürftig waren und nur die Extrakosten bei Krankheitsfällen nicht tragen konnten, wurden durch die Wohlfahrtsärzte versorgt.

Es kamen natürlich Mißbräuche vor, besonders bei den Kassenpatienten. Die Art der Mißbräuche war ein gutes Barometer für die wirtschaftlichen Verhältnisse im Lande. Je mehr die Arbeitslosigkeit stieg, umso mehr habe ich gefunden, daß die versicherten Arbeiter viel eher Gesundheit als Krankheit simulierten. Der Arbeitsplatz war etwas Unersetzliches und wurde nicht leichtfertig gefährdet. Es war oft schwer, Kranke zu überreden, zu Hause zu bleiben.

Ein großer Teil meiner Patienten litt an psychischen und nervösen Störungen. Die Behandlung war deprimierend, weil die Ursachen nicht zu beseitigen waren. Es war die Zeit der Inflation, in der das Geld wertlos wurde, bevor es vom Arbeitsplatz nach Hause gelangte. Es war die schwierige Jagd nach Lebensmitteln und Kleidung und dazu kamen die elenden Wohnverhältnisse. Es gab Familienzerwürfnisse durch Arbeitslosigkeit erwachsener Kinder oder durch eigene Arbeitslosigkeit. Es gab die Folgen der Hungersnot und des dumpfen Hinbrütens in völliger Hilflosigkeit gegenüber einer Situation ohne Ausweg und Ziel.

Wie immer in Krisenzeiten wurde viel über den Zusammenhang zwischen Arbeitslosigkeit und Arbeitsunwilligkeit gesprochen. In den Krisenjahren war ich Stadtarzt in einem proletarischen Bezirk [Neukölln], mit einer Einwohnerschaft von 300 000 und hatte daher reichlich Gelegenheit, mich mit dieser Frage zu beschäftigen.

Wenn nach jahrelanger Arbeitslosigkeit ein Arbeitsplatz gefunden wurde, wartete man meist vergebens auf einen Ausdruck von Freude. Stattdessen erschienen die Betreffenden oft beim Stadtarzt und gaben mannigfaltige Gründe an, warum sie die Arbeit nicht annehmen konnten.

„Sexualprobleme“ (bzw. Homosexualität)

Dieselben Leute waren aber oft vorher gekommen und hatten um Arbeit gebettelt. Sie hatten die Arbeitslosigkeit als Unglück empfunden und waren ernstlich bemüht gewesen, einen Arbeitsplatz zu finden. Die Zeit des erfolglosen Suchens war zu lang gewesen. Sie bekamen Unterstützung, die gerade dafür sorgte, daß sie nicht verhungerten, und sie hatten sich psychisch und physisch auf eine Art Winterschlaf eingestellt. Wenn sie plötzlich wieder zu Leben und Arbeit zurückgerufen wurden, waren sie oft selbst überrascht zu finden, daß sie nicht mehr dazu in der Lage waren. Es war kein moralisches Versagen, sondern ein psychisches. Für die Volkswirtschaft und allgemeine Moral war aber dieser Kampf gegen den Arbeitsplatz schlimm, auch wenn er nur die Folge des langen, ergebnislosen Kampfes für den Arbeitsplatz war. Es wurde bei einer Erwerbslosenzahl von 6 Millionen ein Massenproblem.

Wir hatten nicht eine so große Bewegung für „Personality Training“, „Education for Marriage and Family“ usw. wie in den USA. Das deutsche Volk war in den letzten zwanzig Jahren zu verelendet dafür. Wenn die Umgebungsschäden national, überwältigend und unbehebbar sind, diskutiert man nicht mehr darüber, welche Rolle verschiedene Faktoren für die Bildung der Persönlichkeit haben. Die Persönlichkeit war im nationalen Maßstab ein Bündel von Angst und Überreiztheit.

Psychoanalyse spielte auch bei uns eine viel geringere Rolle als in den USA, obwohl uns die Wiener Schule so viel näher war. Die Probleme des Individuums waren nicht zu lösen. Es gab nur eine Psychotherapie, die in der deutschen Situation wirksam schien: der politische Kampf um Arbeitsbeschaffung, Wohnungsbau und Sozialpolitik.

Eine andere Gruppe meiner Patienten hatte irgendwelche Sexualprobleme. Diese wurden in Deutschland nicht nur offen besprochen, sie wurden so breit und eingehend behandelt, daß die Deutschen dadurch noch in der Emigration auffielen.

Als ich 1935 nach Prag kam und mit der Leiterin des Immigrationskomitees [*Marie Schmolka*] sprach, war eine ihrer ersten Fragen: Können Sie mir erklären, warum die jungen Leute, die aus Deutschland kommen, sofort jedem alles erzählen, was niemand wissen will? Es verging fast kein Tag, an dem nicht ein neu angekommener Flüchtling in das Komitee kam und ihr sofort erzählte, daß er homosexuell sei.

Für die Abschaffung der Strafbestimmungen für Homosexualität unter Männern wurde lange gekämpft. Ich setzte mich für die Abschaffung ein, weil ich auf allen Gebieten des Geschlechtslebens

Strafen für ein ungeeignetes Mittel halte, sogar Unerwünschtes zu bekämpfen. Manchmal allerdings nahm der Kampf Formen an, daß man denken konnte, der Angriff gegen Homosexualität sei ein Angriff gegen die heiligsten Menschenrechte. Der Berliner Parteivorstand der SPD bekam vor einer Wahl einen Antrag des Verbandes der Homosexuellen, in dem sie vorschlugen, ihrer großen Organisation die Möglichkeit zu geben, einen Vertreter in den Reichstag zu schicken. Sie wollten dafür bei ihren Mitgliedern Propaganda machen, sozialdemokratisch zu wählen.

Für Frauen gab es keine Strafbestimmungen auf diesem Gebiet. In meiner Sprechstunde erschien einmal ein hübsches Mädchen, etwa 17 Jahre alt, eine organisierte Arbeiterin. Ohne viel Umschweife erklärte sie mir, daß sie homosexuell sei. Ich reagierte in einer Weise, die man sicher schlechte Psychologie nennen würde. In Deutschland, unter den völlig verschiedenen Verhältnissen hat sich aber die Methode oft bewährt. Ich fragte: „Wie kommst Du darauf, Du dummes Gör?"

Meine Patientin sagte, sie sei schon im Sexualwissenschaftlichen Institut [von *Magnus Hirschfeld*] gewesen; dort habe man [in der Sexualberatungsstelle, geleitet von *Max Hodann*] ihr gesagt, wenn das ihre Veranlagung sei, dann müsse sie eben entsprechend leben. Sie hatte die Adresse eines Klubs von homosexuellen Frauen bekommen, dem sie sich anschließen solle. Das Mädchen ging nicht in den Klub, und ich kannte sie später als sehr glücklich verheiratete Frau.

Es war etwas Charakteristisches in Deutschland, daß ein objektiver Standpunkt immer bald in eine politische Kampfforderung umschlug, für die mit Fanatismus gekämpft wurde. Aus der Feststellung, daß eine Anlage nicht bestraft werden soll, wurde ein überheblicher Stolz, der noch in der Emigration auffiel.

Im Zentrum von Berlin waren Lokale, in denen Männer in Ballkleidern erschienen und wo sich ein Leben abspielte, das sicher für die Großstadtjugend gefährlich war. Diese Plätze waren natürlich der Polizei ebenso gut bekannt wie dem Publikum. Fremde erzählten mir, daß ihnen diese Plätze in guten Hotels als Sehenswürdigkeiten empfohlen wurden. Die Polizei schritt nie dagegen ein. Die Schließung der Lokale hätte auch einen Sturm von Protesten hervorgerufen.

Fast alle meine weiblichen Patienten, aus welchem Grunde sie auch zuerst kamen, fragten früher oder später nach Mitteln zur Geburtenregelung. Das war so allgemein, daß ich auf Grund dieser Erfahrung in der Stadtverordnetenversammlung den Antrag einbrachte, Aufklärung und Mittel als öffentlichen Dienst in den Eheberatungsstellen[35] der Stadt zu etablieren. Der Antrag wurde [1930] nach stürmischer Debatte von der Linksmehrheit mit Einschluß einer Stimme vom Zentrum (Katholische Partei) angenommen. In den städtischen Stellen wurde nicht nach den Gründen gefragt, warum die Frauen die Mittel wünschten, und sie wurden auch unverheirateten Frauen gegeben.

Diese Aktion, die mit meinem Namen verknüpft war, war einer der Gründe, warum ich 1933 in Eile war, Deutschland zu verlassen. Ich halte noch heute den Effekt des damals eingeführten Dienstes für gut. Berlin hatte vorher, wie die meisten Großstädte, eine niedrige Geburtenziffer in den wohlhabenden Bezirken und eine hohe in den proletarischen. Nachdem Aufklärung und Mittel allen zugänglich waren, hatten proletarische Bezirke in Berlin die niedrigste Geburtenziffer. Der Dienst hatte die Kreise erfaßt, die seiner am nötigsten bedurften. Viele Abtreibungen wurden dadurch verhindert.

Ich habe nur einmal die deutschen Frauen aller politischen und unpolitischen Schattierungen einmütig gesehen: das war im Sommer 1918, als der Reichsrat eine Gesetzesvorlage angenommen hatte, nach der Präventivmittel verboten werden sollten. Es erhob sich ein Sturm von Protesten und Resolutionen dagegen. Auch katholische Frauen beteiligten sich an der Aktion. Die Gesetzesvorlage ging dann in der Revolution unter.

Einer der ersten Gesetzesvorschläge der Nazis vor ihrer Machtergreifung lautete: Wer es unternimmt, die Fruchtbarkeit des deut-

35 Vgl. zu den Eheberatungsstellen: *Julius Schwalbe*, Gesundheitliche Beratung vor der Eheschließung, Leipzig 1927; *Karl F. Scheumann*, Eheberatung, Berlin 1928; *Erich Zacharias*, Die Gesundheit der Familie und des Volkes, das Ziel der ärztlichen Eheberatung, Berlin 1928; Betrieb und Entwicklung der Eheberatungsstellen, Veröffentlichungen a.d. Gebiete der Medizinalverwaltung. 25. Bd., 4. Heft 1930; *Adolf Thiele*, (Hrsg), Praxis der Eheberatung, Dresden 1931; *Robert Lennig*, Max Hirsch: Sozialgynäkologie und Frauenkunde, Diss. med., FU Berlin 1977, S. 52–57; weiteres Material im Nachlaß *Alfred Korach* und in der von ihm mit herausgegebenen „Sozialärztlichen Rundschau" wird z.Zt. ausgewertet. Zur rassenhygienischen Umpolung ab 1933 vgl. u.a. *G. Schmidt*, Die Spruchpraxis des Erbgesundheitsgerichts Berlin – dargestellt anhand der Unterlagen des Gesundheitsamtes Tiergarten in Berlin, Akademie für Staatsmedizin in Hamburg, Amtsarztarbeit 1968; *Manfred Stürzbecher*, Der Vollzug des Gesetzes zur Verhütung erbkranken Nachwuchses vom 14. Juli 1933 in den Jahren 1935 und 1936, in: Das öffentliche Gesundheitswesen, Mai 1974 (Jg. 36, Heft 5), S. 350–359 (mit weiteren Literaturnachweisen); zur Rassenhygiene allgemein vgl. *Georg Lilienthal*, Rassenhygiene im Dritten Reich. Krise und Wende, in: Medizinhistorisches Journal 1979, S. 114–134. Zur Annahme des Antrags von *Käte Frankenthal*, der für sie so zentrale Bedeutung hatte, vgl. Sitzungsprotokolle der Berliner Stadtverordnetenversammlung v. 18. September 1930, S. 845ff.

§ 218

schen Volkes zu beeinträchtigen, wird mit Zuchthaus, in schweren Fällen mit dem Tode bestraft.

Sie haben dieses Gesetz nicht wieder aufgenommen, als sie zur Macht kamen. Auffallenderweise sind noch heute Präventivmittel in Deutschland durch kein Gesetz verboten. Natürlich würde kein Drogist sie zum Verkauf auslegen, und kein Arzt würde sie ohne Indikation verordnen. Da nach dem neuen Recht auch bestraft werden kann, was nicht durch Gesetz verboten ist, wenn es das deutsche Volksempfinden verletzt, könnte es leicht mit dem Tode geahndet werden. Die städtischen Eheberatungsstellen wurden sofort geschlossen und später in Rassenberatungsstellen umgewandelt. Aber eine gesetzliche Regelung ist nicht erfolgt. Die deutschen Frauen sind zu aufgeklärt. Für ein solches Gesetz könnte nicht einmal *Hitler* Gehorsam erzwingen.

Die Debatten um die Abschaffung der Abtreibungsstrafen[36] begannen kurz nach der Revolution und haben zehn Jahre lang die Gemüter erregt. Die Ansichten in der sozialdemokratischen Partei waren darüber geteilt. Der Hygieniker [Prof. *Alfred*] *Grotjahn* vertrat den Standpunkt, daß der künstliche Abort grundsätzlich immer auf der Verbotstafel stehen müsse. Er wünschte nur weitgehende Strafmilderung, bis herab zu 3 Mark Geldstrafe.

Ich bekämpfte diesen Vorschlag. Hielten wir den künstlichen Abort für verbrecherisch aus ethischen oder volksgesundheitlichen Gründen, dann müßte er anders bestraft werden als irgend ein harmloser Unfug. Hielten wir ihn nicht für verbrecherisch, dann sollte er straffrei bleiben.

Im Jahre 1926 und 1929 hatte die SPD im Reichstag den Antrag gestellt: Der Paragraph 218 (Abtreibung) ist zu streichen. Nach dem Wahlsieg der Nazis 1930, als die SPD in die Periode der Tolerierungspolitik eintrat, wurde auch dieser Antrag fallengelas-

36 Aus der kaum übersehbaren Literatur in diesem Bereich seien hier nur genannt: *J.W. Hauer*, (Hrsg.): § 218 – eine sachliche Aussprache, Leipzig 1931; *Alfred Grotjahn*, Eine Kartothek zu § 218, Leipzig 1932; in das linke Spektrum der Diskussion führt ein: *Bernd Bublitz*, Die Stellung des Vereins Sozialistischer Ärzte zur Frage der Geburtenregelung von 1927 bis 1933, Diss. med. Kiel 1973; *Atina Grossmann*, Abortion and Economic Crisis: The 1931 Campaign against § 218, in: new german critique, Spring 1978 (Nr. 14), S. 119–137; *Petra Schneider*, Weg mit dem § 218. Die Massenbewegung gegen das Abtreibungsverbot in der Weimarer Republik, Berlin 1975; *Robert P. Neumann*, Working Class Birth Control in Wilhelmine Germany, in: Comparative Studies in Social History 20/3 (1978), 408–428; *ders.*, Industrialization and Sexual Behavior: Some Aspects of Class Life in Imperial Germany, in: *Robert J. Bezucha*, (Hrsg.), Modern European Social History, Lexington Mass. 1972, S. 270–298; vgl. demnächst auch die Promotion von Atina Grossmann: Economic Crisis and the Politics of Reproduction: Feminism, Sexual Reform and the Left in Germany 1928 to 1933, Ph. D. Rutgers University.

sen. Es wurde der Vorschlag von [*Alfred*] *Grotjahn*[37] aufgenommen und Strafmilderung, bis herab zu 3 Mark Geldstrafe, gefordert. In einer Frauenwerbewoche der SPD wurde in hunderten von Versammlungen eine Resolution angenommen, in der es hieß: „Vielfach wird einfach die Beseitigung des Abtreibungsparagraphen gefordert. Sie ist aber nicht nur völlig aussichtslos, sondern auch nicht empfehlenswert."

Da die Resolution vom Parteivorstand ausging, vergaßen die Mitglieder vollkommen, daß sie die Beseitigung des Paragraphen jahrelang für sehr empfehlenswert gehalten hatten und mit viel Lärm dafür eingetreten waren.

Auf dem [Leipziger] Parteitag der SPD 1931 lag eine große Anzahl von Anträgen aus den Organisationen vor, die teils verlangten, daß die Partei Aufhebung, teils Änderung der Gesetze beantragte. Alle Anträge zusammen wurden in einer Resolution des Parteitages erledigt, in der es hieß:

„Die bisherige gesetzliche Regelung dieser Frage hat sich als unhaltbar erwiesen, der bestehende Zustand tritt immer mehr als Ausnahmegesetz gegen die Frauen des Proletariates in Erscheinung."

Nachdem somit der Parteitag, die höchste Instanz der Partei, eine Verbeugung vor dem Proletariat gemacht hatte, wurde nicht darüber entschieden, wie nun die offizielle Haltung der Partei in dieser Frage sein sollte. Auf dem Parteitag 1931, von dem noch später die Rede sein wird, wurden wichtige Streitfragen ebenso behandelt.

Nach dem Parteitag veröffentlichte ich eine Broschüre, in der ich meinen Standpunkt in folgenden Sätzen zusammenfaßte[38]:

„Wir müssen verlangen, daß die Kenntnis über Verhütungsmittel und die Kenntnis über die Gefahren des Abortes, besonders des Abortes in späteren Monaten, weiteste Verbreitung finden . . . Man könnte auch, unabhängig von der Frage der Kurierfreiheit, die einmal generell geregelt werden muß, die Einleitung der Schwangerschaftsunterbrechung dem approbierten Arzt vorbehalten, und vor allen Dingen jeden Pfuscherabort, der zu einer Schädigung der Frau geführt hat, durch die Strafen für Körperverletzung auf das Strengste er-

37 Vgl. zu *Alfred Grotjahn*, der der Lehrer eines großen Teils der Gründergeneration der Berliner Stadtärzte und ein einsamer Repräsentant der sozialen Hygiene in einer sich naturwissenschaftlich isolierenden Medizin war: *Dietrich Tutzke*, Alfred Grotjahn, Leipzig 1979; *Alfred Grotjahn*, Erlebtes und Erstrebtes. Erinnerungen eines sozialistischen Arztes, Berlin 1932; außerdem: *Myron Gordon Kantorowicz*, Die Begründung der Sozialen Hygiene als Wissenschaft, in: *Erna Lesky*, Hrsg., Sozialmedizin, Darmstadt 1977, S. 250–282.

38 *Käte Frankenthal*, § 218 streichen – nicht ändern. Berlin. E. Laubsche Verlagsbuchhandlung 1931, S. 16.

KPD + 218

fassen. (Anm. von K.F.: In Deutschland bestand Kurierfreiheit.) Durch jede weitere Strafbestimmung wird aber die Rechtssicherheit verletzt, die Volksgesundheit gefährdet und keinerlei Rechtsgut geschützt. Hier kann man kein ‚kleineres Übel' bekämpfen; in dieser Frage kann man nur dem Übel an die Wurzel gehen, indem der Antrag von 1929 wieder aufgenommen wird, den Paragraphen 218 zu streichen."

Die deutschen Kommunisten führten in dieser Frage einen Kampf, der nicht weit entfernt war von dem Tenor: Dieses herrliche, proletarische Recht der Abtreibung, nach russischem Beispiel! Als die Haltung der SPD schwankend wurde, stürzten sich die Kommunisten auf die Frage und versäumten keine Gelegenheit, den Verrat anzuprangern. In der Berliner Stadtverordnetenversammlung überraschten sie uns mit dem Antrag: Der § 218 wird für Berlin sofort aufgehoben.

Sollte ich mit ihnen darüber diskutieren, daß Berlin nicht ein Reichsgesetz aufheben kann? Ich beschränkte mich auf die Anfrage: „Wer vertritt die Stadtverordnetenversammlung im Gefängnis, wenn sie diesen ungesetzlichen Beschluß faßt?"

Die Nazis stellten derart törichte Anträge nur zu Beginn ihrer parlamentarischen Tätigkeit. Zuerst war es leicht, ihre Anträge lächerlich zu machen und dann zur Tagesordnung überzugehen. Sobald die Partei wuchs, hatte sie Sachverständige auf allen Gebieten zur Verfügung. Ihre Anträge enthielten keine plumpen formalen Fehler mehr und man mußte mit ihnen diskutieren.

In meiner Praxis wirkte sich der Kampf um die Abtreibungsfrage unheilvoll aus. Es verging fast kein Tag, an dem nicht weinende Frauen und Mädchen in meinem Sprechzimmer saßen und mich anklagten: „Wenn Sie nicht helfen – Sie haben doch gesagt und geschrieben, daß das Gesetz schlecht ist." Es war schwer, ihnen klar zu machen, daß ich ein bestehendes Gesetz, auch wenn ich es für schlecht hielt, nicht verletzen konnte. Die Plage wurde so groß, daß ich mich immer mehr auf psychische und verwandte Leiden spezialisierte und Erörterungen kurz mit der Bemerkung abschnitt, daß, selbst wenn ich wollte, ich den Eingriff technisch gar nicht machen könne.

Meine Patientinnen kamen aus allen Kreisen. Manche der Frauen, die mich beschwuren, einen ungesetzlichen Eingriff bei ihnen zu machen, sind jetzt rassebewußte Nationalsozialistinnen.

Ich war bei den Kommunalwahlen [am 20.6.] 1920 im Kreis Tiergarten [als Bezirksverordnete] gewählt worden.[39] Die Einheits-

39 Dieses Amt auf Bezirksebene nahm *Käte Frankenthal* bis zur Aufnahme ihrer Stadtverordnetentätigkeit wahr.

gemeinde Groß-Berlin war gerade gebildet, und es wurde großer Wert auf die Selbstverwaltung durch die Bevölkerung gelegt. Außer der Stadtverordnetenversammlung mit 225 Stadtverordneten und dem Magistrat wurden 20 Bezirksversammlungen und Bezirksämter gewählt. Jede Körperschaft hatte eine Reihe von Ausschüssen und Deputationen, zu denen noch Deputierte aus der Bürgerschaft hinzugezogen wurden.

So waren Tausende in irgendeiner Funktion ehrenamtlich für die Stadt tätig. Die Leute liebten ihre Funktionen und widmeten ihnen viel Zeit. Aber es herrschte eine Überorganisation, die niemand ernstlich bestreiten konnte.

Mitte der zwanziger Jahre [ab dem 19.11.1925] war ich eigentlich [für den Bezirk Tiergarten] hauptamtlich Stadtverordnete geworden.[40] Ich gehörte dem Fraktionsvorstand der SPD an und war als Vertreterin der Fraktion in den Berliner Parteivorstand delegiert. Von der Versammlung war ich in die Gesundheitsdeputation, Wohlfahrtsdeputation und den Haushaltsausschuß entsandt. Außerdem gehörte ich automatisch der Bezirksversammlung und den Parteikörperschaften meines Wahlkreises an.

Oh, diese Sitzungen und Redeverpflichtungen! Ich feierte Sylvester, indem ich an diesem einen Abend im Jahre vor Mitternacht zu Bett ging. Ich behielt die Gewohnheit, um sechs Uhr aufzustehen und zu reiten, und ich glaube, daß diese Stunde Sport mehr für meine Nerven tat, als zwei Stunden länger Schlafen getan hätten. Meine Praxis beschränkte ich auf Konsultationen und wunderte mich darüber, daß meine Patienten zu den unregelmäßigen Zeiten, die ich zur Verfügung stellte, überhaupt noch kamen. 1928 wurde ich zum Stadtarzt in Berlin-Neukölln[41] ernannt und gab meine Praxis auf.

40 Dieses Amt legte *Käte Frankenthal* am 19.3.1931 nieder. Sie war im Rahmen ihrer Stadtverordnetentätigkeit (Stand 1929) mit folgenden Ämtern betraut: Mitglied in den Deputationen für Gesundheitswesen und Wohlfahrt, sowie den Kuratorien der Ernst Oppermann Stiftung (für Wohlfahrts- und Jugendpflege) und der Fürsorgestelle am Polizeipräsidium; stellvertretendes Mitglied in der Finanz- und Steuerdeputation sowie der Deputation für Leibesübungen. 1931 hatte sie folgende Ämter inne: Mitglied in der Deputation für Gesundheitswesen und dem Haushaltsausschuß; stellvertretendes Mitglied im Ältestenausschuß; sowie weiter im Kuratorium der Ernst-Oppermann Stiftung; zusätzliche Funktionen nahm sie wahr als Mitglied der Versammlung des Studentenwerks Groß-Berlin, e.V. und der Gemischten Deputation betr. Das Mitbestimmungsrecht der StadtVo.-Versammlung bei der Verwaltung.

41 Zum öffentlichen Gesundheitswesen Berlins in dieser Zeit vgl. als allgemeinen Einstieg: *Wilhelm von Drigalski*, Über Leistungen und Probleme der städtischen Gesundheitspflege, in: *Hans Brennert, Erwin Stein*, (Hrsg.), Probleme der neuen Stadt Berlin. Darstellungen der Zukunftsaufgaben einer Viermillionenstadt, Berlin-

LT

Der Vorgang, der zu meiner Ernennung führte, ist erwähnenswert. In unserer Neuköllner Bezirksfraktion war ein Malheur passiert. Der sozialdemokratische Stadtrat für das Gesundheitswesen [Dr. med. *Raphael Silberstein*] war gestorben. Durch einen Fehler unserer Fraktion fiel unser Kandidat bei der Wahl in der Bezirksversammlung durch und ein Kommunist [Dr. med. *Richard Schmincke*] wurde gewählt. Er war noch dazu ein sogenannter wilder Mann, der sofort daran ging, den Bezirk zu revolutionieren.

Neukölln hatte drei Krankenhäuser[42], die bald von kommunistischen Angestellten wimmelten. Es kamen Betriebszeitungen heraus, die im wesentlichen aus Schimpfworten gegen Magistrat und Stadtverordnetenversammlung bestanden. Den Geistlichen wurden Schwierigkeiten gemacht, wenn sie Kranke auf deren Wunsch besuchen wollten. Delegationen von Erwerbslosen, Patienten usw. marschierten dauernd im Rathaus auf. „Verhungernde Wohlfahrtsempfänger brachen mit den Nerven zusammen" – d.h. sie wurden gewalttätig gegen Beamte und zerschlugen die Einrichtung. Das Gesundheitsamt stellte sich schützend vor sie.[43]

Eines Tages kam der Berliner Parteivorsitzende [*Franz Künstler*] zu mir und erklärte, in der Neuköllner Situation sei nur eines zu tun: Man müsse diesem Mann einen sozialdemokratischen Stadtarzt vor die Nase setzen, der ihm so viele Schwierigkeiten macht, daß er nicht weiter könne. Dieser Stadtarzt sollte ich sein.

Die Idee war nicht schlecht. Der Stadtrat ist der Vorgesetzte des Stadtarztes. Ich war aber gleichzeitig Stadtverordnete und wurde

Friedenau: Deutscher Kommunal-Verlag 1926, S. 129–155. Zu Neukölln vgl. den von Stadtrat Dr. med. R. *Schmincke* herausgegebenen Bericht: Das Gesundheitswesen Neuköllns, o.O. (Berlin): o.J. (wohl 1929), 56 S., der einen guten sachlichen Überblick gibt. Zu einem detaillierten Einsteig vgl. *Wilhelm von Drigalski*, Über kommunale Gesundheitspflege in Deutschland mit besonderer Berücksichtigung der Berliner Verhältnisse, in: Reichsausschuß für das ärztliche Fortbildungswesen (Hrsg.), Gesundheitswesen und soziale Fürsorge im Deutschen Reich, Jena 1928 S. 444ff.; zur Verfolgung *einzelner* von *Käte Frankenthal* angesprochener gesundheitspolitischer Themenstränge ist nützlich: Bernhard Möller (Hrsg.), Gesundheitswesen und Wohlfahrtspflege in Deutschland, Berlin usf. ²1930; *Adolf Gottstein* u.a. (Hrsg.), Handbuch der sozialen Hygiene und Gesundheitsfürsorge, Bd. 4: Gesundheitsfürsorge, Soziale und Private Versicherung, Berlin 1927.

42 Es handelt sich um das Städtische Krankenhaus Neukölln, Rudower Weg, das Städtische Krankenhaus Britz und die Klinik in der Hasenheide, die zunächst ein Leichtkrankenhaus und später eine Lungenheilstätte war. Ferner gab es noch ein Mütter- und Säuglingsheim Neukölln, das zugleich ein Kinderkrankenhaus war.

43 Zur Gesundheitspolitik der KPD in dieser Zeit vgl. heute *Irina Winter*, Beitrag zur Geschichte der Gesundheitspolitik der KPD in der Weimarer Republik, Diss. phil., Berlin –DDR 1965; *dies.*: Zur Geschichte der Gesundheitspolitik der KPD in der Weimarer Republik, in: Zeitschrift für ärztliche Fortbildung (Jena), 1973, 445–472, 498–526.

später Landtagsabgeordnete. Ich saß also in parlamentarischen Körperschaften, mit denen mein amtlicher Vorgesetzter zu rechnen hatte. Ich war seit Jahren in der städtischen Gesundheitsdeputation gewesen und kannte den Aufbau des Berliner Gesundheitswesens genau. Der Stadtrat kam aus Sachsen, wußte wenig vom öffentlichen Gesundheitswesen im allgemeinen und nichts von dem Berliner im besonderen.

Die Tätigkeit als Stadtarzt reizte mich sehr, und auf einen Kampf mehr kam es mir nicht an. Mein Einkommen würde in der Beamtenstelle kleiner sein[44] als in der Praxis, aber es genügte mir. Für deutsche Beamte schien ja die wirtschaftliche Frage lebenslänglich gelöst. Ich konnte nicht entlassen werden, sofern ich nicht direkt kriminell würde und war später pensionsberechtigt.

Ich hatte einen denkwürdigen Einzug in mein Amt [am 20. Februar 1928]. Bei unserer ersten Unterredung sagte der Stadtrat [*Richard Schmincke*]: „Sie wissen es wahrscheinlich, und sonst will ich es Ihnen sagen, daß das Bezirksamt Sie gegen meinen Protest gewählt hat. Ich betrachte Ihre Wahl als eine persönliche Gehässigkeit gegen mich."

„Ich wußte das nicht. Bezirksamtssitzungen sind ja geheim, darum sprechen meine Genossen nicht über die Vorgänge dort. Aber das macht nichts. Wir sind ja nicht hier, um uns zu lieben, sondern nur um zu arbeiten."

Nach diesem ersten Feuerwerk ging ich in mein Amtszimmer und fand folgenden Willkommensgruß auf meinem Schreibtisch:

Dem Gesundheitsamt zur Qual
Kommt jetzt K . . . F . . .
Die hat fürwahr kein Weib geboren,
Der Esel hat sie im Galopp verloren.
Die Hölle selber hat sie ausgespieen,
Weil sie zu teuflisch für den Teufel schien.
Prolet, nun bete, vielleicht hast Du Glück:
Ach, lieber Teufel, hol sie schnell zurück.

Wie dieser Empfang wirkte? Es war nicht darüber zu lachen. Er kündete Schwierigkeiten an. Es war aber auch nicht tragisch zu nehmen. Ich war ja auch nicht von friedfertigen Absichten beseelt. Ich weihte damit meinen Papierkorb ein.

Der Ton wurde natürlich so, wie er werden mußte, manchmal grotesk. Der Stadtrat erkrankte. Seine Freundin [die Kranken-

44 Später als „Fürsorgeärztin", Besoldungsgruppe II B 1 der städtischen Besoldungsordnung von 1931, etwa 650–700 RM/Monat.

schwester *Änne Tischendorf*] überraschte mich durch ihren Besuch. Nachdem ich mich von meinem Staunen erholt hatte, fragte ich nach dem Befinden des Stadtrates. Darum eben kam sie. Es ging ihm nicht gut, und die Ärzte rieten dringend, daß er im Krankenhaus bliebe. Er erklärte aber, er könne das nicht. Ich sei sein offizieller Vertreter und würde die Zeit dafür nutzen, daß er ein toter Mann sei, wenn er in sein Amt zurückkäme.

Oh, ich ließ ihm gute Besserung wünschen und ihn bitten, ruhig im Krankenhaus zu bleiben. Bis er wieder gesund sei, würde ich gern Waffenstillstand halten.

Sie fürchtete, daß er ihr das nicht glauben würde. Ich mußte im Krankenhaus anrufen, mich nach seinem Befinden erkundigen und ihm berichten, daß im Amt alles in Ordnung sei.

Eine andere Situation entbehrte nicht der Komik. Bei den Kommunisten war die Mode aufgekommen, durch Vereine oder Organisationen, die sie beherrschten, eingeschriebene Briefe an die Sachbearbeiter der SPD zu schicken mit der Aufforderung, zu einer Versammlung zu kommen und sich wegen der arbeiterverräterischen Politik zu verantworten. Die Versammlung wurde dann damit begonnen, daß diese Einladung mitgeteilt und festgestellt wurde, daß der Betreffende natürlich zu feige gewesen sei, hierher zu kommen.

Ich teilte nicht die Ansicht meiner Partei, daß es ganz gleichgültig sei, was die Verrückten [in der KPD] sagen und schreiben. Sie sprachen immerhin zu Arbeitern, und die SPD nannte sich eine Arbeiterpartei. Als ich einen solchen Brief bekam, ließ ich unsere Leute wissen, daß ich käme und sie hingehen sollten.

Es war ein Grüppchen von etwa hundert Kommunisten versammelt. Der Leiter war ein unterer Funktionär. Zu seinem Staunen füllte sich die Versammlung so stark, daß sie in einen größeren Saal übersiedeln mußten. Als der große Saal gefüllt war, kam ich, dankte für die Einladung und erklärte mich bereit zu sprechen. Natürlich wurde von der starken sozialdemokratischen Mehrheit in der Versammlung eine Resolution angenommen, die der SPD das Vertrauen aussprach und die haltlose Politik der KPD anprangerte.

Als ich die Versammlung verließ, kam ein Auto angerast. Heraus stieg mein Stadtrat. Der Versammlungsleiter hatte die KP-Zentrale informiert, daß schnellstens ein Spitzenfunktionär kommen müsse, und die Zentrale konnte gerade den Stadtrat erreichen. Als er kam, war ich aber schon fertig. Die Situation, daß zwei Beamte eines Amtes öffentlich gegeneinander auftraten und sich kritisierten, war in Deutschland durchaus üblich.

Die Kommunisten wußten natürlich nicht, daß mein Kommen eine Einzelaktion war. Sie dachten, die Sozialdemokraten hätten beschlossen, von nun an auf die eingeschriebenen Briefe zu reagieren, und schickten keine mehr. So leicht war es, den Spaß mit dem Anprangern der feigen SPD zu stoppen. Wenn es nicht früher und nicht allgemeiner geschah, so lag das nur an der verhängnisvollen Gleichgültigkeit, ja fast Feindseligkeit der SPD gegenüber allem, was in Arbeiterkreisen geschah, die noch nicht von der SPD beherrscht waren. Um diese Kreise, die noch nicht Sozialdemokraten waren und noch gewonnen werden konnten, handelte es sich aber gerade, wenn die Partei sich zur Massenbewegung entwickeln wollte.

Wir hatten in Berlin immer Wert darauf gelegt, daß der Dienst des Gesundheitsamtes nicht Wohlfahrt für Unbemittelte sein sollte. Es sollten alle Kreise erfaßt werden, die gesundheitlich durch soziale Einflüsse geschädigt oder gefährdet waren.

Von 1929 an, als die Wirtschaftskrise einsetzte, wurden die Gesundheitsämter immer mehr zu Zweigstellen der Wohlfahrt. Nach jeder Kürzung der Unterstützungen – und wieviele Kürzungen haben wir in den Jahren 1929 bis 1933 gehabt – kamen Tausende von Anträgen an das Gesundheitsamt auf Sonderunterstützung aus Gesundheitsgründen. Zulage an Nahrungsmitteln, Kohle, einen warmen Mantel, alles konnte man beantragen mit einem Attest, daß es aus Gesundheitsgründen erforderlich sei. Das war ein fast unwiderstehlicher Anreiz, die Flucht in die Krankheit zu nehmen.

Die Prüfung, Bewilligung oder Ablehnung solcher Anträge war mein Ressort. Der Stadtrat konnte in einzelne Fälle nicht hineinreden. Er konnte nur gegen zu hohe Gesamtausgaben sein Veto einlegen, was er natürlich nicht tat. Er wünschte immer höhere Ausgaben.

Unsere ersten Kämpfe waren vorbei. Ich hatte den „Krieg der Nerven" gewonnen, und es war ein modus vivendi gefunden, bei dem die praktisch wichtigen Funktionen, an denen mir lag, auf mich übergegangen waren. Wir hatten dann manche interessante Unterhaltung über Grundsätze und Ziele in der öffentlichen Gesundheitsverwaltung.

Die Kommunisten standen auf dem Standpunkt, daß man die Unbemittelten revolutionieren solle, indem man ihnen alles bewillige, sie zu immer neuen Forderungen anrege und ihnen klar mache, daß der bürgerliche Staat ihnen nicht ihr Leben sichern könne. Unter der Unruhe der Massen würde dann die bürgerliche Regierung zusammenbrechen. Das war das nächste Ziel.

Der kommunistische Stadtrat hatte eine große Zahl von kommunistischen Wohlfahrtsärzten in den Bezirk gezogen, die nach diesem Prinzip handelten. Ich wurde mit mehr Sonderanträgen überschwemmt als irgend ein anderer der neunzehn Bezirksstadtärzte[45] in Berlin.

Ich stand auf einem völlig anderen Standpunkt als die Kommunisten, obwohl oder gerade weil auch ich die Vorbereitung der Massen zum aktuellen Kampf von 1930 an für erforderlich hielt. Meine praktische Erfahrung bestärkte mich in meinem Standpunkt. Wenn die Unterstützung für alle um zwei Mark wöchentlich gekürzt wurde, dann waren alle die Sendlinge der kommunistischen Wohlfahrtsärzte hoch befriedigt, wenn sie für sich persönlich eine Krankenzulage von drei Mark bekommen konnten. Es ging ihnen dann besser als vorher, und die Kürzung für die anderen regte sie nicht mehr auf. Es wurde ein krasser Individualismus gezüchtet und ein furchtbares Betteln um persönliche Bevorzugung. Jeder wurde Selbstversorger und hatte vor sich selbst die Entschuldigung, daß er ja nur den Staat schädigen will im Interesse der Allgemeinheit. Wer es verstand, alle Quellen zu benutzen – und die KPD gab gute Instruktionen dafür – der konnte von verschiedenen Stellen so viel bekommen, daß es ihm besser ging als vielen Arbeitenden. Diese Leute fürchteten dann den „Neid der Besitzlosen" und zogen sich still mit ihrer Beute zurück. Für die revolutionäre Bewegung fielen sie aus.

Ich pflegte den Antragstellern zu sagen: „Ich weiß, daß die Unterstützung unzureichend und die Kürzung für alle sehr hart ist. Aber Sie sind nicht krank, und darum kann ich Ihnen nicht mehr geben als allen anderen." Das schien mir nicht nur gerechter, sondern auch psychologisch besser, um dem Einzelnen spüren zu lassen, daß sein Geschick mit der Allgemeinheit zusammenhängt.

Berlin hatte eine individuelle Fürsorge aufgezogen. Die allgemeinen Unterstützungen waren nur für die laufenden Ausgaben bestimmt, im wesentlichen für Miete und Lebensmittel. Alle Anschaffungen wie Kleidung, Hausrat usw. wurden individuell beantragt und bewilligt.

Es wurde viel Propaganda mit der individuellen Fürsorge gemacht, und sie hatte ihre Vorteile. Ich hielt aber doch die Nachteile für so überwiegend, daß ich mich in Wort und Schrift entschie-

45 Zur Entwicklung der kommunistischen Erwerbslosenbewegung vgl. *Rose-Marie Huber-Koller*, Die kommunistische Erwerbslosenbewegung in der Endphase der Weimarer Republik, in: Gesellschaft. Beiträge zur Marxschen Theorie 10, Frankfurt 1977, S. 89–140.

den dagegen wandte.[46] Die Bedürftigen waren in der gleichen Lage wie Kinder, die kein Taschengeld haben. Um alles, was sie brauchten oder wünschten, mußten sie bitten, quälen, trotzen. Sie wußten, daß ihnen letzten Endes gegeben wird, was sie notwendig brauchen. Aber jeder forderte mehr, als er zu bekommen hoffte. Hemmungen im Bitten und Fordern gab es nicht mehr. Ein großer Stab von Fürsorgerinnen war von der Stadt angestellt. Sie gingen in die Wohnungen und sahen den Leuten in die Schränke. Die meisten waren wohlwollend in der Beurteilung dessen, was die Leute brauchten. Trotzdem riefen diese Prüfungen Feindseligkeit gegen die Stadt hervor und auf der anderen Seite furchtbare Unselbständigkeit und Gleichgültigkeit gegen die Selbstverantwortung im Leben von Erwachsenen. Die große Masse der Hilfsbedürftigen war nicht durch Gebrechlichkeit oder durch persönliches Versagen im Leben in Not gekommen, sondern durch Arbeitslosigkeit. Die Fürsorge, die sie erforderten, war individuell nicht sehr verschieden. Sie brauchten Arbeit, und so lange sie keine Arbeit bekommen konnten, ein Existenzminimum als Unterstützung. Es hätte weniger demoralisierend gewirkt, wenn sie dieses Minimum selbst hätten bewirtschaften können und müssen, statt daß die Stadt ihnen durch die Fürsorge sowohl Rechte wie Verantwortung abnahm.

Ein besonders brutaler Ausbruch von Feindseligkeit der so individuell Befürsorgten erregte Anfang 1933 die Presse in Deutschlands Nachbarländern. Eines der ersten Opfer der Nazis, das in der Nacht [des 21.3.] aus ihrer Wohnung geschleppt und halbtot geprügelt wurde, war eine Frau *Jankowski*, die in der städtischen Wohlfahrt tätig gewesen war. Ich kannte [*Maria*] *Jankowski* gut. Sie war Sozialdemokratin, eine anspruchslose Frau, die politisch nicht hervorgetreten war. Daß gerade sie das Opfer einer der ersten Mißhandlungen wurde, ging auf ihre wohlfahrtspflegerische Tätigkeit zurück. Ein junger Bursche, dem sie ein Paar Schuhe abgelehnt hatte, weil sie fand, daß er noch genug brauchbare Schuhe hatte, hatte ihr gleich angekündigt, daß er es ihr heimzahlen werde, wenn *Adolf Hitler* zur Macht komme. Er hatte Wort gehalten.

Es war keine Partei da, die diesen Millionen von Erwerbslosen Brot und Zuversicht geben konnte. Die Kommunisten höhnten über „parlamentarischen Kretinismus“ und erklärten offen, daß sie nicht ins Parlament gingen, um positive Arbeit zu leisten, sondern

46 Vgl. zur Genese des Regelsatzsystems, daß diese individuelle Fürsorge „überwindet“: *Albert Hofmann, Stephan Leibfried*, Historische Regelmäßigkeiten bei Regelsätzen – 100 Jahre Tradition des Deutschen Vereins, in: Neue Praxis 3/1980, S. 253–285.

nur um Propaganda zu treiben. Sie forderten phantastische Summen für Wohlfahrt und lehnten es ab, jemals über die Beschaffung der Mittel zu sprechen. Diese Propaganda wurde von den Notleidenden selbst nicht ernst genommen, dafür war die wirkliche Not zu groß.

Die Sozialdemokraten traten in die Tolerierungspolitik ein und gaben während der Krise überhaupt kein Lebenszeichen mehr von sich.

Die Nazis sagten „Schwatzbude" statt „parlamentarischer Kretinismus" und hatten die gleiche Einstellung wie die Kommunisten. Nach dem Wahlsieg 1930, als die Nazis 106 Mandate bekamen, schrieb *Göbbels*, der Staat sei nun freundlich genug, 106 Parteiagitatoren zu bezahlen, deren einzige Pflicht es sein werde, durch das Land zu reisen und die Ideen *Hitlers* zu verbreiten. Diese Agitatoren riefen die Massen auf, alle Hoffnung auf Unterstützung und Hilfe von diesem System fahren zu lassen. Wenn *Hitler* komme, werde er ihnen Arbeit geben.

Merkwürdigerweise fand ich in den körperlichen Untersuchungen einen Weg, die Stimmung zu beobachten. Die Deutschen lieben es, sich zu tätowieren. Häufig fand ich Brust und Arme bedeckt mit Herzen, Frauenbildern usw., seltener mit Hammer und Sichel. Immer häufiger fand ich Fälle, die sich der schmerzhaften Prozedur unterzogen hatten, um auf der Brust ein riesiges Hakenkreuz zu tragen.

Durch alle diese beunruhigenden Zustände trabte der Amtsschimmel der Stadtverwaltung ruhig seinen Weg und sorgte für Ordnung. Ein schwieriger Fall kam auf, an den ich gern denke:

Das Hauptgesundheitsamt teilte mit, daß eine Besichtigung erforderlich sei an einem Platze, der gerade zwischen meinem und dem benachbarten Bezirk läge. Um keine Kompetenzen zu verletzen, wurde eine gemeinsame Besichtigung durch einen Vertreter des Hauptgesundheitsamtes und die beiden Stadtärzte vorgeschlagen. Ein städtisches Auto mit Chauffeur wurde in Bewegung gesetzt, das zunächst einen Medizinalrat des Hauptgesundheitsamtes abholte. Dann fuhren sie in meinen Nachbarbezirk, um den dortigen Stadtarzt[47] abzuholen. Dann kamen sie nach Neukölln, um mich abzuholen. Als wir alle versammelt waren, wurde ein ziemlich dickes Aktenstück vorgeholt und folgender Fall vorgetragen: Auf der Grenze zwischen beiden Bezirken liegt ein Dunghaufen.

47 Es dürfte sich wohl um Dr. med. *Felix Hirschberg* (Tempelhof) handeln, eventuell auch Dr. *Richard Roeder* (Treptow).

Die Anwohner beklagen sich, weil der Dunghaufen stinkt. Der Besitzer bestreitet es aber. Wir hätten nunmehr amtlich festzustellen, ob der Dunghaufen stinkt.

Durch den Aufwand von Auto, Chauffeur und der Zeit von drei hoch bezahlten Beamten kostete der Dunghaufen die Stadt mindestens 50 Mark. Ich hätte mich mit dem benachbarten Arzt durch ein Telefongespräch darüber verständigen können, daß einer von uns einen Inspektor mit der Straßenbahn hinausschickt und an beide berichten läßt.

Ich traf diesen Kollegen wieder zu Anfang der Emigration, als ich mich noch absolut nicht damit abfinden konnte, daß der Tag 24 unausgefüllte Stunden hat. Ich sagte: „Wenn ich doch wenigstens mal wieder festzustellen hätte, ob ein Dunghaufen stinkt." Er seufzte: „Das möchte ich auch."

Die Angehörigen der öffentlichen Verwaltung hatten Anspruch auf teilweise Freistellung vom Dienst, wenn sie eine parlamentarische Tätigkeit ausübten. Ein sehr großer Teil der Abgeordneten in allen Parlamenten bestand aus Beamten oder Arbeitern öffentlicher Betriebe. Ein anderer Teil bestand aus Angestellten der Gewerkschaft, Krankenkassen, Parteien usw. Die übrigen waren Selbständige. Arbeiter und Angestellte der Privatwirtschaft konnten parlamentarische Tätigkeit nur selten mit ihrem Beruf vereinbaren.

Wenn die letzteren in den Reichstag oder Landtag gewählt wurden, wo hohe Diäten gezahlt wurden, gaben sie ihre Stellungen auf. Wenn sie dann nach vier Jahren nicht wiedergewählt wurden, waren sie dem Arbeiterleben fremd geworden und waren Anwärter auf gehobene Stellen bei der Partei oder vermittelt durch den Einfluß der Partei. Nur die Kommunisten hatten die Regelung, daß der größte Teil der Diäten in die Parteikasse kam. Den kommunistischen Abgeordneten verblieb nur ungefähr so viel, wie ein gutbezahlter Arbeiter verdiente.

Die Stadtverordnetenversammlung gab keine Diäten, sondern nur eine Aufwandsentschädigung für Sitzungen. Dort waren sehr wenige Arbeiter und Angestellte der Privatwirtschaft, und die wenigen konnten nicht viel Zeit für die Arbeit in Ausschüssen und Deputationen zur Verfügung stellen.

Gleiches Recht für alle ist in einem privatwirtschaftlich organisierten Land in Bezug auf außerberuflichen Zeitaufwand wohl überhaupt nicht durchzuführen. Alle Parteien nahmen häufig zu der Frage Stellung, ob die Belastung der öffentlichen Wirtschaft durch die große Zahl von Personen, die Mandate ausüben und vom Dienst freigestellt waren, berechtigt sei. Solche Einwände wurden immer mit demokratischen Argumenten erledigt. Nach der Verfassung waren alle Deutschen gleich, und die Beamten sollten nicht zu Bürgern zweiter Klasse gestempelt werden. Auch die Parteien, denen die reine Demokratie nicht viel Skrupel machte, ließen diese Frage gern ungelöst, weil der Einfluß der Beamten überall stark war.

Dringlicher war noch die Frage, ob es richtig sei, daß Beamte der städtischen Verwaltung in der Körperschaft Sitz und Stimme haben, die die städtische Verwaltung zu kontrollieren hatte. Die Situation, die in meinem Falle bestand, daß ich durch meinen parlamentarischen Einfluß gegen meinen Vorgesetzten im Amt arbeiten konnte, gab es sehr häufig. Alle Parteien hatten gelegentlich an einer solchen Situation Interesse. Daher mußte auch hier die Demokratie herhalten: die städtischen Beamten dürften nicht als Bürger zweiter Klasse behandelt werden.

Ein Gesetz wie den Hatch Act[48] einzubringen, hätte in Deutschland von rechts bis links keine Partei gewagt. Schon die Diskussion wäre eine Sünde gegen die deutsche Auffassung von Demokratie gewesen.

Die Verwaltung war von oben bis unten politisiert und von inneren Kämpfen und Intrigen durchsetzt. Alle höheren Beamtenstellen wurden von den politisch zusammengesetzten Deputationen vorgeschlagen und in dem ebenso zusammengesetzten Magistrat oder Bezirksamt durch Abstimmung gewählt. Sie waren aber dann auf Lebenszeit angestellt (bis *Hitler* die Beamtenrechte aufhob). Wenn nach einer Wahl eine andere Partei ans Ruder kam, waren die Spitzenpositionen der Verwaltung in den Händen von meist sehr aktiven Politikern der früheren Richtung.

Wie sehr die unteren Instanzen der Verwaltung durch politische Spitzenbeamte beeinflußt werden, hatte ich in meinem Amte Gelegenheit zu beobachten. Nachdem ich Stadtarzt geworden war, bekam ich täglich Anfragen von Beamten meines Amtes, welche Schritte sie unternehmen müßten, wenn sie der sozialdemokratischen Partei beitreten wollten. Ich fragte nur, ob sie schon einmal die Zeitung „Vorwärts“ gesehen hätten, die man für 10 Pfennig auf der Straße kaufen kann, und die fast täglich Beitragsformulare enthielt, die man nur ausschneiden und einschicken mußte.

Das wußten natürlich die Beamten von selbst, und außerdem wissen die Berliner, daß man eine Adresse im Telefonbuch finden

48 Hatch Acts: Zwei Gesetze, 1939 und 1940 vom US-Kongress verabschiedet, die es allen bundesstaatlichen und einigen staatlichen Angestellten untersagen, an Wahlkämpfen teilzunehmen.

kann. Sie interessierten sich aber weder für den „Vorwärts", noch für die Sozialdemokratie. Sie wollten mir nur durch die Anfrage mitteilen, daß sie sich meiner Partei angeschlossen hatten.

Zufällig freute mich das gar nicht. Ich wünschte die sozialdemokratische Partei sozialdemokratisch und fand, daß wir schon viel zu viel andere Elemente hatten. Für die Organisierung nach beruflichen Gesichtspunkten waren ja die Gewerkschaften die geeigneten Körperschaften.

Ich hatte keinerlei Illusion darüber, was alle diese Beitrittserklärungen bedeuteten. Aber als nach dem 30. Januar 1933 die Nazis ihren ersten großen Umzug durch Berlin hielten, mußte ich doch für einige Augenblicke die Augen schließen, als die Abteilung mit dem Banner „Bezirksamt Neukölln" erschien. Viele Hunderte marschierten hier unter dem Hakenkreuz, die offenbar schon lange zwei Parteibücher besessen hatten: Eines von einer der Parteien, die noch an der Macht waren, und vorsichtshalber gleich ein anderes von der Partei, die möglicherweise zur Macht gelangen würde.

Über das „Rote Berlin" wurde viel gesprochen. Die Arbeiter sagten es mit Stolz. Wenn irgend ein Skandal ausbrach, wurde es mit Verachtung gesagt: Natürlich, das Rote Berlin!

Das rote Berlin existierte überhaupt nur numerisch, wenn man die beiden Arbeiterparteien, die nicht zusammen arbeiteten, addierte. Die Mehrheit, die den Etat bewilligte und die meisten Stellen besetzte, bestand aus Sozialdemokraten, Demokraten und dem Zentrum.

Politische Auseinandersetzungen mit Nationalsozialisten und Kommunisten

Bei der Wahl vom [11.11.] 1929 kam die erste Nazifraktion, bestehend aus 12 Stadtverordneten, in das Berliner Rathaus. Unter ihnen waren *Göbbels* und der jetzige Kommissar von Berlin, Dr. [*Julius*] *Lippert*. Wir hatten damals 64, die Kommunisten 56 Stadtverordnete.

Es begann sofort die Zeit, wo die Berliner Stadtverordnetensitzungen fast regelmäßig mit einer Prügelei endeten. *Göbbels* kannten damals die meisten nur aus Karikaturen, persönlich hatten ihn noch nicht viele gesehen. Sein Erscheinen im Rathaus machte Furore. Er sieht nicht nur ausgesprochen, sondern unangenehm jüdisch aus. Man würde seinem Aussehen nach gar nicht im Zweifel sein, daß er Jude ist. Das war so auffallend, daß er sofort den Beinamen bekam: Göbbeles! So oft er den Saal betrat, erscholl es von den Bänken der Linken: Göbbeles kommt!

Seine erste Rede wurde mit grenzenloser Verwunderung aufgenommen. Man hatte allgemein erwartet, daß er ein glänzender Redner sei. Das allgemeine Urteil lautete: Elender, kleiner Zahlabend-Redner. Zahlabende waren die kleinste Einheit der SPD, in der meist nur untere Funktionäre sprachen. Es wurde ihm zugerufen: „Er stottert ja! Göbbeles, in einer öffentlichen Versammlung würden wir Dich nicht reden lassen!“

Die Entwicklung hat gezeigt, daß dieser erste Eindruck, den er machte, einen Irrtum hervorrief. *Göbbels* ist sicher nach *Hitler* der eindruckvollste Redner. Er ist es aber nur, wenn nichts anderes aus der Versammlung ertönen kann als Heilrufe und Applaus, und Opposition Selbstmord wäre. Das Berliner Rathaus war einer der sehr wenigen Plätze, wo *Göbbels* zu einer Versammlung sprach, in der seine Anhänger eine kleine Minderheit waren, und er nicht durch SA Garden die Versammlung unter Terror setzen konnte. Vom nächsten Jahr an, als starke Nazifraktionen in die Parlamente kamen, wurden die Parlamente ebenso terrorisiert wie draußen die Volksversammlungen.

Systematische Vorarbeit für die nationalsozialistischen Zerstörungen: Käte Frankenthal und andere Neuköllner Beamte im Visier der Antisemiten

Neujuda, s. Neuafrika.

Neukamp, Dr., Reichsgerichtsrat, Leipzig, Onkel des Mitinhabers der Fa. Louis Cohn Nfg. (Blusen- und Damenkleider), Petersstraße ebda, trat 1918 in der Kriegswuchergesetzgebung lebhaft für die Gewerbetreibenden ein.

Neukirch, Georg, Dr. med., einflußreicher Landarzt in Eiby-Liliedal auf Seeland, Dänemark. E: Rabbi N. ○△. — K: 5. N. ist blond, blauäugig. Anhänger von Georg ▼Brandes.

Neukölln, Stadtteil von Berlin. Dr. Langemann: „Der deutsche Zusammenbruch und das Jdtm", 1919, S. 71: „In N-- bemühte sich seit 2 Jahren der russische Jude Futran vergeblich um die Aufnahme als Bürger [zur Zeit des Krieges mit Rußland]; gleich nach der Revolution befahl die Regierung dem Magistrat von N., Futran zum dtschen Bürger zu machen. Das geschah, und am Tage darauf wurde Futran mit 20 000 M. Gehalt Ministerialdirektor im preuß. Kultusministerium. Er ist der Geist, der aus dem Christenverfolger Adolf Hoffmann sprach." WM.

Hammer, März 1929: Die „Germania" schrieb in einem längeren Artikel: „Wir sind keine Antisemiten, aber das kann sich die Bevölkerung Neuköllns nicht gefallen lassen: Löwenstein ist Stadtschulrat und Vorsitzer in der Schulkörperschaft. Besoldeter Stadtrat Dr. Silberstein, ein Neffe Ede Bernsteins, ist sein Stellvertreter; Silberstein's Neffe, Zadek, wurde dirigierender Arzt im Neuköllner Krankenhause, das dem Silberstein unterstand. Dr. Karsen, gebor. Krakauer, der mit Löwenstein zusammen gegen die konfessionelle Schule redet, ist Direktor des Realgymnasiums; Vorsteherin der Volksbücherei ist Frl. Dr. Nathan; Schulpflegerin Frl. Moses."

Der Zentrumsmann Stadtrat △Treffert, der Vorstehendes geschrieben haben sollte, wurde abgebaut. — Aber Neukölln ist noch nicht vollständig: Im Krankenhaus werden von Silberstein die Weihnachtslieder verboten Zadek betreibt nebenamtlich eine Privatpraxis von 20—25 000 M. jährlich; aber dieser Schwerverdiener möchte dazu noch besoldeter Leiter der Tuberkulose-Fürsorgestelle werden, während doch in der Partei den Arbeitern grundsätzlich die nebenverdienstliche Überschreitung des Achtstundentages verboten wird. Löwenstein ist nicht nomineller, aber wirklicher Bürgermeister von Neukölln. So wird Frau Dr. Käthe Frankenthal vom Neuköllner Bezirksamt angestellt, entgegen der Ablehnung der Ärzte, und ein Sohn des Dr. ▼Grelling Lehrer der Neuköllner △Jugend.

Neumann, von Juden gern benutzter, guter deutscher Name, vgl. Naumann.

Neumann = Karl Friedrich Bamberger.

Neumann, #. B: Aus der Synagoge zur katho-

Quelle: Sigilla Veri (Ph. Stauff's Semi-Kürschner). Lexikon der Juden, – Genossen und – Gegner aller Zeiten und Zonen, insbesondere Deutschlands, der Lehren, Gebräuche, Kunstgriffe und Statistiken der Juden sowie ihrer Gaunersprache, Trugnamen, Geheimbünde, usw., Erfurt: U. Bodung Verlag 1931, 2.A., 6 Bände, 4. Band, S. 846 (vgl. in diesem Lexikon auch das Stichwort Frankenthal, Julius und Käte).

Bei der gereizten Stimmung der Berliner Stadtverordneten, die jeden Augenblick zu Tätlichkeiten überzugehen drohten und es auch taten, hatte *Göbbels* schlotternde Angst und machte eine lächerliche Figur. Er trat bald die Führung der Rathausfraktion an *Lippert* ab und erschien selbst nur noch selten.

In der Beurteilung eindrucksvoller Redner haben wir uns oft geirrt. Wir hielten unsere Kundgebungen im Sportpalast, dem größten Berliner Lokal, mit einer Kapazität von 15 000 Menschen für eindrucksvoll. Sie waren immer sehr sorgfältig und künstlerisch aufgemacht. Die besten Redner sprachen sehr ruhig und gesammelt. Niemand würde es versuchen, durch den Riesenraum zu schreien. Für die Verständlichkeit sorgten die Lautsprecher. Die Leute kamen mit Operngläsern wie zu einem Schauspiel. Es gab ebensoviel zu sehen wie zu hören.

Als die Nazis zum erstenmal den Sportpalast füllten und *Göbbels* hysterische Stimme den Saal beherrschen wollte, lachte ich. Ich dachte, er kennt die Berliner nicht, wenn er glaubt, daß er ihnen so etwas bieten kann.

Ich kannte die Berliner nicht! Sie waren nicht mehr Zuschauer. Sie warfen die Operngläser fort und schrien und spielten mit. Die Regie der Nazis, so plump und unkultiviert sie auch war, erwies sich sofort als sehr wirksam.

Lippert ist ein Mann, der persönlichen Mut besitzt. Er sprach fast in jeder Sitzung der Stadtverordneten, obgleich er sicher sein konnte, daß er von der Rednertribüne heruntergeworfen wurde. Eine Zeitlang schien es, als hätten die Stadtverordneten ihre Tagesordnung noch nicht erledigt, wenn *Lippert* nicht verprügelt worden war. Er ließ sich aber nicht einschüchtern.

Lippert arbeitete auch in der Gesundheitsdeputation. Dort waren wir friedlicher und prügelten nicht. Um so mehr machten wir ihm klar, daß in der Deputation die sachliche Arbeit geleistet wird und kein Publikum vorhanden ist, für das er Reden halten kann. Es war die Zeit, wo sie noch wenig mit der sachlichen Arbeit vertraut waren. Er brachte Dinge vor, für die die Deputation nicht zuständig war oder die schon längst durch frühere Beschlüsse erledigt waren. Ich machte eine Spezialität daraus, bei seinen Anträgen Übergang zur Tagesordnung zu beantragen. Das konnte er weniger vertragen als eine erregte Debatte. Er strafte uns bald mit Verachtung und kam nicht mehr.

Es war kein erhebender Anblick, wenn die Kommunisten sich mit fünffacher Übermacht auf die Nazis stürzten, aber darin ist man ja jetzt nicht mehr empfindlich. Der Haß war jedenfalls urwüchsig. Wir haben in Deutschland schon einmal erlebt, daß ein ungeheurer Haß abgeblasen und vergessen wurde. Nach Revolution und Bürgerkrieg pflegten Angehörige der SPD und der USP sich auch gegenseitig nicht anders zu bezeichnen als „Mörder und Verbrecher". Es kam trotzdem zwei Jahre später nicht nur die organisatorische Wiedervereinigung, sondern die völlige Verschmelzung. Später standen viele frühere USP-Leute auf dem rechten, und frühere SPD-Leute auf dem linken Flügel der Partei.

Nazis und Kommunisten haben gleichwertige Dienste darin geleistet, der Bevölkerung Ekel vor dem Parlament beizubringen. Um nur einige Beispiele anzuführen: Als ein Naziredner niedergeschrien wurde, drehte er sich um und machte mit drastischer Gebärde dem Hause eine Verbeugung von hinten. Als der Vorsteher in der letzten Sitzung vor Ostern dem Hause angenehme Feiertage wünschte, erscholl es von den Bänken der Kommunisten: „Danke schön! Schreiben Sie sich fröhliche Ostern auf die Eier." Die Tribünen waren dabei meist gefüllt. Das Publikum konnte kaum anders, als begeistert zustimmen, wenn die Nazis ihnen rieten: Fegt doch diese Quasselbuden fort!

Eine besondere Rolle spielten die Frauen. Die Kommunisten hatten mit viel Propaganda eine Aktion daraus gemacht, daß bei ihnen wirkliche Gleichberechtigung herrschte und daß jeder dritte Kandidat auf ihren Listen eine Frau sei. Wer diese Frauen waren, war vollkommen gleichgültig. Jedenfalls nahmen sie erfolgreich die Konkurrenz mit den Männern auf und benahmen sich womöglich noch pöbelhafter als diese.

Eines Tages, als ich im Vorraum des Stadtverordnetensaales mit einer Gruppe von Leuten sprach, kam so eine der neu erschienenen Kommunistinnen vorbei und rief mir zu: „Wo ist das Klo?" Ich und auch die Leute, die eine Petition an die Versammlung überbringen wollten, sahen sie wohl etwas verdutzt an, denn sie wiederholte: „Na, wo das Klo ist, frage ich. Ich muß mal pinkeln!" Ich zeigte ihr die Richtung und fügte hinzu: „An Ihrer Stelle würde ich es in der ‚Roten Fahne' veröffentlichen!" Es hatte eigentlich keinen Zweck, überhaupt zu antworten, es erhöhte nur das Vergnügen an den Rüpeleien.

Die kommunistische Sachbearbeiterin für Gesundheitsfragen [*Margarete Hoffmann-Gwinner*] war eine interessante Frau. Sie war gebildet, aber das merkte man nicht so bald: Da sie eine führende Stellung in der Partei einnahm, mußte sie auch in Radikalismus führen. Wiederholt, wenn es zu Krawallen kam und Polizei den Saal räumte, klammerte sie sich fest und mußte an Händen und Füßen herausgeschleift werden, wobei sie um sich schlug wie eine Wilde. Draußen konnte man sie dann lachen sehen, als ob ihr ein Schulbubenstück gelungen wäre. Die „Rote Fahne" brachte dann in großer Aufmachung die Schilderung, wie brutal die Polizei gegen wehrlose Frauen vorgegangen sei. Man mußte die wehrlose Frau nur gesehen haben!

Ich mußte oft mit ihr verhandeln. Sobald kein Publikum in der Nähe war, war sie ganz umgänglich und normal.

Nach einer Sitzung der Gesundheitsdeputation, die eigentlich keine Sitzung, sondern eine hysterische Szene war, in der „Faschist und Verräter" das freundlichste war, was sie mich nannte, sprach sie mich auf der Straße an und fing eine gleichmütige Unterhaltung an. Das tat man gelegentlich mit Mitgliedern der Mittelparteien nach einem sachlichen Zusammenstoß, um zu zeigen, daß nichts persönlich gemeint war. Aber die Kommunisten pflegten viel mehr zu zeigen, daß sie uns total haßten und verachteten.

Wenige Häuser vom Gesundheitsamt entfernt war ein Café, das viel von Stadtverordneten besucht wurde. Sie schlug vor, ob wir eine Tasse Kaffee trinken wollen. „Wenn Sie wollen — ich werde nicht aus meiner Partei ausgeschlossen, wenn man uns zusammen sieht", sagte ich. „Ich auch nicht", lachte sie, „meine Genossen würden nichts anderes für möglich halten, als daß ich etwas bei Ihnen ausspionieren will."

Ich sah dem Ausspionieren mit Ruhe und Fassung entgegen. Aber es kam nicht der leiseste Versuch. Sie sprach von ihren Kindern und von allem möglichen Belanglosen, so daß ich mir vergeblich den Kopf zerbrach, was sie eigentlich wollte. Sie wollte offenbar nichts, als sich nach dieser verrückten Szene mal wieder menschlich benehmen. Schließlich fragte ich: „Sagen Sie, warum reden Sie offiziell immer so wirres Zeug? Sie wissen selbst, daß das, was Sie eben in der Sitzung mit so großem Wortschwall vertreten haben, Unsinn ist." Sie lachte: „Wir reden ja über ganz verschiedene Dinge. Sie wollen eine geordnete Verwaltung. Von dem Standpunkt aus sind meine Anträge Unsinn, das weiß ich natürlich. Wir wollen aber die Dinge zum Zusammenkrachen bringen. Die Arbeiter müssen sehen, daß sie erst das ganze System zum Teufel jagen müssen, wenn sie leben wollen!"

„Nun ja, ich wünsche auch ein anderes System und würde mich freuen, es krachen zu hören, wenn die Arbeiterbewegung in der Verfassung wäre, die Zügel zu ergreifen, was sie bekanntlich nicht ist. Aber selbst wenn es kracht, glaube ich nicht, daß die Krankenhäuser der geeignetste Platz sind, um damit anzufangen. Sogar

Kommunisten wollen Ruhe und Ordnung haben, wenn sie im Krankenhaus liegen. Sie könnten leicht auf den Gedanken kommen, daß sie erst einmal uns alle zum Teufel jagen müssen, wenn wir dafür nicht sorgen können."

„Oh nein. Die Arbeiter wissen, daß revolutionäre Zeiten Opfer kosten. Sie haben auch in Rußland Bequemlichkeit und Ruhe geopfert, um den Kommunismus aufzubauen."

„Haben wir denn eine revolutionäre Zeit?"

„Das kann man nie wissen. Das wußte man in Rußland auch nicht vorher."

„Also erst einmal alles zerschlagen und dann warten, was aus den Trümmern aufsteigt?"

„In diesem System muß man alles zerschlagen. Natürlich!"

Eine ähnliche Unterhaltung hatte ich später mit kommunistischen Landtagsabgeordneten, als ich aus der SPD austrat[49], und sie mich dafür werben wollten, in die KPD einzutreten. Damals waren die Nazis schon stark im Aufstieg. Es war kaum zweifelhaft, was aus den Trümmern aufsteigen würde.

Ich erlebte noch manche Überraschung mit jener Frau und merkte, daß sie ein ganz feines und sogar sentimentales Geschöpf war. Sie war aber von einem mächtigen Ehrgeiz getrieben und wollte sich auf keinen Fall mit ihrer Partei überwerfen. Wenn sie sich nicht überwerfen wollte, mußte sie all den Lärm mitmachen.

Wir hatten in der Rathausfraktion einen Mann [*Friedrich C.A. Lange*], der sicher einer der besten Köpfe in der Partei war. Er war ein in der Öffentlichkeit sehr bekannter politischer Beamter in hoher Stellung und war gerade der Kandidat der Partei für einen noch exponierteren Posten [dem des OB und dann des Bürgermeisters zu dem er am 14.4.1931 gewählt wurde]. In der schwersten Zeit Berlins, bei dem *Sklarek*skandal[50], gewann er die Achtung aller Kreise durch seine besondere Klugheit und Energie. Wenn es je einen Menschen gab, der als kühler Rechner imponierte, war er es. Ich schätzte ihn wegen seiner Fähigkeiten, hatte aber wenig persönliche Beziehung zu ihm. Ich war nicht wenig erstaunt, als er mir in einer Sitzung sagte, jene Kommunistin möchte mich privatim sprechen; ob ich mit ihm eine Vereinbarung für sie treffen könne. Sie kam zu mir in die Wohnung und ich erfuhr, daß sich eine so heftige Liebesaffaire zwischen den beiden angesponnen hatte, daß sie beide sich scheiden ließen und beschlossen hatten zu heiraten.

49 Vgl. unten S. 164ff.
50 Zu diesem Skandal s. unten S. 139ff.

Das war nun völlig unvorstellbar. Die Frau hatte ihr Benehmen in keiner Weise geändert, und das Hauptziel ihrer Angriffe war noch immer die SPD, deren prominenter Vertreter jener Mann war.

Wenige Tage zuvor hatte sie in der öffentlichen Versammlung der Stadtverordneten einem Abgeordneten der Volkspartei eine Ohrfeige gegeben. Der Mann war viel größer als sie, und sie konnte kaum herauf reichen. Es war so komisch, daß sie diesmal, trotz aller Empörung gegen sie, einen großen Heiterkeitserfolg hatte.

Ich fragte sie vertraulich, was eigentlich in ihrem Hirnkasten vorgehe, wenn sie solche Sachen mache. Ja nun, sie hätten vorher gewußt, daß der Volksparteiler die Kommunisten angreifen werde, und es war in der Fraktion bestimmt worden, daß sie ihm eine runterhauen solle. Darum habe sie es eben getan.

Ich fing vorsichtig an, ihr die bittere Wahrheit zu sagen, die ich für notwendig hielt. Obwohl es sehr fraglich sei, wie die Partei die Sache aufnehmen würde, hielt ich persönlich es für wichtig, daß die Karriere des Mannes erhalten bliebe, da wir keinen Überfluß an so fähigen Leuten hätten. Die unerläßliche Vorbedingung, das auch nur zu diskutieren, sei aber, daß sie sofort und vollständig aus dem öffentlichen Leben verschwinde.

„Ja, natürlich“, sagte sie, „ich bin heute aus der Partei ausgetreten und habe mein Mandat niedergelegt. Aus dem öffentlichen Leben muß ich mich jetzt zurückziehen.“

Sie sagte das ganz gleichmütig. Fanatismus und Ehrgeiz lagen hinter ihr. Sie war vierzig Jahre alt, hatte vier Kinder und lebte schon längere Zeit von ihrem Manne getrennt. Er war gegen 50, hatte eine erwachsene Tochter, und seine Ehe war bisher in Ordnung gewesen. Die Scheidungen waren eingeleitet, bevor die höchst unerquicklichen Verhandlungen in der Partei begannen, bei denen es auf des Messers Schneide stand, daß er gezwungen worden wäre, von seiner Position zurückzutreten. Er hätte sie auch dann geheiratet und hatte zwei Frauen und fünf Kinder zu ernähren.

Sie lebten später in einer netten, aber bescheidenen Wohnung in der Stadt. Ich besuchte sie dort und fand eine glückliche Familie. Früher hatte der Mann in einem luxuriösen Haus in einem eleganten Vorort gewohnt. Obwohl er ein sehr hohes Gehalt hatte, konnte er mit den neuen Verpflichtungen kein luxuriöses Leben mehr führen.

Daß dieser Mann kein kühler Rechner für sich selbst war, schien allen überraschend. Noch überraschender war für mich die Entdeckung, daß die gerade damals trostlosen Finanzen der Stadt Berlin, über die scheinbar niemand außer ihm noch einen klaren Überblick hatte, doch nicht das Wichtigste in seinem Leben waren. Mir schienen sie damals das Wichtigste. Die Zerrüttung meiner eigenen Finanzen hat mir nie schlaflose Nächte bereitet, aber als wir jede Woche darüber debattierten, daß wir nächste Woche wahrscheinlich keine Löhne und Unterstützungen mehr auszahlen könnten, wurde Berlin für mich ein Alptraum. Ich war die einzige Frau, die dem Haushaltsausschuß angehörte, wo wir uns im Detail mit den budgetären Kalamitäten beschäftigten. Es scheint guter Grund dafür vorhanden zu sein, daß die meisten Frauen sich für solche Arbeiten nicht interessieren. Man vergißt dabei leicht, daß es ein Privatleben gibt.

Ich hatte jedenfalls den „Fanatismus" meines Genossen und meiner Gegnerin stark überschätzt. Es war ein sehr lehrreiches Erlebnis.

Aus der Fülle der interessanten Dinge, die ich als Berliner Stadtverordnete sah, will ich nur über das eine Ereignis berichten, das in seiner Auswirkung so verhängnisvoll geworden ist.

Es begann mit dem Besuch des New Yorker Bürgermeisters *Walker*. Er wurde sehr herzlich [vom 24.–28.8.1927] in Berlin aufgenommen und lud die Berliner zu einem Gegenbesuch in New York ein.

Im Spätsommer 1929 [13.9.–31.10], als die Zeit des Aufstieges schon wieder vorbei war, und wir mitten im Kampf gegen Krise und Verelendung waren, hielt der Magistrat die Zeit für gekommen, auf Kosten der Stadt eine Delegation zu einer Studien- und Besuchsreise nach Amerika zu schicken. Diese Amerikareise hätte an sich genug böses Blut gemacht, obwohl das Publikum nicht im Einzelnen wußte, was alles mit Steuergeldern bezahlt wurde. Die Tatsache, daß sogar Reisekoffer und Anzüge liquidiert wurden [?], um in Amerika standesgemäß aufzutreten, wurde, so viel ich weiß, in einer stürmischen Auseinandersetzung im Fraktionsvorstand begraben.

Berlin stand vor einem Wahlkampf. Im November 1929 war Stadtverordnetenwahl. In einer solchen Zeit pflegen ja Bomben zu platzen und vorsichtige Politiker sollten auf dem Posten sein und Ohren und Augen offen halten.

Vieles in all den tragischen Ereignissen in Berlin war unbegreiflich naiv. Der Magistrat hatte sich die Amerikareise in den Kopf gesetzt. Sie mußten ihr Vergnügen haben, und sie mußten es gleich haben, bevor die kommende Krise es verderben konnte.

Während der Oberbürgermeister [*Gustav*] *Böß* mit drei Stadträten[51] in Amerika war, brach der berüchtigte *Sklarek*skandal aus. Die Bombe, die diesmal platzte, hat viel zu dem Aufschießen der Nazis beigetragen.

Die Brüder *Sklarek* hatten einen Monopolvertrag mit der Stadt für Kleiderlieferungen. Es wurden Schwindeleien aufgedeckt, durch die die Stadt um 10 Millionen geschädigt worden war. Das war schlimm genug bei der schlechten Finanzlage, aber immerhin wäre Berlin an einem Verlust von 10 Millionen nicht zusammengebrochen.

Der Zusammenbruch kam, als ein Sumpf von Korruption in der Stadtverwaltung aufgedeckt wurde, der bis herauf zum Oberbürgermeister reichte.[52] Der demokratische Oberbürgermeister stand mit seinem Vertreter im Amt, dem Bürgermeister [*Arthur*] *Scholtz* von der Volkspartei, nicht viel freundlicher, als ich mit dem Stadtrat [*Schmincke*] in Neukölln stand. Was noch möglich war, um diesen ungeheuren Skandal wie eine Lawine anwachsen zu lassen, wurde von Bürgermeister *Scholtz* in Abwesenheit von *Böß* getan.

Die *Sklareks* wurden ganz plötzlich am 27. September [1929] verhaftet. Ich hörte zuerst davon, als am Abend desselben Tages der Vorsitzende der Berliner Partei [*Franz Künstler*], mit dem ich befreundet war, in meine Wohnung kam, kreidebleich, und zur Begrüßung sagte: „Die Wahl haben wir bereits heute verloren! Und die Partei wird durch die Gosse gezogen werden, daß sie sich lange nicht davon erholen wird!"

Zu diesem Schlag kamen andere Schläge. Die Partei hat sich nie mehr erholt.

Sofort nach Verhaftung der *Sklareks* begannen die Besuche prominenter Funktionäre unserer Partei bei dem Partei- und Fraktionsvorstand mit dem Anerbieten, ihre Ämter niederzulegen, und mit Geständnissen, die mir manchmal unglaublich schienen, obwohl es ja Selbstbeschuldigungen waren.

Nur wenige hatten große Betrügereien begangen, um reich zu werden. Am meisten hatten bei den Unterschleifen zwei kommu-

51 Stadtschulrat Dr. *Jens Nydahl*, Stadtrat *Wilhelm Benecke*, Stadtmedizinalrat Prof. Dr. *Wilhelm von Drigalski*.

52 Vgl. zu einer breiteren Schilderung des *Sklarek*-Skandals: *W.N. Malzacher*, Berliner Gaunergeschichten, Berlin 1970, S. 29–43 (= Berliner Reminiszenzen 28). *F.K. Kaul* und *Walter Jupé* haben 1961 im DDR Fernsehen anhand der Gerichtsakten in einem Fernsehspiel den „Fall Sklarek" nachgezeichnet (16. Fernseh-Pitaval, 1.10.1961).

Korruption in der Berliner Stadtverwaltung: Die Gebrüder *Sklarek*, der Skandal als Waffe und der Aufstieg der Nationalsozialisten in Berlin 1929

Leo, Max und Willy Sklarek genossen das volle Vertrauen der Berliner Stadtväter; diese steckten den Kopf in den Sand, so oft die drei Brüder die Berliner Stadtbank plünderten. Sie belieferten die ganze Polizei, die Straßenbahn- und U-Bahn-Beamten mit Bekleidung. Überall arbeiteten sie mit Bestechung. Sie ließen „auffahren", und hohe städtische Beamte ließen sich von ihnen „traktieren". Auf dem Presseball 1929 gaben die Sklareks für die an ihrem Tisch mitzechenden roten Stadtväter die hübsche Summe von 3604 RM. aus.

Der Jude Willy Sklarek und sein feudaler Besitz in der Ahornallee, Berlin-Westend. Die Sklareks gaben ihren Gönnern Gelage, bei denen der Sekt aus Weinkühlern getrunken und der Kaviar aus Töpfen gelöffelt wurde.

Willy und Leo Sklarek.

Der Jude Leo Sklarek und seine Villa in der Heerstraße, Berlin-Westend.

Quelle: Der feige Jude. 265 Bilddokumente, Gesammelt von Dr. Hans Diebow, München–Berlin: Franz Eher 1938, S. 11

nistische Stadträte[53] verdient, die dann mit Gefängnis bestraft wurden. Die meisten hatten ihre persönliche Ehre und die Verantwortung gegen Stadt und Partei vergessen, wegen kleiner Vorteile, die nicht viel mehr waren als bessere Trinkgelder. Sogar der Oberbürgermeister von Berlin, [*Gustav Böß*] einer der am höchsten bezahlten Beamten in Deutschland, war dadurch kompromittiert, daß er sich von *Sklareks* eine Pelzjacke für seine Frau schenken ließ. Um die Sache noch lächerlicher zu machen, gab er nur die Pelzjacke zu, während nach den Ausweisen auch noch ein Pelzmantel an den Oberbürgermeister geliefert worden war [?]. Schließlich wurde auch dies Geheimnis geklärt. Er hatte die Jacke für seine Frau bekommen, aber einen viel wertvolleren Mantel für eine Schauspielerin [?].

Die meisten, die verwickelt waren, hatten Körbe mit Sekt und Wein, elegante Anzüge, Wäsche und Möbelstücke bekommen. Viele hatten einen kleinen Betrag dafür bezahlt, in dem naiven Glauben, daß damit auf alle Fälle die Sache formal in Ordnung sei.

Man wußte in jener Zeit nie, mit wem man noch unbefangen über die *Sklarek*affaire sprechen konnte. Es waren Leute verwikkelt, bei denen ich nie auf die Idee gekommen wäre. Nicht, weil ich sie für zu anständig, aber weil ich sie für zu klug gehalten hatte.

In der ersten Woche hatte ich eines Abends ein paar Gäste, darunter einen Stadtrat unserer Partei.[54] Natürlich kam das Gespräch auf *Sklareks*. Ich wurde ganz aufgebracht, als der Stadtrat sich auf den Standpunkt stellte, daß hier doch wieder 'mal aus einer Mücke ein Elefant gemacht werde. Es sei doch überall üblich, daß Stadtlieferanten den Vertretern der Stadt bei persönlichen Einkäufen einen Rabatt einräumen. Ich sagte, daß sich niemand darüber aufregen würde, wenn sie bei *Sklarek* einen Anzug für 300 Mark gekauft hätten, der in der Stadt 350 kostet. Aber – ich faßte einen Knopf seines sehr gut aussehenden Anzuges – wenn Ihnen jemand diesen Anzug für 50 Mark anbietet, dann wissen Sie, daß damit noch nicht einmal die Weste bezahlt ist und daß Sie etwas geschenkt bekommen.

Am nächsten Tag sah ich in der Zeitung, daß ich eine sehr taktlose Wirtin war. Der Knopf, den ich angefaßt hatte, war von *Sklarek*. Der Anzug hatte 50 Mark gekostet.

53 *Gustav Degner*-Prenzlauerberg und *Otto Gäbel*, ein Magistratsmitglied und Vorsitzender der Anschaffungsgesellschaft.

54 Entweder *Radtke* oder *Schlichting;* wahrscheinlich handelt es sich um *Hermann Radtke*, da er ja zu dieser Zeit Stadtrat in Neukölln war vgl. Personenregister.

Sklareks waren bei ihren Betrügereien großzügig von dem Standpunkt ausgegangen, daß es am besten wäre, alle zu bestechen. Man konnte nie wissen, wann und wozu es einmal nützlich wäre. Viele, die in ganz anderen Ressorts arbeiteten, hatten Geschenke angenommen. Sie hatten sicher nicht das Bewußtsein, daß sie bestochen wurden, weil sie gar nichts mit den Lieferungsgeschäften zu tun hatten. Sie hatten nur vergessen, sich zu überlegen, ob wohl die *Sklareks* ihnen nur etwas schenken, weil sie so nette Menschen waren.

Der Skandal war interfraktionell. Alle Parteien waren beteiligt, außer den Nazis. Die Nazis konnten nicht beteiligt sein, weil sie da-

Der *Sklarek* Skandal als Waffe

Quelle: Der Angriff vom 3. November 1929, 1. Seite

mals noch nicht in der Stadtverwaltung existierten. Das war ihr Glück, und dadurch wurden sie zu Nutznießern des Skandals. „Der ruhmlose Zusammenbruch eines ruhmlosen Systems" war für sie ein Geschenk des Schicksals. In diesem Wahlkampf gewannen sie ihre ersten Stadtverordnetensitze.

Der Reichshauptstadt wurde [am 21.12.1929] die Selbstverwaltung genommen, und sie wurde unter Staatsaufsicht gestellt. Der Oberbürgermeister wurde disziplinarisch bestraft. Stadträte kamen ins Gefängnis. Ein Jahr darauf gewannen die Nazis 106 Reichstagssitze!

Die sozialdemokratische Partei marschierte durchaus nicht an der Spitze der Korruption. Aber sie litt am meisten unter dem Skandal und nicht ohne ihre eigene Schuld. Der Snobismus der Emporkömmlinge rächte sich furchtbar.

Dieser Snobismus hat oft dazu beigetragen, die Partei zu diskreditieren. Die festlichen Empfänge, die die Stadt immerfort unter Mitwirkung der Sozialdemokraten arrangierte, auch wenn man nicht mehr wußte, woher das Geld für die Unterstützungen kommen sollte, wurden viel kritisiert und verspottet. Das „rote Berlin" hätte sich zu Tode geschämt, wenn es nicht genau so glänzend aufgetreten wäre wie etwa London oder Washington. Als gar ein königlicher Besucher kam, stand Berlin unter dem Zeichen eines ganz großen Ereignisses. Es wurden ihm wahrhaft königliche Ehren erwiesen. Das städtische Festkomitee, dessen Vorsitzender ein Sozialdemokrat war, schrieb für das Diner vor: Herren Frack, Damen Ballkleid. Dadurch waren viele Vertreter des roten Berlin von dem Empfang ausgeschlossen, weil sie Derartiges nicht besaßen.

Der königliche Gast, um dessentwegen das rote Berlin sich so lächerlich und unbeliebt gemacht hatte, war *Abdullah von Afghanistan.* Das Unglück wollte, daß er schon nicht mehr König war, als er nach Hause kam. Er war inzwischen entthront worden.

Einer der durch die *Sklarek*-Affaire am meisten kompromittierten Sozialdemokraten war ein Mann [*Fritz Brolat*], der sich stolz einen echten Proleten nannte und es auch ewig geblieben ist. Auf Grund seiner gut proletarischen Qualitäten war er [Personal]-Direktor der Städtischen Verkehrsgesellschaft mit einem Gehalt von 40 000 Mark[55] geworden. Das war ein Ministergehalt und ein Einkommen, für das ein gut bezahlter Arbeiter zwanzig Jahre lang arbeiten mußte. Diese Mammutgehälter riefen in der Bevölkerung Empörung hervor und wurden auch in der Partei stark bekämpft. Wo immer ich mit Mitgliedern sprach, hörte ich die Ansicht, daß es ein schwerer Fehler der Partei sei, unqualifizierte Leute mit so

55 In der Öffentlichkeit war immer von 75 000 RM die Rede. Zu *Brolat* im Kontext Sklarek vgl. Theordor Haubach, Brolat!, in: Neue Blätter für den Sozialismus 1933 (Jg. 4, Heft 1) S. 50–53. Laut *Norbert Marx* kursierte damals die ironische Losung: „Vom Klassenkampf zum Kassenkampf".

aufreizenden Gehältern in die Verwaltung zu bringen. Diese Ansicht, die auch ich vertrat, wurde als spießbürgerlich und kleinlich abgelehnt. Ein anderer Standpunkt setzte sich durch. Erstens: Die Berliner Verkehrsgesellschaft ist eines der größten Unternehmen in Deutschland. Die leitenden Angestellten müssen daher ebenso bezahlt werden wie die leitenden Leute der größten industriellen Unternehmen, da die Stadt sonst keine erstklassigen Kräfte heranziehen könnte. (Wir hatten aber eben einen ungelernten Mann zum Direktor gemacht.) Zweitens: Wenn die Bürgerlichen um hohe Gehälter für ihre Leute kämpfen, warum sollte dann die Sozialdemokratie, die größte Partei, für ihre Leute bescheidener sein?

Der Kampf der deutschen Sozialdemokratie gegen die Bourgeoisie war schon lange nur der Kampf, selbst Bourgeois zu werden. Diese Emporkömmlinge waren im siebenten Himmel, wenn vornehme Leute ihnen freundschaftlich auf die Schulter klopften und wenn sie aßen, tranken und sich kleideten wie die vornehmen Leute.

Ich saß eines Tages mit Freunden in der Halle eines Hotels. Meine Freunde waren die Inhaber eines der elegantesten Berliner Modehäuser, sie sahen daher berufsmäßig jeden Tag die schönsten Sachen. Plötzlich rief meine Freundin: „Sehen Sie diesen herrlichen Pelzmantel! So etwas sieht man selten!“ Alles blickte auf die auffallend elegante Gesellschaft, die da durch die Halle ging. Ich sah auf und sah die bekafferte Gestalt meines Genossen, des Direktors der Verkehrsgesellschaft. Die Dame in dem auffallend schönen Pelz, die mit ihm ging, war Frau *Sklarek.*

Meine Freunde waren daran gewöhnt, daß ich von Straßenmädchen, die mich aus dem Gesundheitsamt kannten, freundlich begrüßt wurde. Das war vollkommen in Ordnung. Aber der freundliche Gruß dieser aufgedonnerten Gesellschaft war mir unangenehm.

Zu allem Unglück waren die *Sklareks* Juden. Kein Einzelfall ist wohl gegen die deutschen Juden mehr ausgebeutet worden als der Fall *Sklarek.*

Ich machte die Bekanntschaft von einem *Sklarek* viel später. Im Jahre 1936 war ich Leiterin des Immigrationsdienstes bei der Jüdischen Gemeinde in Prag. Als [*Leo*] *Sklarek* aus dem Gefängnis entlassen und aus Deutschland ausgewiesen war, erschien er auf dem Komitee in Prag und stellte sich als Opfer der Judenverfolgung vor. Er war sehr erstaunt, als er mir gegenüber stand und bezeichnete sich nicht mehr als Opfer. Ich war auch erstaunt, als ich ihn sah. „*Sklarek*“ war in der Sprache der Nazis von einem Eigennamen zu einem allgemeinen Schimpfwort geworden. „Die

Sklareks" hieß „jüdischer Schieber, Volksverderber, verrottete Demokratie," kurz alles, was wert war, totgeschlagen zu werden. Wenn *Sklarek* nicht im Gefängnis von den Nazis totgeschlagen worden ist, muß er selbst dort noch seine Bestechungskünste fortgesetzt haben.

Er stellte mich in Prag vor ein schweres Problem. Er war der größte Schädling der Juden. Aber er konnte nirgends Hilfe finden außer bei dem jüdischen Komitee. Wir hatten mit der Polizei die Vereinbarung, daß niemand Aufenthaltserlaubnis als Emigrant bekommt, wenn nicht sein Fall vom Komitee geprüft war und er die Empfehlung des Komitees hatte.

Ich entschied nach dem alten Rechtsstandpunkt, daß ein Verbrechen nur einmal bestraft werden darf. Da er nicht zum Tode verurteilt war und seine Freiheitsstrafe abgebüßt hatte, mußte er irgend einen Platz in der Welt haben, an dem er leben durfte. Ich gab ihm daher die Empfehlung, die besagte, daß er nach unseren Feststellungen nicht ohne Gefahr für Leben und Freiheit nach Deutschland zurückkehren könne. Er wurde aber trotzdem aus der Tschechoslowakei ausgewiesen. Ich unternahm keine weiteren Schritte für ihn, wie ich es sonst tat, wenn Flüchtlinge ausgewiesen wurden. Später las ich, daß er in Frankreich neue Schwindeleien gemacht [?] und wieder verhaftet worden sei.

Als Oberbürgermeister *Böß* aus Amerika zurückkam, wurde er von einer Menschenmenge erwartet, die ihn anspuckte und mit Tätlichkeiten bedrohte. Er brach zusammen und wurde halb ohnmächtig in sein Haus gebracht. Die Stadträte, die mit ihm in Amerika gewesen waren, waren ebenfalls in die Sache verwickelt und mußten aus dem Amt ausscheiden.[56]

Zu Beginn der Affaire hatte die Stadtverordnetenversammlung beschlossen, telegrafisch zu ersuchen, daß die Amerika-Delegation schnellstens zurückkomme. Bürgermeister *Scholtz* hatte das Telegramm [am 9.10.1929] geschickt mit dem Zusatz, daß der Magistrat die Rückkehr nicht für erforderlich halte. Deshalb hatte sich die Delegation beruhigt und war in den USA weitergereist. Sie schickten dauernd telegrafische Berichte, die von den wunderbaren Festlichkeiten erzählten, die amerikanische Städte zu Ehren der Berliner gaben. Sie waren völlig erschüttert, bei ihrer Rückkehr zu sehen, daß ihre Ehre in der Heimat unterdessen untergraben war.

Die Radauszenen, die sich in der Folge in der Stadtverordnetenversammlung abspielten, sind unvergeßlich. Alle Parteien stimmten

56 Das trifft wohl nur für *Wilhelm Benecke* zu.

[am 7.11.1929] für einen Mißtrauensantrag gegen den Oberbürgermeister, mit Ausnahme der Demokratischen, die seine eigene Partei war, und der Sozialdemokratischen, die die Nibelungentreue hielt. Aber mit Rücksicht auf die allgemeine Stimmung konnten selbst die Demokraten nicht gegen den Mißtrauensantrag stimmen, sondern enthielten sich der Stimme.

Im sozialdemokratischen Fraktionsvorstand herrschte nicht nur menschliches Mitgefühl für *Böß*, der nicht der große Betrüger war, als der er nun verschrien wurde, sondern nur skrupellos und unfähig. Es fanden wahre Trauersitzungen statt. Einflußreiche Fraktionsmitglieder waren persönlich mit ihm befreundet und fühlten sich durch die Freundschaft so geehrt, daß sie fanatischer um die Rettung seiner Ehre kämpften als die Demokraten. Es war nicht zu verwundern, daß der Fall *Böß* der Sozialdemokratie angehängt wurde und daß weite Kreise des Publikums immer glaubten, er sei Sozialdemokrat gewesen.

Bei den Wahlen verloren die Sozialdemokraten 10% ihrer Sitze. Sie selber fanden das ganz günstig, sie waren auf einen größeren Verlust vorbereitet gewesen. Der Aufstieg der Nazis begann mit diesen „*Sklarek*-Wahlen".

Oft ist das Frauenstimmrecht beschuldigt worden, am Aufstieg der Nazis schuld zu sein. Die deutschen Frauen waren im allgemeinen nicht radikal. Sie stießen erst spät zu den Nazis, als die Arbeitslosigkeit wirtschaftliches Chaos herbeiführte und *Hitler* lauttönend Arbeit und Brot versprach. In einigen Wahlen wurden männliche und weibliche Stimmen getrennt ausgezählt. Das Ergebnis der kritischen Berliner Wahlen von 1929 war folgendes: Auf 100 Wahlberechtigte kamen 44,9 Männer und 55,1 Frauen; auf 100 abgegebene Stimmen 47,6 Männer und 52,4 Frauen. Von 100 abgegebenen Stimmen entfielen auf weibliche Wähler: Beim Christlichen Volksdienst 69, beim Zentrum (Katholisch) 62,2, Deutsch-National 59,5, Deutsche Volkspartei 56,3, Sozialdemokraten 52,5, Demokraten 52,1, Völkische 50,5, Wirtschaftspartei 49, Nazis 46,8, Kommunisten 45,5.

Die Frauen hatten also kirchliche und konservative Parteien bevorzugt. Die Mittelparteien hatten gerade so viele weibliche Stimmen bekommen, wie dem Prozentsatz der weiblichen Wähler entsprach. Ihr Ergebnis war durch das Frauenstimmrecht nicht verändert worden. Die radikalen Parteien, Nazis und Kommunisten, hatten durch das Frauenstimmrecht schlechter abgeschnitten. Weniger als die Hälfte ihrer Stimmen kamen von Frauen, während die Frauen die Mehrheit der Wähler ausmachten.

Ein großer Teil meines Lebens und meiner Sorgen war mit der sozialdemokratischen Partei verknüpft. Selbst als ich inmitten der Organisationsarbeit stand, tauchte für mich immer wieder das Problem auf: Wie ist es möglich, daß sich in einer demokratisch organisierten Partei die Leitung, die aus Wahlen der Mitglieder hervorgeht, so vollkommen von dem Willen der Mitgliedschaft unabhängig machen kann?

Ich fand den Hauptgrund in der großen wirtschaftlichen Macht, die die Partei bekommen hatte. Viele Tausende waren direkt oder indirekt wirtschaftlich von ihr abhängig. Das ging von den Parteisekretären bis hinab zu den kleinsten Angestellten.

Als ich 1931 die SPD verließ und zur Sozialistischen Arbeiterpartei (SAP) ging, kam der Kellner des Landtagsrestaurants zu mir, der mich zu bedienen pflegte, als ich noch am Tisch der SPD saß. Er wollte mir nur mitteilen, wie er sich über meinen Schritt freute. Er selbst würde auch gern austreten, aber er würde sofort seine Stellung verlieren, und das konnte er bei der Arbeitslosigkeit nicht riskieren.

Die Partei hatte nicht nur selber einen ungeheuer großen Organisationsapparat mit einer mächtigen Zahl von bezahlten Angestellten. Angeschlossene Organisationen wie Arbeiterwohlfahrt, Kinderfreunde, die ganze sozialistische Presse boten ebenfalls weite Möglichkeiten für Arbeitssuchende. In anderen großen Organisationen wie Krankenkassen, Gewerkschaften, Konsumgenossenschaften, Freidenker-Verband waren führende Sozialdemokraten an der Spitze und dadurch die Arbeitgeber. Die SPD war eine große wirtschaftliche Macht und es bot viele Vorteile, gut mit ihr zu stehen. Das „gut stehen" bezog sich natürlich auf die Leitung, die das Recht zur Anstellung und Kündigung hatte.

Neben den direkten Arbeitsmöglichkeiten, die die Partei bot, spielte ihr großer politischer Einfluß bei allen öffentlichen Anstellungen eine Rolle. Ich beobachtete das ad nauseam in meiner Tätigkeit als Stadtverordnete und Stadtarzt. Wer sich um eine Stellung bewerben wollte, kam erstens persönlich, auch wenn angezeigt war, daß persönliche Vorstellung nur auf Einladung erfolgen solle; zweitens ließ er durch eine oder mehrere Parteistellen um die Unterredung bitten; drittens redete er mich in dem ersten Satz mit „Genossin" an. Anwärter auf Stellen als Krankenhausdirektor oder als Krankenträger verhielten sich darin ganz gleich.

Wenn sich jemand bei mir als „Genosse" einführte, ließ ich mir immer den Parteiausweis zeigen. Wie viele funkelnagelneue Parteibücher habe ich da gesehen, die gerade vorher zum Zwecke der

Bewerbung angeschafft worden waren. Diese Formalität wurde offenbar von vielen für notwendig gehalten.

Die Redner-Vermittlung war in Berlin vom Parteivorstand zentralisiert worden. Der offizielle Grund dafür war, daß die beliebten Redner zu viel von kleinen Gruppen in Anspruch genommen würden und oft für große, wichtige Versammlungen nicht zur Verfügung ständen. Die jedenfalls nicht unerwünschte Nebenwirkung war, daß die Zentrale die oppositionellen Redner ausschalten konnte. Die Gruppen durften nicht selbst mit Referenten in Verbindung treten, sondern mußten mindestens zwei Namen zur Wahl bei der Zentrale anfordern. Wenn eine Maßnahme in der Partei stark kritisiert wurde und viele Redner angefordert wurden, die ebenfalls kritisch eingestellt waren, dann traf es sich immer so, daß keiner zur Verfügung stand und die Zentrale andere Redner hinausschicken mußte, die die Maßnahme selbst billigten und verteidigen würden.

Ein amüsantes Ereignis kommt mir dabei in Erinnerung. Es wurde gern von der Vorkriegszeit gesprochen, als die SPD noch keine Karrieren zu bieten hatte, sondern es gefährlich war, sich zu ihr zu bekennen. Wenn etwa jemand wegen der Partei in Schwierigkeiten gekommen war, dann war er stolz darauf wie der Kriegsheld auf seine Narben. Ich hatte unendlich oft die Geschichte gehört, daß der Vorsitzende der Berliner Partei [*Franz Künstler*] vor dem Kriege wegen antimilitaristischer Propaganda einige Wochen im Gefängnis gesessen hatte.

Als ich einmal im Parteibüro war, sagte der Sekretär: „Wir können gleich etwas erledigen. Hier verlangen zwei Versammlungen als Redner entweder den Genossen *K*[*ünstler*] (den Vorsitzenden) oder die Genossin Frankenthal.“ *K*[*ünstler*] sagte sehr schnell, welche Versammlung er vorzieht. Mir war es einerlei, ich nahm die andere. Später entschuldigte er sich, daß er mir keine Wahl gelassen hatte. Das Lokal, in dem ich sprechen sollte, lag gerade gegenüber dem Gefängnis, in dem er gesessen hatte. Er war seit der Zeit nie in diesen Bezirk gegangen, und er hatte das Gefühl, daß es ihm unmöglich wäre, jetzt als Abgeordneter dorthin zurückzukehren und in einer öffentlichen Versammlung zu sprechen.

Die Ehrbegriffe hatten sich gewandelt, ohne daß man es gemerkt hatte. Eine Verletzung der Staatsautorität war bei der SPD etwas so schwer zu Verurteilendes geworden, daß es rückwirkende Kraft bekam. Daß das nicht immer so gewesen war, gehörte schon der Geschichte an. Daß es nicht immer so bleiben müsse, daran dachte man nicht.

Eine andere große Machtposition der Parteibürokratie lag in der Tatsache, daß zu den Parlamenten nicht einzelne Abgeordnete, sondern die Listen der Parteien gewählt wurden. Die Wähler konnten an der Reihenfolge oder Zusammensetzung der Listen nichts ändern. Sie konnten keine Persönlichkeiten wählen, sondern nur Parteien. Auf dem Stimmzettel durfte nur ein Kreuz zur Bezeichnung der gewählten Partei gemacht werden, alles andere machte ihn ungültig. Es waren daher von vornherein diejenigen gewählt, die die Partei an die Spitze der Liste stellte.

Die Listen wurden auf den Parteitagen aufgestellt, zu denen die unteren Einheiten der Organisation ihre Delegierten gewählt hatten. Natürlich kann eine große Versammlung nicht wirklich eine Liste zusammenstellen. Die Leitung legte eine Liste als Vorschlag vor. Ab und zu änderte der Parteitag daran eine Kleinigkeit. Wenn Kandidaten vorgeschlagen waren, die die Parteileitung nicht im Parlament haben wollte, kamen sie auch auf die Liste, aber etwa an dreißigster Stelle, wenn nur die Wahl der ersten zehn zu erwarten war.

Der gesamte Vorstand und alle Sekretäre waren stimmberechtigte Mitglieder des Parteitages, ohne daß sie delegiert zu werden brauchten. Auf diese Art hatte die Bürokratie immer etwa ein Drittel aller Stimmen im voraus gesichert. Es gelang der höchsten Instanz der Partei, dem Parteitag, sehr selten, einen Beschluß des Vorstandes umzuwerfen.

Wenn ein Sturm in der Partei ausbrach wegen der Haltung einer Fraktion in wichtigen Fragen, dann wurden die Stürmenden als querulierende Minderheit abgetan. Wir hatten ja einen streng demokratischen Aufbau, und alle Fraktionen waren von den Delegierten der unteren Einheiten der Partei gewählt. Damit war bewiesen, daß die Mehrheit hinter den führenden Leuten steht. Das war alles scheinbar vollkommen richtig. Tatsächlich war es vollkommen verkehrt.

Der Wahlkampf und die Verbindung zwischen Fraktion und Mitgliedschaft wurde immer nur von einem Teil der Fraktion bestritten. Ein nicht unbeträchtlicher Teil in allen Fraktionen bestand aus alten treuen Parteimitgliedern, die persönlich beliebt waren, die aber keinen Standpunkt vertreten konnten, weil sie keinen hatten. Sie waren kaum in der Lage, eine Versammlung abzuhalten, und hätten nie selbst einen Wahlkreis erobern können. Das tat nun aber die Partei für sie, auf deren Liste sie standen. Dafür belästigten sie die Fraktionen nicht durch abweichende Meinungen und waren immer eine willige Gefolgschaft. Man sprach ohne viel

Respekt von dem „Stimmvieh", das in der Fraktion ebenso notwendig sei wie in der Wählerschaft.

Im Landtag, wo die Tagesordnungen sehr lang waren, wurden nur die wichtigsten Punkte in der Fraktion besprochen. Es bürgerte sich dann die Sitte ein, daß der Fraktionsvorstand die Fraktion in Verhandlungen mit anderen Parteien auf Dinge festlegte, über die zumindestens erhebliche Meinungsverschiedenheiten bestanden, wenn nicht die Mehrheit dagegen war. Diese Punkte wurden dann in der Fraktion nicht vorgebracht und mit dem „Verschiedenen, Unwichtigen" in einen Topf geworfen. Bei der Abstimmung erhob sich dann wohl ein Gemurmel: „Wir" dächten nicht, daß „wir" dafür stimmen sollten, aber nur wenige brachen aus dem „Wir"-Verband aus.

Wenn ich an die großen Ereignisse zurückdenke, die schicksalsbestimmend für Deutschland waren, kommt es mir immer so vor, als ob die Massen dabei standen, wie vor den Kopf geschlagen. Es wurde zu oft die ganze Maschine der Propaganda in Bewegung gesetzt, um die öffentliche Meinung für oder gegen etwas zu mobilisieren, was später abrupt wieder fallen gelassen wurde. Die Politik der Führer wurde eine Geheimwissenschaft für die Massen, die immer abwechselnd zur höchsten Aktivität aufgerufen und zur Ruhe verwiesen wurden. Es blieb schließlich nur der Führergedanke, die Hoffnung, daß „die da oben" schon wußten was sie tun, und daß es am besten sei, ihnen zu folgen.

Im Reich war die SPD zwischen 1924 und 1928 nicht in der Regierung und betrieb mit Nachdruck soziale Reformen. Vor allem die Reichs-Arbeitslosenversicherung entstand in dieser Zeit[57]. Es war die Zeit der wirtschaftlichen Erholung, und es ging den Arbeitern besser, weil es der gesamten Wirtschaft besser ging. Die Arbeitslosenversicherung gab weitgehende Rechte, da zur Zeit des Gesetzes keine große Arbeitslosigkeit bestand. Als die Krise eintrat, und Millionen diese Rechte in Anspruch nehmen mußten, konnten sie nicht erhalten werden und wurden durch Notverordnungen zusammengestrichen.

57 Vgl. dazu: *Stephan Leibfried,* Die Institutionalisierung der Arbeitslosenversicherung in Deutschland, in: Kritische Justiz 1977 (Jg. 10, Heft 3) S. 289–301. Als guten allgemeinen historischen Einstieg in das Verhältnis von Arbeiterbewegung *und Sozialpolitik* (einschließl. Gesundheitsfragen) vgl. nunmehr: *Gerhard A. Ritter,* Staat, Arbeiterschaft und Arbeiterbewegung in Deutschland, Bonn 1980; ders. Staat und Arbeiterschaft in Deutschland von der Revolution 1848/49 bis zur nationalsozialistischen Machtergreifung, in: Historische Zeitschrift 1980 (Bd. 231) S. 325–368.

Als die Arbeiter vergeblich verlangten, daß für die Erhaltung ihrer Löhne in der Krise gekämpft werde, sagte der Gewerkschaftsführer [*Theodor*] *Leipart* in einer Rede, die Wirtschaft solle doch bedenken, daß die Arbeiter den Aufstieg nicht durch Lohnkämpfe gestört haben, obgleich sie ihren Anteil an dem Aufstieg nicht erhalten hatten. Sie seien mit Löhnen in die Krise gegangen, die niedriger waren, als es der damaligen Wirtschaftslage entsprochen hatte.

Die Opposition war der SPD gut bekommen. Es war ein gewisses Vertrauen zwischen Partei und Massen wiederhergestellt worden, weil es allen besser ging. Besondere Aktionen zur Sicherung der Arbeiter waren nicht durchgeführt worden, wie ja *Leipart* in seiner Rede zugab.

Bei der Maiwahl 1928 stand die SPD zum ersten Mal nicht unter dem Zeichen niederdrückender Ereignisse. Die große Wahlparole war: Kinderspeisung gegen Panzerkreuzer. Die beiden Dinge hatten nichts miteinander zu tun, und es handelte sich um ganz andere Größenordnungen im Budget. Aber die Tatsache, daß die SPD entschlossen war, sich für Kinderspeisung und gegen den Bau des Panzerkreuzers einzusetzen, wurde zu einer ganz großen politischen Aktion aufgebaut. Wäre das nicht geschehen, dann wäre dem späteren Bau des Panzerkreuzers in der Öffentlichkeit gar keine große Bedeutung beigemessen worden. Da aber die SPD diesen Plan als so verderblich und gefährlich bezeichnet hatte, wurde es ein politisches Ereignis erster Klasse, als nach der Wahl der Panzerkreuzer von der sozialdemokratischen Regierung doch gebaut wurde. Das kaum wiedererwachte Vertrauen bekam einen schweren Schlag und wurde danach nie mehr hergestellt.

Wie die SPD unberechtigterweise Lorbeeren geerntet hatte für die besseren Lebensverhältnisse während des Aufschwunges, so wurde sie jetzt unberechtigterweise verdammt, als während der Regierung *Hermann Müllers* die Krise einsetzte und die Verelendung sich wieder ausbreitete. Daß viele Erwerbslose dachten, der Bau des Panzerkreuzers sei schuld daran, daß ihre Kinder hungern müssen, war nach der gebrochenen Wahlparole und der großen Propaganda ganz verständlich.

Nach der Panzerkreuzerwahl 1928, der *Sklarek*wahl 1929 und der Ausbreitung der Krise 1930 kamen die Nazis.

Noch im Wahlkampf 1930 waren die feindlichen Lager, die alle Gehässigkeit gegeneinander richteten, SPD und KPD. Die Kommunisten hatten diesmal eine zugkräftige Wahlparole: Panzerkreuzer-Sozialisten.

In einer Funktionärs-Versammlung der Berliner SPD verkündete der Vorsitzende [*Künstler*]: „Nach dieser Wahl werden wir nicht nur mit einem, sondern mit zwei gehässigen Gegnern zu rechnen haben. Nach der Wahl werden wir uns auch ernstlich mit den Nazis beschäftigen müssen!“

An einer Wahlparole fehlte es 1930 nicht. Im Juni des Jahres hatte *Hindenburg* die erste von *Brüning* erlassene Notverordnung unterschrieben. Die SPD hatte nicht nur politisch dagegen stürmisch protestiert, die juristische Autorität der Fraktion, Dr. [*Otto*] *Landsberg,* hatte in seiner Reichstagsrede die Notverordnung als glatten Verfassungsbruch bezeichnet. Der Wahlkampf lief unter der Parole: Gegen Notverordnung und Verfassungsbruch!

Daß ein neuer Gegner mit neuen Kampfmethoden auf dem Plan war, wurde sehr bald allen erkennbar. Die Kommunisten hatten immer ihr Möglichstes getan, unsere Versammlungen zu stören. Jetzt verlief aber fast keine Versammlung mehr ungestört. Man wußte nicht immer, ob es die Kommunisten oder die Nazis waren, die uns mit Steinen beworfen oder auch beschossen hatten. Vor den Versammlungslokalen stand Polizei und untersuchte die Besucher, damit keine Waffen hineingebracht wurden. Es geschah aber trotzdem.

Ich hatte meine Wohnung noch im Tiergarten-Distrikt [Flotowstr. 12]. In der ruhigen kleinen Straße, in der ich wohnte, war mein Fenster immer das einzige gewesen, aus dem an Flaggentagen die rote Fahne wehte. Zum erstenmal wurde sie 1930 heruntergerissen und alle meine Fenster eingeworfen. Der Vorsitzende hatte es nicht zu früh bemerkt, daß wir uns bald auch mit den Nazis zu beschäftigen hätten.

Anonyme Beschimpfungen und Drohungen waren an der Tagesordnung. Im allgemeinen nahm wohl niemand viel Notiz davon. Nur einmal, muß ich gestehen, haben sie mich doch so weit beeindruckt, daß ich von meinem Frühstück aufstehen und erbrechen mußte. In meiner Post war ein Päckchen, das aussah wie ein Muster aus einer Medikamentenfabrik. Ich machte es harmlos auf und fand darin menschliche Exkremente! Dabei lag ein Zettel mit der Aufschrift: „Mit Dank für Deine Sch. . .igen Reden. Genosse Rückwärts.“

So weit hatten die Kommunisten ihre Kampfmethoden nie ausgebaut. Das buchstäbliche „Im-Schmutz-Wühlen“ kam auf, sobald die Nazis in Erscheinung traten.

Gegen die Politik der Tolerierung Brünings wie des Nationalsozialismus: Austritt aus der SPD und Arbeit in der SAP

Der Wahlkampf 1930 war der letzte, den ich für die und mit der SPD mitmachte. Das nächste Jahr war nicht ein Jahr des Kampfes, sondern der Verzweiflung. Ich konnte und wollte die Mitverantwortung für die Politik der Tolerierung nicht übernehmen, die nun durchgeführt wurde.[58] Ich wollte aber erst recht nicht in dieser Zeit inaktiv werden und die Möglichkeit verlieren, wenigstens auszusprechen, was ich dachte.

Das Wahlergebnis von 1930, durch das die Nazis von 12 Sitzen im Reichstag auf 106 kamen, war wohl wegen des Ausmaßes überraschend. Daß sie bereits eine starke Gefolgschaft hatten und als starke Fraktion einziehen würden, wußte man vorher.

Nun wurde festgestellt, daß „eine neue Situation entstanden ist", und alle alten Parolen gegen Notverordnung und Verfassungsbruch wurden fallengelassen. Der Preußische Ministerpräsident [*Otto*] *Braun* prägte das verhängnisvolle Wort, daß wir jetzt den Mut zur Unpopularität haben müßten. Um die gleiche Zeit schrieb *Göbbels* im „Angriff": „Die Nazis gehen den Weg von der Partei zur Bewegung, von der Bewegung zum Volke."

Ende Mai fuhr ich zu dem letzten Parteitag der SPD [in Leipzig], schon innerlich vollkommen mit ihr zerfallen. Es wurde um die Zeit eine der großen Werbeaktionen gemacht, die oft gemacht wurden, um Aktivität vorzutäuschen, wenn keine Aktivität für brennende Dinge vorhanden war.

Diesmal hieß die Aktion, die Mitgliedschaft müsse verdoppelt werden. Jedes Mitglied solle einen zweiten Mann in die Partei bringen. Wochenlang ging kein Brief aus dem Parteibüro, ohne den Stempel: Wo bleibt der zweite Mann? Wenn eine Aktion in der SPD angeordnet war, dann wurde sie durchgeführt, ohne aufzu-

58 Vgl. zum Verhältnis von SPD und Nationalsozialismus in dieser Zeit einerseits: *Erich Matthias*, Die Sozialdemokratische Partei Deutschlands, in: *Erich Mathias, Rudolf Morsey* (Hg.), Das Ende der Parteien 1933, Düsseldorf 1960, S. 101–278 und andererseits *Bärbel Hebel-Kunze*, SPD und Faschismus. Zur politischen und organisatorischen Entwicklung der SPD 1932–1935, Köln 1977.

blicken und ohne zu denken. Es mußte ein Kondolenzbrief an eine Witwe geschickt werden. Auch dieser Brief bekam den Stempel: Wo bleibt der zweite Mann?

Der Parteitag gab Abzeichen aus mit der Inschrift: Wo bleibt der zweite Mann? Männer und Frauen hefteten sie getreulich an. Kommunisten sorgten dafür, daß auf der Straße genug geschrien wurde: „Ja, wo bleibt er wohl? Er läuft fort aus eurer schäbigen Gesellschaft!" Die Frauen steckten bald ihre Abzeichen in die Tasche. Sie wurden zu oft angesprochen, und es boten sich zu viele an, der zweite Mann zu sein.

Alles war vorbereitet, um diesem Parteitag, der von vornherein entschlossen war, keine einzige Frage zu lösen, das Aussehen größter Aktivität zu geben.

Das Hauptreferat auf dem Parteitag hielt der Gewerkschaftler [*Fritz*] *Tarnow.*[59] Er führte aus, daß vieles dafür spreche, daß schon der Tiefpunkt der Krise überwunden sei. Sobald die Arbeitslosigkeit zurückgehe, werde auch die Spukerscheinung des Faschismus verschwinden.

Wir standen im Mai 1931 erst am Anfang der richtigen Krise. Auf diesem unberechtigten Optimismus, daß es schon wieder aufwärts ginge, beruhte die ganze Politik der Inaktivität.

Tarnow brauchte in dieser Rede das viel zitierte Wort, daß wir am Krankenbett des Kapitalismus stehen wie der Arzt, der gleichzeitig Erbe ist.[60] Wir sind die Erben und wünschen, daß der Kapitalismus stirbt. Wir müssen aber auch der Arzt sein, der ihm hilft, die Krise zu überwinden, weil wir sonst unser Erbe zerstörten.

Das klang sehr geistreich. Das Resumee war: Wir können nichts tun, als Geduld haben und tolerieren.

Es war schon eine neue Notverordnung im Druck, die eine enorme Verschärfung der Krise mit Verschlechterungen für alle Kategorien der Arbeiter, Arbeitslosen und Rentner brachte, und daher sogar nach *Tarnows* Theorie Wasser auf die Mühlen der Nazis leiten mußte. Der Parteitag verlangte, daß die neue Notverord-

59 *Fritz Tarnow*, Wirtschaftsanarchie und Arbeiterklasse, in: Sozialdemokratischer Parteitag in Leipzig 1931 vom 31. Mai bis 5. Juni im Volkshaus, Protokoll, Leipzig: Selbstverlag 1931, S. 32–52 und Aussprache wie Schlußwort S. 52–87. *Käte Frankenthal* gehörte weder zu den Parteitagsdelegierten noch zu den offiziellen Gästen.

60 Die Passage lautet laut Protokoll: „Nun stehen wir ja allerdings am Krankenlager des Kapitalismus nicht nur als Diagnostiker, sondern auch – ja, was soll ich da sagen? – als Arzt, der heilen will? oder als fröhlicher Erbe, der das Ende nicht erwarten kann und am liebsten mit Gift noch etwas nachhelfen möchte? (Heiterkeit)" (ebd., S. 45).

nung diskutiert und die Haltung der Fraktion festgelegt wurde. Das wurde abgelehnt mit der Begründung, daß der Wortlaut noch nicht bekannt sei und man nicht über Dinge diskutieren könne, die man nicht genau kennt.

Diese Debatte fand am 4. Juni [1931] statt, am 5. Juni wurde die Notverordnung mit sofortiger Wirkung erlassen. Während der Parteitag die Auskunft bekam, daß man nicht diskutieren könne, weil der Wortlaut noch nicht bekannt sei, waren die meisten Delegierten damit beschäftigt, die Zeitungen zu studieren, die in allen Einzelheiten über den Inhalt der morgen erscheinenden Notverordnungen berichteten. Die Preußischen Minister *Braun* und *Severing* waren im Saal, die ja die bereits den Zeitungen bekannten Tatsachen noch im Detail hätten ergänzen können.

Die Bürokratie hatte schon beschlossen, daß die Einberufung des Reichstages und die Aufhebung der Notverordnung nicht verlangt, sondern konsequent die Tolerierungspolitik fortgesetzt werden sollte. Diese bittere Wahrheit konnte im Parteitag nicht diskutiert werden, es hätte eine Revolution in der Partei hervorgerufen. Es bewährte sich, was ich bereits früher erwähnt habe. Die Organisation war so aufgezogen, daß die Bürokratie sich immer gegen den Parteitag durchsetzen konnte. Es wurde eine Resolution als Ergebnis der ganzen Debatte angenommen, in der es hieß: „Die künftige Haltung zur Regierung *Brüning* soll davon abhängig gemacht werden, daß keine weitere Verschlechterung des Lebensstandardes der Arbeiterschaft erfolgt".

Die „weiteren Verschlechterungen" traten in großem Ausmaß am nächsten Tage in Kraft. Aber es war gelungen, die Fraktion nicht festzulegen, so daß sie freie Hand hatte, nichts zu tun.

Otto Wels, der Parteivorsitzende, sagte in seiner Rede: „Wenn Diktatur, dann durch uns!" Man wußte nicht, ob man lachen oder weinen sollte. Der Parteitag tat keines von beidem – er applaudierte. Alle wußten, daß das eine leere Phrase war, die nicht das Geringste bedeutete. Aber in der verzweifelten Atmosphäre der Ohnmacht wirkte sie erfrischend.

Als im Oktober endlich der Reichstag wieder zusammentrat, waren die seit dem Parteitag eingetretenen „weiteren Verschlechterungen" bereits toleriert, vergessen und vergeben. Die SPD brachte nun den Antrag ein: „Die Regierung wolle keine weiteren Eingriffe in das Tarifrecht vornehmen". Mit diesem nichtssagenden Antrag wurde eine ebenso große Propaganda getrieben wie mit der Resolution des Parteitages, und es wurde den Massen ziemlich erfolgreich eingeredet, daß die Partei die Regierung stark unter Druck gesetzt habe.

Ich verlas zu der Zeit in meinen Parteiversammlungen nur die Abstimmungsliste zu dem SPD-Antrag im Reichstag. Von den Ministern, die gleichzeitig Abgeordnete waren, hatte nur [*Adam*] *Stegerwald* dafür gestimmt. Alle anderen hatten dagegen gestimmt oder sich der Stimme enthalten. Damit hatte die Regierung bereits die Antwort auf den Antrag gegeben.

Bereits im nächsten Monat kam die vierte Notverordnung heraus, die das Tarifrecht beseitigte, indem alle Tarife durch die Regierung gesenkt wurden. Bevor die Reichstagsfraktion dazu Stellung nehmen konnte, gab *Hilferding* im Hauptausschuß des Reichstages die Erklärung ab, die SPD werde nicht die Aufhebung der Notverordnung beantragen. Es war derselbe Vorgang, von dem ich bereits beim Landtag gesprochen habe. In wichtigen Streitfragen setzte sich die Bürokratie sogar gegen die Fraktion durch. Die „Diktatur durch uns" wurde ausgeübt, aber es war nur eine Diktatur der Leitung gegenüber der eigenen Partei, die es sich gefallen ließ. Die Drohungen nach außen mit einem Abbruch der Tolerierung konnten nicht erfolgreich bluffen, weil man zu genau wußte, daß keine Kraft dahinter steckte.

Im Landtag sah ich inzwischen die Dinge weiter treiben.[61] Der Slogan der SPD war noch immer: Wer Preußen hat, hat das Reich! Wir hatten Preußen, oder richtiger, wir hatten in Preußen die Minister *Braun* und *Severing*. Von einem Widerstand Preußens gegen den Kurs, den die Reichsregierung nahm, war keine Rede. Die Bestimmungen der Notverordnungen wurden von keinem Staat so prompt und wortgetreu durchgeführt wie von Preußen. Die nazifreundliche Haltung der preußischen Polizei wurde immer deutlicher. Bei jeder Gelegenheit wurden die linksstehenden Verbände von der Polizei zusammengeprügelt, während die militärischen

61 *Käte Frankenthal* kam 1930/31 als Nachrücker für die SPD in den preußischen Landtag; sie kandidierte zu den Landtagswahlen vom 24. April 1932 für die SAP, erhielt aber – wie die SAP insgesamt – kein Mandat. *Käte Frankenthals* Schilderung ihrer Entwicklung hin zu SAP, bei zunächst innerparteilicher Kritik (und Loyalität) im Rahmen der SPD, wird durch einen Artikel im Vorwärts vom 2. Dezember 1931, S. 9 („Funktionäre treu zur Partei"; der Artikel erschien *nach* der SAP Gründung!) bestätigt, in dem über eine „außerordentlich stark besuchte Funktionärskonferenz der Berliner Sozialdemokratie in der ‚Neuen Welt' " berichtet wurde. *Breitscheid* sprach als Hauptredner. Sie „bedauerte" in der Diskussion des Referats, „daß die Sozialdemokratie zur Überwindung der Wirschaftskrise kein sozialistisches Rezept angeben konnte. Nicht zuletzt deshalb sind die Massen der Wähler zu den Nationalsozialisten gegangen. Leider sind wir uns heute darüber einig, daß wir in der Abwehr der Nationalsozialisten nicht mehr ausschlaggebend sind. Eine Demissionsdrohung *Brünings* darf keinen Einfluß auf unsere Politik haben. Dem nationalsozialistischen Willen müßten wir uns mit dem Willen der siegreichen Abwehr entgegenwerfen."

Übungen der Nazis unter den Augen der Polizei stattfanden. Die Nazis machten sich einen Sport daraus, die öffentliche Ordnung unbehelligt von der Polizei zu stören.

Sogar bei einem Umzug, den die staatsschützende Organisation „Reichsbanner" zusammen mit der SPD durchführte, regierte der Gummiknüppel der Polizei. Die Demonstration war natürlich polizeilich angemeldet und erlaubt. Ihre Absicht war, durch mustergültige Ordnung und Disziplin zu imponieren, und die Demonstranten taten ihr Bestes, um das durchzuführen. Die Polizei war aber schon so nazifreundlich, daß sie aufgebracht wurde, wenn die linken Verbände sich zeigten. Bei dieser Demonstration bekam ich selber einen Schlag mit dem Gummiknüppel, so daß ich hinfiel. Ich fand mich am Boden in Gesellschaft von mehreren Genossen, die ebensowenig wie ich wußten, was passiert war.

Bei einer Nazi-Demonstration mischten sich in die „Heil Hitler"-Rufe einige Rufe „Hoch Braun!" Es kam zu einem Handgemenge, und die „Hoch-Braun"-Rufer wurden verhaftet. Den Nazis, die die Prügelei angefangen hatten, geschah nichts.

Solche Vorkommnisse wurden *Severing* in der Landtagsfraktion mitgeteilt. In der Fraktion waren viele Polizeipräsidenten, Landräte usw., die aus ihren Bezirken über dieselbe nazifreundliche Haltung der Polizei berichteten, wie sie in Berlin herrschte. *Severing* lehnte jede derartige Diskussion als Miesmacherei und Krittelei an seiner Person ab. Er habe die Preußische Polizei fest in der Hand. Nichts mache ihm das Leben so schwer wie das mangelnde Vertrauen und die Schwarzseherei der Genossen. Ohne Optimismus könne man nicht kämpfen.

Ich war mir bei *Severing* nie ganz klar darüber, ob er nicht verstehen konnte oder ob er nicht wollte. Bereits im Juni 1932, kurz vor dem Sturz des Preußischen Kabinetts, sagte er, daß er sich freuen würde, wenn er ein Stück Weges mit den Nazis gehen könnte. Er ist unter dem Naziregime nie behelligt worden und lebt noch in Deutschland. Ich zweifle heute kaum mehr, daß er erheblich mehr verstand, als er zugab.

In der letzten Fraktionssitzung, an der ich vor meinem Austritt aus der SPD teilnahm, sagte ich ihm: „Ihre ‚Habt-Sonne-im-Herzen-Politik' hat uns bereits an den Rand des Abgrundes gebracht. Ich sehe schwarz und mache mies, Genosse *Severing*! Sie werden den Sturz nicht aufhalten!"

[*Otto*] *Braun* war ein anderer Typ. Er warb nicht um Sympathie und Vertrauen. Er machte kaum einen Hehl daraus, daß er nicht nach der Fraktion fragte und unbeirrbar die Politik machte, die er persönlich für gut hielt. Er hat auch persönlich die Partei auf die Hindenburgwahl festgelegt und sprach sehr klar darüber. Er habe *Hindenburg* überredet, die Kandidatur anzunehmen. *Hindenburg* habe seine Annahme von der Bedingung abhängig gemacht, daß *Braun* nicht kandidiere und daß die SPD für die Hindenburgwahl eintrete. *Braun* habe ihm zugesagt, daß er nicht kandidieren werde und daß er mit Nachdruck die SPD-Wähler auffordern werde, für *Hindenburg* zu stimmen.

Nach der ersten Notverordnung hatte die SPD *Hindenburg* des Verfassungsbruches geziehen und den Wahlkampf geführt unter der Parole: Gegen Hindenburgs Verfassungsbruch! Nach der vierten Notverordnung wurde der Kampf für Hindenburgs Wahl geführt unter der Parole: Hindenburg war immer verfassungstreu und wird es immer bleiben. Wer Hindenburg wählt, schlägt Hitler.

Ich war 1932 nicht mehr in der SPD, hatte aber im Landtag noch viel Kontakt mit Mitgliedern der Fraktion. Alte Freunde gaben im Vertrauen zu, daß sie die Wahlparole kaum über die Lippen brächten. Aber sie meinten, *Hindenburg* sei die einzige Rettung, mit jedem anderen Kandidaten liefe man Gefahr, daß *Hitler* gewählt würde. Ich meinte, wenn ein über 80 Jahre alter Greis der einzig mögliche Retter sei, stehe Deutschland auf ziemlich schwachen Füßen. Was würde geschehen, wenn der Alte vor der Wahl stirbt? „Oh Gott", wurde mir geantwortet, „so ein Unglück müßte verheimlicht werden. Er müßte trotzdem kandidieren".

Daß es einmal eine Zeit gab, wo ein Wahlausgang nicht das letzte Wort für die Sozialdemokratie war und man schlimmstenfalls auch außerparlamentarische Mittel kannte, wurde nur mit einem resignierten Seufzer erinnert.

Im September 1931 hatte sich eine Gruppe oppositioneller Sozialdemokraten von der Partei abgespalten und eine neue Partei gegründet, die Sozialistische Arbeiterpartei (SAP). Ich war absolut gegen diese Neugründung und habe nie meine Ansicht geändert, daß sie besser ungegründet geblieben wäre. Es gab bereits zwei große Parteien, SPD und KPD, und eine zu große Anzahl von kleinen Gruppen wie die Reste der Unabhängigen, die KPO (Kommunistische Partei-Opposition), die Trotzkisten usw. Sie führten ein völliges Sektiererleben und ihre Hauptaufgabe bestand darin, sich gegenseitig zu bekämpfen, obgleich niemand genau wußte, worin sie sich voneinander unterschieden. Daß es noch andere Gegner gab, hatten sie nie entdeckt, wie ja sogar die SPD erst 1930 entdeckt hatte, daß sie sich mit noch einem anderen Gegner als der KPD werde beschäftigen müssen.

Die Stellung der sozialdemokratischen Funktionäre, die den Kurs der Partei bekämpften, war mit Fortschreiten des Tolerierungskurses immer schwieriger geworden. Die Organisation tat ihr möglichstes, um den Einfluß aller Funktionäre, die die offizielle Parteipolitik nicht gut hießen, auf die Mitgliedschaft zu beschneiden. Aber solange die alten Vertrauensleute in der Partei sind, kann die geschickteste Bürokratie deren Einfluß nicht ganz ausschalten. In dem Augenblick, wo sie aus der Partei herausgingen, standen sie im feindlichen Lager und wurden sogar von denen bekämpft, die ihnen sonst Gefolgschaft geleistet hätten.

Der Parteipatriotismus war stark. Bei aller Kritik an der Partei bestand doch eine Einstellung etwa wie in „Wallensteins Lager": „Und warum dürfen wir über sie lachen? Weil wir einen so furchtbaren Haufen ausmachen!" Wer diesen Haufen vermindert, erweckt Angst und Unsicherheit und fördert den Zug zur kritiklosen Verteidigung und Stärkung der Partei. Die SAP war ein totgeborenes Kind. Ich habe das oft ausgesprochen, sowohl in der SPD als auch in der SAP.

Die Arbeiterbewegung war seit Bestehen der Republik auf der Suche nach einer Führung gewesen.[61a] 1920 waren die Arbeiter von der SPD zur USP gelaufen. Die USP wuchs von 22 auf 84 Mandate. 1924 haben sie in Scharen die nun vereinigte SPD und USP verlassen und sind zur KPD gestoßen. Die KPD wuchs von 4 auf 62 Mandate. 1930 war *Hitler* der erste, wenn auch noch schwache Einbruch schon gelungen. Es wurde mit Anwendung von viel Wahlarithmetik geleugnet, daß er Wähler der Linken gewonnen habe, aber man konnte eigentlich nicht die Augen dagegen verschließen.

1930 hatte die SPD nur 10 Mandate verloren, die KPD aber 23 gewonnen. Von den 1,7 Millionen neu zugewachsenen Wählern hatten beide linken Parteien zusammen einen Zuwachs von etwa 13 Mandaten zu erwarten gehabt. Die KPD schien dann auch bei oberflächlicher Betrachtung sowohl den ganzen Verlust der SPD als den auf sie entfallenden Teil an Neuwählern aufgefangen zu haben, und *Hitler* schien keine Arbeiterstimmen bekommen zu haben.

Hitler hatte seinen Anstieg von 12 zu 107 Mandaten hauptsächlich Wählern zu verdanken, die er zum ersten Mal mobilisiert hatte. Außer den neu zugewachsenen 1,7 Millionen hatten noch 2,5 Mil-

61a Zu Untersuchungen des Wählerverhaltens u.a. in der Weimarer Zeit vgl. als Überblick: *Otto Büsch, Monika Wölk, Wolfgang Wölk* (Hrsg.), Wählerbewegungen in der deutschen Geschichte. Analysen und Berichte zu den Reichstagwahlen 1871–1933, Berlin 1978.

lionen abgestimmt, die den früheren Wahlen fern geblieben waren. Der Reichstag von 1930 hatte 86 Sitze mehr, als der von 1928 hatte. Außerdem hatten die Deutsch-Nationalen 32 Sitze verloren, die zum größten Teil von den Nazis gewonnen wurden.

Es war aber nicht nur ein Übergang von SPD zu KPD und von Deutsch-Nationalen zu Nazis, sondern eine allgemeine Umschichtung der Wähler eingetreten. Alle Mittelparteien hatten verloren, und die Wähler hatten sich offenbar zum großen Teil der SPD zugewandt. Die SPD sprach ja schon lange nicht mehr von Sozialisierung und verhinderte erfolgreich Lohnkämpfe der Arbeiter. Führende Sozialdemokraten erklärten, daß der Kampf um den Sieben-Stunden-Tag nicht wie seinerzeit der Kampf um den Acht-Stunden-Tag eine Forderung der Arbeiter zur Erweiterung ihrer Rechte war, sondern ein Opfer, das die Arbeiter anboten, um die Zahl der Arbeitslosen herabzusetzen.

Arbeitszeitverkürzung ohne Lohnausgleich, obgleich die Arbeiter, wie [*Theodor*] *Leipart* gesagt hatte, schon mit unverhältnismäßig niedrigen Löhnen in die Krise gegangen waren, diese Forderung mußte bei den Unternehmern populärer sein als bei den Arbeitern.

Die SPD war eine gutbürgerliche Partei geworden, die einzige, die noch zahlenmäßig stark war und Einfluß hätte ausüben können. Darum hatten die Bürgerlichen Vertrauen zu ihr und wanderten von den bedeutungslos gewordenen bürgerlichen Mittelparteien ab. Da die SPD immer noch die größte Partei in Deutschland war, muß auch ein bestimmter Teil von Neuwählern ihr die Stimme gegeben haben. Da sie diesen Zuwachs durch Neuwähler und bürgerliche Stimmen bekam, muß ein erheblich größerer Teil der Altwähler zur KPD abgewandert sein, als in dem Verlust von 10 Mandaten zum Ausdruck kam. Ein entsprechender Teil der früheren KPD-Wähler kann nirgendwo anders gelandet sein als bei den Nazis.

In dem großen Wahljahr 1932, als die Mittelparteien allmählich völlig aufgerieben wurden, lagen diese Verhältnisse noch deutlicher zu Tage. Sie ließen sich leicht nachweisen bei den Präsidentenwahlen, bei denen die verwirrende Vielzahl der Parteien fortfiel.

Im zweiten Wahlgang kandidierte [*Theodor*] *Düsterberg* nicht mehr, der im ersten Wahlgang 2,5 Millionen Stimmen bekommen hatte. Die Wahlbeteiligung war im zweiten Wahlgang um 1,1 Millionen Stimmen geringer als im ersten.

Es standen also 1,4 Millionen Stimmen für die verbliebenen Kandidaten zur Verfügung. *Thälmann,* Kommunist, verlor im zweiten Wahlgang 1,3 Millionen Stimmen. *Hindenburg* gewann 700 000,

Hitler über 2 Millionen. Es müssen also mindestens eine Million Wähler, die im März *Thälmann* gewählt hatten, im April zu *Hitler* übergegangen sein!

Marxisten haben oft dogmatisch die Bedeutung von Persönlichkeiten unterschätzt oder geleugnet, obwohl gerade in der deutschen Arbeiterbewegung nur Persönlichkeiten bestimmend waren und eine eigentliche Massenbewegung schon lange nicht mehr bestand! Das Suchen der deutschen Arbeiter nach anderen Führerpersönlichkeiten und nach Möglichkeiten, sich ihrer alten Führer zu entledigen, war geradezu mitleiderregend.

Die Gründer der SAP waren alles andere als Führungspersönlichkeiten. Sie hatten nie einen oppositionellen Block in der SPD zustande gebracht, der systematisch und gemeinsam vorgegangen wäre. Jeder machte seine eigene Opposition.

Es war kein erheblicher Teil der SPD zu der neuen Partei übergegangen. Ich glaube, die Zahl von 50 000, die angegeben wurde, war noch stark übertrieben. In Berlin hatte sie knapp 2000 Mitglieder. Aber die Parteigründung hatte doch einen sehr fühlbaren Einfluß gehabt. Wenn es vordem schwer gewesen war, eine oppositionelle Meinung in der Partei zum Ausdruck zu bringen, so wurde es jetzt fast unmöglich. Die Parteileitung und ihre Anhänger hatten ein neues Argument bekommen: „Du sympathisierst wohl mit der SAP? Soll die Partei jetzt ganz zerfallen? Muß man nicht jetzt das Vertrauen in die Partei stärken und alles tun, um das Unheil weiterer Abspaltung zu verhüten?"

Ein unheilvolles Wort, das viel in Deutschland verschuldet hat, und das ich nie hören konnte, ohne Übelkeit zu empfinden, ertönte nun von allen Seiten: „Die Partei über alles!" Wenn die Deutschen sagten: Die Partei über alles, bekamen sie denselben verzückten Ausdruck, als wenn sie singen: Deutschland über alles! Vernunft und klares Denken hört dann auf. Unter der Parole: Die Partei über alles! haben wir alle nicht die nötige Initiative entfaltet, um die Führung zum mindesten vor das Problem zu stellen, daß die Partei zerfallen könnte, wenn sie nicht herumschwenkt.

Das Dilemma war, daß alle, die selbst ohne jeden Parteipatriotismus waren und erklärten, nicht mehr verteidigen zu wollen, was nicht zu verteidigen war, doch nicht den Zerfall der Partei wünschen konnten. Die Kommunisten mit ihrer verantwortungslosen Politik konnten nicht das Vertrauen der Massen gewinnen. Die finanziell und organisatorisch ohnmächtige SAP kam viel zu spät, um in den Kampf gegen die mächtigen und geschulten Parteimaschinen der SPD und KPD eintreten zu können. Sie hätte vielleicht

Käte Frankenthal (SPD) und *Ewald Fabian* (KPO): zwei sozialistische Ärzte kommen zur SAP

Genossin Frankenthal kommt zur SAP!

Ebenso leitender sozialdemokratischer Redakteur

Das Mitglied des Preußischen Landtags, Dr. Käte Frankenthal, hat ihren Austritt aus der SPD erklärt und sich der SAP angeschlossen.

Genossin Frankenthal ist seit 13 Jahren Mitglied der SPD; sie gehörte jahrelang der Stadtverordnetenfraktion an, aus der sie infolge der Uebernahme des Landtagsmandats ausschied. Sie wirkt als Fürsorgeärztin im Bezirk Neukölln.

Genossin Frankenthal begründet ihren Austritt aus der SPD mit der von dieser seit dem September 1930 betriebenen Politik, für die sie die Verantwortung nicht mehr tragen kann, um so mehr, als der von den Beschlüssen der leitenden Instanzen abweichende Wille der Mitgliedschaft innerhalb der Partei nicht mehr zum Ausdruck kommen kann. Genossin Frankenthal erklärt es für ihre Pflicht, diejenige Partei zu unterstützen, die ernsthaft den Kampf gegen Faschismus und Massenausbeutung zu führen bereit ist.

Wir bringen morgen ihre Uebertrittserklärung im Wortlaut.

Der „Vorwärts" teilt den Uebertritt mit der Bemerkung mit, daß damit die SAP ihren ersten Vertreter im Preußischen Landtag habe. Er scheint selbst zu ahnen, daß es nicht der letzte bleiben wird.

*

In Minden ist der bisherige leitende Redakteur der sozialdemokratischen „Weser-Warte", Genosse Kittel aus der SPD ausgetreten und hat um seine Aufnahme in die SAP nachgesucht.

Für die revolutionäre Einheit

Genosse Dr. Ewald Fabian von der KPO zur SAP

Soeben teilt uns der Genosse Dr. Ewald Fabian seinen Austritt aus der KPDO und seinen Eintritt in die Sozialistische Arbeiter-Partei mit. Ewald Fabian steht an führender Stelle im Verband Sozialistischer Aerzte, dessen Vorstand er angehört, und ist der Schriftleiter von dessen Verbandsorgan „Der sozialistische Arzt". Ewald Fabian war schon vor dem Kriege jahrelang Ortsgruppenvorsitzender der SPD in Wilmersdorf, gehörte später zum marxistisch radikalen Flügel der USP; bei deren Spaltung ging er zur KPD, mit dem Willen, dort die einheitliche, revolutionäre, marxistisch geführte Massenpartei des Proletariats zu schaffen. Er gehörte zu den besten Köpfen der KPDO.

Fabian hat der KPO seinen Austritt mit folgendem Schreiben mitgeteilt:

Werte Genossen!

Der Verlauf der letzten Reichskonferenz hat noch deutlicher als die bisherige Haltung der Mehrheit der Gruppe gezeigt, daß ihre selbständige Erhaltung in keiner Weise mehr gerechtfertigt ist. Manche führende Genossen trennen von der KPD so unwesentliche taktische Differenzen, daß die Aufgabe der Sonderorganisation mit Presse usw. und möglichst die Rückkehr zur KPD eigentlich logische Selbstverständlichkeiten wären. Andere, zu denen ich gehöre, sehen in der Sozialistischen Arbeiterpartei die Möglichkeit, eine wirkliche kommunistische Massenpartei herauszubilden. Ohne die groben und unsinnigen Fehler der Komintern und der KPD kann sie

die Arbeiterklasse im Kampfe gegen den Faschismus sammeln und zur Eroberung der Macht führen.

Ich glaube, daß man die abwartende Haltung aufgeben und schon heute die starke Richtung in der SAP tatkräftig unterstützen muß. Aus diesen Gründen erkläre ich hierdurch meinen Austritt aus der KPD-O und hoffe, in dem anderen Parteikreise mit vielen bisherigen Gesinnungsgenossen für die alten Ziele wirken zu können.

Mit kommunistischem Gruß

Ewald Fabian

Quelle: Sozialistische Arbeiter Zeitung, Zentralorgan der SAPD, Donnerstag, 24. Dezember 1931 (Nr. 45) S. 2

Warum nicht mehr SPD?

Genossin Käthe Frankenthal begründet ihren Uebertritt zur SAP

Genossin Käthe Frankenthal, Mitglied des Preußischen Landtags, die, wie wir meldeten, zur Sozialistischen Arbeiterpartei übergetreten ist, hat an den Berliner Bezirksvorstand der SPD einen Brief gerichtet, in dem es heißt:

Werte Genossen!

Seit den September-Wahlen 1930 habe ich mit wachsender Besorgnis die Politik der SPD beobachtet und muß heute feststellen:

Ich bin nicht in der Lage, diese Politik zu verteidigen,

da ich sie für verhängnisvoll halte! Ich sehe aber auch keine Möglichkeit mehr, innerhalb der Partei die Politik zu beeinflussen.

Mehrheitsbeschlüssen habe ich mich stets, oft mit schwerem Herzen, gefügt, immer mehr machen sich aber die leitenden Instanzen bei politisch wichtigen Entscheidungen von dem Willen der Gesamtpartei unabhängig. Die Opposition wird in Presse und Versammlungstätigkeit systematisch niedergehalten, um so mehr, je weitere Kreise den Unwillen über die Politik der Partei teilen. Wird es aber schon unmöglich gemacht, eine abweichende Meinung in der Partei zu vertreten und für sie zu werben, so ist es erst recht unmöglich, objektiv festzustellen, wie groß die Kreise sind, die diese abweichende Meinung teilen. Meiner persönlichen Ueberzeugung nach wird seit geraumer Zeit die offizielle Politik der Partei von der Mehrheit der Mitgliedschaft nicht mehr gebilligt.

Die Mitgliedschaft kommt aber stets erst dann zu Worte, wenn wichtige Entscheidungen unabänderlich gefallen sind.

Sie steht dann unter der Parole: Zu ändern ist nichts mehr, Ihr habt jetzt Disziplin zu halten! Diese Parole wurde nach dem letzten Beschluß der Fraktion, gegen die Einberufung des Reichstags zu stimmen, und vor den Berliner Mitglieder-Versammlungen mit aller Deutlichkeit durch das Zentralorgan der Partei herausgegeben.

Ich kann eine Politik vertreten, die Opfer fordert, wenn ich glauben kann, dadurch der Gesamtbewegung zu dienen. Ich kann aber nicht eine Politik der Aufopferung vertreten, die zum Niedergang der Arbeiterbewegung führen muß und dadurch

dem Faschismus geradezu den Weg frei macht!

Die Entwicklung in den letzten 1¼ Jahren hat gezeigt, daß diese Ansicht nur zu berechtigt ist.

Die Tolerierungspolitik wurde seit dem Oktober v. J. begründet mit der Notwendigkeit, Demokratie, Parlamentarismus und Arbeiterrechte zu erhalten. Es zeigte sich aber sehr bald, daß die Regierung Brüning Schlag auf Schlag diese Errungenschaften preisgab. Die Tolerierung dieser Regierung war also kein geeignetes Mittel, Rechte zu erhalten, vielmehr belastete sich die Sozialdemokratie mit dem Vorwurf, daß sie widerstandslos die Preisgabe geduldet hat.

Nachdem die Parole: Mit Brüning, für Demokratie und Arbeiterrechte sich als verfehlt erwiesen hatte, blieb die Parole: Mit Brüning gegen den Faschismus! Auch diese Parole hat Schiffbruch gelitten! So konsequent Brüning es verstanden hat, bei der ungeheueren Krise der kapitalistischen Wirtschaft sozialistische Tendenzen, die sich zur Rettung der Wirtschaft fast zwangsläufig ergaben, niederzuhalten, so wenig hat er sich mit Konsequenz und Energie dem Aufkommen des Faschismus widersetzt.

Trotzdem wird noch heute die Ansicht vertreten, durch die Tolerierung mußten wir im vorigen Jahre die Nazis aus der Regierung fernhalten. Diese Formulierung scheint mir durchaus verfehlt.

Während für die Nazis die Regierungssorgen noch gar nicht aktuell waren und sie, wie Goebels schrieb, den Weg vor der Partei zur Bewegung und von der Bewegung zum Volke suchten, konzentrierte die SPD ihr Interesse auf parlamentarische Fragen und entfernte sich vom Volke unter dem sehr unangebrachten Schlagwort vom „Mut zur Unpopularität".

Die tiefgreifenden Meinungsverschiedenheiten in der Partei führten bekanntlich im Herbst zur Spaltung und zur Gründung der SAP. Obwohl ich in der Beurteilung der Situation vollkommen mit jenen Genossen übereinstimmte, konnte ich mich zunächst nicht entschließen, den Schritt mitzumachen. Kein Sozialist kann sich der Tatsache verschließen, daß in der Uneinigkeit der Arbeiterschaft ihre Schwäche liegt. Darum scheute ich vor einer weiteren Spaltung zurück und hielt es für meine Pflicht, solange noch eine Möglichkeit dazu bestand, im Rahmen der alten Partei für meine Ansichten zu kämpfen. Nach dem Leipziger Parteitag schien mir die Situation sogar günstiger. Auf dem Parteitage war die Opposition mit einer solchen Ueberheblichkeit und Intoleranz abgetan worden, daß auch solche Genossen, die in der Sache mit dem Parteivorstand übereinstimmten, über dies Vorgehen empört waren und stürmisch die Wiederherstellung der Demokratie in der Partei verlangten.

Die kommenden Ereignisse zeigten aber, daß ich den Einfluß dieser Stimmung überschätzt hatte. Am 16. Juni nahm die Fraktion zur zweiten Notverordnung Stellung und entschied gegen die Einberufung des Reichstages und des Hauptausschusses. Die Berliner Funktionär-Konferenz wurde nicht vorher, sondern für den Abend desselben Tages einberufen, wo ihr das fertige Ergebnis zur Kenntnis gegeben wurde. Die nächste Entscheidung über die weitere Tolerierung fiel im Reichstage am 16. Oktober.

Nicht vorher, sondern ausgerechnet an diesem Tage, dem einzigen des Etatjahres, an dem die Abgeordneten dringend im Reichstage benötigt wurden, fand wiederum eine Berliner Funktionär-Konferenz statt.

Es wurde den Funktionären zur Kenntnis gegeben, daß die Abstimmung über die Mißtrauensanträge bereits erledigt war, und daß im übrigen wegen evtl. Abstimmung über andere Anträge, die noch kommen konnte, die Konferenz nach dem Referat des Gen. Breitscheid abgebrochen werden müsse. Fortsetzung fand statt, als die Pläne zur vierten Notverordnung die Oeffentlichkeit beunruhigten. Die Berliner Funktionäre wurden aber beschäftigt mit einem Referat über eine in Parteikreisen so wenig umstrittene Frage, wie — — die Abrüstungskonferenz im Februar!

Als die vierte Notverordnung mit ihren ungeheuerlichen Eingriffen ins Tarifrecht und die Lebenshaltung des Volkes bekannt wurde, stieg die Erregung zur Siedehitze. Darum ließ man die Mitglieder jetzt nicht Stellung nehmen, obwohl eine volle Woche zwischen der Veröffentlichung und dem Zusammentritt der Fraktion lag.

Nach dieser Entwicklung sehe ich keine Möglichkeit mehr, innerhalb der Partei Meinungsverschiedenheiten auszutragen und die offizielle Parteipolitik durch den Willen der Mitgliedschaft zu beeinflussen.

Ich ziehe die Konsequenz und trete zur SAP über.

So bedauerlich die Spaltung an sich ist, so zeigt die Haltung der SPD-Führung immer mehr, daß diejenigen, die diese Politik bekämpfen, keine andere Wahl haben. Ich halte für das Gebot der Stunde den Mut zur Popularität,

den Mut, mit sozialistischen Parolen wieder die Massen zu erobern.

Es ist mir völlig unverständlich, wie man durch weiteres Zurückweichen die Grundlage dafür schaffen will, daß nach diesem arbeitsunfähigen Parlament jemals ein besseres gewählt werden kann!

Bestärkt werde ich in diesem Beschluß durch die Tatsache, daß es auch im Landtage im Rahmen der SPD nicht möglich ist, die Politik zu treiben, die die Massen der Wähler von 1928 erwarten. Vom Landtag kann man nicht behaupten, daß er, wie der Reichstag, arbeitsunfähig ist. Aber auch in Preußen wird mit Notverordnungen regiert, und zwar nicht auf Grund der Verfassung, die dem Parlament noch immer ein Recht der Einwirkung gibt, sondern unter völliger Ausschaltung des Parlaments auf Grund der Ermächtigung des Reiches.

Die sozialistische Bewegung steht in einer schweren Krise.

Ich halte es jetzt für meine Pflicht, mit aller Tatkraft und allem Kampfeswillen die Partei zu unterstützen, die den Kampf führen will.

Die Trennung von den alten Mitarbeitern fällt mir selbstverständlich unendlich schwer, und ich habe lange damit gezögert. Aber höher als die Treue zur Partei steht mir die Treue zur Bewegung!

Mit sozialistischem Gruß!

Käte Frankenthal.

Quelle: Sozialistische Arbeiter Zeitung, Zentralorgan der SAPD, Freitag, 25. Dezember 1931 (Nr. 46) S. 2

noch um die Zeit des Panzerkreuzerkonfliktes eine Chance gehabt, aber nicht mehr 1931. Die einzige Partei, die bereit stand, die unzufriedenden Massen aufzufangen, waren die Nazis.

Ich fühlte mich immer bei den Mitgliedern der SPD auf sehr sicherem Grund. Ich war nicht nur alter Funktionär und gewählter Vertreter der Partei, durch meine Tätigkeit als Stadtverordneter war ich in besonders engen Kontakt mit der Bevölkerung gekommen, und durch meinen ärztlichen Beruf war ich persönlicher Berater und Vertrauensperson in vielen Familien geworden. Ich hatte immer das Ohr meiner Genossen, wenn ich ihnen etwas zu sagen hatte.

Nach der Gründung der SAP war ich wie gelähmt. Es war Ende 1931 nötiger denn je, eine Meinung gegen den Kurs der Partei zu bilden und einen Druck auf die Führung auszuüben. Ich wußte, mit welch panischer Angst und Sorge die Mitgliedschaft den Kurs verfolgte. Aber „die Partei über alles" hatte gesiegt. Die Mitgliederversammlungen wählten Themen wie „Die Frage der Schwangerschaftsunterbrechung" oder „Die Enzyklica des Papstes". So wichtig diese Fragen zeitweilig waren, Ende 1931 waren sie mir völlig gleichgültig. Die Diskussionen über den Kurs der Partei traten in den Hintergrund. Die Frage war nicht mehr, den Kurs zu unterstützen oder zu bekämpfen, sondern der Partei die Treue zu halten.

Im Dezember 1931 erklärte ich meinen Austritt aus der Partei. Nun stand ich vor der schwierigen Entscheidung, was zu tun sei. Die Kommunisten belagerten mich sofort, und ich hatte lange Diskussionen mit ihnen. Ich kannte schon vorher den hoffnungslosen Zustand in ihrer Partei. Sie hatten gerade den Volksentscheid zum Sturz der Preußischen Regierung zusammen mit den Nazis gemacht, der *Hitler* zwei Jahre früher zur Macht gebracht hätte, wenn er durchgegangen wäre. Das war geschehen unter der Parole: Zwischen *Severing* und *Hitler* ist kein Unterschied – sie sind beide Faschisten. Die Idee war aufgekommen, daß der Weg zu Sowjetdeutschland wahrscheinlich durch eine Periode des Faschismus führen müsse. Da ich mich von der SPD getrennt hatte, glaubten sie, bei mir Verständnis für ihren Standpunkt zu finden. Die KPD kam für mich nicht in Frage.

Parteilos konnte ich nicht bleiben, das wäre gleichbedeutend gewesen mit völliger Inaktivität. So blieb nur die SAP.[62]

62 Vgl. zu dieser Partei und ihrer Entwicklung: *Hanno Drechsler*, Die Sozialistische Arbeiterpartei Deutschlands (SAPD). Ein Beitrag zur Geschichte der Arbeiterbewegung am Ende der Weimarer Republik, Maisenheim am Glan 1965.

Eine Anzahl von Mitgliedern aus der SPD folgte mir. Ich hatte keinen Versuch gemacht, sie mitzuziehen, und ich wollte auf keinen Fall die Illusion erwecken, als könne die SAP eine Führung in der Arbeiterbewegung übernehmen oder eine Massenpartei werden, oder als könnten überhaupt Aktionen von ihr ausgehen.

Der Austritt von Abgeordneten aus der Partei macht immer ziemlich viel Lärm. Wenn diese Funktionäre schon ausbrechen, zeigt es an, daß unüberbrückbare Gegensätze bestehen. Eben das wollte ich laut und hörbar ausdrücken, da es keine andere Ausdrucksmöglichkeit in der Partei mehr gab. Die SPD hatte es sehr hervorgehoben, daß bei der Gründung nur drei [9?] Reichstagsabgeordnete übergetreten waren und nicht mehr nachfolgen werden. Nun, ich folgte nach, dann noch ein Mitglied des Landtages [*Hans Marckwald*] und zwei Stadtverordnete [*Max Aschenbrenner, Friedrich Meiser*]. Dabei blieb es allerdings.

Meine Absicht war in erster Linie, aus der SPD auszutreten. Die SAP spielte in meinen Erwägungen keine Rolle, mein Eintritt dort war nur die zwangsläufige Folge. Obgleich ich den Übertritt von Mitgliedern nicht erstrebt hatte, sah ich auch keinen Schaden darin. Wenn es – wider Erwarten – doch noch zum Kampfe kommen sollte, dann würde das Grüppchen SAP wenigstens zusammen geblieben sein und sofort wieder eingereiht werden können.

Nach meinem Austritt aus der SPD nahm ich zunächst meine Skier und fuhr über Weihnachten in den Schwarzwald. Es war mir zumute wie nach einer Vernunftscheidung, bei der die alte Liebe noch besteht. Trotz aller Zerwürfnisse und Verbitterung konnte ich mir mein Leben ohne diese ständige Quelle meiner Sorgen nicht recht vorstellen. Die Trennung hatte ja auch die Ursache meiner Sorgen nicht beseitigt.

Ich habe die Gabe, in kurzer Zeit intensiv auszuruhen und eigentlich den ganzen Tag mit offenen Augen zu schlafen. Ich versuchte das auch diesmal. Ich nahm einen Führer für ganz einfache Wege, weil ich mich nicht einmal damit bemühen wollte, Wege zu suchen. Ich wollte nichts, als durch die Schneelandschaft laufen und die Winterluft atmen.

Das intensive Ausruhen gelang mir diesmal nicht. Meine Verbundenheit mit der Partei war unpersönlich, aber nichtsdestoweniger stark. Ich hatte keine besonders nahen Freunde, und ein Teil meiner freundschaftlichen Beziehungen würde erhalten bleiben. Das wußte ich und sah es bereits an vielen Äußerungen. Ein Teil der alten Freunde würde sich natürlich gegen mich aussprechen, als Abtrünnige und Verworfene. Das wußte ich ja auch vorher, und solche Reaktionen waren meine geringste Sorge. Aber die Partei als solche hielt mich noch fest und hatte den Platz für vieles Persönliche in meinem Leben eingenommen.

Es scheint mir typisch für die deutsche Bewegung, daß so wenig persönliche Verbundenheit zwischen den einzelnen Genossen bestand und daß das unpersönliche Band, das sie zusammenhielt, nur die Partei war. Selbst wo Namen so oft zusammen genannt werden, wie etwa *Ebert* und *Scheidemann,* bedeutet das nur, daß sie in vielen Aktionen der Partei zusammen aufgetreten sind. Die Memoiren von *Scheidemann* geben beredtes Zeugnis dafür, wie herzlich er seinen Mitarbeiter gehaßt und verachtet hat. *Ebert* hat zu *Scheidemann* nicht anders gestanden.

Auch in der Emigration, wo man sich ja viel mehr zusammen schließt, ist es mir immer aufgefallen, wie wenige Freundschaften von Deutschland her bestehen. Es waren keine Kampfgenossen für ein gemeinsames Ziel, es war alles ein Konglomerat von Mißtrauen und Feindseligkeit, wobei das Ziel schon längst aus den Augen verschwunden war.

Die nächsten 14 Monate beschäftigte ich mich mit der SAP. Daß Gott erbarm, diese Partei! Damit könnte ich dies Kapitel schließen. Für Deutschland hat diese Partei keine Bedeutung gehabt. Da ich aber von persönlichen Erlebnissen spreche, kann ich diese Zeit doch nicht übergehen.

Das erste, was sich bei meiner Rückkehr nach Berlin bemerkbar machte, war, daß sich meine Beziehungen zu vielen Leuten außerhalb der Partei geändert hatten. Der große Kreis von Leuten, der immer so außerordentlich beflissen war, die Freundschaft mit mir aufrecht zu erhalten, verlief sich schnell. Meine gesellschaftlichen Beziehungen waren kompliziert, weil ich selten einen ganzen Abend zur Verfügung hatte. Meine Freunde waren geduldig, weil sie wirkliches Interesse hatten, mit mir zusammen zu sein. Sicher überlegten sie sich nicht, daß sie Interesse hatten, weil sie etwas von mir wollten, aber sie wollten immer etwas. Wenn es nichts für sie selbst war und nichts, was ich selbst tun konnte, dann war es mindestens ein Telefonanruf, um jemanden, dem sie helfen wollten, irgendwo einzuführen. Nun, da meine Empfehlungen nicht mehr so wertvoll waren und nicht mehr so viele Leute erreichen konnten, ließ das Interesse an den freundschaftlichen Beziehungen nach. Ich war nicht enttäuscht und hatte keine melancholischen Anwandlungen. Diese gesellschaftlichen Beziehungen waren für mich eine Entspannung und angenehme Abwechslung gewesen, aber ich hatte sie nicht überschätzt. Ich war höchstens etwas erstaunt, daß die Entfremdung so schnell und so ungeniert kam. Diese frühe Erfahrung war sogar eine gute Vorbereitung für 1933, als es plötzlich nicht mehr wertvoll, sondern gefährlich war, mit Sozialisten befreundet zu sein. Viele sind 1933 gerade an dieser Umstellung von Leuten, deren Anhänglichkeit sie zu sehr auf ihre Person bezogen hatten, zusammengebrochen.

In meinem Amte in Neukölln hatte ich fast täglich vertrauliche Besprechungen mit dem sozialdemokratischen Bürgermeister [*Alfred Scholz*] und anderen Sozialdemokraten des Bezirksamtes gehabt. Im Einverständnis mit ihnen hatte ich den Kampf gegen den kommunistischen Stadtrat [*Schmincke*] geführt. Ich stand jetzt zwischen zwei feindlichen Lagern. Die Sozialdemokraten setzten voraus, daß ich die vielen vertraulichen Informationen, die ich hatte und die ganz und gar nicht für die Öffentlichkeit bestimmt waren, zu Angriffen auf die SPD benutzen würde. Niemand sprach mehr privatim mit mir, und ich wurde sogar in Dingen übergangen, bei denen amtlich der Stadtarzt hätte zugezogen werden müssen. Früher hatten sie selbst vor Sitzungen des Bezirksamtes, bei denen der Stadtarzt nicht zugegen ist, Rat und Material von mir bekommen, um ihrem kommunistischen Kollegen entgegenzutreten.

Wie ich gesagt habe, hatte ich gar kein Interesse daran, die SPD zu kompromittieren und den Abfall von Mitgliedern zu fördern. Ich war durchaus nicht überzeugt, daß sie zu unserer Splitterpartei kämen, und so lange sie in der SPD waren, waren sie wenigstens nicht Freibeute für die Nazis. Parteipatriotismus für die SAP habe ich nie entwickelt und habe kein vertrauliches Material aus der SPD preisgegeben. Ich habe sogar dem Berliner Vorsitzenden [*Künstler*] ein Paket Dokumente zurückgeschickt, die er zu mir gebracht hatte, weil sie zu vertraulich waren, um im Parteibüro aufgehoben zu werden.

Meine früheren Genossen haben wahrscheinlich gefunden, daß sie meinen Kampfgeist überschätzt hatten und daß die SAP nicht viel an mir gewonnen hätte. Das Letztere ist richtig, das Erstere nicht. Ich hätte keinen Augenblick gezögert, die SPD mit allen Mitteln zu bekämpfen, wenn ich es für zweckmäßig gehalten hätte. Sie hatte aber noch die Funktion, zwischen den Massen, die bei ihr verblieben, und den Nazis zu stehen. Ich fand im Gegensatz zu den Kommunisten noch einen erheblichen Unterschied zwischen *Severing* und *Hitler*. Und ich hatte noch eine schwache Hoffnung, daß Deutschland der Leidensweg durch den Faschismus erspart werden könne.

Ich wurde [Ostern 1932 auf dem 1. Parteitag der SAP in Berlin] in den Parteivorstand der SAP gewählt, worüber ich nicht sehr glücklich war. Im Berliner Vorstand der SPD war mein Ressort gewesen: Stadtverordneten-Angelegenheiten. Das war immerhin der Mühe wert, wenn auch nicht immer erfreulich. Jetzt bekam ich das Ressort: Innere Parteistreitigkeiten und zwar für alle Gruppen im Reich. Was für eine Vergeudung von Zeit und Kräften! Wie viele Reisen habe ich gemacht, um einen Sturm im Wasserglas zu schlichten, über den ganze Ortsgruppen drohten, auseinander zu fallen! Eine kleine Partei, die im öffentlichen Leben keine Rolle spielt, hat ja nichts anderes zu tun, als innerparteiliche Streitigkeiten auszutragen.

Die SPD überschüttete uns mit Hohn. Seht euch den „proletarischen" Parteivorstand an! Dr. [*Kurt*] *Rosenfeld!* Dr. [*Richard*] *Kleineibst!* Dr. [*Anna*] *Siemsen!*[63] Dr. *F*[*rankenthal*] – das sind die SAPler, eine Gruppe von sabbernden Intellektuellen. Dagegen bei uns – [*Otto*] *Wels* etc. – alles urwüchsige Proletarier. Was mich dabei amüsierte, war, daß der Vorwurf so ungerecht war. Gesabbert wurde genug, das war richtig. Aber das Wort „intellektuell" ging weit fehl.

Ich mußte mich nun damit beschäftigen zu überlegen, welche Aufgaben meiner Ansicht nach die SAP haben könnte. Wir hatten unter großen Schwierigkeiten eine Zeitung [die SAZ] herausgebracht. Im Nachrichtenteil konnten wir natürlich nicht mit der kapitalkräftigen Presse konkurrieren. Aber es könnte ein Diskussionsblatt werden, in dem die brennenden Tagesfragen frei und ohne Bindung an eine offizielle Richtung erörtert werden konnten. Es wurde ein Organ, das gründlich diskutierte, was *Marx* oder *Lenin* in einer vergleichbaren Situation gesagt hatten oder gesagt hätten. Daneben propagierte es die Hauptparole der Partei, die Herstellung der Einheitsfront aller Arbeiterparteien, war aber gleichzeitig gefüllt mit den gehäßigsten und unsachlichsten Angriffen gegen SPD und KPD. Nicht einmal unsere Mitglieder interessierten sich für die Zeitung, geschweige denn irgend jemand sonst.

Die Gründer der Partei hatten erklärt, daß im Gegensatz zu der Diktatur der Bürokratie in den anderen Parteien bei der SAP weitgehendste Parteidemokratie herrschen sollte. Wir scheinen in Deutschland ein Talent dafür zu haben, alles, was mit Demokratie zusammenhängt, mißzuverstehen. Die „Parteidemokratie" führte zu furchtbaren Zuständen. Während ich in der SPD immer auf dem

63 Eventuell ist auch der Bruder von *Anna Siemsen*, Dr. *August Siemsen*, gemeint.

linken Flügel gestanden hatte, wurde ich jetzt bald als ultrarechts bezeichnet. Ich besiegelte diesen Ruf, als ich in einer Versammlung erklärte: Demokratie ist nicht, wenn alles durcheinander quatscht!

Die Partei hatte erklärt, daß sie für alle sozialistischen und kommunistischen Gruppen offen stehe und war ein Sammelbecken für eine große Zahl von Splittergruppen geworden, die die widerstrebendsten Tendenzen hatten. Alles war vertreten: von Leuten, die morgen die Revolution beginnen wollten, bis zu Pazifisten, die überhaupt jeden Kampf ablehnten. Eine Plattform der Partei, die einige allgemeine Programmpunkte festlegte, wurde erst ausgearbeitet, nachdem alle diese Gruppen in der Partei waren. Über die Plattform wurde so viel gestritten und diskutiert, daß schließlich etwas herauskam, was für niemanden verständlich war.

Die stärkste Gruppe, die sich uns anschloß. war ein Splitter der KPO (Kommunistische Partei Opposition). Das waren interessante Typen, ich nannte sie die „permanente Minderheit". Sie waren zuerst in der KPD gewesen, hatten dort eine Minderheitsgruppe gebildet und waren ausgeschlossen worden. Dann gründeten sie zusammen mit anderen ausgeschlossenen Kommunisten die KPO. Dort bildeten sie wieder eine Minderheitsgruppe und wurden ausgeschlossen. Kaum waren sie in der SAP, so bildeten sie wieder eine Minderheitsgruppe, und der „Kampf um die Eroberung der Partei" begann. Was noch an der SAP zu zerstören war, wurde dadurch zerstört. Es war überhaupt keine Partei, sondern eine Zusammenfassung von auseinander strebenden Gruppen.

Alle diese KPO-Leute hatten, soviel ich weiß, keinen Beruf. Wovon sie lebten und wie sie es fertig brachten, im Lande herumzureisen und ihre Fraktionspolitik zu betreiben, war mir immer ein Rätsel. Persönlich lebten sie alle in Armut. Wo aber eine Ortsgruppe so aufgebracht war, daß sie ihre Streitigkeit nicht mehr selbst schlichten konnte, und ich hinfahren mußte, waren diese Freunde schon vor mir da gewesen und hatten Anweisung gegeben, was man tun müsse, um die Partei zu erobern. Sie waren der Typ des deutschen Sektierers, wie ich ihn nie schöner gesehen habe.

Die Schriften von *Marx* kannten sie nahezu auswendig. Sie konnten sich bis zur Weißglut darüber erhitzen, wie ein Wort auszulegen ist. Jede Debatte des Jahres 1932 erledigten sie durch Zitieren, was *Marx* vor 100 Jahren gesagt hatte.

„*Marx* würde sich im Grabe umdrehen", rief mir einer in einer Versammlung zu.

„*Marx* hat schon die Drehkrankheit im Grabe bekommen, seit euer Dogmatismus unter der Flagge ‚Marxismus' segelt", antwortete ich. Das war noch eine freundliche Unterhaltung. Meist ging es schärfer her.

Endlose Debatten fanden darüber statt, ob wir Sozialisten oder Kommunisten sind. Die KPO-Leute wußten die Antwort: *Marx* hat gesagt, die Kommunisten sind der aufgeklärteste Teil der Arbeiterschaft. Wenn wir nicht rückständig sein wollten, mußten wir uns Kommunisten nennen.

Zur Zeit von *Marx* existierte bekanntlich noch nicht die dritte Internationale mit der Zentrale in Moskau. Es kam diesen Sektierern nicht in den Sinn, daß es für den gewöhnlichen Sterblichen eine Geheimwissenschaft war, wodurch sich die verschiedenen kommunistischen Gruppen voneinander unterschieden. Eine Partei, die sich als kommunistisch bezeichnete, würde mit der KPD und der dritten Internationale zusammengeworfen. Es blieb bei dem Namen, „Sozialistische Arbeiterpartei".

Was mich am meisten verdroß, war, daß die SAP den Ehrgeiz entwickelte, eine Massenpartei zu werden und den andern Parteien Mitglieder abzujagen. Damit konnte sie nur Unheil stiften. Sie konnte nur Mitglieder auffangen, die von selbst mit den alten Parteien brachen und eine andere Organisation brauchten. Das war wichtig bei der allgemeinen Unruhe in der Mitgliedschaft der Parteien. Die alt-organisierten Arbeiter waren zu sehr an den Parteibetrieb gewöhnt, um lange frei zu bleiben. Sie hatten nicht einmal Hobbies, um ihre freie Zeit auszufüllen, das war wohl ein großes Manko. Ich fürchtete nichts so sehr wie das Freiwerden der Mitglieder. Ob sie in den alten Organisationen blieben oder zu uns kamen, war unwichtig. Einfluß auf die Linie der Parteien hatten sie nirgends.

Einer jener KPO-Leute ist erwähnenswert, [*Karl Frank*], weil er jetzt in der Illegalität noch eine Rolle spielt, woran ich oft mit Sorge denke. Er gehörte in der SAP zu den Ultralinken und hatte den ganzen Weg der permanenten Minderheit mitgemacht. Er hatte studiert, übte aber keinen Beruf aus. Ich weiß, daß er kein Geld hatte, denn ich habe ihm öfter ausgeholfen, wenn er sein Zimmer nicht bezahlen konnte und nichts zu essen hatte. Trotzdem reiste er im Auftrag seiner „Fraktion" überall herum und stiftete viel Unruhe.

Er tat sich besonders gern durch Heldentaten hervor und war besonders stolz auf ein Stückchen, das ihm gelungen war, als er noch in der KPD war. In einer Wahlzeit hatten alle Parteien Zeit im Radio bekommen, nur die Kommunisten nicht. Da er sich darüber ärgerte, kidnappte er den sozialdemokratischen Redner, als dieser gerade zu seinem Vortrag gehen wollte. Während er ihn in einem Auto mit einem Revolver bedrohte, der, wie er sagte, nicht geladen war, gab ein anderer Kommunist sich im Radiohaus als der sozialdemokratische Redner aus und fing an zu sprechen. Nach kurzer Zeit wurde es natürlich bemerkt und der Vortrag unterbrochen. Für dieses kurze Vergnügen hatte unser späterer SAP-Genosse im Gefängnis gesessen. Das Abenteuer war es ihm wert gewesen.

Ich beteiligte mich nur an den Debatten im Vorstand, wenn Gefahr bestand, daß der Schaden über die Grenzen der Partei hinausgehen könnte.

Die SPD hatte einmal irgendeine Aktion eingeleitet, über die kaum gesprochen wurde, weil sie ganz nützlich und in Ordnung schien. Jener SAP-Genosse, [*Karl Frank*], kam in unsere Vorstandssitzung und legte einen Plan vor, um gegen die Aktion der SPD mit einer großen Propaganda vorzugehen und die Mitglieder aus der SPD herauszuholen. Ich wurde wild. Die lächerlichen Zustände in der SAP wären bekannt geworden und die Partei hätte noch weniger Anziehungskraft, als von vornherein zu erwarten war. Die ausgetretenen SPD Mitglieder konnten alles andere tun, als in die SAP zu gehen – und wahrscheinlich würden sie das Unerwünschteste tun. Es war eine äußerst erregte Sitzung . . .

Am nächsten Tage rief er mich an und sagte, er möchte zu mir kommen, um die gestrige Diskussion noch weiter zu führen. Ich war auf das Schlimmste gefaßt und dachte sogar daran, Gegenstände aus dem Weg zu räumen, die als Wurfgeschosse dienen konnten. Ich war aber nicht auf die Eröffnung gefaßt, die ich hören sollte.

„Du hattest natürlich gestern vollkommen recht", begann er. „Die Mitglieder jetzt aus der SPD herauszubringen, wäre das Verkehrteste, was man tun könnte. Ich habe nur ultralinks gespielt, um die SAP ad absurdum zu führen und zu beweisen, daß sie überhaupt keine Mitglieder gewinnen kann. Die SAP muß völlig unmöglich gemacht, sie muß zerstört werden. Das war schon meine Ansicht, als ich eintrat, und darum habe ich mich in den Vorstand wählen lassen und um die Eroberung der Partei gekämpft. Es ist jetzt keine Zeit für Spaltung, sondern für Vereinigung. Es muß sich alles in der SPD vereinen, natürlich nicht um den Vorstand zu unterstützen, sondern um die Massen gegen ihn zu mobilisieren".

Er hatte bereits seit längerer Zeit mit der SPD verhandelt, und seine Aufnahme in die Partei war beschlossen. Er hatte auch schon die Mission, einen Fühler auszustrecken, ob ich nicht zurückkommen wolle, ich würde gern wieder aufgenommen werden. Ich dankte. Die Aufgabe, die er sich stellte, hatte ich ja gerade voriges Jahr als undurchführbar aufgegeben.

Sein Wirken in der SPD war kurz. Es war einige Monate, bevor *Hitler* zur Macht kam. Später tauchte er wieder als Führer einer illegalen SPD-Gruppe auf, die gegen den Parteivorstand in Opposition stand. Ich traf ihn in Prag, wo er, wie immer, sehr geheimnisvoll tat. Er war Österreicher und fuhr auf einem österreichischen Paß oft zwischen Deutschland und Prag hin und her.

Der Mann ist wahrscheinlich kein bewußter Schwindler. Ich glaube kein Wort von seiner Geschichte, daß er mit einem ausgeklügelten Plan in die SAP gekommen ist, um sie zu zerstören. Das alles ist ihm wohl erst hinterher eingefallen. Ich glaube aber, daß er ein gefährlicher Phantast und Abenteurer ist. Man kann bei ihm nie wissen, wofür oder wogegen er steht. Seine Freunde aus der KPO-Gruppe, mit denen er so viele Jahre in allen Gruppen zusammen gearbeitet hatte, wurden durch seinen Schritt ebenso überrascht wie alle anderen und waren vollkommen erschüttert. Ich kann nicht ohne Beklemmung daran denken, daß dieser Mann seine Hand in der illegalen Arbeit hat.

In den Mitgliederversammlungen der SAP wurde mir klar, wie stark schon die Klassenunterschiede in der Arbeiterschaft sind. Aus der SPD kannte ich eine ausgesprochene Arbeiteraristokratie. Es waren meist Leute, die ständige und leidlich gut bezahlte Arbeit hatten, und die darum viel zu verlieren und zu verteidigen hatten. In der letzten Zeit hatten freilich auch die Mitglieder der SPD stark unter Arbeitslosigkeit gelitten, aber die Leute hatten noch Hoffnung, daß die einflußreiche Partei Abhilfe für ihre Probleme schaffen könne. Wenn bei oder nach lange dauernden Versammlungen etwas gegessen und getrunken wurde, brauchten die Erwerbslosen nie zurückzustehen. Es war immer eine erhebliche Zahl von gut situierten Leuten zugegen, die leicht dafür sorgen konnten. Eine Partei von Proletariern war die SPD nicht.

Bei der SAP sah ich einen sehr verschiedenen Typ. Das Arbeitslosenelend kam hier völlig zum Ausdruck. Die Arbeitslosenzahl in Deutschland war auf 6 Millionen gestiegen. Es waren wenige in der SAP, die ständige Arbeit hatten. In unseren Versammlungen wagte man kaum, ein Butterbrot zu essen. Es waren zu viele da, die hungrig aussahen, und zu wenige, die zwei Butterbrote bezahlen konnten.

Die SPD hatte oft darauf hingewiesen, daß die KPD überhaupt keine Partei von Arbeitern, sondern von Arbeitslosen war. Ihre Streikparolen wären darum unsinnig, weil ihre Massen gar nicht in den Betrieben seien, sondern draußen. In der SAP sah es 1932 ungefähr ebenso aus. Darauf beruhte zum großen Teil der Gegensatz zwischen den Parteien. In der SPD war die Arbeiteraristokratie zum großen Teil unkündbar und gut geschützt, im wesentlichen ruhige und satte Kleinbürger. In der KPD war das Arbeiterproletariat, das nichts zu verlieren hatte und daher stets voll Unruhe und Verbitterung und zu Aktionen bereit war. In der Krise gab es keine schärferen Interessengegensätze als zwischen den Arbeitern, die durch den Schutz der Betriebsräte fast den Stand von Festangestellten hatten, und den Arbeitslosen.

Das Wertvollste für mich in der SAP war, daß ich noch Gelegenheit hatte, Versammlungen abzuhalten. Während des ganzen Jahres 1932 verbrachte ich fast jedes Wochenende unterwegs und hielt möglichst viele Versammlungen ab. Die Versammlungen waren meist gefüllt mit SPD- und KPD-Leuten. Es gab bei uns freie Diskussion, während bei den beiden anderen Parteien nie in öffentlichen Versammlungen diskutiert wurde. Es war das ein Grund, warum die Parteien sich so leicht über die Stimmung außerhalb der Partei täuschen konnten. Die öffentlichen Versammlungen in der SPD waren vergrößerte Mitgliederversammlungen. Fremde kamen selten hin, und wenn sie da waren, durften sie sich kaum durch einen Zwischenruf bemerkbar machen. Jede Partei sprach immer nur zu ihren eigenen Anhängern.

Das Verhalten der Kommunisten rechtfertigte zwar reichlich den Standpunkt, daß öffentliche Diskussionen nicht durchführbar seien. Die „demokratische freie Aussprache", wie sie die SAP propagierte, war auch nicht völlig durchführbar. Zahlreiche unserer Versammlungen wurden gesprengt, fast immer von Kommunisten. Ich wurde meist mit ihnen fertig, indem ich die reine Demokratie verletzte. Sie liebten es, wenn der Redner anfangen wollte aufzustehen und die Internationale zu singen. Ich sagte dann: „Das war schön. Die Internationale singen wir auch gern. Und wer jetzt unsere Versammlung stört, wird an die Luft gesetzt." Wenn kein Zweifel bestand, daß das ausgeführt wird, genügte das meist. Wenn die Kommunisten stark genug waren, ging die Versammlung in Radau unter.

Ich hatte eine denkwürdige Versammlung in Thüringen. Ein alter Mann, der Leiter des SAP-Grüppchens, erwartete mich an der Bahn und zeigte mir stolz die gute Propaganda, die sie für die Versammlung gemacht hatten. Von den Anschlagsäulen grinste mir ein Gesicht entgegen, das zum Glück keinerlei Ähnlichkeit mit meinem hatte. Offenbar hatten sie in dem Ort nie ein Bild von mir gesehen. Unter dem Bild stand: „Dr. K . . . F . . . spricht: Arbeiter, wehrt Euch gegen die braune Pest!"

Der Ort war von Nazis beherrscht, und es war gefährlich genug, über das Thema zu sprechen, auch ohne die provozierenden Anschläge. Daß ich nicht kam, um für die braune Pest zu sprechen, hätte man ohnehin angenommen.

In der Versammlung ging es recht erregt her. Unsere Gruppe war klein, der Saal war überfüllt von Angehörigen der SPD und KPD. Plötzlich, als ich fast am Ende war, verstummten die Zwischenrufe. Es wurde mir ein Zettel heraufgereicht: „Haus von Nazis umzingelt. Sprechen Sie weiter. Wir rufen Polizei. SPD." Im nächsten Moment bekam ich einen zweiten Zettel: „Haus von Nazis umzingelt. Sprechen Sie weiter. Wir rufen unseren Schutztrupp. KPD."

Es war eine beängstigende Situation. Hätte die Versammlung gemerkt, was vorging, dann wären Mengen hinausgestürzt, und es hätte schlimm werden können. Wenn bei dem ungewollt langen Referat einzelne müde würden und hinuntergingen, würden sie einzeln von den Nazis in Empfang genommen werden. Während ich mich krampfhaft bemühte, Witze zu machen und unterhaltend zu sein, sah ich, daß meine feindlichen Brüder die Sache gut organisierten. Ein paar vernünftig aussehende Männer, die offenbar bei den Leuten gut bekannt waren, hatten sich an die Tür gestellt und ließen niemanden hinaus. Sie machten das geschickt und unauffällig, so daß keine Panik ausbrach. Wenn es sich um Organisation und Schulung handelte, konnte man sich immer auf die deutschen Arbeiter verlassen. Endlich kam ein Polizeiaufgebot. Gleichzeitig rückte ein Trupp kampfbereiter Kommunisten an, die die SAP-Versammlung verteidigen wollten, wie sie es bei ihren Versammlungen taten. Die Polizei lehnte die Hilfe ab, aber sie bestanden darauf, mich zur Bahn zu bringen. Auf keinen Fall könne ich ohne ausreichenden Schutz gehen und unsere Gruppe sei zu schwach.

Zehn Minuten vorher hatten mir die Kommunisten zugerufen, ich sei selber ein Faschist, und die SAP sei faschistisch, und ähnlichen Unsinn. Unsere Leute kamen auch mit zur Bahn. Ich besprach mit ihnen, was ich ihnen an Flugschriften und Broschüren für ihre Propaganda schicken sollte. Es war aber gerade eine Gruppe, die viele Jahre in kleinsten Sekten gearbeitet hatte und nichts anderes sagen konnte als „gute sozialistische Literatur". Die Kommunisten konnten Auskunft geben, was für Betriebe in der Gegend sind, wie groß die Arbeitslosigkeit ist, wie die Stimmung im Orte ist und welche Taktik die Nazis anwandten.

Sie schlugen vor, was ich der SAP-Gruppe schicken sollte und sagten gleich: „Ihr müßt uns das alles leihen." Sie schienen alle gut befreundet zu sein. Sie wünschten Material über die Fragen, die ich im Referat erwähnt hatte, das sie so fleißig mit Zwischenrufen begleitet hatten.

Die Nazis stellten ihre Propaganda ganz auf den Versailler Vertrag und die Erfüllungspolitik ab. Die Kinder der Erwerbslosen hätten keine Milch, weil wir alle Milchkühe abgeliefert hätten. Ich hatte über das Treiben der Nationalisten und der Schwerindustrie 1923 gesprochen, über die schwarze Reichswehr und die anderen illegalen nationalen Verbände, und wie weit der Versailler Vertrag schon auf dem Verhandlungswege abgebaut war. Darüber wollten sie Material haben. Am meisten hatte sie interessiert, was ich aus *Hitlers* „Mein Kampf" zitiert hatte. „Das Buch hat hier sicher noch niemand gelesen. Wenn wir davon ein Exemplar hier hätten, könnten wir den Nazis auf Vieles antworten", sagten sie.

Die SPD und KPD schickte massenhaft Material ins Land, es war aber vorwiegend Parteipropaganda, die ihre Politik verteidigte, alles, was gut war, als Erfolg in Anspruch nahm, und alles, was schlecht war, auf das Schuldkonto der anderen Partei schob. „Mein Kampf" war in fast keiner Arbeiterbibliothek vorhanden. Das Buch wurde zu lange nicht als gefährlich anerkannt, sondern nur als lächerlich abgetan.

Die SAP hatte fast kein eigenes Material. Ich mußte es kaufen oder von SPD-Freunden zusammenbetteln. Sie waren mißtrauisch und meinten, die SAP solle doch ihre Propaganda selber machen. Aber schließlich stimmten sie doch zu, daß die Sachen gedruckt sind, um gelesen zu werden.

Ich versprach, alles zu schicken, und ließ mein Exemplar von „Mein Kampf" da. Ich sagte: „Es ist für euch alle, auch für die SPD. Aber wir sind nicht die reichste der Parteien. Ihr müßt unseren Leuten auch geben, was ihr von eurer Zentrale bekommt. Und ihr müßt sie nicht Faschisten nennen. Wenn ihr richtige Faschisten sehen wollt, braucht ihr ja nicht mehr weit zu suchen."

Beide Gruppen lachten. „Es ist ja alles hier nicht so, wie die sich das in Berlin denken. Gegen die Nazis müssen wir hier immer zusammenhalten, sonst würde es uns allen schlecht gehen."

Als endlich mein Zug kam, wurde ich mit freundschaftlichem Winken verabschiedet – und mit dem üblichen Gesang.

Ich zweifle nicht, daß dann ein Bericht an die KPD-Zentrale gegangen ist, daß die SAP-Referentin von der proletarischen Bevölkerung mit Zurufen wie „Arbeiterverräter und Faschist" begrüßt worden sei. So wurde es gewünscht – und es war auch wahr. Die deutschen Arbeiter konnten nicht zusammenkommen, bevor sie nicht von den Nazis buchstäblich zusammengeprügelt wurden. Dann war es leider zu spät.

1932 war alles in Fieberhitze. Zu einer Versammlung hatte mich ein Trupp unserer Jugendorganisation abgeholt. Als wir durch eine menschenleere Straße gingen, tauchte ein Radfahrer in Naziuniform auf. Als er unseren Trupp sah, versuchte er, die Flucht zu ergreifen, aber wie die Wilden stürzten sich unsere jungen Burschen auf ihn. Ich hatte Mühe, sie zurückzurufen, als der junge Nazi schon blutete. Natürlich sprach ich dann zuerst über Kampfmethoden und das Unsinnige eines solchen Vorgehens. Ihre Antwort beruhigte mich wenigstens darüber, daß unsere jungen Leute noch nicht allgemein so reagierten wie der Stier auf das rote Tuch. Vorige Woche hatten die Nazis sie ebenso unprovoziert überfallen, und zwei unserer Leute lagen noch im Krankenhaus. Während des ganzen Jahres 1932 herrschte ein latenter Bürgerkrieg.

Wegen der dauernden Überfälle hatte sich mit viel Lärm die „Eiserne Front“ gebildet. Das war eigentlich gar keine Neubildung. Es war das alte Reichsbanner, wohltrainierte Männer, hauptsächlich Sozialdemokraten mit einer Beimischung von Demokraten und Zentrum. Jetzt machten die drei Parteien Propaganda für den Eintritt in die Eiserne Front, die die Schutztruppe der Republikaner sein sollte, wie die S.A. die Schutztruppe der Nazis war. Es bestand aber ein Unterschied: Die Eiserne Front, streng legal, war unbewaffnet, und die Machthaber in Preußen und im Reich hielten auch nicht für den Notfall Waffen für sie in Bereitschaft. Die S.A. war bewaffnet.

Die Bevölkerung setzte Hoffnungen auf die Eiserne Front. Die Zeitungen schrieben: Endlich eine Beruhigung für die gequälten Nerven der Bevölkerung ... Diese Männer, die durch die Straßen Berlins zogen, ruhig, entschlossen, diszipliniert ... zuverläßige Schützer der Republik und der Ordnung.

Die Nazis hatten immer ein unaussprechbar unflätiges Wort für die Farben der Republik, die die Eiserne Front trug. Dies Wort wurde gesprochen und gedruckt täglich auf die Eiserne Front angewandt. Die Kommunisten höhnten, weil sie wußten, daß die Stärke der Eisernen Front eine Seifenblase war. Es gehörte nicht sehr viel Einsicht dazu, das zu wissen. Sie konnten ein paar Versammlungen schützen, die sonst aufgeflogen wären, das war aber alles. Die Zeitungsberichte, daß Arbeitergruppen brutal von den Nazis niedergeschlagen wurden, hörten nicht auf. Diese Berichte brachten die Leute zur Verzweiflung. Warum ließen sie sich denn immer verprügeln? Können sie sich nicht wehren? Die Nazis hatten eben immer Waffen. Wenn nicht Schußwaffen und Messer gebraucht wurden, dann wenigstens Schlagringe und Totschläger. Der Kampf war zu ungleich.

Es wurde viel geschrien und gestikuliert in jener Zeit. Einige streckten die Hand zum Hitlergruß aus, andere hoben die Faust. Zur Begrüßung erscholl es: Heil Hitler! Freiheit! Rot Front! Kampfbereit! Selbst die Kinder schrien: Freundschaft! Das bedeutete: Feindschaft jedem, der nicht zu uns gehört!

Jeder trug sein Parteiabzeichen, viele daneben das Abzeichen der Gewerkschaft, der Eisernen Front usw. Ganze Garnituren von Abzeichen wurden getragen, wie einst ganze Garnituren von Orden getragen wurden. Selbst in der Zeit des Uniformverbotes trug jeder durch Abzeichen seine Gesinnung zur Schau, und es kam dauernd zu Prügeleien.

Trotz der großen Vertrauenspropaganda hörte man bald überall im Lande einen Spruch: Eisern die Front, Eisern die Stirn. Eisern vernagelt das ganze Gehirn!

Wenige Monate nach Bildung der Eisernen Front kam der Staatsstreich gegen die Preußische Regierung. *Severing* sagte, es könnte nicht gekämpft werden, er stünde mit leeren Händen da.

Es war vor den Juliwahlen, ich war auf einer Versammlungstournee. Ich rief in Berlin an und fragte, ob ich zurückkommen solle. „Nicht nötig," hörte ich aus unserem Parteibüro, „es ist alles ruhig." Ich sorgte dafür, daß ich in den nächsten 24 Stunden noch jeden Augenblick erreichbar war. Selbst ich in meinem tiefen Pessimismus dachte nicht, daß es ganz ruhig bleiben könne.

Am nächsten Tage war ich überzeugt. Ich ging in die sozialdemokratische Buchhandlung der Stadt und hoffte, dort nähere Informationen zu bekommen. Im Schaufenster war ein großes *Severing*-Bild, mit Blumen geschmückt und mit der Aufschrift: „Unser *Severing!* Ich weiche nur der Gewalt!" Ich hatte nichts mehr zu fragen und ging nicht hinein.

Jetzt hat man die damals angestellten Erwägungen durch das Buch von *Otto Braun*[64] näher kennengelernt. Er schreibt:

> Was hätte das Ziel eines solchen Kampfes sein sollen? Vielleicht die Niederringung des Reichspräsidenten und seiner Reichsregierung? Die Stabilisierung der Weimarer Republik, gegen die bei den letzten Wahlen weit über 50% gestimmt hatten, oder gar eine Sowjet-Diktatur?

64 Von Weimar zu Hitler, New York 1940. Über *Otto Braun* ist eine biographische Studie geschrieben worden, die wesentliche Elemente der Entwicklung der gesamten preußischen Politik erschließt: *Hagen Schulze*, Otto Braun oder Preußens demokratische Sendung. Eine Biographie, Frankfurt/Main 1977.

Wenn man nicht mehr weiß, wofür man kämpfen will, dann erübrigt sich freilich die Frage, ob und womit gekämpft werden soll, und die Dinge müssen ihren Lauf nehmen.

Das Herumreisen und Reden war früher für mich keine Strapaze gewesen. Allmählich wurde es zur Qual. Ich kam durch ganze Ortschaften, wo jeder Fremde geglaubt hätte, das Hakenkreuz sei schon die Landesfahne. Das Uniformverbot war im Juni [1932] aufgehoben worden. Überall sah man die braunen Uniformen, vor den Nazihäusern standen sie militärisch Schildwache und inszenierten mit militärischem Drill ihre Ablösung. Wo ich hinkam, stand die Bevölkerung unter Terror.

„Doch ein Trost war uns geblieben." Wenige Tage nach dem Staatsstreich in Preußen bekam ich ein Flugblatt der Eisernen Front in die Hand, auf dem verkündet wurde: „Am 31. Juli (Reichstagswahl) wird sich zeigen, daß die Macht des Stimmzettels größer ist als jede Gewalt!"

Ich kam in einen Ort in Sachsen, wo fast die ganze Ortsgruppe der SPD zu uns übergetreten war und wir zufällig die stärkste Linksgruppe waren. Unsere Leute hatten Genossen von den umliegenden Bezirken herangezogen, und wir wollten vor der Versammlung einen Umzug durch die Stadt machen. Das war lange nicht mehr geschehen, nur die Nazis konnten sich noch auf der Straße zeigen.

SPD- und KPD-Vertreter kamen und wollten mitmarschieren. Sie versicherten mir hoch und heilig, daß sie keine Störung beabsichtigten. Sie wollten sich nur anschließen, und das sei auch für uns besser. Eine Gruppe allein könne es überhaupt nicht mehr wagen. Sie brauchten mir nicht viel zu sagen, um mich von ihren friedlichen Absichten zu überzeugen. Ich wußte, wie sie alle darunter litten, daß die Nazis die Straße beherrschten und die Linken sich nicht mehr zeigen konnten.

Ich traf eine sorgfältige Auswahl der Plakate. Hitler-Karikaturen, so hübsch sie waren, wurden zu Hause gelassen. Die Plakate forderten „Einheitsfront der Proletarier, Friede, Freiheit, Arbeit" usw. Auch die Lieder, die gesungen werden sollten, wurden ausgewählt. Das Lieblingslied, vom Herrn *Hitler,* den sie verhauen wollten, wurde ausgelassen.

Die Deutschen singen so gern. Ich habe mich oft darüber gewundert, daß sie immer die geschmacklosesten Texte haben, die ich je in einer Sprache gehört habe. Angefangen mit der Internationalen, in der es heißt: „Unser Blut sei nicht der Raben und der gierigen Geier Fraß" bis zu dem melancholischen Lied, das sie oft 1932 sangen: „Es steht ein Mann so fest wie eine Eiche. Man sieht, daß er so manchen Sturm besteht. Vielleicht ist er schon morgen eine Leiche, wie es so manchem Freiheitskämpfer geht.“

Es bildete sich ein stattlicher Zug. Ich marschierte voran, mit dem SAP-Zeichen. Links und rechts von mir wurden die Zeichen der SPD und der KPD getragen. Im Zuge waren die drei Abzeichen bunt durcheinander gemischt. Das Ganze sah aus wie eine Demonstration: Die Einheitsfront marschiert! Mein einziger trüber Gedanke war, daß das ja nur so schien. In Berlin diskutierten noch immer die Führer der SPD und KPD darüber, daß die Einheitsfront nicht zustande kommen könne, weil die andere Partei nicht wolle.

Die Bevölkerung hatte solche Gedanken nicht. Sie reagierte, wie die Berliner beim Auftreten der Eisernen Front reagiert hatten. Es wurde uns zugejubelt, Tücher geschwenkt. Leute stürzten aus den Häusern, um sich dem Zuge anzuschließen. Aus anderen Häusern wurden wir bespuckt und mit Steinen beworfen. Viele Leute waren so erstaunt und erschüttert, daß sie die Hüte abnahmen, als käme ein Trauerzug.

Es geschah, was zu erwarten war. Die Nazis überfielen den Zug und prügelten ihn auseinander. Die Polizei kam uninteressiert und verhaftete einige Nazis und etwa doppelt so viel von unseren Leuten. Ich ging am nächsten Tage auf das Polizeiamt und sprach mit dem Leiter. „Ja, Gott“, sagte er, „die Polizei ist dem nicht mehr gewachsen. Es gibt nichts mehr als Straßenkämpfe. Sollen sie doch alle zu Hause bleiben.“

Es herrschte eine tiefe Niedergeschlagenheit. Männer, die sich tapfer geschlagen hatten, weinten. „Die Straße gehört den Nazis. Wir sind erledigt.“

Ich hatte eine unbedeutende Verletzung an der Stirn und, wie ich erst später bemerkte, ein gebrochenes Nasenbein. Ich wurde mit so viel Schonung behandelt, als sei ich schwer krank. Sogar die Kommunisten riefen in der Versammlung nicht „Faschist“. Sie hatten schon gelernt, wie Faschismus aussieht.

Die Arbeiter waren immer loyal, mutig und opferwillig, wenn sie nicht von den Parolen ihrer Führer zurückgehalten wurden. Parolen freilich müssen sie haben. Ich mußte es noch erleben, daß viele, die erwartungsvoll mit uns marschiert waren, all ihren guten Willen und ihre Qualitäten unter die Parole von Hitler stellten.

Während die Arbeiter im Lande durch Selbstverteidigung taten, was möglich war, wurde in Berlin weiter theoretisiert und Grüppchenpolitik gemacht. Diese Politik der Fraktionsintrigen, die in noch größerem Maßstab in der KPD getrieben wurde als in der

SAP, wirkte sich sehr schlimm aus. Jeder Arbeiter, wenn er nichts anderes kannte, kannte das eine Wort, das *Lenin* zugeschrieben wird: Der Zweck heiligt alle Mittel! Alle Mittel waren erlaubt. Erst gegen den bürgerlichen Staat, dann gegen den kapitalistischen Arbeitgeber, dann gegen die anderen Parteien, schließlich gegen die Genossen in der eigenen Partei, gegen die man eine Fraktion gebildet hatte. Das Feld, wo Loyalität noch nicht gleichberechtigt war mit Dummheit und Mangel an revolutionärem Geist, wurde immer enger. Schließlich konnte sich jeder jedes Rowdytum und jede Unaufrichtigkeit erlauben, weil es ja nur ein Mittel zu einem höheren Zwecke war.

Wenn die Arbeiter davon sprachen, daß die Arbeiter die Produktion kontrollieren werden, dann hatten sie vergessen, daß die Gewerkschaften es tun würden, und wie wenig Einfluß sie auf die Gewerkschaftsführer haben. Jeder sah sich im Geiste zu seinem Chef gehend und sagen: „Nun leg mir mal die Bücher vor!"

Wenn sie sangen: „Es kommt die Zeit, da werden wir uns furchtbar rächen, da werden wir die roten Richter sein" – sah man an dem Gesichtsausdruck die potentiellen Nazis.

Die Arbeiter wurden reichlich verdreht gemacht. Das war die Schuld des Systems, das die These vertrat, die Initiative komme aus der Masse, und gleichzeitig eine Parteidiktatur ausübte, die die Masse entmündigte.

Die Ansicht, die mit dem meisten Nachdruck in der SAP vertreten wurde, war in kurzem folgende: Der Kapitalismus ist in seine Endkrise eingetreten, von der er sich nicht mehr erholen kann. Damit ist objektiv die revolutionäre Situation gegeben, wie *Marx* es vorausgesagt hat. Subjektiv besteht die revolutionäre Situation noch nicht, weil die Arbeiter die Lage noch nicht erkannt haben und uneinig sind. Die Entwicklung wird dadurch aufgehalten, daß die SPD die Lage völlig verkehrt einschätzt. Sie glaubt, die Krise sei nur vorübergehend und mit ihrem Abfallen werde auch den Nazis der Boden entzogen, wie es *Tarnow* 1931 in seinem Referat auf dem Parteitag vertreten hatte. Auf dieser irrigen Annahme beruhe die Politik der Tolerierung und des kleineren Übels. Die Aufgabe der SAP sei es daher, klar zu machen, daß wir in der Endkrise sind und die Einheitsfront aller Arbeiterparteien herzustellen ist, um die subjektiv revolutionäre Lage herbeizuführen.

Es verging fast kein Monat, ohne daß Briefe an die SPD und KPD gerichtet wurden mit Einheitsfrontangeboten. Niemand zweifelte daran, daß die Briefe in den Papierkorb kamen, und da gehörten sie auch hin. Wir hatten lange genug als Funktionäre in der

SPD über eine Annäherung an die Kommunisten debattiert. Wir wußten, daß es am Widerstande beider Führungsgruppen scheiterte. Vor der Einheitsfront mußte ja auch durch sachliche Diskussion eine Basis dazu hergestellt werden. Solange die SPD den Staat um jeden Preis erhalten, die KPD alles zerschlagen wollte, bestand diese Basis nicht. Die Notgemeinschaften, deren Bildung wir alle im Lande beobachtet hatten, konnten nicht überschätzt werden, wenn man die Verhältnisse in den Parteien kannte. Womit wir in der Partei um keinen Schritt weitergekommen waren, darauf konnten wir durch Briefe von außen gewiß keinen Einfluß ausüben.

Ich war ein schweigsames Mitglied in den Vorstandssitzungen. Die Theorie, um die da mit so viel Temperament gestritten wurde, ob die Endkrise des Kapitalismus gekommen sei, schien mir weniger wichtig als die Frage, wie wir in der Krise, wie immer man sie nennen wollte, aktionsfähig werden. Für die Frage der Einheitsfront, die die Vorbedingung für jede Aktion war, verfolgte ich in meinen Versammlungen meine eigene Taktik.

In der SPD hatte ich den Standpunkt vertreten, daß das Ausmaß der Krise unterschätzt wird, und daher die Konsequenz, daß wir uns nur kurze Zeit zu ducken brauchen, weil der schon sichtbare wirtschaftliche Wiederaufstieg uns von der Gefahr befreien wird, verhängnisvoll sei. Damals habe ich viel Zustimmung gefunden. Jetzt würden dieselben Ausführungen nur als Angriff einer Partei auf die andere angesehen werden und würde gereizte Gegenangriffe hervorrufen, statt die Einheitsfront zu fördern. Ich sprach überhaupt nicht von den Streitigkeiten zwischen den Linksparteien, ich sprach von der vor der Türe stehenden Gefahr für uns alle, und wo es möglich war, brachte ich die Arbeiter einander näher. Das schien mir lokal wichtig und notwendig. Aber ich wußte, daß die letzte Entscheidung, ob vereint gekämpft oder nicht gekämpft wird, in Berlin fällt. Die Partei- und Gewerkschaftsmaschinen waren zu einflußreich, als daß lokale Spontanaktionen gegen ihren Willen bedeutungsvoll sein konnten.

Die Theorien des SAP-Vorstandes beherrschten die Diskussionen in der Partei. Sie wurden von den Mitgliedern mit gewohntem Enthusiasmus aufgegriffen und als Parolen behandelt. „Sind wir etwa nicht in der Endkrise des Kapitalismus?“, riefen mir Arbeiter in einer Versammlung zu. Ich sprach gar nicht von dieser Frage und antwortete nicht darauf. „Sag es doch! Sind wir in der Endkrise, oder stehst Du auf *Tarnows* Standpunkt?“

„Ich weiß es nicht“, sagte ich, „ich weiß überhaupt nicht, ob es eine Endkrise gibt, wie *Marx* es vor 100 Jahren angenommen hat. *Tarnow* weiß es auch nicht, und niemand sonst, der sich mit der Frage beschäftigt hat. Wenn Du glaubst, es zu wissen, dann weißt Du nicht einmal, womit Du Dich hättest beschäftigen müssen, bevor Du eine Meinung darüber haben kannst."

Das war zu viel. „Keine Endkrise! Du bist ja nicht mehr Marxistin! Du stehst ja weiter rechts als *Tarnow*!" Das war die schlimmste Anklage, die aus jener Gruppe kommen konnte.

„Ich kenne keine rechten und keine linken Wirtschaftsanalysen. Ich kenne nur richtige und verkehrte. Was ihr wollt, ist aber gar keine Analyse, sondern eine Prophezeiung. Fragt die Sterne, ob der Kapitalismus noch einen Ausweg aus dieser Krise finden wird. Wenn die Arbeiterparteien sich nicht endlich zusammenreißen, fürchte ich: Ja!"

Ein anderer beliebter Streitpunkt war die Politik des kleineren Übels. So wurde alles genannt, was nicht geradlinig revolutionär aussah. Die Politik des kleineren Übels zu vertreten, war ebenso schlimm, als zu zweifeln, daß wir in der Endkrise des Kapitalismus sind. Ich diskutierte unendlich oft darüber, ob man denn etwa die Politik des größtmöglichen Übels wählen solle. Was wir der SPD vorwerfen, sei doch nur, daß sie eben nicht das kleinere Übel gewählt habe, als sie den Kampf ablehnte und allen Widerstand aufgab.

Wenn die Arbeiter mit Schlagworten gefüttert waren, war es unmöglich, ihnen klar zu machen, daß sie Schlagworte nachsprechen, mit denen sie keine Begriffe verbinden. Sie klammerten sich so fest an die Parolen ihrer Führer, daß sie sie vollkommen mit ihren eigenen Ideen verwechselten und intolerant wurden gegen jede Ansicht oder Kritik, die diese angenehme Sicherheit erschüttern konnte. Sie identifizierten sich total mit ihren Führern und deren Worten. Davon hat ja auch *Hitler* reichlich Gebrauch gemacht.

Es war immer eine Illusion zu glauben, daß die Massen sozialistisch sind, und es ist auch jetzt illusionär zu sagen, der Sozialismus lebe noch in den Massen. Massen können nicht beurteilen, ob sie durch den Kapitalismus leiden, oder durch den Vertrag von Versailles, ob es ein Ausweg ist, Betriebe zu sozialisieren oder den Lebensraum zu vergrößern.

Die Sozialisten hatten in Deutschland seit 40 Jahren eine gewisse Aktionsmöglichkeit und seit 15 Jahren volle Bewegungsfreiheit. Das ist zu lange, nur um zu reden und nichts in Bewegung zu setzen. Die Massen folgen der Führung, die entschlossen einen Weg beschreitet, um den propagierten Ideen Taten folgen zu lassen. Wenn der Weg in eine Sackgasse mündet, können die Massen es erst erkennen, wenn sie in der Sackgasse gefangen sind. Wenn der Weg schwere Opfer kostet, verlieren sie nicht leicht Mut und Vertrauen, solange nur ein Weg sichtbar ist.

Solange *Hitler* Erfolge aufzuzeigen hat und nicht am Ende der Sackgasse angelangt ist, werden die Massen mit ihm gehen. Daß sie den Gegner niederschlagen müssen, bevor sie seinen Lebensraum erben, ist einfach und verständlich. Daß der Gegner zurückschlägt und alle Leiden im Lande auf sein Schuldkonto gebucht werden, ebenfalls. Die Doktrin der Sozialisten von 1931, daß man heilender Arzt sein müsse, wenn man lachender Erbe werden will, war nicht verständlich und zeigte keinen Weg.

Eine meiner letzten öffentlichen Versammlungen hielt ich [am 26.6.1932] in Berlin vor der letzten Reichstagswahl der Vor-*Hitler*-zeit. Sie war veranstaltet vom Verein sozialistischer Ärzte[65], dem Sozialisten aller Richtungen angehörten und in dessen Vorstand ich war. Die Bekanntmachung lautete: Ärzte warnen! Faschismus, der Feind der Volksgesundheit!

Außer mir sprachen ein sozialdemokratischer [*Ernst Simmel*] und ein kommunistischer Arzt [*Fritz Weiß*]. Wir hatten Saal-

65 Zur Entwicklung des Vereins sozialistischer Ärzte und dem Schicksal seiner führenden Funktionäre (Vorstandsmitglieder) vgl. *Stephan Leibfried, Florian Tennstedt*, Berufsverbote und Sozialpolitik 1933. Die Auswirkungen der nationalsozialistischen Machtergreifung auf die Krankenkassenverwaltung und die Kassenärzte, Bremen: Universität 1979 (Arbeitspapiere des Forschungsschwerpunktes Reproduktionsrisiken, soziale Bewegungen und Sozialpolitik Nr. 2), S. 106–134.
Die Veranstaltung des Vereins sozialistischer Ärzte fand auch ein bemerkenswertes Echo im Vorwärts: Feind der Volksgesundheit. Ärzte gegen den Nationalsozialismus, in: Vorwärts vom 29.7.1932, S. 4. Hier wird nur kurz über das Referat von *Ernst Simmel* (SPD), aber ausführlich über das Referat *Käte Frankenthals* (SAP) berichtet! „Dr. Käte Frankenthal unterzog die nationalsozialistische Bevölkerungspolitik einer vernichtenden Kritik. Ein Glück sei es für *Hitler*, so erklärte sie, daß er seine Jugend nicht im ‚Dritten Reich' verleben brauchte, sonst wäre er bei seinem selbst zugegebenen, sehr schwachen Gesundheitszustand ein Opfer seiner jetzt von ihm verfochtenen Bevölkerungspolitik geworden – zu einem ‚Herrenmenschen' hätte es bei ihm bestimmt nicht gelangt. Wenn die Kraft des *einzelnen* zur Erhaltung seiner Gesundheit nicht ausreicht, müsse eben die *Allgemeinheit* eintreten" (Hervorhebungen im Original). Ferner wird ausführlich über eine Rede des „Genossen *Schulz* von der Sektion Gesundheitswesen des Gesamtverbandes" berichtet, der auch eine Einheitsfrontaktik verfolgte und im Gegensatz zur SPD-orientierten Angestelltenbewegung unter *Aufhäuser* in Fragen der Organisierung des Gesundheitspersonals stand. Man vergleiche diese Gewichtung in der Berichterstattung mit dem von *Käte Frankenthal* berichteten Verhalten der SPD hinsichtlich des Saalschutzes. Berichterstatter des Vorwärts in gesundheitspolitischen Dingen war 1923–33 (Dr. med.) *Norbert Marx*. Vgl. zu dessen Arbeit: *Norbert Marx*, Medizinischer Mitarbeiter des Vorwärts und Ambulatoriumsarzt, Bremen: Universität 1982 (Arbeitsberichte zu verschütteten Alternativen in der Gesundheitspolitik Nr. 4) – in Vorbereitung.

Aus der sozialistischen Ärztebewegung

Oeffentliche Kundgebung gegen den Nationalsozialismus.

Die Ortsgruppe Groß-Berlin des V.S.Ä. veranstaltete gemeinsam mit der Sektion Gesundheitswesen des Gesamtverbandes am 26. Juli eine große öffentliche Versammlung im Lehrer-Vereinshaus. Ueber das Thema „Der Nationalsozialismus — der Feind der Volksgesundheit", das im „Soz. Arzt" in der letzten Zeit häufig behandelt wurde, sprachen die Genossen E. Simmel (SPD.), Käte Frankenthal (SAP.), F. Weiß (KPD.), Hermann Schulz (SPD.), M. Hodann und Boenheim (parteilos). Saal und Galerien waren überfüllt. Die prächtige Kampfesstimmung steigerte sich noch, als der Gen. Ernst Haase als Versammlungsleiter ein Solidaritätstelegramm der Wiener Vereinigung sozialdemokratischer Aerzte verlas. Die Nazis, die zur Diskussion herausgefordert waren, blieben fern und verbreiteten stattdessen ein Flugblatt voller Schmähungen gegen die sozialistischen Aerzte und die Gewerkschaften. Ihnen sprechen sie das Recht ab, über die „deutsche Volksgesundheit" zu referieren. Das können nur Aerzte der Schutzstaffeln und Pgs. reinrassigen Teutschtums. Die „nationalen Belange" nahm in unserer Versammlung ein nicht gerade reinrassiger deutschnationaler Arzt, Dr. Oskar Rosenthal, wahr, ohne indessen in der Versammlung Verständnis zu finden. Die Revanche blieb nicht aus. In der „Dtsch. Allg. Zeitung" bekämpft er auf seine Weise den „Verein Sozialistischer Ärzte" und denunziert ihn bei Reichs- und Landesregierung.

Unserer Veranstaltung kommt weit über ihren Rahmen hinaus größte Bedeutung bei, weil hier einmal in der Praxis gezeigt werden konnte, daß die sozialistische Einheitsfront bei dem Willen aller Parteirichtungen möglich ist. Für alle Redner wurden in einer Vorbesprechung bindende Richtlinien festgelegt: es darf nur eine gemeinsame Front gegen den Todfeind der ganzen Arbeiterklasse geben, Beschimpfungen sowie unsachliche Angriffe gegen eine sozialistische Partei müssen unter allen Umständen unterbleiben. Darauf einigten sich nicht nur die Referenten aller Parteirichtungen, sondern es wurde auch von allen Genossen, sogar den Zwischenrufern, zur größten Wirkung praktisch durchgeführt.

Eine besondere Note hatte die Veranstaltung auch schon äußerlich durch die in Berlin gänzlich ungewohnte Tatsache, daß alle proletarischen Selbstschutzorganisationen — Reichsbanner, Kampf- und Schutzbund — in voller Uniform zum gemeinsamen Schutz der Versammlung aufmarschiert waren. Dadurch war die Wirkung der Kundgebung besonders groß. Unter den Massen aller Parteirichtungen herrschte größte Kampfbegeisterung. F.

Quelle: Der sozialistische Arzt Juli/August 1932 (Jg. 8, Heft 7/8) S. 153–154

Anmerkung:
Dr. med. Oskar Rosenthal schrieb in der DAZ vom 9.8.1932 (Dienstag morgen) S. 5 über den VSÄ unter der Überschrift *„Deutsche" Ärzte* u.a.: „ Dieser Verein, der früher ein sehr wenig beachtetes Dasein führte, hat seit dem November 1918 einen starken Auftrieb durch Herren bekommen, die auf der neuen Welle schwimmen und sich an ein angenehmes Ufer tragen lassen wollten." Seine Auseinandersetzung mit dem Kampf des VSÄ gegen eine Vorbereitung auf einen Gaskrieg (Verteilung von Gasmasken usf.) resumiert er mit: „Wie lange dürfen Reichs- und Landesregierungen noch einem Treiben zusehen, das die landesverräterische Einstellung mit keiner Silbe mehr schamvoll verhüllt?" Zu seiner Biographie vgl. das Personenregister.

schutz von allen drei Parteien angefordert und auch erhalten. Es waren zahlreiche Nazis in der Versammlung, hauptsächlich Ärzte. Ich hatte viel Material aus der Nazi-Literatur zusammengestellt und zitierte, was Nazi-Autoritäten selber über Gesundheitsfragen sagten. Auf die ersten Zwischenrufe: „Lüge!“, sagte ich: „Oh, nein!“ und gab die genaue Literaturangabe. Als ich auf Rassefragen zu sprechen kam, zitierte ich, was der konservative Rassehygieniker Professor *von Gruber* schrieb, als er *Hitler* zum erstenmal gesehen hatte: „Gesicht und Kopf: Schlechte Rasse. Mischling . . . Gesichtsausdruck nicht eines in voller Selbstbeherrschung Gebietenden, sondern der eines wahnwitzig Erregten . . . Am Schluß Ausdruck beglückten Selbstgefühles.“

Die Nazis sprangen auf. „Unerhört! Unverschämt!“ Aber sie hatten am Eingang den starken Saalschutz gesehen, und die Polizei hatte scharf auf Waffen kontrolliert. Ich kannte ja allmählich die Reaktionen von Versammlungen und wußte, daß keine Aktion erfolgen würde.

Ich fuhr fort und gab das günstigere Gutachten von *Hitlers* persönlichem Arzt bekannt: Obwohl *Hitler* dunkles Kopfhaar habe, sei er ein blonder Typ. Sein Achselhaar sei blond.

In dem allgemeinen Gelächter standen die Nazis auf und verließen den Saal.

War ich froh! Sie hatten nicht bemerkt, was ich bemerkt hatte. Der SPD-Saalschutz war verschwunden. Nach meinem Referat stellte ich sofort fest, was passiert war. Ich konnte kaum etwas anderes annehmen, als daß eine SPD-Versammlung in Schwierigkeiten gekommen war und Verstärkung gebraucht habe.

Berlin war damals das Land der unbegrenzten Möglichkeiten. Es war etwas anderes passiert. Ein unterer Angestellter des Parteibüros hatte einen Fehler gemacht, als er den gemeinsamen Saalschutz bewilligte. Das sah ja aus wie so eine SAP-Einheitsfrontgeschichte. Wir waren aber in Berlin, wo der Vorstand noch regierte. Mitten aus der Versammlung hatten sie ihre Leute abberufen. Das hätte leicht dazu führen können, daß eine große antifaschistische Versammlung zusammengeschlagen worden wäre, in der auch ein SPD-Redner gesprochen hatte, und wo wir uns vorher darüber geeinigt hatten und auch alle sich daran hielten, daß keinerlei Angriffe auf die beteiligten Parteien gemacht werden dürften.

Nicht lange nach der Versammlung hat *Hitler* die Parteiunterschiede aufgehoben, indem er den Terror für alle gleichmäßig aufrichtete. Ich bekam am nächsten Tage eines der beliebten

Briefchen, in dem mitgeteilt wurde, daß mein Name auf der Liste derer heraufgesetzt worden sei, die nun bald totgeschlagen würden.

Am 29. Januar [1933] wurde bekannt, daß *Hindenburg* entschlossen sei *Hitler* zum Reichskanzler zu ernennen. An dem Tage war wohl die größte Massendemonstration, die ich je in den Strassen Berlins gesehen habe. Redner gelobten: Nie werden wir zugeben, daß *Hitler* seinen Fuß in die Reichskanzlei setzt. *Hitlers* Ernennung bedeutet: Kampf! Hunderttausende schrien: Kampf und Freiheit!

Viele in den Massen mögen geglaubt haben, daß die Worte etwas bedeuten. Wer informiert war, wußte, daß an Kampf nicht gedacht wurde.

Machtergreifung und Gleichschaltung

Am 30. Januar [1933] war *Hitler* in der Reichskanzlei. Niemand hatte ihm ein Hindernis in den Weg gelegt. Wiederum waren Hunderttausende in den Straßen Berlins. Sie schrien: Heil *Hitler*! Es müssen zum großen Teil dieselben Massen gewesen sein wie am Tage vorher.

Dann wurde nicht mehr geschrien in den Straßen Berlins. Lastwagen rollten durch die Stadt, bemannt mit Nazis, die ihre Opfer zu der Kaserne brachten, die bald den Beinamen die „Marterhölle" bekam. Durch das Zentrum von Berlin ging die Fahrt, durch die von Tausenden belebte Friedrichstraße. Keine Hand regte sich, um den Opfern zu Hilfe zu kommen. Kein Stein flog. Keine Unbesonnenheit passierte. Das war alles logisch und richtig. Eine Unbesonnenheit wäre Selbstmord gewesen. Aber der Eindruck war niederschmetternd.

Eines der ersten Gebäude, das von den Nazis besetzt und wo die Hakenkreuzflagge gehißt wurde, war das kommunistische Parteihaus. Von Widerstand wurde schon nicht mehr gesprochen.

Um ganz exakt zu sein, es wurde doch noch gesprochen. In dieser Zeit, wo die Parteien ohne Kampf fortgefegt wurden, wo es kein Lächeln mehr in Deutschland gab, durfte das Groteske nicht fehlen. Sehr geheimnisvoll wurde mir ein Flugblatt in die Hand gedrückt: „*Hitler* regiert! Die Kommune marschiert!" Der junge Kommunist, der es mir gab, nickte beifällig, als ich es in kleine Stücke zerriß. Er wußte nicht, daß er in einer Tragikomödie mitspielte. Die KPD setzte in ihrer völligen Ohnmacht ihre alte Taktik fort, Revolution mit dem Mund zu machen. Nur war das früher ein harmloses Unterfangen gewesen. Jetzt wurden durch die Verbreitung dieses Unsinns Menschenleben aufs Spiel gesetzt.

Im Februar nahm ich einige Tage Urlaub und fuhr in die Schweiz. Kaum angekommen, hörte ich die Nachricht vom Reichstagsbrand. Unter den ersten Verhafteten war der kommunistische Stadtrat in Neukölln [*Schmincke;* Nachfolger: *Bunz*]. Ich fuhr mit dem nächsten Zuge zurück. Kaum hatte ich meine Wohnung betreten, als das Telefon klingelte. Es waren Kommunisten, die mich sofort sprechen wollten. Sie hatten seit 24 Stunden stündlich angerufen in der vagen Hoffnung, daß ich vielleicht nach Hause käme.

Sie fürchteten, daß im Dienstzimmer des Stadtrates wichtige Parteipapiere sind. Auch Namen und Adressen, die er in seinem Schreibtisch haben mochte, würden Leute genügend verdächtig machen, Kommunisten zu sein, und zu Verhaftungen führen. Jeden Augenblick konnten die Nazis kommen, um das Dienstzimmer zu durchsuchen. In seiner Privatwohnung waren sie schon gewesen. Der Bürgermeister von Neukölln, [*Alfred Scholz*], ein SPD-Mann, glaubte noch immer, daß die Verfolgung der Kommunisten andere Kreise nichts angehe. Er blieb ein korrekter Beamter, auch unter *Göring*, und erlaubte nicht, daß ein Unbefugter das Dienstzimmer betrat.

Ich war automatisch der Stellvertreter des Stadtrates in seiner Abwesenheit und hatte daher dienstlich das Recht, seinen Platz einzunehmen. Ich rief den Bürgermeister an und sagte, daß ich wegen der Ereignisse meinen Urlaub abgebrochen und den Dienst übernommen habe.

„Ja, danke. Das ist sehr schön."

Ob ich zu ihm kommen solle.

„Nein, danke. Das ist nicht notwendig. Es liegt nichts Besonderes vor."

Er war nicht der einzige, der nicht merkte, daß etwas Besonderes vorlag, bevor es unmittelbar ihn selber traf.

Ich ging ins Amt und setzte mich an den Schreibtisch des Stadtrates [*Schmincke*]. In der Hand trug ich eine Aktenmappe, wie sie in Deutschland fast alle berufstätigen Leute bei allen Gelegenheiten mit sich herumtragen. Sofort kam ein Beamter und legte mir die letzte Verfügung von *Göring* vor: „Wer Akten vernichtet oder beseitigt, wird mit Gefängnis bestraft."

Ich sagte, daß ich zunächst die eingegangene Post durchsehen wolle und für einige Stunden nicht gestört zu werden wünsche. Ich wußte, wo der Beamte politisch steht. Aber die Disziplin ist für preußische Beamte etwas so Selbstverständliches, daß sie sich nicht so schnell umstellen konnten, gegen ihre Vorgesetzten etwas zu unternehmen.

Nach einigen Stunden ließ sich eine im Amte angestellte Ärztin [wohl Frau Dr. *Käthe Klingelhöfer* oder Frau Dr. *Margarete Goldstein*] zu einer dienstlichen Rücksprache melden. Sie trug eine gleichartige Aktenmappe wie ich. Als sie ging, hatten wir die Mappen vertauscht. Jetzt konnten die Nazis kommen. Sie fanden nichts mehr.

Ich bekam jetzt viele Besuche von Mitgliedern aller Linksparteien. Die meisten Funktionäre waren verhaftet oder hielten sich versteckt oder waren schon im Ausland. Eine nicht unbeträchtliche Zahl war ermordet. Die Mitglieder brauchten Rat und wandten sich an die Funktionäre, die gerade auffindbar waren. In meiner Umgebung schien es, als hätten nie verschiedene, miteinander streitende Parteien bestanden. Von Resten einer Organisation war nichts zu merken. Niemand hatte Anweisungen und Instruktionen. Alle Parteien hatten ihre Mitglieder so wenig auf die Situation vorbereitet, als wäre der Faschismus nicht langsam aufgestiegen, sondern plötzlich aus den Wolken gefallen.

Am meisten Sorge machte den Beamten die Frage, was sie sagen sollten, wenn sie gefragt würden, ob sie Sozialisten, respektive Kommunisten seien. Wenn sie „ja" sagten, würden sie ihre Stellen verlieren und außerdem allen Gefahren ausgesetzt sein. „Nein" zu sagen und ihre Gesinnung zu verleugnen, schien ihnen unwürdig und feige. Arme Kinder! Was hätte ihnen ihr persönlicher Mut genützt? Ich riet allen, die nicht als Linksparteiler bekannt waren, es strikt zu leugnen. „Wollt ihr freiwillig den Nazis eure Stellen einräumen?" fragte ich. Das wollten sie nicht. Opfer und Gefahren auf sich zu nehmen, wären sie selbst jetzt noch bereit gewesen, wenn man sie aufgerufen hätte zu kämpfen.

Die Schreckensnachrichten häuften sich. Täglich wurden Bekannte verhaftet oder nachts aus ihren Wohnungen geschleppt, so daß man nicht einmal wußte, wo sie blieben. Die Telefone waren überwacht. Wenn die Nachricht von einer Verhaftung weitergegeben wurde, hieß es meist am Telefon: Erkrankt und ins Krankenhaus gekommen. Alles war in Panik.

Eine Anwältin rief mich an und fragte nach einer Adresse. Ich sagte: „Sie werden ihn jetzt nicht sprechen können, er ist im Krankenhaus." Am Nachmittag kam sie zu mir und warnte, das nicht mehr am Telefon zu sagen, die Nazis wüßten schon, was es bedeute. Der Mann hatte eine Blinddarmentzündung und lag im Krankenhaus. „Auf den Gedanken würde jetzt kein Mensch kommen, daß ‚Krankenhaus' wirklich ‚Krankenhaus' bedeutet", sagte sie.

Eine städtische Stelle wurde von den Nazis heimgesucht und zwei Studentinnen mitgenommen. Das brachte mich fast in Panik. Es war ja nicht auszudenken, was den Mädchen passieren könnte. Ich konnte nirgends eine Spur von ihnen entdecken. Schließlich machte ich einen verzeifelten Versuch und rief in der Nazikaserne an. Ich meldete mich als „Bezirksamt Neukölln" und fragte, ob gegen die Mädchen etwas vorliege. „Sie sind nicht verhaftet, sie sind nach kurzer Vernehmung entlassen worden", hörte ich. Die Auskunft war richtig. Sie waren aber zu verängstigt gewesen, zurückzukommen oder eine Nachricht zu geben. Sie waren abgereist zu ihren Eltern.

Die Beamten waren rührend zu mir, auch diejenigen, die wahrscheinlich oder sicher schon zu den Nazis gehörten. Wenn ich irgend einen Weg ging, fand jemand einen Vorwand, um mitzugehen. „Was wollen Sie?" fragte ich, als ich ins Krankenhaus gehen wollte und ohne ersichtlichen Grund ein Beamter sich anschloß. „Sie dürfen jetzt nicht allein gehen, Frau Doktor" sagte er. „Wenn Sie verhaftet werden, muß wenigstens jemand Bescheid wissen." Ich weiß nicht, was das genutzt hätte, es hätte mir doch niemand helfen können. Ich sah aber, was für ein geschickter Zug es war, alle „staatsfeindlichen" Beamten auf einmal hinauszuwerfen. Wenn wir nur hätten in den Ämtern bleiben können, selbst ohne viel Aktionsmöglichkeit. Allein die Anwesenheit der altbekannten Leute hätte schon viel bedeutet.

Ich paßte in jede Kategorie, die von den Nazis verabscheut wurde: Jüdin, Sozialistin, Volksverhetzer, emanzipiertes Weib. Aber die Nazis in meinem eigenen Amt waren an mich gewöhnt. Sie haben sich sicher oft über mich geärgert, aber doch nicht permanent. In der Zeit der Gefahr haben sie mich geschützt und taten freiwillig, was ich nicht mehr erzwingen konnte. Solange ich da war, wurden im Gesundheitsamt kaum Hakenkreuze im Dienst getragen, obgleich ich ja nicht ein Wort dagegen hätte sagen können, und die Hakenkreuzflagge schon auf dem Rathaus gehißt war.[66]

Im November 1918 war eine der ersten Handlungen der revolutionären Regierung, eine Erklärung zu veröffentlichen gegen die verleumderischen Gerüchte, daß die Rechte der Beamten aufgehoben werden sollen. „Die bestehenden Rechte der Beamten werden nicht angetastet werden." Sie sind uns auch alle erhalten geblieben, die republikfeindlichen Lehrer, Richter usw.

Eines Tages wurde mir in meinem Dienstzimmer ein Zettel zugeschoben: „S.A. im Haus. Sie müssen fort!"

Ich konnte nicht fort. Die S.A. beschäftigte sich in der unteren Etage gerade damit, Beamte des Wohlfahrtsamtes zu verprügeln. Mehrere kamen danach ins Krankenhaus. Wäre ich die Treppe hin-

66 Vgl. dazu den Lebenslauf von *Hermann Radtke.*

untergegangen, dann wäre ich ihnen geradewegs in die Arme gelaufen. Es blieb nichts übrig, als ruhig sitzen zu bleiben und abzuwarten, ob sie für heute genug hätten oder ob sie auch noch ins Gesundheitsamt kämen.

Das Schlimmste war, daß man überhaupt keine polizeiliche Hilfe mehr bekommen konnte. Nachdem „Überfall im Rathaus" gemeldet war, vergingen zwanzig Minuten, und dann kam ein einzelner Polizeibeamter an, um festzustellen, was los ist. Die Polizei gab gar nicht mehr vor, gegen Terrorakte der Nazis einschreiten zu können oder zu wollen.

Bei Bekannten von mir waren die Nazis erschienen, während sie ausgegangen waren. Sie wurden von Nachbarn gewarnt, daß sie nicht mehr heraufgehen könnten, und mußten, sowie sie über die Straße gegangen waren, fliehen. In der Wohnung waren die vier Kinder mit einem Onkel und einem Mädchen. Der Onkel wurde vor den Augen der Kinder furchtbar verprügelt und abgeführt. Die Nazis quartierten sich in der Wohnung ein, in der Hoffnung daß die Eltern zurückkämen.

Der Fall war nicht in Neukölln, ich konnte mich unter keiner Amtsbezeichnung einmischen. Schule und Jugendamt lehnten es ab, wegen der Kinder mit den Nazis zu verhandeln. Nach einigen Tagen sah ich zu meiner großen Freude den ältesten Jungen auf der Straße. Ich winkte ihm, mir in den Tiergarten zu folgen und fragte ihn aus. „Der erste Tag war schlimm", berichtete er, „sie haben den Onkel furchtbar geschlagen, die ganze Wohnung durchsucht und alles durcheinander geworfen. Aber jetzt sind sie zu uns nett. Sie schicken die Kleinen zur Schule und mich zur Lehrstelle. Wir müssen nur pünktlich nach Hause kommen. Sonntag waren ihre Frauen da. Sie hatten Kaffee und Kuchen, und wir haben auch Kuchen bekommen."

Der große Junge war schon eifriger Jungsozialist und Antifaschist, und ich hatte gefürchtet, er würde den Nazis freche Antworten geben, was sicher böse Folgen gehabt hätte. Ich brauchte die Befürchtung nicht mehr zu haben, und das war eine der furchtbar deprimierenden Entdeckungen. Es waren „arische" Kinder, vier blonde Jungen, und die Nazis streckten die Hand nach ihnen aus.

Viele streckten den Nazis die Hände entgegen. Das Überlaufen begann. Ich konnte oft meinen Augen nicht trauen, wenn ich Leute mit dem Hakenkreuz sah, die ich all die Jahre als Sozialisten gekannt hatte. Manche blickten verlegen zur Seite. Andere sahen mich frech herausfordernd an. Ich verurteilte sie gar nicht. Das Hakenkreuz war eine Lebensversicherung, und sie wollten leben.

Sie kennzeichneten sich wenigstens, so daß man sie als Überläufer erkennen konnte. Gefährlicher waren jene, die nicht das Hakenkreuz trugen und zu Spionen und Denunzianten wurden. Ich wage nicht daran zu denken, wieviele ihrer sein mögen.

Die allgemeine Nervösität wurde zur Hysterie. Als ich eines Abends spät nach Hause kam, fand ich eine Notiz, daß ich unbedingt noch einen Mann aus der SAP anrufen sollte, auch wenn es sehr spät sei. Ich rief an und der Mann, der am anderen Ende der Stadt wohnte, sagte nur: „Ich komme noch zu Dir."

Ich verlebte eine köstliche halbe Stunde und erwartete zu hören, daß die ganze SAP verhaftet sei. Ich konnte kaum warten, bis er die Tür geschlossen hatte, um zu fragen, was passiert sei. „Noch nichts", sagte er, „aber ich habe das bestimmte Gefühl, daß sie heute zu mir kommen. Ich kann nicht zu Hause bleiben."

Meine Wohnung war bestimmt kein sicherer Unterschlupf. Hätten die Nazis ihn beobachtet, dann hätten sie auch gewußt, mit wem er telefoniert hatte und wohin er in der Nacht gegangen war. Zum Glück war alles reine Hysterie. Die Nerven hielten die dauernde Spannung einfach nicht mehr aus.

Die Verhaftungen waren in der ersten Zeit ganz unsystematisch. Man konnte keinerlei Vermutung haben, wo sie anfingen. Viele Leute wurden fortgeschleppt, die überhaupt nichts oder schon lange nichts mehr mit dem öffentlichen Leben zu tun gehabt hatten. Besonders von der KPD schienen sie alte Verzeichnisse zu haben und ergriffen viele Leute, die schon seit Jahren mit der Partei gebrochen und sich ganz zurückgezogen hatten. Irgendeine Denunziation genügte, um Unheil über ein Haus zu bringen. Die wilden Aktionen waren so zahlreich, daß niemand seines Lebens sicher war.

In meiner Wohnung wurde es nachgerade unerträglich. Das Telefon, das mich so oft gepeinigt hatte, störte nicht mehr. Niemand rief unnötig an, und nötig hatten mich nur noch wenige. Es war fast eine Überraschung, als es eines Tages klingelte. Eine Stimme sagte: „Ziehen Sie Ihr bestes Kleid an. Wir schicken den Leichenwagen, um Sie ins Leichenschauhaus zu bringen." Ich hängte ab. Dieser Anruf wiederholte sich etwa alle Viertelstunde. Ich beschloß, nicht mehr zu antworten. Aber nichts ist so beunruhigend wie ein dauernd klingelndes Telefon. Es waren ja noch Genossen da, die mich dringend brauchen konnten. Schließlich antwortete ich doch wieder. Als wiederum die alberne Stimme erklang, schrie ich etwas nicht Schmeichelhaftes. Das war natürlich das Dümmste, was ich tun konnte. Ich hörte noch das erfreute Gelächter.

Die meisten Leute wurden nachts aus den Häusern geschleppt. Niemand, der exponiert war, schlief noch zu Hause. Wo sollte ich hin? Bei den meisten meiner Freunde war es nicht sicherer als bei mir. Wer noch nicht in Gefahr war, den konnte ich in Gefahr bringen. . . Hotelgäste wurden scharf kontrolliert. . .

Eine Nacht verbracht ich bei alten Freunden, die so zurückgezogen lebten, daß ich ziemlich sicher war, in ihrem Hause unbeobachtet zu sein. Ich war zu Tode erschrocken, als sie mich am nächsten Tage wissen ließen, daß sie sofort abreisen müßten. Natürlich dachte ich, ich hätte das Unglück ins Haus gebracht. Das war aber nicht der Fall. Die Nazis waren gekommen, um den Mann zu verhaften, von dem die Frau schon seit Jahren geschieden war. Dabei hatten sie alles durchsucht und in den Sachen meines Freundes einen alten, verrosteten Armeerevolver gefunden, den er total vergessen hatte. Er hatte Glück, daß er nicht gleich mitgenommen wurde, sondern ihm nur angekündigt wurde: „Das bringt Ihnen fünf Jahre Zuchthaus ein!"

Ich traf die Familie später in Paris, völlig mittellos und so fassungslos, wie ich viele Leute gesehen habe, die nicht wußten, was ihnen passiert ist. Es ist das besondere Problem dieser Emigration, daß so viele Leute als Staatsfeinde vertrieben wurden, die so indifferent waren, daß ihnen kaum bewußt wurde, daß die Staatsmacht in Deutschland total wurde und niemand beschließen konnte, indifferent zu bleiben.

Nachdem ich die Zuflucht bei diesen Freunden verloren hatte, benutzte ich meine Kenntnis aus der Gesundheitsdeputation. Ich kannte die Häuser, die in schlechtem Ruf standen, und wußte auch, wo die Sauberkeit ziemlich einwandfrei war. In diese Häuser konnte freilich aus unpolitischen Gründen leicht Polizei kommen. Aber es wurde dort nicht nach Namen gefragt. Ich dachte, wenn in einem Zimmer dort eine Frau allein ist, noch dazu eine Frau in reifen Jahren, dann würde man wohl denken, sie komme aus der Provinz und habe nicht gemerkt, was hier los sei.

In den frühen Abendstunden konnte ich nicht hingehen, weil die Leute noch hofften, an Päarchen zu vermieten. Wenn um Mitternacht noch ein Zimmer frei war, würden sie sich freuen, es zu vermieten. Ich nahm eine Reisetasche, saß bis Mitternacht in Cafés und klingelte dann an einem Hause mit der Aufschrift: Zimmer auf Stunden und Tage. Ich habe in solchen Häusern eine Reihe von Nächten friedlich verbracht und bedauerte nur, daß ich meine Beobachtungen nicht mehr im Gesundheitswesen der Stadt verwenden konnte.

Mitte März wurde der Bürgermeister von Neukölln [*Alfred Scholz* von *Julius Lippert*, dem Staatskommissar der Hauptstadt Berlin] abgesetzt und ein Nazikommissar [*Kurt Samson*] eingesetzt. Er kam an einem Nachmittag. Alle Beamten mußten sich im Hof versammeln, um seine Ansprache anzuhören. Er sprach eine Stunde lang über die Verwüstungen, die das alte System in der Stadtverwaltung angerichtet hätte und die schwere Aufgabe, die er nun unternehmen müsse, um Ordnung zu schaffen.

Alle blickten auf mich, die langjährige Stadtverordnete. Wenige mit Hohn, viele alte Freunde mit Schrecken. Ich pflegte Angriffe auf Dinge, für die ich mitverantwortlich war, nicht unbeantwortet zu lassen. Hohn war ebenso unangebracht wie Angst, daß ich Selbstmord begehen würde für das Vergnügen, diesem Manne zu sagen, daß er nicht weiß, was er spricht. Es war mir vollkommen gleichgültig, was er sagte, ich hörte gar nicht zu. Nachdem Deutschland an die Nazis gefallen war, spielte es keine Rolle, was sie über die Berliner Stadtverwaltung sagten.

Am nächsten Morgen war ich pünktlich um 9 Uhr im Amte. Ich bekam sofort einen Anruf, mich zur Verfügung zu halten, da der Kommissar mit mir sprechen wolle. Eine Stunde später wurde mir ein Brief gebracht und die Botschaft, ich bräuchte mich nicht mehr zur Verfügung zu halten. In dem Brief stand, daß ich mit sofortiger Wirkung aller meiner Funktionen enthoben sei und augenblicklich das Rathaus zu verlassen hätte.[67]

Im Vorzimmer saßen etwa zwanzig Leute, meine eigenen Klienten und die des verhafteten Stadtrates. Alle diese Leute waren in Not und hatten dringende Angelegenheiten. Jemand mußte da sein, um sie anzuhören. Darum war ich nach der Verhaftung des Stadtrates aus der Schweiz zurückgekommen, zu einer Zeit, als sich schon der Strom der Flüchtlinge von Deutschland in die Schweiz bewegte. Der erste Schritt zum Ordnungmachen war, daß

67 Die endgültige Entlassung erfolgte erst durch Erlaß des preußischen Ministers des Innern vom 20.8.1933 auf Grund § 4 des Gesetzes zur Wiederherstellung des Berufsbeamtentums. § 4 des „GWBB" betraf Beamte, die nach der bisherigen politischen Betätigung keine Gewähr dafür bieten, daß „sie jeder Zeit rückhaltlos für den nationalen Staat eintreten". Zur Struktur dieser „Wiederherstellung des Berufsbeamtentums" vgl. vor allem *Uwe Dietrich Adam*, Judenpolitik im Dritten Reich, Düsseldorf 1972, S. 51ff. Hinsichtlich *Käte Frankenthal* ist festzuhalten, daß sie ausweislich der Personalakte (LVwA Berlin 3-47643 (630)) am 30.11.1933 aus einer (seit 20.2.1931) Stelle auf Lebenszeit (20.2.1928 Gemeindebeamtin auf Probe; 1.8.1928 „Fürsorge"arztbeamtin auf Kündigung) entlassen wurde. Zu den Strukturveränderungen der gesamten Kommunalpolitik, die diese „Säuberungen" zur Folge hatte vgl. *Horst Matzerath*, Nationalsozialismus und kommunale Selbstverwaltung, Stuttgart 1970.

Die Entlassung an den Pranger: „Dr. Frankenthal entlassen"

Die Neuordnung in Neukölln

Abberufungen und Rathausverbote

Der kommissarische Bürgermeister des Bezirksamtes Neukölln, Magistratsrat Samson, teilt mit: Die besoldeten Stadträte Waldheim und Schneider (Soz.) sind mit sofortiger Wirkung von ihren Dienstgeschäften entbunden und beurlaubt worden. Gleichzeitig ist ihnen das Betreten des Rathauses verboten worden. Ferner sind die unbesoldeten Stadträte Köhn, Albrecht und Reinhard (Soz.) mit sofortiger Wirkung von den Dienstgeschäften ihres Dezernats entbunden worden. Auch ihnen gegenüber ist das Rathausverbot ausgesprochen worden. Mit sofortiger Wirkung sind des weiteren Obermagistratsrat Dr. Scheinemann, Fürsorgeärztin Dr. Frankenthal und die Stadtschulärztinnen Frau Dr. Klingelhöfer und Goldstein beurlaubt und der Ausgleichsstelle des Magistrats zur Verfügung gestellt worden. In den Dezernatsverteilungen treten mit sofortiger Wirkung folgende Aenderungen ein: Stadtrat Dr. Dehne (D. Vp.) wird von den Geschäften des Dezernats der Schulverwaltung, des Volksbildungswesens und Volkshochschulwesens entbunden und übernimmt dafür das Dezernat Gartenamt, Friedhofsverwaltung und Marktverwaltung. Das Dezernat der Schulverwaltung usw. übernimmt Stadtrat Lynxweiler (Natsoz.), außerdem das Dezernat des Wohlfahrts- und Jugendamtes einschliesslich Kriegsfürsorgeamt und das Dezernat Gesundheitsamt.

Stadtrat Fourier (Staatsp.) behält das Dezernat der Bauverwaltung, Disziplinarangelegenheiten, Syndikats-, Finanz-, Steuer-, Kassenwesen, Grundeigentumsverwaltung, Wohnungsamt und Mieteinigungsamt übernimmt zunächst der kommissarische Bürgermeister Samson. Weitere Regelungen folgen noch später.

Quelle: Berliner Tageblatt vom 18.3.1933, S. 3 (Morgen Ausgabe)

Die Zerstörung einer Lebensperspektive im Spiegel einer Stellenanzeige . . .: „1 Fürsorgearzt in der allgemeinen Gesundheitsfürsorge" in Neukölln gesucht – „Nachweis der arischen Abstammung und der nationalen Einstellung sind . . . einzureichen"

6. Stellenangebote.

— Das Bezirksamt Neukölln teilt mit: **Kommunalarztstellen zu besetzen.** Am 1. Oktober d. J. und später sind folgende hauptamtlichen Arztstellen zu besetzen: 3 Schulärzte, 2 Fürsorgeärzte in der Tuberkulosefürsorge, 1 Fürsorgearzt in der allgemeinen Gesundheitsfürsorge. Bezahlung nach der Besoldungsordnung für die Beamten der Stadt Berlin Gruppe II B. Ferner sind die Stellen der nebenamtlichen ärztlichen Leiter von zwei Säuglings- und Kleinkinderfürsorgestellen zu besetzen. Vergütung nach Tarif (12—18 Wochenstunden). Bewerbungen mit Lebenslauf, beglaubigter Approbationsabschrift, Zeugnissen, Nachweis des Besuches der sozialhygienischen Akademie, Nachweis der arischen Abstammung und der nationalen Einstellung sind bis zum 1. September d. J. an das Bezirksamt Neukölln, Hauptbüro, einzureichen.

Für die Stellen in der Tuberkulosefürsorge und in der Säuglingsfürsorge ist außerdem der Nachweis der fachärztlichen Ausbildung beizubringen.

Quelle: Berliner-Ärzte-Correspondenz vom 19. August 1933 (Jg. 38, Heft 33) S. 267.

niemand da war, um die Angelegenheiten dieser Leute zu erledigen.

Als ich nach Hause kam, fand ich ein Rundschreiben der freien Beamtengewerkschaft. Sie teilten mit: „Die Vorkommnisse der letzten Zeit haben in den Reihen der Beamten Beunruhigung hervorgerufen. Die Beunruhigung ist unbegründet. Die Rechte der Beamten sind durch die Verfassung geschützt und unantastbar ... "

Bei der Tragödie durfte der Spaßmacher nicht fehlen. Ich beantwortete das Rundschreiben und erinnerte an eine bekannte deutsche Redensart, in der ein ängstlicher Besucher sagt: „Sie wissen also, daß Ihr Hund nicht bissig ist. Aber weiß es auch der Hund?"

In derselben Woche [am 23.3.1933] wurde von dem für einen Tag zusammengetretenen Reichstag das Ermächtigungsgesetz angenommen, wonach *Hitler* die Berechtigung gegeben wurde, die Verfassung zu ändern. Das hatte gar keine Bedeutung, er brauchte niemanden, der ihm die Berechtigung gab.

Meine Absetzung stand in der Zeitung, unter der Überschrift: Reinigung in Neukölln. Keiner meiner Freunde kümmerte sich um mich, und sie hatten recht. Der Kontakt war gefährlich, und für Sentimentalitäten war keine Zeit. Der einzige Mensch, der anrief, war meine langjährige Wirtschafterin, die inzwischen geheiratet hatte, aber noch immer danach sah, daß das neue Mädchen alles so machte, wie ich es gewohnt war. Ich glaube, sie war der einzige Mensch in Deutschland, der mir restlos zugetan war.

„Ich habe eben die Zeitung gelesen", rief sie ins Telefon, „die sind wohl ganz verrückt?"

„*Ida*, hängen Sie ein, und kommen Sie her", antwortete ich. Wir hatten uns noch der Aufgabe zu unterziehen, den wenigen verbliebenen Freunden klar zu machen, daß sie ihre Anhänglichkeit nicht mehr so hörbar äußern durften.

Es war jetzt alles gefährlich. Schon vor der Machtergreifung konnte ich es nicht ertragen, wenn eine der kreischenden Nazistimmen durch das Radio kam. „Halt's Maul!", rief ich aus einem anderen Zimmer, und das Mädchen verstand, was ich meinte. Sie ging hin und stellte das Radio ab. (Wir waren wohl in Deutschland viel freigiebiger mit Kraftausdrücken, als in den meisten anderen Ländern). Als nach der Machtergreifung wieder eine Nazirede ertönte, rief das Mädchen: „Soll er das Maul halten, Frau Doktor?" Das konnte sie das Leben kosten, wenn ein Fenster offen war und jemand sie hörte. Es konnte auch mein Leben kosten, wenn sie einen Nazifreund hatte und erzählte, das hätte sie bei mir gelernt. Leben waren nicht teuer in Deutschland.

Ich besuchte ein paar unserer Gruppen im Reich. Überall fand ich dasselbe Bild: Völlige Auflösung und Verzweiflung, Verhaftungen und Überläufer. Mehrere Gruppen waren ganz aufgerieben, weil sie ein paar armselige, nutzlose Waffen versteckt hatten, die gefunden wurden. Sie hatten es bis zum letzten Augenblick nicht glauben wollen, daß sie nicht zum Kampf gerufen werden.

Die „kurze nationalistische Erziehung" begann. Leute wurden für 24 Stunden verhaftet, halb tot geprügelt und nach Hause geschickt. Sie wagten nicht einmal, einen Arzt zu rufen. Es wurden mir Hausschlüssel zugesteckt, mit der Bitte, spät zu kommen, wenn es dunkel ist. Ich machte einige Bilder von den entsetzlich zerschundenen Körpern. Es tut mir ewig leid, daß ich nicht mit ihnen bis ins Ausland gekommen bin.

Ich hatte nichts mehr in Deutschland zu tun und wußte, daß ich mich mit jeder Stunde unnütz Gefahren aussetzte. Es hatte schon in meiner nächsten Umgebung eingeschlagen, nahe Mitarbeiter von mir waren verhaftet. Ich beschloß, Umschau zu halten, wohin ich auswandern könnte. In Betracht kam Österreich, die Tschechoslowakei oder die Schweiz. Ich bereitete mich vor, etwa zwei Wochen herumzureisen und die Situation anzusehen. Dann wollte ich zurückkommen, meinen Haushalt auflösen, Sachen, die ich behalten wollte, verpacken und in die Emigration gehen.

Am 31. März 1933 reiste ich ab. Es war der Tag vor dem von der Regierung offiziell angeordneten Judenboykott. Ich hatte eine größere Summe Geldes nach Hause genommen, bekam dann aber Bedenken, sie mitzunehmen, da an dem Tage so viele Juden abreisten und scharfe Kontrollen zu erwarten waren. Ich hatte bereits Vorkehrungen getroffen, um mein Geld im Ganzen hinausbringen zu lassen.

Erlaubt war nur die Ausfuhr von 50 Mark. Damit konnte ich natürlich nicht zwei Wochen reisen. Wenn man mehr ausführen wollte, waren Formalitäten zu erfüllen, doch ich wollte die Behörden nicht auf meine Reisepläne aufmerksam machen. Ich war darauf vorbereitet, einen trostlosen Zustand bei den Emigranten zu finden, und mußte auch etwas Geld für sie zur Verfügung haben. Ich faltete einen Tausendmarkschein und schob ihn in einen Glasbehälter, der sorgfältig bis zum Rande mit Gesichtspuder gefüllt war. Den Behälter tat ich in eine Tasche, in der nur ein paar Toilettensachen und ein Buch waren, was fast jeder Reisende bei sich hat. Ein Puderbehälter gehört in eine Damentasche, und da er aus Glas war und man von außen sehen konnte, daß er mit Puder gefüllt ist, war das Geld gut aufgehoben.

Die Filme von den Mißhandlungen verwahrte ich in der inneren Tasche meines Jackenkleides. Ich wollte sie Zeitungen in Prag zur Verfügung stellen.

Außerdem nahm ich nur einen kleinen Koffer mit etwas Wäsche und den wenigen Sachen, die ich in zwei Wochen bräuchte. Gesellschaften würde ich ja nicht mitmachen. Ich überlegte, ob ich meinen Pelzmantel mitnehmen sollte, den ich besonders liebte. Er war weit über meine Verhältnisse wertvoll. Meine früher erwähnten Freunde, die Inhaber des Modehauses, hatten ihn mir preiswert besorgt, und ich hoffte, daß seine Lebensdauer so lang sein würde wie meine. Leider fand ich, daß es schon zu warm ist. Ich sollte Deutschland und meine Sachen nie wiedersehen.

In Dresden wurde ich verhaftet. Nazis stürmten in den Zug, gingen von Coupé zu Coupé, und bezeichneten, wer zu verhaften war. Es waren zwischen 20 und 30 Leute. Nach welchen Gesichtspunkten sie ausgewählt wurden, weiß ich nicht. Wahrscheinlich waren es diejenigen, deren Reiseziel im Ausland war oder deren Pässe ziemlich alt waren. Meiner war vor zwei Jahren ausgestellt.

Polizei stand bereit, um uns in einen Lastwagen zu verfrachten. Es waren einige alte Leute unter den Verhafteten und Leute, die vor Angst fast die Besinnung verloren, weinten und schrien. Die Polizeibeamten waren ruhig und halfen den alten Leuten, auf den Lastwagen zu klettern. Dann kam ein anderer Ton! Ein höherer Nazi kam und schrie: „Was tut Ihr denn, Polizeibeamte! Helft den jüdischen Schweinen! Einen Tritt in den A . . . , daß sie auf den Wagen fliegen!"

Das erste, was ich bemerkte, war, daß ein äußerst gespanntes Verhältnis zwischen der Polizei und der S.A. bestand, die kurz vorher von *Göring* zur Hilfspolizei ernannt worden war. Die Polizei wollte sich von der S.A. keine Vorschriften machen lassen und legte Wert darauf, daß die Verhafteten unter Aufsicht der Polizei standen. Die S.A. warf mit den gemeinsten Schimpfworten und Drohungen um sich. Eine Frau bekam Herzkrämpfe. Die Polizei nahm sich ihrer an und wirkte beruhigend auf uns alle. S.A.Buben suchten sich den Ältesten der Anwesenden aus, einen weißhaarigen Mann, der ihnen helfen sollte, eine Kiste zu transportieren. Die Polizei sagte: Vielleicht tut das einer von den jüngeren Herren? Die Polizei hatte sichtlich weniger Sympathie für ihre Hilfspolizei als für die Verhafteten.

Ich war vollkommen ruhig. Seit Wochen trug ich Zyankali in der Tasche, so leicht greifbar wie mein Taschentuch. Ich hatte zu viel von den Methoden der Nazis gesehen, um mich ihnen auszusetzen.

Es kam mir so recht zum Bewußtsein, wie furchtbar wirksam die Terrormethoden sind. Ich war nicht mutiger als die Leute, die da weinten wie die Kinder. Ich war nur geschützt gegen das, was sie fürchteten. Es gab Millionen in Deutschland, deren Leben mit der Machtergreifung der Nazis abgeschnitten war. Sie hätten den Tod nicht gefürchtet bei ihrem Bestreben, die Macht zu unterminieren. Mit Todesstrafen wären die feindlichen Elemente nicht einzuschüchtern gewesen.

Aber unter unmenschlichen Qualen wurden viele zu Verrätern an ihren Freunden und denunzierten sogar, was nicht wahr war. Die Nazis haben nur vor dem Ausland ihre Methoden geleugnet. In Deutschland benutzten sie sie als warnendes Exempel, wenn sie diese unglücklichen Geschöpfe nach Hause schickten, blutig und zerfetzt, und nun auch noch verachtet und gemieden von ihren Freunden. Ich nenne diese Leute nicht Verräter und Verleumder und habe ihnen ärztliche Hilfe gegeben. Unmenschliche Qualen sind stärker als menschliche Charaktere. Ich glaube, daß viele von ihnen als Helden zur Vollstreckung eines Todesurteiles gegangen wären.

Wir wurden in das mir wohlbekannte Dresdner Gewerkschaftshaus gebracht. Das Haus war mit einem guten Hotel verbunden, ich habe öfter dort übernachtet. Jetzt war das Haus mit S.A. und Polizei besetzt und wurde zu den ersten Vernehmungen bei den Massenverhaftungen verwandt. Als wir später in verschiedene Räume gerufen wurden zu Vernehmungen und Durchsuchungen, wurde immer darauf aufmerksam gemacht, man solle sich die schönen Räume ansehen. So hätten die Gewerkschaftsbonzen auf Kosten der Arbeiter gelebt.

Wir wurden in einen großen Saal geführt, wo wir uns auf den Boden setzen konnten. Dort blieben wir über Nacht. Die ganze Aktion sah nach einem plötzlichen Einfall aus und war nicht sehr systematisch organisiert. Auf die Fragen, was denn vorliege, sagte die Polizei, nichts liege vor, es sei nur eine allgemeine Aktion.

Zwei Ausländer waren verhaftet, die energisch verlangten, daß ihre Konsuls benachrichtigt werden. Ein Konsul kam mitten in der Nacht. Der Ausländer wurde sofort entlassen. Ich bemerkte, daß der Vorfall peinlich war und zu gegenseitigen Vorwürfen zwischen Polizei und S.A. führte.

Ich dachte an die Greuelpropaganda, die ich in meiner Tasche hatte, und hielt mich für verloren. Aber schon sah ich die Rettung! Leute fragten, ob sie zur Toilette gehen dürften, und der Polizeibeamte nickte gleichgültig mit dem Kopf. Sofort ging ich zur

Toilette. Als ich zurückkam, war das belastende Material nicht mehr in meiner Tasche. Es war keine Minute zu früh gewesen. Männliche und weibliche Polizei kam und jeder, der zur Toilette gehen wollte, wurde begleitet.

Fünfmal wurden in den nächsten 24 Stunden meine Sachen durchsucht, von fünf verschiedenen Instanzen. Fünfmal faßten sie das ominöse Puderglas an, und ich blickte so gleichgültig drein, wie es sich bei der Untersuchung einer Tasche mit ganz wertlosem Inhalt gehört. Nach langen Vernehmungen bekam ich eine Bescheinigung: Geldbesitz 50 Mark. Kein Verstoß gegen die Devisenbestimmungen. Die Leibesvisitation machte mir fast Vergnügen. Die Innentasche meines Kleides wurde entdeckt und gründlich untersucht: sie enthielt nichts als eine Bleifeder.

Es kamen noch mehrere Vernehmungen. Inzwischen lag alles Gepäck in einem großen Stapel in der Halle. Ich konnte für die belanglose Tasche nicht viel Aufmerksamkeit zeigen und sie überall mit mir herumtragen. Sie konnte noch verloren gehen oder gestohlen werden. Aber umbringen würde sie mich wahrscheinlich nicht mehr. Spät am Abend wurden wir wieder versammelt. Es wurde eröffnet, daß alle gehen könnten, mit Ausnahme von einigen Unglücklichen, bei denen Geld oder belastendes Material gefunden worden war. Alle Pässe blieben zurück und wurden an die Heimatbehörden geschickt. Wer ein gutes Gewissen habe, möge bei der Behörde seines Wohnortes seinen Paß wieder abholen.

Ich hatte kein gutes Gewissen und konnte nicht zu der Berliner Behörde gehen. Ich war froh, daß die Behörde noch nicht zu mir gekommen war. Ich wußte auch schon von Emigranten, von denen wir Berichte hatten, was für ein furchtbares Problem es war, im Ausland ohne Paß zu leben. Ich konnte nicht vorwärts und nicht rückwärts.

Mit dieser Feststellung konnte ich freilich überhaupt nicht weiterkommen, es mußte mir etwas anderes einfallen. Es fiel mir ein, daß ich ja eigentlich sehr glücklich war, eben dort zu sein, wo ich war: nämlich auf der Straße der schönen Stadt Dresden und nicht auf dem Wege zum Konzentrationslager. Für heute war ich ganz unwahrscheinlich weit gekommen und schien direkt in einer Glückssträhne zu sein. Ich könnte sogar morgen die Sixtinische Madonna besuchen, die ich schon lange nicht mehr gesehen hatte. (Ich kam wieder nicht dazu.) Meist hatte ich mich ja bedauert, weil ich so gehetzt war und so schnell vorwärts und zurück mußte. Ich hatte eigentlich Grund es zu feiern, daß ich nun nicht vornoch rückwärts konnte.

Es war im Arrest etwas Suppe und Brot ausgegeben worden, aber ich hatte seit gestern mittag nichts Richtiges gegessen und hatte die Nacht meist stehend verbracht. Jetzt ging ich in das beste Hotel von Dresden, bestellte ein sehr gutes Abendbrot und trank eine Flasche ausgezeichneten Wein. Dann schlief ich herrlich, nach langer Zeit zum erstenmal in einem anständigen Zimmer. Das war die psychische Behandlung, die ich gerade brauchte.

Am nächsten Morgen bestellte ich ein gutes Frühstück und las in Ruhe die Zeitung. Das wurde meine Rettung.

Es war eine neue Verfügung herausgekommen, daß niemand mehr ohne besondere Erlaubnis das Land verlassen dürfe. Die Verfügung trat sofort in Kraft. Leute, die bereits unterwegs waren, sollten passieren!

Das schnitt den Weg nach Berlin vollends ab. Offenbar sollte verhindert werden, daß Leute, mit denen die Nazis noch etwas abzurechnen hatten, mit Pässen aus früherer Zeit das Land verlassen. Das war gerade mein Fall. Die Notiz aber eröffnete einen anderen Ausweg. Sie sagte, daß Leute, die schon unterwegs sind, passieren sollen. Die Dresdener hatten offenbar gar nicht festgestellt, wer die Verhafteten waren. Sonst wäre ich nicht wieder herausgekommen und ebenso eine bekannte Kommunistin nicht, die gleichzeitig verhaftet war. Wir hatten einen Moment gefunden zu vereinbaren, daß, falls zufällig eine von uns herauskommen sollte, sie in Berlin Nachricht geben müßte, was mit der anderen passiert sei.

Ich hatte nichts zu verlieren, nahm ein Taxi und fuhr statt zu der Sixtinischen Madonna, zurück zu den Nazis. Ich habe später oft gedacht, daß man etwas wirklich Vernünftiges nur tun kann, wenn man allein im Leben ist. Ein Freund hätte mich nicht zurückgehen lassen in die Höhle des Löwen, aus der ich nur herausgekommen war, weil man mich zufällig nicht kannte. Ich hätte wahrscheinlich einen Freund auch nicht zurückgehen lassen.

Ich wurde bei den Nazis begrüßt, wie ich es erwartet hatte: „Was will das jüdische Schwein?“ Als ich herauskam, hieß es schon: „Auf Wiedersehen, Frau Doktor!“ Ich dachte, hoffentlich nie auf Wiedersehen.

Ich sagte dem Nazi, der mich so freundlich begrüßt hatte, in meinem alten, kühlen Beamtenton, daß ich dringend seinen Vorgesetzten zu sprechen wünsche. Er ging in ein Zimmer, um mich zu melden, und ich ging vorsichtshalber gleich hinter ihm her und war im Zimmer. Es war ein Sonntag. Der Obernazi badete gerade seine Füße. „O, das ist unangenehm, daß eine Dame hier 'reinkommt“, sagte er.

Ich brachte ein Lächeln zustande und sagte: „Das macht nichts, ich bin Ärztin – und zwar Beamte. (Das war nicht wahr, ich war Beamte gewesen.) Sie sind auch Beamter und wissen, wie es ist. Man kann sich seinen Urlaub nicht aussuchen, sondern muß ihn nehmen, wann man ihn bekommt. Es würde meinen ganzen Urlaub stören, wenn ich jetzt nach Berlin zurückfahren müßte. Hier ist eine Verfügung von *Adolf Hitler*, daß Leute, die schon gestern unterwegs waren, passieren sollen. Können Sie mir nicht meinen Paß geben?"

Er mußte wohl überzeugt sein, daß ich ein sehr gutes Gewissen haben muß, wenn ich freiwillig hierher zurückkomme, und mich auf eine Verfügung *Adolf Hitlers* beriefe. Er fing eine freundliche Sonntag-Vormittag-Unterhaltung an. Zum Schluß sagte er, er wolle einmal nachsehen, ob die Pässe noch hier seien, aber er glaube es nicht. Er kam zurück und brachte mir meinen Paß.

Es tat mir furchtbar leid, daß ich die Kommunistin nicht mehr erreichen konnte, um ihr meine Erfahrung mitzuteilen. Sie war gleich weiter gegangen und wollte versuchen, in der Nacht zu Fuß über die Grenze zu kommen. Später traf ich sie in Prag. Ihre Flucht war gelungen, aber sie hatte die größten Schwierigkeiten, weil sie keinen Paß hatte.

Ich fuhr mit dem nächsten Zug am [2. April 1933] über die Grenze. Das Coupé war voll besetzt. Niemand sprach ein Wort, und niemand schien sich für seine Mitreisenden zu interessieren. Als wir die Grenze passiert hatten, unterbrach eine Frau die Stille durch den Stoßseufzer: Gott sei Dank! Von dem Augenblicke an war eine allgemeine, lebhafte Unterhaltung im Gange. Alle Anwesenden waren auf der Flucht.

Stationen einer Flucht (1933–1940)

Als ich in Prag über die Hauptstraße ging, traf ich mehr Bekannte, als ich in Berlin auf der Straße zu treffen pflegte. Ich bekam den ersten Eindruck vom Emigrantendasein.[68] Einige hatten noch ein wenig Geld. Andere waren schon völlig mittellos. Niemand hatte irgendetwas zu tun, irgendeine Aussicht oder Vorstellung, wie das Leben weitergehen könne. Man durfte keinerlei Arbeit annehmen, bei Strafe der Ausweisung.

Die Stimmung war verzweifelt. Am meisten litten die Sozialdemokraten. Sie hatten von früheren Sozialistenverfolgungen gehört wie etwa vom 30jährigen Krieg. Die jetzige Generation tat nichts, weswegen sie zu verfolgen wäre. Sie waren auf ein ruhiges und respektables Leben eingestellt. Auf Schicksalsschläge waren sie nahezu so wenig vorbereitet wie die unpolitischen jüdischen Emigranten.

Damals hatte ich noch einen schwachen Trost, wenn es auch mehr Galgenhumor war. Ich sagte, alles im Leben hat auch seine Lichtseite. Wenn wir uns hier auf den Wenzelplatz stellen und „Heil Hitler" riefen, würden wir totgeschlagen. Das war ein Lichtblick in der Emigration. Heute [1940] gibt es nicht einmal mehr diesen Trost. Man ruft auf dem Wenzelplatz: Heil Hitler!

Nach einigen Tagen bekam ich Nachricht durch meine Freunde[69], daß in meiner Wohnung Haussuchung war. Am nächsten Tag bekam ich ein Telegramm ohne Unterschrift: Mehr Besuch. Abwarte Brief. Schließlich kam ein Bericht. Es hatte eine Reihe von Haussuchungen stattgefunden. Niemand konnte danach wagen, in

68 Vgl. allgemein zur Lage der Emigranten in der CSR: *Kurt R. Grossmann*, Emigration. Geschichte der Hitlerflüchtlinge 1933–1945, Frankfurt 1969, S. 41ff. Zu neueren Analysen aus der CSR vgl. *Jaroslav Cesar, Bohumil Černý*, Die deutsche antifaschistische Emigration in der Tschechoslowakei (1933–1934), in: Historica XII, 1966, S. 147–184; *Bohumil Černý*, Der Parteivorstand der SPD im tschechoslovakischen Asyl (1933–1938), in: Historica XIV (1967), S. 175–218 (jeweils mit weiteren Verweisen).

69 Es dürfte sich u.a. wohl um Dr. *Ludwig Glaser* (Berlin), später Amsterdam, gehandelt haben.

meine Wohnung zu gehen. Man wußte nur, daß Bücher und Papiere in großen Kisten fortgeschafft worden waren. In einer Verhandlung gegen SAP-Leute habe der Richter mich als eine der schlimmsten Volksverderberinnen bezeichnet, die leider der Gerechtigkeit entgangen sei. Ich durfte auf keinen Fall zurückkommen.

So war ich in der Emigration mit einem Köfferchen, das für den Bedarf von zwei Wochen bestimmt war. Zum Glück hatte ich ja noch etwas Geld.

Als sich später Freunde nach meinen Sachen umsahen, hatte der Hauswirt den Rest vor die Tür gesetzt. Die Wohnung war für ein halbes Jahr im Voraus bezahlt, aber er wußte ja, daß ich nichts dagegen tun konnte. Was die Nazis übrig gelassen hatten, haben dann andere gestohlen.

Der Verlust meines Hausstandes machte nicht viel Eindruck auf mich. Es wurden damals so viele Hausstände zum Verkauf angeboten, daß man ohnehin keinen nennenswerten Preis dafür bekommen konnte, und bei dem Herumfahren durch die Welt, das jetzt begann, hätte ich ja doch Möbel nicht mitnehmen können. Sehr schmerzlich war mir der Verlust meiner Bibliothek, die ich seit meiner Studentenzeit gesammelt hatte, und die ein großes Zimmer füllte. Es wurde offenbar ebenso verfahren wie bei der Vernichtung anderer wertvoller Bibliotheken, von denen ich gehört habe. Die Nazi-Buben hatten keine Ahnung, was wertvoll ist, und nicht einmal, was politisch ist. Sie griffen zuerst nach den schön gebundenen Luxusausgaben. Mein größter Stolz war der komplette Jahrgang der „Neuen Rheinischen Zeitung“, die *Marx* 1848 herausgab, und von der nur noch wenige Exemplare existieren. Die Einbände waren abgegriffen und zeigten die Spuren des Alters. Die zwei Bände waren zu groß für ein Bücherspind und lagen auf einem Tisch. Sie blieben dort unbeachtet liegen. Ebenso blieb eine unansehnliche Ledermappe liegen, die vergilbte Blätter enthielt. Es waren Broschüren, die längst nicht mehr im Handel zu haben sind, zum Teil illegale Literatur aus der Zeit des Sozialistengesetzes in den 80er Jahren des vorigen Jahrhunderts.

Ich war sehr froh, als ein junger Freund mich wissen ließ, er habe diese Schätze an sich genommen und sie in ein sicheres Versteck gebracht. Der junge Mann wurde später verhaftet und zu fünf Jahren Zuchthaus verurteilt. Dabei sind diese unersetzlichen Stücke wohl auch verloren gegangen.

Ganz unersetzlich ist die Vernichtung meines Archives. Seit der Vorkriegszeit hatte ich Material über die laufenden Ereignisse in Politik, Wirtschaft und internationale Beziehungen gesammelt. Die

Sammlung umfaßte etwa 200 Mappen. Es war mein Hobby, mit dem ich viel Zeit verbrachte, und das viel Zeit meiner Sekretärin in Anspruch nahm. An Hand dieser Sammlung hätte ich sehr viel mehr Auskunft geben können über Dinge, die ich nun mühsam aus dem Gedächtnis und mit Hilfe des unvollständigen Materials, das ich in den letzten sieben Jahren wieder gesammelt habe, zusammengestellt habe.

Meine Sammlung ist schon wieder ganz umfangreich, aber sie macht mir keine Freude mehr. Die wichtigste Periode meiner Beobachtung, wo ich selbst bei vielen Dingen dabei war, fehlt. Außerdem fehlt die ordnende Hand der Sekretärin und die ständige Wohnung, wo das Archiv seinen festen Platz hat. Bei dem ewigen Herumziehen jetzt ist manchmal all das Papier eine furchtbare Last. Ich weiß, ich könnte es fortwerfen. Ich brauche kein Material mehr, um jederzeit Auskunft zu geben oder Referate halten zu können. Stattdessen füge ich aber dauernd neues Material hinzu. Alte Gepflogenheiten legt man nicht so schnell ab, wie man einsieht, daß sie keine Bedeutung mehr haben.

Mein Bankguthaben wurde gesperrt. Ich hatte noch etwas Geld an einer anderen Stelle. Ich wurde mit einem Manne bekannt gemacht, der sehr gute Empfehlungen und Verbindungen hatte und der das Geld herausschaffen wollte. Er hat es unterschlagen. Ich war nur unruhig, solange alles im Zerfallen war. Als ich wußte, daß ich nun nichts mehr besaß, war auch der Grund zur Beunruhigung fortgefallen.

Es wurde mir eine Vorladung nachgeschickt, zur Vernehmung bei der Gestapo zu erscheinen. Ich ging damit zum deutschen Konsul nur um zu provozieren. Sinn hatte es nicht.

Ich sagte, daß ich zu dem Termin nicht in Berlin sein werde, aber ihm Auskunft geben wolle, falls er es erledigen könnte. Er wußte natürlich nicht, was vorliegt, und fragte, worum es sich denn handle. Ich sagte, ich hätte keine Vermutung. Ich sei in den letzten zwölf Jahren fünfmal in öffentlichen Wahlen auf der Liste der SPD gewählt worden. Außerdem hätte ich oft mit der Polizei als Mitglied des Vorstandes der SAP verhandelt. Ich könnte mir daher nicht denken, daß die Gestapo mich fragen wolle, ob ich Sozialistin sei. Falls es sich aber doch darum handle, möchte er doch bitte mitteilen, daß ich die Frage bei ihm bejahend beantwortet hätte. Nachdem er mir pflichtschuldig geraten hatte, doch lieber zu diesem wichtigen Termin nach Berlin zu fahren, sagte er: „Auf alle Fälle war es gut, daß Sie vorgesprochen haben. Ich werde darüber nach Berlin berichten, damit man dort nicht annimmt, daß

Sie flüchtig sind." Ich schickte ihm mehr Leute, die unter irgendeinem Vorwand vorsprachen, damit er berichten konnte, daß sie nicht flüchtig seien. Das war eine Belästigung, die uns etwas Vergnügen machte, weiter nichts.

Allmählich waren fast alle Vorstandsmitglieder der SAP in Prag eingetroffen.[70] Die Partei war schon vor der Machtergreifung *Hitlers* in vollem Zerfall gewesen. Die Entwicklung der Partei, die vor zwei Jahren als Protest gegen die beiden bestehenden Arbeiterparteien gegründet worden war, und die es im letzten Moment unternehmen wollte, die Massen zu sammeln, war ganz interessant. Der eine Gründer [*Max Seydewitz*] erklärte Anfang 1933, daß er um seine Wiederaufnahme in der SPD nachgesucht habe und forderte die Mitglieder auf, das gleiche zu tun. Ein anderer Teil des Vorstandes [um *Kurt Rosenfeld*] wandte sich der KPD zu. Die KPO-Fraktion forderte auf, die SAP weiterzuführen. Ein anderer Teil, zu dem ich gehörte, beschloß, sich keiner Organisation mehr anzuschließen und als freie Sozialisten so viel wie möglich mit der Gesamtbewegung in Kontakt zu bleiben.

Der frühere Abgeordnete *Seydewitz,* der die Gruppe führte, die in die SPD zurück wollte, wurde dort nicht aufgenommen. Er hatte junge erwachsene Kinder, die nirgends eine Ausbildung bekommen konnten, und erreichte es schließlich, daß die Kinder nach Rußland kamen. Er mußte dafür teuer bezahlen. Im Jahre 1938 hat er ein Buch veröffentlicht: „Stalin oder Trotzki" [London: Malik Verlag], in dem er den ganzen Stalinkurs gutheißt. Im Vorwort stellt er sich als langjähriger Reichstagsabgeordneter, Funktionär und Redakteur der SPD vor, und erklärt, die SPD habe sich nicht genügend über die Geschichte Rußlands seit der Revolution informiert und Dinge bekämpft, die sie nicht verstand. Sein Kind, die SAP, verleugnete er. Die Gründung der SAP, und der sehr bewußte Kampf, den die SAP gegen die kommunistische Politik geführt hatte, wurde gar nicht erwähnt.

Ob die KPD Leute aufgenommen hat, weiß ich nicht. Die KPD hat immer einen Bestand von Mitgliedern, deren Mitgliedschaft sie nicht bekannt gibt.

Der Rest der SAP arbeitete weiter, wie immer, doktrinär, sektiererhaft, aber ehrlich in der Überzeugung. Einen pater peccavi aus Opportunitätsgründen gibt es bei diesen Leuten nicht. Die SAP war weder der zweiten noch der dritten Internationale angeschlos-

70 Vgl. zur SAP nach der Machtergreifung: *Jörg Bremer,* Die Sozialistische Arbeiterpartei Deutschlands (SAP). Untergrund und Exil 1933–45, Frankfurt/Main 1978.

sen. Sie hatte daher wenig internationalen Kontakt und finanzielle Unterstützung. Ihr Aktionsradius war dadurch beschränkt, und noch mehr dadurch, daß sie sich weiter in widerstreitende Fraktionen zersplittert hatte.

Als ich in Prag war, fand die Reichstagssitzung im Mai [1933] statt, bei der der in Berlin gebliebene Teil der [SPD-]Fraktion für das Vertrauensvotum für *Hitler* stimmte. Darauf hat der in Prag befindliche Teil des Vorstandes die Berliner, und der in Berlin gebliebene Teil die Prager, ausgeschlossen. Der emigrierte Parteivorsitzende [*Otto*] *Wels* war erst aus der Zweiten Internationalen ausgetreten. Nachdem die SPD in Deutschland verboten und das Parteivermögen beschlagnahmt war, hat er das rückgängig gemacht mit der Erklärung, der Austritt sei nur erfolgt, um *Hitler* keinen Vorwand für eben das zu geben, was er auch ohne Vorwand getan hätte. Der emigrierte Teil des Vorstandes hat die Anerkennung und Unterstützung der Zweiten Internationalen gefunden. Er ist aber wiederum gespalten in Gruppen, die unabhängig voneinander arbeiten und sich gegenseitig bekämpfen.

Dieses Weiterarbeiten der Parteimaschinen ohne Parteien könnte man übergehen, wenn es nicht eine sehr schlimme Wirkung gehabt hätte. Alle Gruppen, und viel mehr, als die genannten, begannen mangels anderer Beschäftigung, illegales Material zu drucken, und nach Deutschland hineinzuschmuggeln. Alle Gruppen versuchten, nach alter Weise, ihren Anhängern in Deutschland Anweisungen zu geben, wie sie sich bei Abstimmungen zu verhalten hätten. Ob sie fern bleiben sollten, oder „Nein“ stimmen, oder die Stimmzettel ungültig machen, wurde ihnen von Prag aus mitgeteilt. Was möglich und durchführbar war, konnten natürlich nur die Leute in Deutschland selbst beurteilen. In Deutschland gibt es bekanntlich kein Wahlgeheimnis mehr und eine Unvorsichtigkeit kann die Leute ins Konzentrationslager bringen. Es ist auch ganz unwichtig, was für Stimmen abgegeben werden. Das veröffentlichte Ergebnis wird doch mit 95 bis 99% festgesetzt, und wird wohl von niemandem in der Welt ernst genommen.

Ich habe eine große Menge von illegalem Material gesehen und war entsetzt, das für dies nutzlose Zeug Menschenleben aufs Spiel gesetzt wurden. Es kamen eine Menge Kuriere nach Prag. Ich hatte nur immer die eine Hoffnung, daß sie die Sachen vor der Grenze wegwerfen. Das ist ohne Frage auch vielfach geschehen. Die KPD vor allem behauptete oft, daß Deutschland von illegalem Material geradezu überschwemmt sei. Als ich 1936 in Prag das Emigrantenkomitee leitete, habe ich jeden einzelnen ankommenden Emigranten über die in Deutschland zirkulierende illegale Literatur befragt. Sehr wenige hatte je etwas davon zu Gesicht bekommen.

Aber, die Parteimaschinen sterben schwer. Als ich im Juni [1933] in Paris war, veröffentlichte das sozialistische Blatt „Populär" offenbar vom Deutschen Parteivorstand zur Verfügung gestelltes Material über die nun vollzogene Neuorganisierung der Partei auf illegaler Basis. Es wurde darin mitgeteilt, daß von nun an der „Vorwärts" als Wochenblatt in der Tschechoslowakei gedruckt und auf illegalem Wege nach Deutschland eingeschmuggelt werde. Falls die Nazis sich diese Information noch nicht selbst beschafft hatten, konnten sie es in der Zeitung lesen. Es war die alte Gewohnheit der Parteimaschine, daß Reden wichtiger ist als Handeln, und vor allem der Welt mitgeteilt werden muß: „Achtung! Achtung: Die illegale Arbeit beginnt!"

Das Leben in Prag, wo ich täglich völlig mittellose Genossen traf, wurde zu kostspielig und bot nicht die geringste Aussicht. Ich mußte daran denken, mir wieder eine Existenz zu schaffen. Es war naheliegend, daß ich an die Stadt dachte, wo ich mich immer wohl gefühlt hatte, Paris.

In Paris waren noch mehr Deutsche als in Prag[71], aber man trifft sich nicht so häufig. Die wohltuende Atmosphäre der Weltstadt machte sich sogleich bemerkbar. Ich zog zuerst in ein bescheidenes Hotel. Dann in ein ärmliches und dann in ein elendes. Ich kannte Elendsquartiere in Deutschland, aber ich hatte sie nur besichtigt. Ich weiß nicht, ob die Pariser Quartiere schlimmer sind. Das Leben dort überstieg jedenfalls alles, was ich mir an deprimierenden Wirkungen einer solchen Umgebung vorgestellt hatte. Ich war dankbar, daß es für die Augen kein Privateigentum gibt. Mit den Augen konnte ich noch von aller Schönheit, die die Stadt bietet, Besitz ergreifen. Es war immer noch „Paris".

Wenn ich von der Emigrationszeit spreche, darf ich die Sprachenfrage nicht vergessen. Ich glaube, wenn ich von allen Ereignissen der Weltgeschichte das Unheilvollste nennen sollte, würde ich den Turmbau zu Babel nennen. In Paris gewöhnte ich mich an die französische Sprache. Dann lebte ich in der Schweiz und versuchte, mich an Schweizer Deutsch zu gewöhnen, was eine völlig andere Sprache ist als Reichsdeutsch. Ich hörte von Schweizern, daß sie

71 Zu den Emigrationsbedingungen in Frankreich vgl. als Einstieg: *Ruth Fabian, Corinna Coulmas,* Die deutsche Emigration in Frankreich nach 1933, München 1978. Zu den Ärzten vgl. *Barbara Vormeier,* Der Fall Frankreich: Die Abschottung des medizinischen Arbeitsmarkts gegen Ausländer und die Lage der deutschen Emigrantenärzte 1933–1945, demnächst in: Zeitschrift für Sozialreform.

jetzt ihre Nationalität und ihren Dialekt mehr betonen als früher, um sich von Hitlerdeutschland zu distanzieren. Das fand meinen ungeteilten Beifall, aber verstehen konnte ich ihre Sprache deshalb doch nicht. Dann kam ich in die französische Schweiz und sprach wieder französisch. Dann ging es zurück nach Prag und ich lernte tschechisch. Jetzt bin ich hier und spreche englisch. Eine fremde Sprache kann man wohl nie völlig beherrschen lernen. Ich merke aber deutlich, daß meine Gewandtheit in der deutschen Sprache nachläßt, und die Zeit nahe scheint, wo ich mich in keiner Sprache mehr völlig mühelos ausdrücken kann.

Von dem, was ich bereits von der Emigration gesehen hatte, stand für mich eines fest: Was auch immer geschehe, man darf nicht einen Augenblick aufhören, auf eigenen Füßen zu stehen, wenn der Boden unter den Füßen auch schwindet und noch so unsicher wird. Ich sah, was aus Persönlichkeiten wird, wenn erst einmal die Haltung akzeptiert ist: Wir sind schuldlos ins Elend gekommen und haben nun Anspruch auf Hilfe.

Hilfe wurde freigiebig in der ersten Zeit angeboten und angenommen, als handelte es sich nur darum, eine kurze Zeit zu überbrücken. Das wäre das einzige, was materielle Hilfe leisten könnte. Die Emigration ist aber ein langfristiges Problem, und man stellt sich besser gleich darauf ein. Die angenommene Hilfe ist zu teuer bezahlt, wenn man dadurch ein „sozialer Fall" wird. Ich habe noch in jedem Augenblick dieser sieben Jahre meine Freiheit behalten, zu lachen, wenn mir jeder „nobody" sagen wollte, wie ich mein Leben einrichten, was ich tun oder lassen sollte. Wenn es mir schlecht ging, was meist der Fall war, war es mein eigenes Problem. Wenn ich mich für eine Zeit herausarbeiten konnte, hatte ich nicht zu fragen, wem es gefällt oder mißfällt, was ich tue. An diesem Standpunkt werde ich auch bis an mein Lebensende festhalten.

Ich lebte zuerst in Paris in einem Haus, wo viele Emigranten wohnten, u.a. eine Frau, die ich aus Deutschland kannte und die mich an das Haus empfohlen hatte. Die Frau stammte aus Rußland und war schon zwölf Jahre in der Emigration. Es gibt ein Berufs-Emigrantentum, vor dem ich Angst habe. Diese Leute gewöhnen sich daran, daß alles in ihrem Leben rar ist, Geld, menschliche Beziehungen, nützliche Arbeit und Freude. Das einzige, was sie immer überreichlich haben, ist Zeit. Sie werden zeitlos. Wenn man eine Zeitung austauscht oder etwas leiht – und alles wird ausgetauscht und geliehen, weil niemand genug hat – entspinnt sich eine Unterhaltung, die den ganzen Vormittag dauern kann. Jene Frau kam einmal zu mir mit einem Manne und teilte mir mit, daß das Kind des Mannes Scharlach habe. Der Kassenarzt sei schon dagewesen. Aber es wäre doch schön, wenn ich es ansehen würde und den Genossen einen freundschaftlichen Rat geben würde. Der Mann war ohne Hut, ich dachte, er sei aus der Nachbarschaft gekommen, und ging mit ihm. Wir fuhren bis zur Endstation der Untergrundbahn, eine gute Stunde. Dann etwa zwanzig Minuten mit dem Bus und gingen ebensolange zu Fuß. Dann sah ich das Kind und riet „freundschaftlich", nur alles genau zu befolgen, was der Arzt sehr umsichtig angeordnet hatte. Dann fuhr ich denselben Weg zurück und verbrachte den Rest des Tages damit, mit meiner alten Freundin über den Fall zu sprechen, wie schrecklich es ist, wenn in der Emigration Krankheiten eintreten. Das war ein typischer Tag der Emigration.

An einem Tage bekam ich einen dringenden Ruf, bestimmt zu einer wichtigen Besprechung einer Emigrantengruppe zu kommen. Ich ging hin und fand sie in einer lebhaften Debatte darüber, ob wir dafür eintreten sollen, daß Frankreich jetzt auf- oder abrüste. Die Gruppe hatte gar keine Fühlung mit Franzosen und konnte nicht einmal ihre Meinung anderswo vorbringen, als in diesem elenden Stübchen, wo sie versammelt war. Für diese Methode ist ebensoviel zu sagen wie für meine. Sie erhalten sich frisch, indem sie schreiend und gestikulierend neben dem Leben herlaufen, als könnten sie doch noch gehört werden. Ich fühle, daß der Kontakt jetzt unterbrochen ist, aber, ich laufe auch nebenher, sammle Papier und Informationen, als müsse ich mich frisch erhalten, um jeden Augenblick wieder hineinzuspringen in die Arena. Neben dem Leben herlaufen tun wir beide.

Wo den ganzen Tag gesprochen wird, schwirren naturgemäß endlose Gerüchte. Als ich eine Gruppe von Deutschen sah, überraschten sie mich durch den Aufschrei: „O Gott, da kommt sie!" Es schien, als hätten sie monatelang an der Straßenecke in Paris gestanden, um nach mir Ausschau zu halten. Sie waren aber nur so erschrocken, weil es schien, als wäre ich aus dem Grabe aufgestanden. Es war als sicher berichtet worden von Leuten, die angeblich genau wußten, was damals in Dresden im Zuge passiert war, daß ich tot sei. Die unendlich vielen unzuverlässigen Gerüchte, die überall schwirrten, hielten alle in ständiger Aufregung. Es wurde unmöglich, das Geschick von Freunden zu verfolgen. Die meisten Meldungen von Ermordungen oder Einlieferungen ins Konzentrationslager haben sich mit der Zeit leider als wahr herausgestellt.

Ich fing an, mich nach irgend einer Beschäftigung und nach einem Verdienst umzusehen. Viel hatte ich dafür nicht zur Verfügung zu stellen. Eine ärztliche Lizenz war nicht zu bekommen. Alle Art von Hausarbeit und Kinderhüten kam nicht in Betracht wegen meiner völligen Unfähigkeit dafür. Ich hatte einige Empfehlungen von Emigranten. Im Laufe der Zeit habe ich mehr Verständnis für das internationale Vokabular bekommen. Man sagt „Enchanté" oder „Sehr erfreut" oder „so glad you came" – es heißt alles dasselbe: „Laß mich in Frieden!"

Man muß das erst lernen, zuerst erweckte jede Unterredung Hoffnung. Die Leute erschienen so nett und interessiert. Sie sagten in allen Sprachen, daß meine vielseitige Erfahrung doch überall zu gebrauchen wäre, ich würde bestimmt etwas finden. Jeder gab mir einen oder mehrere Briefe an andere Leute. Ich habe alle diese Instanzen, zu denen ich geschickt wurde, in Form eines „Stammbaumes" aufgezeichnet. Er wurde kolossal verästelt.

Ich bin überzeugt, daß jeder, der Emigranten empfängt, guten Willens ist zu helfen, wenn er nur könnte. In Deutschland kamen viele Ausländer mit ihren Schwierigkeiten zu mir. Ich war auch guten Willens zu helfen, konnte aber nur in relativ wenigen Fällen etwas tun. Man kann niemandem einen Vorwurf daraus machen, daß die Möglichkeiten beschränkt sind. Man kann aber auch Emigranten keinen Vorwurf daraus machen, daß sie versuchen, Verbindungen zu bekommen und um Unterredungen bitten. Wer nicht belästigt sein will, kann und sollte Unterredungen ablehnen. Es war ein besonders unglückliches Zusammentreffen, daß die Emigration auf der Höhe der Krise erfolgte, als alle Länder unter der eigenen Arbeitslosigkeit litten. Einflußreiche Leute bekamen täglich mehrere Emigrantenbesuche, und das war eine Plage. Ich persönlich war für nichts so dankbar, als wenn mir jemand kurz sagte: „Ich weiß keinen Rat für Sie." Aber die Dutzende von zwecklosen Besuchen, bei denen ich immer Briefe bekam, die wieder zu zwecklosen Besuchen führten, das war etwas mehr, als ich ertragen konnte.

Nach Paris wurde mir ein Koffer nachgesandt, der den Rest meiner Habe enthielt. Ich sah schon von außen, daß sogar von meinen Koffern nur der älteste übrig geblieben war. Der Inhalt enthielt nicht ein Stück, das ich gebrauchen oder verkaufen konnte. Das einzige, was keinen Liebhaber unter den Dieben gefunden hatte, war meine gesamte Sportausrüstung. Ich sah sie nicht ohne Vergnügen wieder, meine Reit- und Skisachen, Bergstiefel, usw. Ich beschloß, sie auch zu benutzen.

Das Herumtragen der Briefe gab ich auf. Ich sah, daß ich es selbst in die Hand nehmen mußte, etwas für mich zu finden. Ich hatte seit 30 Jahren fast täglich geritten, einschließlich des Tages, an dem ich Deutschland verließ. Ich konnte also mit Fug und Recht behaupten, daß ich reiten kann. Ich legte mein Reitkostüm an, und besuchte verschiedene Manegen, um Schüler für Reitunterricht zu finden. Ich war schon ziemlich entmutigt, als ich schließlich doch Erfolg hatte. Ein Manegen-Besitzer sprach von einer jungen Dame, deren Vater nicht erlaubte, daß sie mit dem Stallmeister ausreite. Das war gerade, was ich suchte. Ich gab ihr eine Kombination von Reit- und deutschem Konversationsunterricht und brachte mich so einige Wochen durch. Außerdem machte es mir großes Vergnügen, wieder auf einem Pferd zu sitzen. Leider reiste die Familie bald ab.

Ich hatte mir sofort, als ich noch etwas Geld hatte, eine Schreibmaschine gekauft, die noch leidlich brauchbar war. Meine Handschrift kann ich manchmal selbst nicht lesen. Die Maschine ermöglichte es mir zwar technisch zu schreiben, und Stoff hatte ich genug. Aber, die Sprache! Ich konnte mich ganz gut in Frankreich verständlich machen und die Franzosen verstehen, aber ich wußte, daß es zur Schriftsprache nicht reichte. Immerhin fand ich es besser, etwas auszuarbeiten, als nichts zu tun. Ich schrieb einen Artikel und schickte ihn versuchsweise an „Concours Médical". Zu meiner leisen Überraschung kam er nicht gleich zurück, sondern es kam eine Einladung zur Rücksprache mit dem Redakteur. Ich traf einen Mann mit den sehr höflichen französischen Manieren, der sagte, daß ihn der Artikel interessiere und er ihn gerne bringen wolle. Nur, ich möchte es nicht übelnehmen, ich müsse erlauben, daß er ganz umgeschrieben wird. „Vous savez, c'est trés interessant, mais ce n'est pas français!"

Wenn ich nur mehr so gutwillige Redakteure gefunden hätte! Ich nahm es durchaus nicht übel, daß er mein Geschreibe nicht als „français" bezeichnete, ich tat es auch nicht. Das Honorar half mir wieder etwas weiter.

Ich konnte noch einige Artikel unterbringen, aber sehr wenige. Zum Leben reichte es nicht. Bis Februar 1934 war ich noch regelmäßiger Mitarbeiter der Sozialärztlichen Rundschau in Wien und schickte dorthin monatlich einen Artikel und die Nachrichten über die Entwicklung der sozialen- und Gesundheitsangelegenheiten in Deutschland. Das Blatt wurde von sozialistischen Ärzten herausgegeben, ich hatte früher öfter dort geschrieben und nie Honorar dafür angenommen. Jetzt zahlten sie etwas, und auch die paar

Fürsorgearzt a.D. Endgültige Entlassung und Verlust der Versorgungsbezüge – Die bürokratische Maschinerie in Berlin läuft weiter (aus dem Nachlaß von K. Frankenthal)

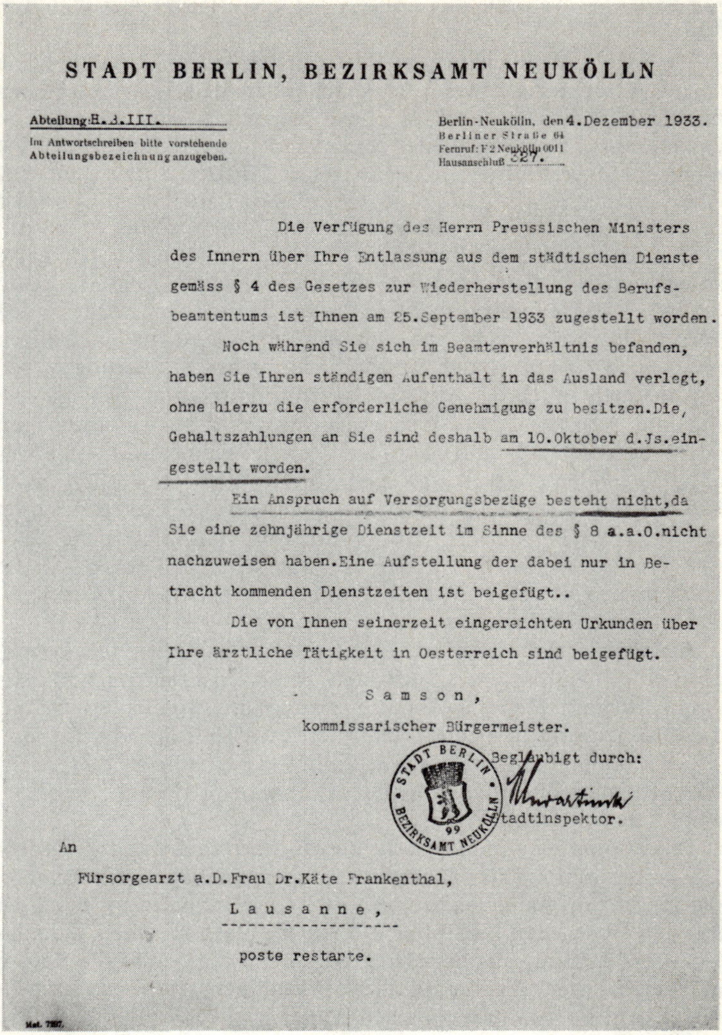

STADT BERLIN, BEZIRKSAMT NEUKÖLLN

Abteilung: H.3.III.
Im Antwortschreiben bitte vorstehende Abteilungsbezeichnung anzugeben.

Berlin-Neukölln, den 4. Dezember 1933.
Berliner Straße 64
Fernruf: F 2 Neukölln 0011
Hausanschluß 327.

Die Verfügung des Herrn Preussischen Ministers des Innern über Ihre Entlassung aus dem städtischen Dienste gemäss § 4 des Gesetzes zur Wiederherstellung des Berufsbeamtentums ist Ihnen am 25.September 1933 zugestellt worden.

Noch während Sie sich im Beamtenverhältnis befanden, haben Sie Ihren ständigen Aufenthalt in das Ausland verlegt, ohne hierzu die erforderliche Genehmigung zu besitzen. Die Gehaltszahlungen an Sie sind deshalb am 10.Oktober d.Js. eingestellt worden.

Ein Anspruch auf Versorgungsbezüge besteht nicht, da Sie eine zehnjährige Dienstzeit im Sinne des § 8 a.a.O. nicht nachzuweisen haben. Eine Aufstellung der dabei nur in Betracht kommenden Dienstzeiten ist beigefügt..

Die von Ihnen seinerzeit eingereichten Urkunden über Ihre ärztliche Tätigkeit in Oesterreich sind beigefügt.

S a m s o n ,
kommissarischer Bürgermeister.

Beglaubigt durch:
Stadtinspektor.

An

Fürsorgearzt a.D. Frau Dr. Käte Frankenthal,

L a u s a n n e ,

poste restante.

Mat. 7187.

Francs waren eine Hilfe. Fast eine größere Hilfe war es, daß ich noch die Pflicht hatte, deutsche Zeitungen und Gesetzesblätter zu lesen, um mich auf dem Laufenden zu halten. Nach der Vernichtung der Österreichischen Sozialistischen Partei ging auch dies Blatt ein.

Ich kam allmählich in den Zustand, wo man überhaupt keine Chancen mehr hat. Wenn man schon an den schiefgetretenen Schuhabsätzen sieht, daß es einem Menschen schlecht geht, ist er verloren. Es war nicht das erstemal in meinem Leben, daß ich nichts im Magen hatte. Ich hatte Krieg und Inflation durchgemacht. Aber, es ist etwas anderes, mit dem ganzen Lande zu hungern, als in einem Lande, in dem Menschen leben können, zurückzubleiben. Das darf man nicht einmal vor sich selbst zugeben. Ich hatte abends immer Wein und Tabak. Französischer Wein ist kaum teurer als Kaffee und französischen Tabak liebte ich sogar in den teuren Qualitäten nicht. Ich konnte daher ebensogut den billigen rauchen. Wein und Rauchen gehörte in meiner Erinnerung zu den angenehmen Abenden, die ich verlebt hatte und gab mir die Illusion, daß das Leben doch noch angenehm sein könnte. Zum Glück hatte ich ja kein fremdes Geld, und es ging niemanden etwas an, wie ich lebte. Wäre ich ein „sozialer Fall" geworden, dann hätte irgend ein junges Mädel, das eben dem College entwachsen ist, mich darüber belehrt, daß ich in Form von Milch mehr Kalorien kaufen könne. Das wußte ich wahrscheinlich schon, als sie noch in den Windeln lag, aber ich mag eben keine Milch trinken, darum trinke ich Wein.

Als Psychiater durfte ich keine Dienste anbieten. Ich konnte aber eine Beratungspraxis aufbauen, wenn ich es nur nicht Praxis nannte sondern Humbug. Humbug war erlaubt, und ich war bereit, diese Konzession zu machen. Ich zeigte es an, in folgender Form:

„Psychodiagnostique moderne. Chirologie-Graphologie. Connaissez votre mentalité et vos aptitudes. Choix de profession, marriage, emploi de confiance."

Das konnte eine modifizierte Berufs- und Eheberatung werden. Ich mußte mir nur die Handlinien ansehen, während ich versuchte, die Leute zum Sprechen zu bringen und scheinbar die Antworten aus den Handlinien herauslesen. Wenn sie nicht sprachen, dann las ich eben Humbug aus der Hand. Auf welchem Gebiet die Sorgen der Leute liegen, die zur Handleserin kommen, wußte ich ja ohnehin, sobald sie ins Zimmer kamen. Mundus vult decipi![72] Viel Geld

72 Die Welt will betrogen sein.

geben die Leute für so etwas nicht aus, aber viele Leute machen sich mal den Spaß. In einem Fall, der mich interessierte, machte ich den Rorschach-Test. Es hätte aber nicht in den Stil gepaßt zu sagen, daß das ein wissenschaftlicher Test ist. Das Bilderlesen schien der Klientin nicht sehr verschieden von dem Lesen der Handlinien und kostete auch dasselbe. Wenn ich gar kein Geld hatte, ging ich mit einem Bekannten in ein Caféhaus und fing an, seine Hand zu lesen. Dann sammelten sich immer Leute, die auch ihre Hände gelesen haben wollten.

Unvorstellbar schnell vereinsamt man, wenn es so bergab geht. Von Emigrantenkreisen hielt ich mich fern. Die Leute erwarten in ihrem Elend Rat und Hilfe von ihren alten Funktionären, und ich konnte nichts mehr geben. Sie würden es schwer glauben, daß ich nicht einmal mir selber helfen konnte, und es hätte sie nicht ermutigt.

Die Vereinsamung treibt auch wieder Menschen zusammen. Ich habe merkwürdige Fälle gesehen. Ein Deutscher kam zu mir, den ich ganz gut kannte, mit dem ich aber nie gesellschaftlich verkehrt hatte. Er war ein sehr angesehener Anwalt, ein Mann Ende der fünfziger Jahre, der zwei erwachsene Kinder und ein Enkelkind hatte. Er hatte gerade die Mitteilung bekommen, daß sein Sohn, ein junger Arzt, in Berlin Selbstmord begangen hatte. Warum kam er zu mir? Ich stand der Familie nicht nahe und hatte den Sohn nur flüchtig gekannt. Aber, ich hatte ihn wenigstens gekannt. Es war das Bedürfnis, mit jemandem zu sprechen, der schon in der Heimat da war und der das ganze Elend kannte.

Dies Bedürfnis führte dazu, daß ich noch in weitere Angelegenheiten der Familie eingeweiht wurde. Am nächsten Tage kam die Frau des Mannes zu mir und teilte mir mit, daß sie noch einen anderen Kummer hätte, als den um ihren Sohn. Gerade in dieser Zeit hatte ihr Mann erklärt, daß er sie verließe, da er eine andere, junge Frau gefunden hätte, ohne die er glaubte, nicht leben zu können. Auch nach der Trauerbotschaft hätte er seinen Entschluß nicht geändert. Sie hätten seit 30 Jahren eine harmonische Ehe geführt. Die Ehe blieb auch erhalten und kam wieder ins Gleichgewicht. Die ganze Sache sah ich als Emigrations-Psychose an, und es war nicht die einzige, die ich sah. Der Mann war sehr beschäftigt gewesen, wenig zu Hause und sehr wohlhabend. Beide Eheleute waren ihren Weg gegangen und es kam ihnen gar nicht zum Bewußtsein, wie wenig sie sich all die Zeit umeinander gekümmert hatten. Seit sie zusammen in einem einzigen Zimmer lebten, Geldsorgen hatten und keine Beschäftigung, ging es so einfach nicht weiter. In erschreckend vielen Fällen sind alte Ehen an den Verhältnissen der Emigration zugrunde gegangen und meist in einer Form, die für einen Teil eine Tragödie war. Ich möchte beinahe sagen, daß ich wenige Emigranten kenne, bei denen das Familienleben völlig intakt geblieben ist. Die junge Frau, die der Anlaß zu jenem Ehezerwürfnis gewesen war, lebte dann mit anderen Männern und beging vor einigen Jahren Selbstmord. Sie hatte versucht, der Vereinsamung zu entgehen, indem sie sich an Männer anklammerte, aber sie konnte dies Leben doch nicht ertragen. Auch derartige Fälle habe ich häufig gesehen. Die völlige Umstellung, die das Emigrantenleben erfordert, zieht eine Umstellung aller hergebrachten Begriffe nach sich. Man kann das „Demoralisierung" nennen oder irgend etwas anderes. Es sind Tatsachen, deren Ursachen leicht auffindbar sind.

Im Februar 1934 waren die Unruhen in Paris. Die beiden Arbeiterparteien riefen zum Generalstreik auf, das kommunistische Blatt „Humanité" mit der Überschrift: Front unique à la base! Contre les chefs réformistes, saboteurs de l'action de classe! Man sah die Schwäche der Einheitsfront, als sie noch im Stadium des Entstehens war, und man sah sehr deutlich die Aktivität des französischen Nationalismus. Ich konnte nie die Erwartung teilen, die in den kommenden Jahren auf die französische Einheitsfront gesetzt wurden.

Ebenfalls im Februar wurden die österreichischen Sozialisten niedergeschlagen. Ich war persönlich mit vielen Österreichern viel enger verbunden gewesen als mit den Deutschen.

Alle diese deprimierenden Ereignisse zusammen mit der Unmöglichkeit, einen Lebensunterhalt zu finden, nahmen mir die Ruhe. Ich wollte fort, wenn ich auch nicht wußte, wohin. Mein Paß war abgelaufen und das Bewußtsein, nun nicht fortzukönnen, vergrößerte meine Unruhe.

Ich ging auf das deutsche Konsulat und verlangte einen Paß. Da er mir verweigert wurde, drang ich bis zum Konsul vor, der sich kaum von Emigranten sprechen ließ. Ich fand aber, daß ich lange genug in Deutschland Steuern gezahlt hatte und daß der Konsul auch für mich da sei. Er gab mir schließlich einen Paß, der nur für sechs Wochen gültig war und nur zur Rückkehr nach Deutschland berechtigte. Das einzige, was über mein Reiseziel feststand, war aber, daß es nicht Deutschland sein würde.

Ich konnte noch immer nicht reisen, da ich kein Geld hatte. Zum Handlinienlesen war ich nicht mehr in der Stimmung. So nahm ich alles, was mir noch an Reichtum geblieben war. Das bestand im wesentlichen aus meinen Sportstiefeln, Rucksack und dem größten Reichtum der Emigranten: viel Zeit!

Ich machte mich auf den Weg, um im Laufe von ein paar Wochen nach Prag zurückzuwandern. Ob es so weit kommen würde und wie ich dort leben sollte, war noch nicht klar. Aber, das Wandern würde mir gut tun. Das Herumsitzen in Paris hielt ich einfach nicht mehr aus.

Das „thumben" [Fahren per Anhalter] kannte ich noch nicht, das habe ich erst hier gelernt. Hin und wieder hielt ein Auto, und nahm mich ein Stück mit. Es verdirbt beinahe den Spaß am Wandern, daß man im Auto in einer Stunde weiterkommt, als in einer ganzen Tageswanderung zu Fuß. In Basel ging ich in der Nacht über die Grenze[73] und wurde nicht angehalten. Meinen Paß konnte ich ja nicht vorzeigen, und ich mußte vorsichtig sein, daß ich dort nicht unversehens wirklich auf deutsches Gebiet kam. Es ging ohne Schwierigkeiten.

Es war Ende April [1934] und warmes Wetter. Manche Nächte waren so warm, daß ich im Freien schlafen konnte. Sonst ging ich in kleine Touristenhäuser. Es war noch nicht die Zeit, wo Touristen viel unterwegs waren. Die Leute erschraken, wenn ich kam. Ich sah wohl sehr heruntergekommen aus, und sie mögen mich für eine Verrückte gehalten haben.

Nach etwa zwei Wochen kam ich in Zürich an. Ich besuchte dort einige Freunde[74]. An ein Bleiben in Zürich hatte ich nicht gedacht, weil die Schweiz als ein teures Land bekannt ist und man in Prag viel billiger leben konnte. Meine schönsten Erholungsreisen waren immer Fußwanderungen durch die Schweiz gewesen. Ich hatte es auch wieder genossen, als ob gerade Ferien wären und hatte mein Brot und Käse so gerne gegessen, als wäre es nur der leichte „Lunch" vor einem guten Abendbrot. So war ich über die Stimmung fortgekommen, wo es mir schwer fiel, mit irgendeinem Menschen zu sprechen. Ich antwortete lachend auf dieselben

73 *Hans Oprecht,* der sich in der Schweiz entscheidend um *Käte Frankenthal* bemühte, sagte 1969 über sie: „Sie lebte also eine zeitlang paßlos in Paris und kam dann illegal in die Schweiz. Ein Lastwagenführer versteckte sie unter seinem (? Sitz?). Er brachte sie in die Schweiz bis nach Basel ..." (Mitschrift eines Referats auf der Tagung „Die antifaschistische Emigration in der Schweiz bis zum Ende des zweiten Weltkrieges. Die Schweizerische Arbeiterbewegung und die Hilfe für die Widerstandsbewegung der Nachbarländer" organisiert von der Studiengemeinschaft zur Geschichte der Schweizerischen Arbeiterbewegung am 10./11. Mai 1969 im Haus zur Eintracht, Zürich, S. 2/3). Diesen Hinweis verdanken wir *Mathias Knauer,* Zürich.

74 Wohl *Anna Siemsen* oder *Richard Kleineibst* (s. Personenregister).

Fragen, die mir in Paris auf die Nerven gefallen waren: „Was das für eine Idee ist? Wenn ich viel Zeit und wenig Geld habe, bewege ich mich langsam und ohne Unkosten durch die Welt. Wenn es umgekehrt ist, benutze ich gerne ein Flugzeug, um meine kostbare Zeit zu sparen. Ist das so schwer zu begreifen?"

Hier, wo ich gar nichts suchte, fand ich eine Chance.[75] In der Schweiz verlebte ich die glücklichste Zeit meiner Emigration. Es war eine feine und intelligente Gruppe, die in der Schweiz lebte, und sie machten auch jetzt noch nicht einen so heruntergekommenen Eindruck wie die Emigranten in Paris. Sie machten keine Emigranten-Gruppen-Politik, sondern hatten guten Kontakt mit den Schweizern. Freilich lebten sie fast alle von Unterstützung und schienen sich daran gewöhnt zu haben. Sie waren trotzdem als Gleichberechtigte und Freunde aufgenommen worden. Die Gründe dafür, daß es einer Gruppe von deutschen Sozialisten in der Schweiz so gut ging, sind stark kapitalistisch. Die Schweiz ist so teuer, daß es die große proletarische Emigration nicht dorthin zog. Die Schweiz nahm ihre Gäste freundlich auf, aber es war nur eine kleine Gruppe von kultivierten Menschen dort. Die richtigen Emigrantenprobleme, wie Paris und Prag sie hatten, lernte die Schweiz nicht kennen. Arbeitserlaubnis war hier überhaupt nicht zu bekommen, darin waren die Bestimmungen noch strenger als in den anderen Ländern.

Von allen Deutschen hörte ich den Namen eines Mannes [Dr. *Hans Oprecht*], der großen Einfluß auf vielen Gebieten in der Schweiz hatte, und der als der gute Geist der Emigranten angesehen wurde. Er sorgte immer dafür, daß die Emigranten sich mit etwas zu beschäftigen hatten, und daß kleine Nebeneinnahmen für sie abfielen. Man riet mir dringend, ihn aufzusuchen. Selbst wenn ich am nächsten Tage weiterwandern wolle, sei es eine nette Höflichkeit, wenn ihn einmal ausnahmsweise jemand besuche, der kein Anliegen an ihn habe. Ich beschloß, noch höflicher zu sein und seine Zeit nicht in Anspruch zu nehmen. Gegen das Abstatten unerbetener Besuche hatte ich eine Idiosynkrasie entwickelt.

Es schien aber Bestimmung zu sein, daß ich ihn doch treffen sollte. Als wir am Abend in der Wohnung eines Freundes [wohl Dr. *Richard Kleineibst*] waren, kam er herein. Ich hörte, daß dies

75 Zu den Emigrationsbedingungen in der Schweiz vgl. allgemein: *Alfred A. Häsler*, Die Schweiz und die Flüchtlinge 1933–1945, Zürich 1979. Eine Fallstudie von *Stephan Leibfried* und *Ura Lenzlinger* zur Abschottung des Schweizer medizinischen Arbeitsmarktes ist in Vorbereitung.

außerordentlich selten vorkam. Es hatte sich gerade so getroffen, daß er in der Nähe war und dem Manne, bei dem wir waren, etwas sagen wollte. Er blieb nicht lange. Aber, wir unterhielten uns ein bißchen, und er forderte mich auf, ihn am nächsten Tage, bevor ich weiterwandern würde, im Büro aufzusuchen.

Ich ging mit meinem Rucksack hin, um gleich nach dem Besuch Zürich zu verlassen. Es geschah aber etwas, was mir in der Emigration noch nicht passiert war. Er redete mir dringend zu, dazubleiben. Die Schweizer Verbände hätten nicht so viele erfahrene Leute wie die großen deutschen Organisationen. Es blieben immer Aufgaben liegen, zu denen die überlasteten Funktionäre nicht kamen. Er war nicht der Ansicht, daß die Deutschen nichts anderes tun könnten, als ihre Zeit zu vergeuden. In einer internationalen Bewegung könnten freie Kräfte nutzbringend verwendet werden.

Das war gerade der Standpunkt, den ich in Paris so schmerzlich vermißt hatte. Die Emigranten hatten dort den Beinamen bekommen: die „bei uns“. Das bedeutete, daß es übel genommen wurde, wenn die Emigranten erzählten, wie es bei uns war. Es lag sicher oft im Tenor oder konnte so verstanden werden, daß „bei uns“ alles besser und richtiger gemacht wurde. Nach den Erfolgen, die wir in Deutschland nun hatten, brauchte das ja nicht ernst genommen zu werden und nicht dazu zu führen, daß die Franzosen nervös wurden, wenn sie hörten, wie es „bei uns“ war.

Der Schweizer, der nun Berufspolitiker war, hatte früher Psychologie studiert. Er hörte sicher auch oft „bei uns“. Aber er wunderte sich nicht darüber, daß Menschen nicht leicht von ihrer ganzen Vergangenheit loszulösen sind. Es ist bezeichnend, daß Psychologen in der gesamten sozialistischen Bewegung schwach vertreten waren.

Es wurde vereinbart, daß ich bei einer Mitarbeiterin des Büros [*Rösli Leutenegger*] wohnen sollte. Es war ein herrliches Milieu, in einer der hübschen, im Grünen liegenden Wohnkolonien [in der Siedlung Neubühl][76]. Nach dem Leben in Paris fühlte ich mich wie im Paradies.

In der ersten Woche schrieb ich ein Buchmanuskript für irgendeinen Autor ab.[77] Ich mußte sofort etwas verdienen, wenn ich das

76 Dr. *Hans Oprecht* war bis Juni 1934 im Vorstand dieser Siedlungsgenossenschaft.

77 Die Arbeit an diesem Buchmanuskript könnte im Zusammenhang mit der Tätigkeit des Bruders von *Hans Oprecht*, Dr. *Emil Oprecht*, stehen, der ein bedeutender Emigrantenverleger in der Schweiz war (vgl. *Peter Stahlberger*, Der Zürcher Verleger Emil Oprecht und die deutsche politische Emigration, 1933–1945, Zürich 1970).

Experiment in Zürich wagen wollte. Mit einer geübten Stenotypistin hätte ich nicht konkurrieren können. Aber da ich zu Hause [in Neubühl] auf einem schönen Balkon sitzend schreiben konnte, wo niemand zusah, wie oft ich verdorbene Seiten fortwarf und noch einmal schrieb, war es eine sehr geeignete Beschäftigung. Ich konnte noch etwas Zeit brauchen, um mich zu erholen und zu sammeln. Dann kamen interessante Arbeiten, die ich nicht machte, um Zeit totzuschlagen, sondern die unter dem Namen von großen Organisationen herausgegeben wurden und daher einen Aktionsradius hatten. Ich war glücklich über das, was mich früher oft verdrossen hatte, daß ich mein Tagesprogramm umwerfen mußte, wenn etwas Dringendes kam, was sofort zu erledigen war. Es wohnten viele Deutsche in der Kolonie, und ich wurde mit vielen Schweizern bekannt. Es war eine beglückende Zeit, wenn Freunde mich einluden oder einen Spaziergang vorschlugen, auch, wenn ich sagen mußte: „Ich habe keine Zeit."

Lange kann solcher Sonnenschein in der Emigration nicht dauern. Alles, was ich arbeitete, war streng verboten. Fremdenpolizei pflegte in die Häuser zu kommen und zu kontrollieren, ob Emigranten arbeiteten. Wenn es klingelte, mußte ich immer das Material verstecken, an dem ich gerade arbeitete, und einen stets angefangenen Privatbrief in die Schreibmaschine spannen, bevor ich öffnete. Ich konnte nicht angeben, daß ich von Unterstützung lebe, weil es die Bedingung für meine Aufenthaltserlaubnis war, daß ich mich selbst unterhalte. Ich konnte auch kein eigenes Geld vorweisen, von dem ich längere Zeit hätte leben können. Offenbar lebte ich aber doch. Mein Name erschien natürlich nirgends. Deutsche, die meinen Stil und meine Art kannten, vermuteten aber meist richtig, was aus meiner Feder stammte.

Ich hatte für eine Organisation [welche?] ein Referentenmaterial ausgearbeitet und freute mich, auf dem Umweg über andere Referenten in Diskussionen einzugreifen, die ich selbst nicht mehr führen durfte. Das Material hatte ich in tagelanger Arbeit in der Bibliothek zusammengesucht. In einer kleinen Stadt sind solche Zusammenhänge nicht schwer aufzufinden. Nach einem halben Jahr des friedlichen Daseins wurde ich aus der Schweiz ausgewiesen mit der Begründung, daß ich mich über die Existenzmittel, von denen ich lebe, nicht ausweisen kann.

Ich war wieder in einer ähnlichen Situation wie in Dresden. Ohne Paß konnte ich auf legalem Wege in kein anderes Land gelangen. Ich ging auf das deutsche Konsulat in Zürich. Der Konsul [Dr. *Max Otto Schäfer-Rümelin*] bot mir nicht einmal einen Paß

„Über die Grenze spediert ...“:
Hintergründe der ersten Ausweisung in einer kleinen Stadt

Neueste Einbürgerungs-Praxis.

Um das Schweizerbürgerrecht zu erlangen, heiraten die ausländischen Jüdinnen Schweizerchristen, und zwar genieren sich die Fräuleins Dr. jur., Dr. phil. oder Dr. med. nicht, gegen Geld ganz niedrig stehende Arbeiter zu Gatten zu erwählen. So z. B.: Fräulein Dr. jur. Silberstein hat einen gewöhnlichen Dachdecker geheiratet; Fräulein Dr. med. Frankenthal steht im Begriffe, einen simplen Handlanger zu ehelichen u. s. w.

Ob diese Ehemänner, die sich für Geld an die Jüdinnen verkaufen, sich nicht schämen sollten, unserem Schweizerlande solche Pflanzen zuzuhalten, bleibe dahingestellt; daß sie aber Anspruch auf ihre Rechte als Ehemänner machen können, wird wohl niemand glauben.

Nach einiger Zeit wird dann die Scheidung eingeleitet, und die polnischen und deutschen Jüdinnen haben ihr Ziel erreicht.

So ist's recht, Fremdenpolizei!

Wie wir vernommen haben, wurde die an der Konradstraße wohnhaft gewesene

Fräulein Dr. med. Käthe Frankenthal,

eine deutsche Jüdin, über die Grenze spediert, ehe es ihr gelungen war, durch die Heirat mit einem arbeitslosen Maurer das Bürgerrecht der Schweiz zu erlangen. Das sind allerdings auch keine Schweizer mehr, die um des Geldes willen solche Schmutzgeschäfte machen. Für solche Kreaturen wäre der Schandpfahl wirklich noch angebracht.

Quelle: Scheinwerfer (Redaktion und Verlag H. Wirz, Universitätsstr. 12, Zürich 6) vom 13. Oktober 1934 (Jg. 21, Nr. 20) S. 2 und vom 22. Dezember 1934 (Jg. 21, Nr. 25) S. 6. Wir danken Prof. Zimmermann für diesen Hinweis.

nach Deutschland an, sondern lachte mich nur aus ... Ich plante, ganz offiziell an die verschiedenen Grenzen, mit Ausnahme der deutschen, zu gehen und jedesmal der Schweizer Polizei zu melden, daß ich dem Ausweisungsbefehl nicht nachkommen konnte, da ich in das andere Land nicht hereingelassen werde. Die Schweiz sollte dann selbst entscheiden, wie das Problem, das für mich unlösbar war, gelöst werden sollte. Meine Freunde waren dagegen und meinten, die Polizei könne das Problem einfach lösen und mich auf unabsehbare Zeit internieren. Wahrscheinlich hatten sie recht. Aber es wäre doch interessant gewesen, das Experiment zu machen.

Da ich keine Möglichkeit hatte, irgendwo in der Welt legal zu leben, konnte ich illegal ebenso gut in der Schweiz bleiben. Hier hatte ich gute Freunde gefunden, und das ist die einzige wirkliche Hilfe, die Emigranten finden können.

Ich ging zunächst nach Genf. In Zürich kennzeichnete mein hochdeutscher Dialekt mich sofort als Ausländerin. In Genf wird französisch gesprochen. Ich wählte einen schweizerisch klingenden Namen und schrieb mich als Schweizerin in ein Hotel ein – von Schweizern wurde kein Paß verlangt. Daß es in diesem Lande [USA] keine Paßkalamität gibt, empfinde ich noch jeden Tag dankbar.

Ich grollte mit dem Staat, weil er mich wieder in eine so unglückliche Situation gebracht hatte, und beschloß, jetzt gerade Zuflucht in einem Staatsinstitut zu suchen [ca. Dezember 1934]. Es gelang mir, als Gastarbeiter zu Studienzwecken in ein Psychiatrisches Institut [Clinique Psychiatrique de Bel-Air] zu kommen. Die dortigen Ärzte, unter Führung eines Italieners, waren ausgesprochen unfreundlich gegen eine deutsche Jüdin eingestellt. Ich vermied jeden Kontakt mit ihnen, weil ich mir eine Differenz nicht leisten konnte. Sie hatten ihr Vergnügen daran, daß ich auf ihre Provokationen nicht reagierte, aber ich wußte, warum ich es nicht tat. Von dem leitenden Arzt [Prof. Dr. *Charles Ladame*], der mich aufgenommen hatte, und dessen Frau wurde ich dagegen sehr freundlich behandelt und hatte in ihrem Hause sehr angenehmen Anschluß. Natürlich war eine der ersten Fragen des leitenden Arztes nach meinem Paß. Ich machte Ausflüchte, ich hätte ihn nicht bei mir, und bemerkte, daß es ja nicht eilig sei, da die Anwesenheit eines Gastes erst nach drei Monaten polizeilich angemeldet werden müßte. Ich weiß nicht, ob er es dann vergaß oder ob er aus Wohlwollen nicht mehr darauf zurückkam. Ich glaube beinahe das Letztere. Er war ein kluger Mann und wird wohl gemerkt haben, daß ich irgendwelche Schwierigkeiten hatte.

Ich nahm gerne die Gelegenheit wahr, mich wieder etwas in meinem Beruf umzusehen. Im übrigen war mein Leben jetzt merkwürdig zwiespältig. Die Schweizer Staatsinstitute bringen ihre Ärzte gut unter. Ich hatte ein hübsches Zimmer, gutes Essen und Bedienung; das war alles gutbürgerlich. Nur, wenn ich ausging, war ich wieder Proletarier, wie in Paris. Ich hatte oft nicht 10 Rappen für die Straßenbahn.

Ich hatte die Hoffnung nicht aufgegeben, daß die „Reinigung" aller Auslandsstellen noch nicht restlos durchgeführt sei und daß ich doch noch ein Konsulat finden könnte, das mir einen Paß gäbe. Ich versuchte, ob ich in Genf mehr Glück hätte als in Paris und Zürich. Meine Hartnäckigkeit wurde belohnt.

Als der Angestellte, mit dem ich im Konsulat sprach, meinen Namen sah, wußte er sofort, wer ich bin. In diesem Fall war es von Vorteil. Er fing an, über das System zu schimpfen und in einem Tone zu sprechen, als sei er selber schon ein Opfer der Nazis. Inzwischen wird er es wohl geworden sein. Es war damals kurz nach dem Blutbad gegen die Gruppe „*Ernst Roehm*". „Verbrecherpack! Mörder! Es wird nicht mehr lange dauern! Das System hat den ersten Bruch erlitten und wird nun bald in Trümmer gehen!" Das war das Urteil dieses Konsularbeamten wie vieler Emigranten, die am 30. Juni 1934[78] schon ihre Koffer packten, in der Hoffnung, daß sie jetzt bald wieder zurückkehren könnten.

Schließlich sagte der Beamte: „Man muß sich doch einmal aussprechen können. Ich weiß ja, wer Sie sind und daß Sie mir keine Schwierigkeiten machen werden." Ich war ganz schweigsam, sagte nicht ja und nicht nein und war sehr gespannt, ob das ganze eine Falle war oder ob ich den versprochenen Paß bekommen würde. Als ich, wie vereinbart, nach einer Woche wieder kam, bekam ich einen Paß, gültig für vier Jahre und für alle Länder.

Ich habe einige Monate später Leuten, die dringend einen Paß brauchten, geraten, es in Genf zu versuchen, und hörte, daß sie dort mit sehr unangenehmen Nazi-Beamten zu verhandeln hatten und daß keine Pässe mehr zu haben waren.

Mein Paß wurde nicht sehr alt, bevor ich ihn brauchte. Die Fremdenpolizei kam ins Hospital und verlangte die Vorlage meiner Papiere. Ich war in Genf gar nicht angemeldet, der Besuch konnte nur durch eine Denunziation gekommen sein. Ich nahm an, sie kam von der Seite der jungen Ärzte. Ich sollte am nächsten Morgen mit meinen sämtlichen Papieren auf die Polizei kommen. Es blieb mir nichts übrig, als die Schweiz sofort zu verlassen [ca. März 1934?].

Ich ging in das an Genf angrenzende französische Dorf Annemasse. Die Paßfrage war jetzt gelöst, aber ich war wieder mittellos und konnte kein Visum für den Aufenthalt in Frankreich bekommen. Ich besuchte noch schnell eine Bekannte, bevor ich Genf verließ. Jene Bekannte wußte nichts von meiner Lage. Ich sagte ihr nur, daß ich von jetzt an in Annemasse wohnen werde, und sie sagte, daß ihre Sekretärin dort wohne und jeden Tag mit ihrem Wagen hereinkäme. Es würde vielleicht für mich bequem sein, wenn sie mich mitnähme.

78 In der Nacht vom 30.6.1934 auf den 1.7.1934 sind „SA-Führer" (unter ihnen *Ernst Roehm*) und andere politische Gegner *Hitlers* wie die Generäle *Kurt von Schleicher* und *Kurt von Bredow* von SS-Einheiten liquidiert worden.

Es war sehr bequem für mich, da ich auf diese Weise an der Grenze nicht befragt wurde, ob ich etwa in Frankreich Aufenthalt nehmen will. Das junge Mädchen, das täglich die Grenze passierte, war bekannt und nicht verdächtig. Sie schlug vor, daß wir zunächst zu ihren Eltern gehen, da dieselben im Ort sehr bekannt seien und mir behilflich sein könnten, ein Zimmer zu finden. Als wir hereinkamen, fiel sogleich mein Blick auf diverse kommunistische Zeitungen. Ich wußte also, wo ich war. Beide Eltern waren Lehrer und zu meinem Glück der beste Typ der idealistischen Kommunisten. Sie wußten sogleich, wer ich bin und luden mich so herzlich ein, bei ihnen zu bleiben, daß ich es zunächst für ein paar Tage annahm. Es blieb mir auch nichts anderes übrig, weil ich nicht genug Geld hatte, ein Zimmer zu mieten.

Durch Vermittlung dieser Lehrer bekam ich einige Schüler für deutschen Unterricht. In der Vielheit der Berufe, die ich in den letzten Jahren ausgeübt hatte, war dies vielleicht der schwierigste. Ich hatte mir eingebildet, daß ich meine Muttersprache gut kenne. Ich fand zu meinem Erstaunen, daß ich sie nur anwenden kann. Sie zu lehren, war sehr schwierig.

Da ich nun in Frankreich wohnte, konnten mir auch meine Schweizer Freunde wieder etwas Arbeit schicken, so daß ich bald das Zimmer, das mir zuerst so freundlich zur Verfügung gestellt wurde, bezahlen konnte. Es war eine interessante Familie, in die ich geraten war, und ich fühlte mich sehr wohl in ihrem hübschen Häuschen. Es war die Zeit des Russisch-Französischen Militärpaktes. Die kommunistische Presse bekämpfte die Verlängerung der Dienstpflicht in Frankreich.

Die Kommunisten stimmten zu. Selbst wenn Frankreich und Rußland in einem Kriege zusammenstehen, waren sie gegen die Aufrüstung in einem bürgerlichen Staat. Als *Stalin* sich für starke französische Rüstungen erklärte, wurde dies sogleich ihr Standpunkt: „Das französische Volk erzwingt die Rüstung zur Verteidigung der Sowjet-Union gegen den Willen der französischen Machthaber." Ich hatte nicht immer das Herz, mit diesen feinen und gutartigen Menschen über die vielen Widersprüche in dem zu diskutieren, was für sie Religion war.

Ich ging öfters auf Feldwegen nach Genf, um dort in der Bibliothek zu arbeiten. Das mußte alles mit größter Vorsicht geschehen. Ich konnte auf die Art nicht genug verdienen, um meinen Lebensunterhalt zu bestreiten. Ich konnte aber auch nicht riskieren, auch aus Frankreich ausgewiesen zu werden, wo ich ja keine Aufenthaltserlaubnis hatte. Es blieb nichts übrig, als mich wieder in ein Staatsinstitut einzuquartieren. Es gelang mir [im Mai 1935] auch wieder, diesmal im Kanton Zürich [in der Heil- und Pflegeanstalt Rheinau].[79]

Hier fand ich, im Gegensatz zu Genf, einen außerordentlich angenehmen Kreis von Kollegen. Ich befaßte mich wieder intensiv mit Psychiatrie, und wir verlebten nette und anregende Abende zusammen. Die drei Monate, die ich unangemeldet bleiben konnte, gingen nur zu schnell vorüber. Es waren bereits fünf Monate geworden, als sich [Ende August 1935] mein Abgang nicht länger hinausschieben ließ. Es machte mir besonderes Vergnügen, daß der Staat, der mich ausgewiesen hatte, mir Geld bewilligte. Während ich im Hospital war, erkrankten mehrere Ärzte an Grippe. Ich vertrat einen nach dem anderen und versah einen vollen ärztlichen Dienst. Der Direktor [Dr. *Karl Gehry*] hatte in der Kommission vorgetragen, daß er einen Vertreter wegen der vielen Erkrankungen gebraucht hätte. Da ein Gastarbeiter ohne Bezahlung die Arbeit geleistet habe, solle man doch eine Vergütung dafür bewilligen. Ich bekam zum Abschied 200 Francs[80], was für mich ein großes unerwartetes Vermögen war.[81]

Jetzt hatte ich Geld, für einige Zeit zu leben, aber wieder keinen Platz, wo ich hingehen konnte. Die Schweiz ist ja nicht groß, und mehr Staatsinstitute konnte ich nicht finden. Ich hätte ja wieder eine Fußwanderung unternehmen können. Der

79 Heute heißt die Anstalt „Kantonale Psychiatrische Klinik Rheinau". Die Klinik liegt in der Nähe von Schaffhausen, unmittelbar am Rhein, also nur wenige Meter von der Grenze des Deutschen Reiches entfernt. Zur Situation dieser Klinik in dieser Zeit und zu ihrer Geschichte vgl. Kantonale Psychiatrische Klinik Rheinau, 1867–1967, Rheinau: Selbstverlag 1967.

80 Ausweislich der Personalakten hat *Käte Frankenthal* aus öffentlichen Geldern nur 100 Franken erhalten. In dem Antrag an die Direktion des Gesundheitswesens in Zürich vom 23. August 1935, gezeichnet von *Karl Gehry*, heißt es allerdings auch: „Wir wollten ihr gerne von unserem Gehalt etwas zusammenlegen, aber Frau Dr. *Frankenthal* verweigert die Annahme eines solchen ‚Almosen'. Was wir recht gut begreifen." Es wurden auch nur 100–150 Franken beantragt und am 30. August 100 bewilligt. Es erscheint wahrscheinlich, daß *Karl Gehry* und andere Ärzte die Summe aus ihrem Gehalt erhöht haben, *Käte Frankenthal* aber dahin informierten, daß 200 Franken beantragt und bewilligt worden seien.

81 Es bleibt nachzutragen, daß *Karl Gehry* sich bei dem Direktor der Kantonalen Heil- und Pflegeanstalt Rosegg in Solothurn, Dr. *M. Tramer*, durch Schreiben vom 28. August 1935 für eine wiederum temporäre Anstellung dort unter ähnlichen Bedingungen einsetzte. Er mußte in dem Schreiben offenbar im Blick auf allgemeine Befürchtungen in der Ärzteschaft betonen, daß „wir ... diese Kollegin als sehr gescheite, nette und durchaus korrekte Dame kennen(lernten), so daß keinerlei Mission aus Politik oder dergl. in der Anstalt aufkam". „Es gut mir leid, daß sie nicht länger in Rheinau bleiben darf, weil eben die „Besuchszeit" abläuft, am 6. September". Er erhält von Dr. *Tramer* durch Schreiben vom 29. August einen ablehnenden Bescheid.

Oberarzt und die Assistentin [Dr. *Walter Plattner-Heberlein* und Frau] im Hospital waren verheiratet und hatten sich sehr an mich angeschlossen. Sie schlugen vor, zum Abschied für ein paar Tage auf das Gut ihrer Eltern zu fahren. Ich nahm das besonders gerne an, weil mein Freund [wohl Dr. *Richard Kleineibst*], der mich zuerst veranlaßt hatte, in der Schweiz zu bleiben, und der mir in allen Schwierigkeiten treu zur Seite stand, nicht im Lande war. Während ich auf dem herrlichen Gut war, wurde in Zürich eine Unterkunft für mich besorgt. Dort war ich für ein paar Wochen gut aufgehoben. Dann wollte es das Unglück, daß ein anderer Emigrant einzog, der die Fremdenpolizei ins Haus brachte. Ich mußte Hals über Kopf meinen Unterschlupf verlassen.

Ich legte mir nun einen französisch klingenden Namen zu, machte mich zur Witwe und gab an: Wohnort Genf, geboren in Deutschland. So hatte ich wieder ein Alibi dafür, Schweizerin zu sein und nicht schweizerisch zu sprechen, und mietete ein Zimmer. Sobald Fremde einzogen und die Polizei sich um das Haus kümmerte, mußte ich aber wieder hinaus. Dies Spiel wiederholte sich mehrmals und wurde ziemlich ermüdend.

Eine gute Bekannte von mir wohnte in einer Pension bei Leuten, mit denen man offen über die Situation sprechen konnte. Sie räumten mir eine Bodenkammer ein, in der ich wohnen konnte, ohne angemeldet zu sein. Es durfte aber niemand im Haus wissen, daß ich da war, und ich konnte nur mit Vorsicht, gegen Abend, die Kammer verlassen. Ich hätte dies wohl kaum ausgehalten, wenn ich nicht noch eine interessante Arbeit dort gemacht hätte. Eine geliehene geräuschlose Schreibmaschine stand auf dem Bett, und ich saß auf dem Schemel davor und schrieb. Für einen Tisch war kein Platz. Die Situation in der Schweiz wurde unhaltbar. Für die Tschechosłowakei brauchte man kein Visum, der Paß genügte. Ich hatte grade noch Geld, um dorthin zu gelangen. So nahm ich schweren Herzens Abschied von der Schweiz, wo ich viele gute Freunde und hilfreiche Menschen gefunden hatte, und fuhr nach Prag.

Es kam wieder eine Zeit, die sehr ähnlich war der Zeit, die ich in Paris verlebt hatte. Ich wohnte in einem elenden Zimmer, das fast ganz dunkel war und das ich nicht heizte. Meine Nahrung bestand meist aus Brot und Kaffee. Wenn ich zu Hause war, lag ich meist angezogen auf dem Bett, weil es sonst zu kalt war. Es waren noch viele Emigranten in Prag, die ich schon 1933 dort getroffen hatte, und es waren unheimlich viele hinzugekommen.

Da die Tschechoslowakei kein Visum forderte und das Leben dort billig war, zog es wohl den größten Teil aller Emigranten an. Die ersten Emigranten waren sehr gut aufgenommen worden. Aber das kleine Land hatte selbst eine große Arbeitslosigkeit. Die Hilfsbereitschaft, die noch bestand, wurde durch die Masse der Hilfsbedürftigen erdrückt. Das Elend war furchtbar groß.

Jeder mußte in Prag zu einem Komitee gehen, um die Papiere für die Aufenthaltsbewilligung zu bekommen. Es gab vier Komitees, je ein sozialistisches und kommunistisches, das jüdische, und ein allgemeines für Leute, die in keine der Gruppen gehörten. Da ich keine Unterstützung beantragen wollte, sondern nur Legitimationspapiere, war es einerlei, zu welchem der Komitees ich ging. Ich wählte das jüdische [das Emigrationsbüro der HICEM], da ich mich mit den Sozialisten nicht darüber auseinandersetzen wollte, ob es einen Unterschied mache, ob man als SPD- oder als SAP-Sozialist verfolgt wurde.

Die Tschechoslowakei gab nur noch die Aufenthaltsbewilligung für Flüchtlinge, die direkt aus Deutschland kamen. Da ich schon in anderen Ländern gewesen war, sah ich Schwierigkeiten voraus und ließ durch Bekannte anfragen, ob ich die Leiterin des Komitees selbst sprechen könnte. Ich wollte auch noch etwas anderes mit ihr besprechen: In Prag war noch der angesehene und wohlhabende jüdische Mann, der seit drei Jahren Geld von mir hatte und es nicht herausgab. Es stellte sich heraus, daß er die Transaktion auf den Namen eines Strohmannes gemacht hatte, der nicht zahlungsfähig war. Es war keine große Summe, aber in meiner Situation, in der ich mich nicht mehr gegen Hunger und Kälte schützen konnte, bedeutete es ein Vermögen, und ich war empört über die Unanständigkeit. Ich hatte Klage gegen den Strohmann eingereicht und wünschte, daß die Sache in der jüdischen Gemeinde bekannt wird, um einen Druck auf den eigentlichen und zahlungsfähigen Schuldner auszuüben. Das wurde auch erfolgreich getan. Ich gewann den Prozeß. Mein Gegner hätte noch Berufung einlegen und die Sache endlos verschleppen können. Er zog es aber vor, darauf zu verzichten und zu zahlen. Dies Geld hat im nächsten Jahr meine Ausreise nach Amerika ermöglicht. Ich muß eigentlich den Betrügern dankbar sein. Hätte ich das Geld in den Zeiten bitterer Not gehabt, dann wäre es längst verbraucht gewesen.

Ich muß einen sehr merkwürdigen Eindruck gemacht haben, als ich zu der Leiterin des Komitees [*Marie Schmolka*] kam. Meine Lage konnte ja auch merkwürdig genannt werden. Wenn ich die Aufenthaltsbewilligung nicht bekam, war ich am Ende meines Lateins, und wenn ich mein Geld nicht bekam, ebenso. Die permanente Flucht vor der Polizei fing an und ging fast über meine Kraft. Die Angestellten sagten, daß die angemeldete, frühere Abgeordnete im Vorzimmer sei. Sie warnten aber, sie sehe eher aus wie eine Schwindlerin. Ich selbst sah so heruntergekommen aus, wie, so wurde mir später versichert, ich nie im Leben wieder aussehen dürfte.

Die zweite Überraschung für das Komitee war, daß meine Art zu sprechen nicht zu meinem Aussehen zu passen schien. Ich setzte genau auseinander, was vorlag und was ich wünschte. Vorsichtshalber hatte ich das alles noch in einem Schriftsatz niedergelegt. Doch da es für mich wichtig war, deutlich zu sein, übergab ich dem Komitee dann doch alles schriftlich. Die Leiterin, später meine Freundin, konnte mir nie einen richtigen Grund dafür angeben, warum das Büro, als ich draußern war, unter allgemeinem Lachen feststellte, daß man doch unter den Deutschen die merkwürdigsten Leute fände, die in der Welt herumlaufen. Sie konnte mir auch keinen richtigen Grund dafür angeben, warum sie unter den hunderten von Leuten, die mit ihr sprachen, gerade mich aussuchte und mich einlud, bei ihr zu wohnen. Sie meinte, da ich ihr so genaue Anweisungen gab, was sie tun sollte, kam ihr gleich der Gedanke, es wäre gut, wenn ich in der gleichen energischen Form der Polizei meine Anweisungen geben könnte. Das geschah dann auch. Sie war nur ehrenamtlich tätig und beschäftigte sich hauptsächlich mit den Fällen, die von Prag nach Übersee auswanderten. Sie hielt gerade Ausschau nach jemandem, dem sie das Komitee für die in Prag bleibenden Emigranten übergeben könnte. Diese Fälle machten viel Arbeit, und es war bereits beschlossen, daß eine bezahlte Kraft dafür angestellt werden sollte.

Ich war nicht gleich bereit, ihrer Einladung zu folgen. Meine Stimmung war schon zu weit herunter. Ich wusch meine Sachen in kaltem Wasser, und in dem kalten Zimmer wurden sie nie ganz trocken. Ein Bügeleisen besaß ich nicht. Mein Äußeres war ebenso zerknittert wie mein Inneres, und es schien mir beschwerlich, je wieder in menschliche Gesellschaft zu kommen.

Es war Weihnachtszeit, und alles war in St. Nikolaus Stimmung. Überall schrien Aufforderungen: „Gebt für die Emigranten! Helft den Heimatlosen!“ Es war sehr gut gemeint, und sehr notwendig, aber es war auch zum krank werden. Diese Stimmung ist nun das Letzte, was ich vertragen kann. Ich zog mich so

Die Fortsetzung des Kampfes gegen den Nationalsozialismus: Frauen zur Einheitsfront

Frauen zur Einheitsfront

von Käte Frankenthal
ehemalige sozialdemokratische Abgeordnete
im Preussischen Landtag

Wenn es richtig ist, dass Frauen mehr das Gefühl sprechen lassen als Männer, dann ist es gewiss beklagenswert, dass der Einfluss der Frauen in der Deutschen Arbeiterbewegung nicht mehr zum Ausdruck gekommen ist. Man hat es nicht unterlassen, an den Verstand der Arbeiter zu appellieren, man hat nicht gespart mit Statistiken und mit nationalökonomischen Belehrungen; aber man hat es nicht verstanden, der Bewegung den seelischen Gehalt zu geben, aus dem allein Begeisterung und Kampfesfreudigkeit der Massen entspringen kann.

Der grosse, gemeinsame Feind stand schon vor den Toren, und die Arbeiter erschöpften ihre Kräfte im Bruderzwist. Vor sechs Jahren, als das Vorhandensein starker fascistischer Kräfte in Deutschland auch für den Blinden nicht mehr zu übersehen war; als die nationalsozialistische Bewegung mit Treibhausgeschwindigkeit in die Höhe schoss; als sowohl die Tolerierung der Halbdiktatur wie der Volksentscheid gegen die Preussenregierung den Sturz in den Abgrund nur beschleunigen konnten: damals hätte die Einheitsfront die befreiende Tat sein können, aus der die Massen Mut und Kraft zum Abwehrkampf geschöpft hätten. Zu spät! und heute? Wenn heute die völlige Einheit der Arbeiterklasse hergestellt wird, dann wird sie morgen noch nicht mehr ausrichten können als die unzähligen, aufopfernd arbeitenden Einzelgruppen. Aber trotzdem ist die Frage nicht in zweite Linie gerückt, trotzdem ist die Aufgabe dringlicher und aktueller denn je. Sie ist aktuell, weil heute über die Kampfmethoden in Deutschland und über die Stellung der Arbeiter im fascistischen Staat keine prinzipiellen Meinungsverschiedenheiten mehr bestehen. Und sie ist dringlich, weil das Gefühl, isoliert auf verlorenen Posten zu stehen, das Trostloseste ist, was die illegalen Kämpfer lähmt und entmutigt. Das Bewusstsein, dass wieder eine einzige, zielklare Bewegung existiert, dass die einzelne Gruppe, so verloren sie auch in der fascistischen Sturzflut treibt, doch der Teil einer grossen Kampfeseinheit ist — das ist der Gefühlswert, den die illegale Bewegung zu ihrem Aufschwung braucht. Ist das weibliche Einstellung? Meinetwegen! Sie ist jedenfalls nützlicher als das Ressentiment gewisser Männer, die sich von altem Gekränktsein und Misstrauen nicht trennen können, wie die berühmte Tante, die auf dem Sofa sitzt und übelnimmt.

Quelle: Die neue Weltbühne, Prag 1936 (Jg. 32, Heft 5 vom 30.1.) S. 137–138

zurück, daß keine gütige Fee Weihnachten bei mir erscheinen konnte. Das paßte mir besser, obwohl ich diese Weihnachten kaum etwas zu essen hatte. Meine Lebensgeister hoben sich sofort, als am Horizont die Möglichkeit auftauchte, daß ich doch noch zu meinem Geld kommen könnte und die „Endkrise" noch nicht eingetreten war. Als ich zum zweitenmal eingeladen wurde, doch wenigstens zu kommen, bis mein Prozeß entschieden sei, nahm ich es an und zog gleich nach Neujahr in mein neues Heim ein.

Wir lebten neun Monate zusammen, bis ich nach Amerika ging. Als ich die Stelle im Komitee bekam, durfte ich mein Zimmer bezahlen, weil ich es wollte. Es war eine Zeit harmonischer Freundschaft und Zusammenarbeit. Diese Frau war ein in jeder Beziehung ungewöhnlicher Mensch, der unendlich vielen geholfen und verzweifelte Menschen gerettet hat. Leider konnte sie nicht sich selbst retten. Sofort nach Hitlers Einfall in Prag wurde sie verhaftet, und nach zwei Monaten Haft war ihre Gesundheit ruiniert. Sie konnte schließlich nach London kommen. Im Januar [1940] schrieb sie mir, daß sie Aussicht habe, das amerikanische Visum zu bekommen. Meine Hoffnung, sie hier zu sehen, ging leider nicht in Erfüllung. Sie ist in der vorigen Woche [27. März 1940] in London gestorben. Sie war 46 Jahre alt und voll von Energie und Lebenskraft. Was ihr im Gefängnis passiert ist, weiß ich nicht. Sie schrieb nur: Es ist überstanden! Und daß sie zur Wiederherstellung ihrer Gesundheit einige Wochen in einem Sanatorium war. Ich betrachte ihren Tod als Mord, selbst wenn keine physische Gewalt angewendet worden ist. Die Welt hat einen wertvollen Menschen verloren.

Daß die Brutalität der Nazis nicht vor Frauen Halt macht, erfuhr ich durch einen eingehenden Bericht von einem 21jährigen Mädchen in Prag, das mehrere Monate in einem Konzentrationslager für Frauen zugebracht hatte. Ich habe diesen Bericht in einer schweizerischen Zeitung [wo?] veröffentlicht. Er spricht von den gleichen, bestialischen Mißhandlungen, die aus den Konzentrationslagern für Männer bekannt sind. Es war der erste Bericht, den ich darüber bekam, daß mit Frauen ebenso verfahren wird. Das Mädchen hatte als Folge der Mißhandlung mehrere Operationen durchzumachen. Sie wird für lange Zeit, wenn nicht für immer, in ihrer Arbeitsmöglichkeit beschränkt sein.

In das Prager Komitee kam ein Typ von Emigranten, der nicht bis nach Amerika gelangt. Unter den verschiedenen, schwierigen Gruppen waren die unpolitischen Juden die schwierigsten. 1936 war ein Jahr, wo keine größeren organisierten Aktionen gegen die

„Die Tschechoslowakei ist nur eine Übergangsstation."
„Mein USA-Visum-Bild!" aufgenommen in Prag 1936

Juden stattfanden. Es ging ihnen allen furchtbar schlecht, die Existenzmöglichkeiten waren praktisch abgeschnitten, und der psychische Druck war unerträglich. Die Judenverfolgungen waren aber bereits legalisiert. Die Rassegesetze bestanden, und was noch an jüdischer Arbeit erlaubt war, war festgesetzt. Auch die Aktivität der jüdischen Wohlfahrt war geregelt. Natürlich waren die Juden völlig rechtlos. Sie brauchten nicht erst gegen eine Regelung zu verstoßen, sie brauchten nur dessen beschuldigt zu werden. Anklage war gleichbedeutend mit Verurteilung.[82]

Die Polizei stellte sich auf den Standpunkt, daß keine Emigranten aufgenommen werden, die nur Wirtschaftsprobleme

82 *Käte Frankenthal* konnte über die jüdische Selbsthilfe gegen diese Politik aus eigener Erfahrung nicht berichten. Dazu seien hier 2 einführende Berichte nachgetragen: *S. Adler-Rudel*, Jüdische Selbsthilfe in Deutschland unter dem Nazi-Regime: 1933–1939, Tübingen 1974; *Stephan Leibfried, Florian Tennstedt*, Hrsg., Dr. jur. *Fritz Goldschmidt*, Meine Arbeit bei der Vertretung der Interessen der jüdischen Ärzte in Deutschland seit dem Juli 1933, Bremen: Universität 1979 (Arbeitsbericht zu verschütteten Alternativen in der Gesundheitspolitik Nr. 2). *Dr. Goldschmidt* stand von 1933–1939 hauptamtlich den jüdischen Ärzten bei, die nicht oder noch nicht aus Deutschland fliehen konnten (oder wollten). Über seine Biographie läßt sich der ganze Prozeß der Durchsetzung der Berufsverbote gegen die jüdischen und sozialistischen Ärzte entschlüsseln.
Zu einer umfassenden Darstellung der Vorbedingungen, Struktur, professionellen Basis (einschließlich Mediziner und Juristen) und Folgen des „Holocaust" einschließlich der jüdischen Selbsthilfe vgl. nunmehr: *Henry Friedländer, Sybil Milton*, Hrsg., The Holocaust: Ideology, Bureaucracy and Genocide, Millwood, N.Y. 1981.

haben. Die Tschechoslowakei gab weder Arbeitserlaubnis noch Unterstützung und verwies die Wirtschaftsemigranten darauf, sich von Deutschland unterstützen zu lassen. Ferner wurden keine Flüchtlinge anerkannt, die gegen bestehende Gesetze verstoßen hatten. Das galt auch für Verstöße gegen die Rassengesetze. Der Standpunkt war, daß, so sehr man diese Gesetze verurteilen könnte, ihr Inhalt bekannt sei, und wer dagegen verstoße, nicht ohne sein Verschulden verfolgt werde. Als Flüchtlinge wurden nur diejenigen aufgenommen, die an Leben oder Freiheit bedroht waren, ohne daß sie eine nach den Gesetzen strafbare Handlung begangen hatten.

Es spielten sich verzweifelte Szenen ab, wenn Leute, die hofften, im Ausland eine Existenz zu finden, die sie in Deutschland verloren hatten, die Anerkennung versagt wurde. Es war ein schwacher Trost, auf die immer wieder auftauchenden, großen Projekte hinzuweisen, nach denen allen deutschen Juden die Ausreise zur Ansiedlung in ein anderes Land ermöglicht werden sollte. Da das jetzt, 1940, noch nicht geschehen ist, hatten die Leute ganz recht, wenn sie sagten, daß sie alle vorher zugrunde gegangen sein würden[83]. Sie wollten viel lieber in Prag hungern, als in Deutschland unterstützt werden. Aber auch das war nicht erlaubt.

In die gleiche Gruppe wie die Wirtschaftsemigranten, gehörten diejenigen, die ohne Hoffnung und Aussicht in die Emigration gingen, obwohl sie persönlich nicht verfolgt waren, weil sie psychisch die Situation in Deutschland nicht mehr ertragen konnten. Der Führer der Arbeitsfront, [*Robert*] *Ley*, hat im Völkischen Beobachter das Überwachungssystem selbst geschildert. 500 000 Parteifunktionäre sind als Blockwarte bestellt worden, um je 50 bis 60 Haushaltungen zu überwachen. Das bedeutet, daß die gesamte Bevölkerung, 20 bis 30 Millionen Haushaltungen, permanent unter den Augen der Nazipartei leben müssen. Von den Abfällen, die in den Mülleimer geworfen wurden, bis zu der Zeitung, die ins Haus gebracht wurde, war nichts mehr Privatangelegenheit. Die Leute, die offen sagten, daß es ihnen nicht schlechter geht, als allen anderen, daß sie aber die Situation weder ertragen könnten noch wollten, bekamen nie die Aufenthaltserlaubnis. Viele von ihnen blieben illegal in Prag und lebten in größtem Elend.

83 Zur Zerstörung des Judentums durch den Nationalsozialismus vgl. die bislang immer noch nicht ins Deutsche übersetzte, umfassende Studie von Raul Hilberg, The Destruction of the European Jews, New York: Octagon 1978.

Neben diesen Fällen kamen in Scharen die Berufsschnorrer, die bei den Juden aller Länder stark vertreten sind. Sie hatten keine Existenz verloren, sondern nie eine gehabt. Während sie aber in Deutschland um ein paar Pfennige zu schnorren pflegten, kamen sie nach Prag, präsentierten sich als Opfer der Judenverfolgung und verlangten, daß sie als Emigranten anerkannt und versorgt würden.

Unter denjenigen, die Gesetze verletzt hatten, gab es erschütternde Fälle. In Deutschland war es nicht selten, daß Leute jahrzehntelang zusammenlebten und völlig als Eheleute angesehen wurden, die aber nie geheiratet hatten. Wenn solche Leute verschiedener Konfession waren, wurden sie jetzt durch das Gesetz getrennt oder sie mußten emigrieren. Es gab in solchen Fällen schwierige Verhandlungen mit der Polizei. Manchmal wurde eine Ausnahme gemacht und die Aufenthaltserlaubnis gegeben.

Weit häufiger kamen Leute, die angaben, als Rasseschänder verfolgt zu werden, die aber zur Gruppe der Wirtschaftsflüchtlinge oder der Schnorrer gehörten. Alle wußten, daß sie einen Grund angeben müssen, um als Flüchtlinge anerkannt zu werden, aber es wurde meist angenommen, daß Verfolgung wegen Übertretung des Rassegesetzes nicht als Gesetzesübertretung galt. Meine Frage, aus welchem Grunde sie Deutschland verlassen hätten, wurde von solchen, meist jungen Burschen prompt und ohne Zögern beantwortet: Ich bin Rasseschänder! Ich nannte es den „neuen Beruf."

Diese Rasseschänder haben mir furchtbar viel zu schaffen gemacht, weil viele tatsächlich verfolgt wurden, und zwar oft nur auf Grund einer Denunziation. Die wirklich Verfolgten konnten gewöhnlich der Polizei als unschuldig Verfolgte präsentiert werden. Es gab nicht allzu viele solcher Fälle. Es wurde nur sehr kompliziert durch die große Anzahl derer, die behaupteten, als Rasseschänder geflohen zu sein.

Es gab auch andere Gesetzesübertretungen, die eine große Rolle spielten. Nach dem Mord an *Ernst Roehm* und seinen Leuten setzte eine große Verfolgung der Homosexuellen ein.[84] Viele mußten vor einer Denunziation fliehen. Zahlreiche andere erschienen und stellten sich als Homosexuelle vor, und zwar waren dieselben dann sehr überrascht, daß sie keinen Flüchtlingsschutz bekamen, sondern daß ihre Aktivität auch in Prag verboten war. Viele allgemeine Kriminelle flüchteten, wie es zu allen Zeiten ge-

84 Homosexualität war auch ein Grund zum Entzug der ärztlichen Zulassung.

schieht. Aber während sie sich sonst zu verstecken pflegten, kamen sie nun zum Komitee und verlangten Flüchtlingsschutz.

Wenn man auch den Kriminellen wünschen kann, daß sie in ein humanes und nicht in ein deutsches Gefängnis kommen, so konnte doch die Emigration nicht mit ihnen belastet werden. Es passierte schon zu viel, was der feindlichen Stimmung den Emigranten gegenüber in der Bevölkerung Nahrung gab. Die Äußerungen waren nicht selten, daß *Hitler* recht hätte, wenn er das ganze Pack hinauswerfe, und Prag statt Hilfskomitees auch einen *Hitler* brauchen könnte.

Es waren nicht nur Hunderte illegal in Prag, die ganz verelendet waren und sehr oft kriminell wurden. Die Unterstützung, die die privaten Komitees gaben, war so gering, daß auch die Unterstützten leicht auf Abwege kamen. Die Unterstützung war etwa ein Drittel dessen, was ein Mensch bei den allerbescheidensten Ansprüchen zum Leben braucht. Woher die anderen zwei Drittel kommen sollten, war ein ungelöstes Problem. Wenige verschafften sich illegale Arbeit. Wenn es entdeckt wurde, wurden sie ohne Gnade ausgewiesen. Andere hatten Bekannte oder Verwandte, die dauernd aushelfen mußten. Die übrigen schnorrten oder stahlen. Es war fast zwangsläufig.

Die meisten kamen direkt von der Bahn zum Komitee und erklärten, keinen Pfennig zu haben. Fast alle, die mit etwas Geld herauskamen, verheimlichten es und versuchten, die Unterstützung zu bekommen und ihre Mittel dadurch zu strecken. Viel unerfreulicher als diese menschlichen Schwächen war es, daß ich täglich von Emigranten Denunziationen über ihre Schicksalsgenossen mitgeteilt bekam. Die wirklich provozierenden Fälle, die Unterstützung beantragten und dann in eleganten Lokalen gesehen wurden, wurden nicht so oft denunziert wie diejenigen, die einen kleinen Betrag besaßen, den sie nicht angegeben hatten. Elend macht die Charaktere nicht besser.

Wir erlebten es an einem krassen Beispiel, wie die Persönlichkeiten in der Verelendung leiden. Ich besprach die Situation oft mit meiner Freundin, und wir stimmten darin überein, daß Prag nur ein Hafen für die erste Zuflucht sein soll und kann. Auf die Dauer gingen die Leute hier zugrunde und richteten die ansässigen Juden mit zugrunde, indem sie eine nazifreundliche Stimmung hervorriefen. Meine Freundin [*Marie Schmolka*] fuhr nach Paris, um die Lage in der Zentrale für jüdische Auswanderung zu schildern. Sie kam mit einem großen Erfolg zurück. Wir durften 200 Leute sofort zur Auswanderung bringen.

Ich ging sofort an die Arbeit, 200 Leute auszusuchen, die nach Alter, Gesundheit und Persönlichkeit geeignet schienen, sich in einem anderen Lande wieder eine Existenz aufzubauen. Mir graute davor, wie oft ich hören werde: Warum bekomme ich keine Schiffskarte? Meine Befürchtungen waren unbegründet. Die meisten faßten die Zumutung, wieder ein Leben auf Arbeit aufzubauen, als feindselige Handlung auf. Sie waren schon so gewöhnt an das erzwungene Nichtstun, das elende Leben und die Almosen, daß sie zu nichts mehr Initiative hatten. Viel hatte auch die immer noch von vielen Seiten genährte Illusion verschuldet, daß der Spuk in Deutschland doch bald zusammenbräche und dann alle zurück könnten. Es schien grausam und fast feindselig, daß das jüdische Komitee an diese Lösung nicht glauben wollte. Mir sind verschiedene Leute bekannt, die damals die Auswanderung abgelehnt haben und später den Nazis in die Hände gefallen sind.

Andere freilich wußten, daß die Auswanderung für sie der letzte Rettungsanker ist und waren überglücklich. Viele habe ich gesehen, die wie Postpakete in den Ländern Europas hin und hergeworfen wurden. Wenn die Tschechoslowakei sie nicht aufnahm, dann tat es auch keines der Nachbarländer. Immer kamen diese Ausgewiesenen zurück, weil sie nirgends bleiben konnten. Immer wieder stellte ich die Lage der Polizei vor und konnte selten mehr erreichen als einen kurzen Aufschub, der ja wenig nützte. Ich war selbst in der Lage gewesen, daß ich in keinem Lande legal sein konnte, und nun bekam ich viele Berichte, wie die Polizei das Problem löste. Ein Gendarm stellte die Leute an die Grenze und befahl ihnen zu laufen und nicht wiederzukommen. Der erste Gendarm, der sie in dem anderen Land aufgriff tat dasselbe. Es blieb ihnen schließlich nichts übrig, als illegal im Lande zu bleiben, und dadurch wurden sehr viele in ihrer völligen Hilflosigkeit und Not straffällig. Wer keinen Paß hatte, war überhaupt verloren und verbrachte die meiste Zeit im Gefängnis.

Es war wohl bekannt, daß deutsche Lockspitzel und Spione sich überall an die Emigranten heranmachten.

Das sozialdemokratische Komitee gab ein interessantes, leider sehr tragisches Beispiel dafür, daß die Bürokratie noch immer weiter wie in alter Zeit arbeitete. Sie hatten dieselben Probleme wie wir, daß sich alle möglichen Leute als Flüchtlinge vorstellten, die keine waren. Sie wurden genau darüber vernommen, mit welcher Gruppe von Sozialisten sie in Verbindung waren und wo und mit wem sie illegal gearbeitet hätten. Es wurde dann durch

Nachfrage festgestellt, ob die Leute bekannt sind. Die ganzen Protokolle, mit allen Namen und Adressen, wurden dann sorgfältig und aktenmäßig von einem Angestellten [*Ochmann*] aufgehoben. Es war eine Zeit, wo illegale Sozialisten in Deutschland und Angehörige von Emigranten furchtbaren Verfolgungen ausgesetzt waren. Schließlich, nach Wochen, wurde festgestellt, daß der Angestellte im Büro ein Spitzel war, der alle Protokolle fotographierte und der Gestapo übergeben hatte. Die Sache, die leider viele Menschenleben gekostet hat, rief begreiflicherweise furchtbare Aufregung in den Kreisen der Emigranten hervor. Ich glaube noch, daß die deutsche Sozialdemokratie eher beschließen könnte, das Atmen zu unterlassen, als das ordnungsgemäße Führen der Akten.

Schwierig war die Behandlung von Juden, die wegen ihrer politischen Aktivität verfolgt wurden. Die politischen Komitees versuchten, sie uns zuzuschieben. Das jüdische Komitee beschloß aber, zumindest aktive Kommunisten, die strikt antikonfessionell eingestellt waren und nie etwas mit dem Judentum zu tun haben wollten, nicht zu unterstützen, sondern sie zum kommunistischen Komitee zu schicken. Darum entspann sich ein richtiger Kampf. Alle kamen zu dem jüdischen Komitee und leugneten mit dem größten Nachdruck, je etwas mit den Kommunisten zu tun gehabt zu haben. Sie begnügten sich aber nicht damit, ihrer Partei nicht zur Last zu fallen und zu versuchen, die Unterstützung anderswo zu bekommen. In jedem unbewachten Moment beschmierten sie unsere Wände mit „Heil Moskau! Nieder mit den jüdischen Geldsäcken!" Damit machten sie es mir unmöglich, in Zweifelsfällen günstig für die Antragsteller zu entscheiden. Unsere Geldgeber verlangten sehr energisch, daß ein strenger Maßstab angelegt wurde und keine Kommunisten irgendwelche Unterstützung bekämen.

Unter dem Einfluß der Kommunisten versuchten die Emigranten, Politik gegen das Komitee zu machen, das sie unterstützte. Sie forderten in einer Versammlung: Wenn hier noch Demokratie und nicht Faschismus herrscht, daß sie selbst „ihr" Geld verwalten wollen. Sie hätten nahezu erreicht, daß das Komitee die Unterstützungen überhaupt einstellt. Viele Freunde und Spender zogen sich zurück und konnten nur mit Mühe wieder gewonnen werden. Auch die Kommunisten haben ein Schema, von dem sie weniger lassen können als vom Atmen.

Ich war erstaunt zu finden, wie viele Juden mir überzeugend versicherten, daß sie sich nie im Leben um Politik gekümmert hätten. Fast zehn Jahre lang hatten die Nazis die Politik des Antisemitismus gepredigt. Nach der Reichstagswahl im Jahre 1930 hatten wir in Berlin ein richtiges Pogrom unter Führung von Graf *Helldorf*. Weite Kreise der Juden hatten offenbar doch noch die Augen dagegen verschlossen, daß sie mit der politischen Entwicklung früher oder später etwas zu tun bekämen. Diese Emigranten sind in mancher Beziehung am schlimmsten dran, weil sie gar nicht verstehen, warum sie zu leiden haben. Andererseits tragen sie dazu bei, daß die deutsche Emigration so furchtbar uneinheitlich und ohne bestimmten Charakter ist. Ich sah freilich nur eine besondere Auslese. Diejenigen, die politisch aktiv waren, gehörten in die anderen Komitees.

Ich arbeitete dauernd unter den Augen der Polizei, und arbeiten war doch das größte Verbrechen, das man begehen konnte. Meine Vergütung hieß zwar nicht „Gehalt" sondern „Aufwandsentschädigung", aber das machte keinen großen Unterschied. Ich vermied es, selbst zur Polizei zu gehen, schon weil die Amtssprache ohne Ausnahme tschechisch war. Das ging so weit, daß ich auf Verlangen der jüdischen Gemeinde sogar alle Bekanntmachungen für die Emigranten außer in deutsch auch in tschechisch anschlagen mußte. Die Polizei bekam täglich meine Unterschriften und rief mich fast täglich an. Da ich auf tschechisch antwortete und man mein tschechisch kaum verstehen konnte, gingen sie dann schließlich doch zu deutsch über. Es war nur eine Frage der Zeit, wie lange sie es bei dem besten Willen übersehen konnten, daß sie mit einer Emigrantin friedlich zusammenarbeiteten. Es galt für mich dasselbe, was ich so oft meinen Klienten sagte: „Die Tschechoslowakei ist nur eine Übergangsstation! Man muß versuchen in ein Land zu kommen, wo man nicht nur die Pflicht, sondern auch das Recht hat, sich zu akklimatisieren."

Ich schrieb an meine Verwandten in Kalifornien und bat um ein Affidavit.[85] Ich versprach, daß sie mich nie sehen würden, da ich nicht nach dem Westen kommen wolle. Ich denke, dies Versprechen hat beruhigend gewirkt, denn ich bekam das Affidavit.

Ende September 1936 trennte ich mich von meinen guten Freunden und Mitarbeitern in Prag, um auszuwandern. Trotz Ausweisung machte ich Station in Zürich, um die dortigen Freunde noch einmal zu sehen. Ich möchte diesen Besuch nicht gemißt

85 Eidliche Erklärung worin der Unterzeichnende sich rechtsverbindlich verpflichtet, im Notfall die Unterhaltskosten für den Immigranten zu tragen. Das Affidavit erteilte *Enno Lion*, ein relativ wohlhabender Vetter von *Käte Frankenthal*.

haben, obwohl er mir sehr teuer wurde. Zwei Tage vor meiner Abreise wurde der Franc abgewertet. Ich hatte zum Glück schon meine Schiffskarte gekauft, aber die spärlichen Barmittel, mit denen ich meinen Start in dem neuen Erdteil versuchen wollte, waren größtenteils in Franc und schmolzen an diesem Tag um 20% zusammen.

Am 13. Oktober 1936 kam ich [auf der Aquitania aus Cherbourg] nach New York. Der Immigrationsoffizier war nicht damit einverstanden, daß niemand mich abholte und daß ich kein anderes Ziel angeben konnte, als ein Hotel. Zum Glück ließ er mich dann aber doch ohne Verzögerung einreisen. Ich hatte eine Nachricht bekommen, daß ich unbedingt vor dem 15. Oktober hier sein müsse, wußte aber nicht, warum. Ich rief gleich den Arzt an, der mir das rätselhafte Telegramm geschickt hatte, und erfuhr, daß der Antrag auf Anerkennung meiner Lizenz binnen vierundzwanzig Stunden in Albany sein mußte. Am 15. Oktober trat ein neues Gesetz in Kraft, und ich hätte das ganze Staatsexamen wiederholen müssen.

Ich hatte mich darauf gefreut, das amerikanische Tempo kennen zu lernen und bekam auch gleich am ersten Tag eine reichliche Portion davon. Das Komitee hier war ausgezeichnet vorbereitet und sorgte dafür, daß alle, die am letzten Tage ankamen, noch ihre Anträge einreichen konnten. Die erste Nacht in diesem Lande verbrachte ich damit, in meinem verrosteten Englisch meinen Studienverlauf und Lebenslauf zu schreiben. Den nächsten Tag jagte ich umher, um die nötigen drei Empfehlungen beizubringen, mich photographieren zu lassen usw. Spät am Abend ging mein Antrag „by special delivery" [mit Eilboten] nach Albany und traf mit der allerletzten zugelassenen Post am Morgen des 15. Oktobers dort ein.

Das nächste Problem war das Englisch-Examen, das ich zu machen hatte. Ein Termin war in drei Wochen, der nächste erst nach vier Monaten. Ich wollte es natürlich gerne hinter mir haben. Der kostenlose Unterricht für Ausländer in der Public School erwies sich als eine sehr wertvolle Hilfe. Außerdem ging ich jeden Tag ins Kino, um mein Ohr an die Sprache zu gewöhnen. Ich schwor mir damals, nach dem Examen nie wieder ins Kino zu gehen, aber ich habe inzwischen den Schwur gebrochen. Nach drei Wochen machte ich das Examen, und dann fing ich eigentlich erst an, mich in meiner neuen Heimat umzusehen. Ich hatte Empfehlungsbriefe aus Prag und nahm den Leidensweg des Besuchemachens wieder auf. Mir scheint oft, daß es hier alles in überwältigendem Format gibt, was ich in Europa nur in Miniatur gesehen habe. Das bezieht sich auf Freud und Leid. In Paris hatte ich einen „Stammbaum“ gezeichnet, um zu verfolgen, wieviele nutzlose Besuche jeder nutzlose Besuch nach sich zieht. Hier wuchs der „Stammbaum“ zu einem Wald aus. Ich sah es nur noch in Form eines Schneeballs, der schnell zur Lawine anwächst. Die Lawine hätte mich fast erdrückt, hätte ich das Besuchemachen nicht aufgegeben.

Ich sah bald, daß der Start hier nicht leicht ist, weil die Zeiten nicht leicht sind. Aber die dumpfe Hoffnungslosigkeit bestand nicht, die in Europa auf allen lastete. Es war wie ein Erlebnis, daß ich zu Agencies gehen, meinen eigenen Namen angeben und ohne Umschweife sagen konnte, daß ich zu arbeiten wünschte. Das ist ein so großes Glück, daß alle Schwierigkeiten dagegen verschwinden. Emigranten haben in Europa kein Asylrecht. Die Erlaubnis, die Luft eines Landes zu atmen, ohne das Recht zu arbeiten und sich eine Lebensgrundlage zu schaffen, löst kein Problem.

Mein Geld ging zuende, bevor ich irgendeine Aussicht hatte, eine Anstellung zu finden. Ich war daher glücklich, zunächst eine rein mechanische Arbeit zu bekommen. Ich hatte nur in großen Tabellen endlos lange Kolonnen zusammenzuzählen. Das hätte jeder Hochschulstudent tun können, ich brauchte nur zählen zu können. Da dies keine Gedankenarbeit erforderte, verschwendete ich meine Tage nicht daran. Ich arbeitete vom Abend bis gegen Morgen, schlief dann bis gegen 10 Uhr und hatte den ganzen Tag für mich. Das war für die erste Zeit eine gute Lösung.

Ich sah mich auch in Emigrantengruppen um und fand die erwartete, aufgeregte Aktivität. Ich habe mich keiner Gruppe angeschlossen, bin aber mit vielen Deutschen in Kontakt und Meinungsaustausch. Das hat keine andere Bedeutung, als unser eigenes Bedürfnis zu befriedigen. Privaten Berichten darüber, wie die Stimmung und die Verhältnisse in Deutschland sind, stehe ich sehr skeptisch gegenüber. Ich habe in Prag die Überzeugung bekommen, daß selbst Leute, die direkt aus Deutschland kamen, und bis vor kurzem in Betrieben gearbeitet hatten, wirklich nichts wissen. Die illegale Arbeit, die sich naturgemäß in kleinen Gruppen abspielt, gibt den Beteiligten den Eindruck, daß eine lebhafte und todesmutige Aktivität besteht. Wie weit die Aktivität verbreitet ist, weiß leider oft die Gestapo viel besser als irgendein anderer. Das bedeutet nicht, daß die Aktivität nicht eines Tages der Gestapo über den Kopf wachsen kann. Anzeichen dafür fehlen noch. Den Eindruck hatte ich besonders aus Gesprächen mit den politischen Emigranten in Prag.

Im April 1937 glaubte ich, das große Los gewonnen zu haben und Boden unter den Füßen zu fühlen. Es war eine Täuschung. Ich bekam eine Anstellung als Psychiater in einem Reformatorium in Connecticut [der Connecticut State Farm for Women]. Als der Staat kurz darauf ein Civil Service Gesetz bekam, gelang es mir sogar, eine Entscheidung des Attorney General zu bekommen, daß ich unter Civil Service stehe. Es gelang mir dagegen nicht, zur ärztlichen Prüfung zugelassen zu werden und die Lizenz für den Staat zu bekommen. Trotz Intervention von einflußreichen Bürgern waren nach 14 Monaten alle Schritte erschöpft, und ich mußte die Stelle wieder aufgeben. Ich war nun auf der Civil Service Liste in Connecticut, konnte aber keine ärztliche Tätigkeit dort ausüben. Eine Stelle als Psychiatric Social Worker wurde mir in Aussicht gestellt, hat sich aber nie realisiert. Für den Staat New York hatte ich eine Lizenz, konnte aber keine Anstellung finden und hatte keine Mittel, mich niederzulassen.

Die Zeit in dem amerikanischen Institut war aber doch sehr wertvoll gewesen. Sie hatte mir nicht nur neue Erfahrung gegeben und etwas Geld, um über die nächste Zeit fortzukommen. Ich habe vor allem dort wundervolle Freunde gefunden und bin in diesem Land nicht mehr gänzlich fremd.

Meine menschlichen Beziehungen haben sich in der Zeit der Emigration merkwürdig verändert und verbessert. In Deutschland hatte das öffentliche Leben alles andere verdrängt. Ich habe dort nie so enge Freunde gehabt wie in Zürich, Prag und Connecticut. Der Typ meiner Freundschaften hat sich auch sehr geändert. Hier sind alle meine Freundinnen alte Damen, und ich kann nicht ohne Rührung von ihnen sprechen.

Zunächst war es eine alte Angestellte in dem Reformatorium, die sich zu mir gesellte. Es sind jetzt fast zwei Jahre, daß ich nicht mehr dort bin, aber es sind nie zwei Monate vergangen, ohne daß sie mich besucht hätte. Es tat mir immer leid zu sehen, daß meine Schwierigkeiten ihr mehr Angst verursachten als mir selbst.

Die anderen sind drei Schwestern, die jüngste über siebzig, die Älteste achtzig Jahre alt. Eine von ihnen war am Board des Reformatoriums. Als meine Position dort unhaltbar wurde, lud sie [*Emily H. Whitney*] mich ein, zunächst für eine Woche zu ihr zu kommen. Seither bin ich oft in das gastliche Haus in New Haven zurückgekehrt, und die drei alten Damen haben sich unglaubliche Mühe gegeben, mir einen Start zu geben. Es liegt bestimmt nicht an ihnen, daß ich noch einige schwierige Klippen zu überwinden hatte und wohl noch haben werde.

In Connecticut bin ich viel eingeladen worden, in verschiedenen Gruppen zu sprechen. Als ich meine Stellung verlor und diese Tätigkeit gerne ausgebaut hätte, gingen die Beziehungen schnell verloren. Es ist schon ein unübersteigbares Hindernis, wenn man nicht mehr telefonisch zu erreichen ist und keine feste Adresse hat.

Im Winter [1938] ging ich nach New York. Ich konnte einige wenige Versammlungen halten, und es ging wieder sehr bergab. Ich war froh, daß ich durch Vermittlungen meiner Freundinnen eine kleine Forschungsarbeit für einige Monate bekam, die mir 10 Dollar wöchentlich einbrachte. Solange ich das hatte, konnte ich immerhin existieren. Als es zuende war und die stillen Sommermonate kamen, wurde es wieder sehr kritisch.

Es wurde mir in sehr großzügiger und feiner Weise Geld angeboten. Aber die einzige Sorge, die ich noch nicht gehabt habe, sind Schulden. Das wäre die erste Sorge, die mich bedrücken würde, und damit will ich mich nicht belasten. Da ich für niemand verantwortlich und niemandem verantwortlich bin, haben mich alle meine Schwierigkeiten nicht wirklich bedrückt. In einem Lande, wo keine Arbeit verboten ist, mußte sich ein Weg finden lassen.

Ich suchte Dutzende von Agencies auf, von der professionellen bis zur Fabrikarbeiter Vermittlung. Ich hatte denselben Eindruck, den die deutschen Käufer in der Inflation von den Butterfrauen hatten. Dieser Typ scheint international zu sein. Wenn die Nachfrage nach Arbeit so groß und das Angebot so klein ist, hat es für ältere Leute gar keinen Zweck, sich an dem Wettlauf zu beteiligen.

Ich mußte mich selbständig machen, konnte aber nichts investieren. Ich bewunderte, welche Mengen von Icecream hier in der heißen Zeit überall verschlungen wurden. Ich ging zu einem Verteiler, mietete einen Kasten und verkaufte Icecream in den Strassen von New York. Das ist ein einfaches Geschäft. Wenn ich genug verkauft hatte, konnte ich aufhören. Nur je heißer es ist und je mehr Icecream gekauft wird, umso unangenehmer ist es, den etwa 25 Pfund schweren Kasten über den Schultern zu tragen. Für die heißen Wochen löste der Verkauf von Icecream mein Problem. Dann folgte ich gern der Einladung meiner alten Damen, einige Zeit in ihrem hübschen Sommerhaus zu verbringen und genoß wieder doppelt dies fein kultivierte Milieu.

Während ich dort war, brach der Krieg aus. Ich kam nach New York zurück, und es blieb mir nicht erspart, mit meinen kommunistischen Freunden zu diskutieren.[86] Ich sehe, wie intelligente und persönlich ehrliche Menschen nach Überwindung des ersten Schocks doch wieder vor sich und der Welt den Zusammenbruch leugnen und das Ungeheuerliche verteidigen. Sie können sich nicht von ihrem Glauben trennen, der ihnen Religion geworden ist. Es eröffnet eine traurige Perspektive, wenn man an Deutschland denkt. Auch dort sind Millionen, die an etwas glauben, das ihnen Religion geworden ist. Der Prozeß, diesen Glauben aus den Köpfen und Herzen zu reißen, wird lang und schwierig sein.

Ich stand vor einem anderen Problem als 1914. Ich wünschte auch damals nicht den Sieg-Frieden für mein Land und hätte keine Waffen dafür aufgenommen. Jetzt wünsche ich die Niederlage Deutschlands und bin überzeugt, daß ein Mißerfolg *Hitlers* das einzige Mittel ist, das die Welt retten kann. Ich habe daher versucht, mich in die Front gegen Deutschland einzureihen. Ich habe dem englischen und dem französischen Konsulat sowohl meine professionellen als auch irgendwelche andersartigen Dienste angeboten. England hat wegen meiner Nationalität abgelehnt. Das französische Konsulat hat mein Anerbieten angenommen und mir geschrieben, daß sie gegebenenfalls mit mir in Verbindung treten werden. Da der Krieg sich in dieser unerwarteten Form entwickelt hat, ist der Bedarf natürlich noch nicht eingetreten.

Ich lebte also weiter in New York und mußte mich damit beschäftigen, mein Brot zu verdienen. Die Icecream-Zeit war zu Ende. Ich fing an mit Strümpfen, dann mit Weihnachtskarten in den Häusern zu hausieren. Zu diesem Zwecke mußte ich mit den Menschen sprechen. Das wurde mir viel schwerer, als auf der Straße Icecream zu verkaufen, obgleich ich nicht einen so schweren Kasten zu tragen hatte.

Dann kam [Ende 1939] wieder etwas ganz anderes. Vassar College[87] lud mich ein, für zwei Wochen im Campus Vorlesungen zu halten. Es waren sieben verschiedene Themen, und ich mußte sie gut vorbereiten, da ich im letzten Sommer zum erstenmal in der Zeit der Emigration sogar das Lesen laufender Literatur vernachlässigt hatte. Durch die Vassar Vorlesungen kam wieder eine Einladung, in der Wheeler School in Providence[88] zu sprechen. Es scheint also mal wieder etwas bergauf zu gehen.

86 Hier könnte u.a. *Felix Boenheim* gemeint sein.
87 Privates Frauen-College in Poughkeepsie, New York.
88 Private High School für Mädchen in Providence, Rhode Island.

Inzwischen habe ich ein Arztschild gekauft, das an der Tür eines mir befreundeten Arztes hängt [bei *Boenheim,* da 6 W 77 Str.]. Sollte es Patienten anziehen, dann kann ich das eingerichtete Office gegen stundenweise Bezahlung benutzen. Das mag oder mag kein Weg sein, der mich in den ärztlichen Beruf zurückführt. Das Experiment ist noch zu jung, um zu urteilen.

Wenn ich an mein Leben zurückdenke, dann finde ich, daß es reich war und mir nichts schuldig geblieben ist. Ich habe das Leben von vielen Seiten kennengelernt. Daß ich schließlich auf der Schattenseite gelandet bin, entspricht meiner Theorie, daß für die Mehrheit der Menschen in unserer Phase der Entwicklung auf der Sonnenseite kein Platz ist.

Ich bin Sozialist. Ich glaube noch an Entwicklung und daran, daß die menschliche Gesellschaft sich die Welt zimmert, die ihren Bedürfnissen entspricht.

Die Phase, in die das individuelle Geschick uns gestellt hat, entspricht nicht den Bedürfnissen der Gesellschaft. Darum ist es eine Phase des Kampfes um das, was daraus entstehen soll. Ich bin nicht so sicher, daß, hätte ich die Wahl gehabt, ich mir die Phase gewählt hätte, die die nächste Generation erleben wird.

***

*Endpunkt einer Flucht: Käte Frankenthal in den USA (1936–1976)**

(Kathleen M. Pearle und Stephan Leibfried)

Käte Frankenthal schrieb ihre Lebenserinnerungen Anfang 1940 für ein Preisausschreiben der Harvard Universität und erhielt dafür vom Preisrichterkollegium zwanzig Dollar. Dieser Betrag war für sie in einer schwierigen Übergangszeit nicht unbedeutend.

Obgleich sie beachtlichen beruflichen Erfolg gehabt hatte, von ihren Kollegen sehr geachtet wurde und sich für sie später eine gewisse materielle Sicherung einstellte, sind ihre Entfaltungsmöglichkeiten behindert worden, weil sie emigrieren mußte. Es gelang Käte Frankenthal, besser als anderen Zeitgenossen, durch Anpassung an die amerikanische Gesellschaft widrigen Umständen auszuweichen, vor allem in beruflicher Hinsicht. Damit war nicht etwa die Rückkehr zu ihrer alten beruflichen *und* politischen Tätigkeit verbunden. Die neuen sozialen und politischen Bedingungen in den USA verlangten ihr eine Neuorientierung ab.

Im folgenden soll der weitere Lebensweg von Käte Frankenthal (siehe auch den Überblick auf S. 245) nachgezeichnet werden; anhand dieses Lebensweges ist auch das „Verschütten von Alternativen in der Gesundheitspolitik" zu dokumentieren. Denn die Zerstörung der Berufsmöglichkeiten vor allem sozialistischer und jüdischer Ärzte 1933 und danach zeitigte gesundheitspolitische Folgen, die bis in die Gegenwart der Bundesrepublik reichen.

Anfängliche Mittellosigkeit, beruflicher „Wiedereinstieg", Weiterbildung zur und Tätigkeit als Psychoanalytikerin

In den ersten drei Jahren ihres USA-Aufenthaltes geriet Käte Frankenthal in einen Teufelskreis von Mittellosigkeit. Sie bekam zwar zum erstmöglichen Zeitpunkt die „Lizenz", die Zulassung zur ärztlichen Praxis, dies garantierte ihr aber keine berufliche Tätigkeit.

Nachdem sie eine Anstellung als Psychiater in einem Frauengefängnis in Connecticut schnell wieder aufgeben mußte, kehrte sie im Winter 1938/39 nach New York City zurück. Dort begann sie, eine private psychiatrische

* Eine ausführliche Fassung dieses Nachwortes, das auch die Quellen wie die Literatur zu den hier angesprochenen Themen nachweist, findet sich in der Erstausgabe auf den S. 247–267.

Das Leben im amerikanischen Exil: ein Neubeginn im Überblick

13.10.1936	Ankunft in New York City.
15.10.1936	Antrag auf Anerkennung der deutschen medizinischen Examina an das New York State Board of Regents (die für die Erteilung von Approbationen („license") zuständige Kommission) zum letztmöglichen Termin gestellt.
1.11.1936	Englisch-Examen (Vorbedingung für die medizinische „Lizenz") bestanden.
17.7.1937	Bekanntmachung des New York State Board of Regents: „Lizenz" zur medizinischen Praxis erteilt.
April 1937–Juni 1938	Psychiater (Resident Psychiatrist), Connecticut State Farm for Women.
Winter 1938/39	Rechercheur, New York City.
Herbst 1939	Anfänge der Privatpraxis als Psychiater, New York City (Privatpraxis bis 1976); Gastvorträge beim Vassar College und der Wheeler School.
1942	Assistenz-Psychiater, Lebanon Hospital Clinic, New York City.
1943–1947	Diplom-Kandidat, Washington School of Psychiatry (ab 1946 William Alanson White Institute of Psychiatry), New York City; psychoanalytische Ausbildung bei *Clara Thompson* und *Harry Stack Sullivan.*
1944	Assistenz-Neuropsychiater (Assistant Attendant Neuropsychiatrist), Postgraduate Hospital, Columbia University.
30.6.1944	Lizenz zur psychiatrischen Praxis, New York Department of Mental Hygiene, Board of Psychiatric Examiners.
1947	Diplom vom William Alanson White Institute of Psychiatry und dem American Board of Psychiatry and Neurology erhalten.
1947–1949	Mitglied des Lehrkörpers (als „Associate") des William Alanson White Institute.
1947 – ca. 1972	beratender Psychiater und Psychoanalytiker (Consulting Psychiatrist and Psychoanalyst) des Jewish Family Service (JFS) of New York; Ausbildung des JFS-Personals.
1948–1976	aktives Mitglied der American Psychiatric Association, American Psychoanalytic Association, American Medical Association, American Academy of Arts and Sciences, American Academy of Political and Social Science, National Council of Family Relations, Foreign Policy Association, World Federation of Mental Health
1945–1972	Sechs Veröffentlichungen, zwei unveröffentlichte Manuskripte, mehrere wissenschaftliche Vorträge (zu einem Verzeichnis ihrer Veröffentlichungen vgl. in der Erstausgabe die S. 268–270).
21.4.1976	In New York City gestorben.

Praxis aufzubauen. Da sie anfangs nur wenige Patienten hatte, war sie dazu gezwungen, sich durch verschiedene Gelegenheitsarbeiten anderweitig abzusichern. Sie betätigte sich zunächst als Eiscremeverkäuferin, eine Tätigkeit, die mit Erlebnissen verbunden war, die sie psychisch und physisch stark belasteten. Später arbeitete sie wieder als Wahrsagerin und Handleserin, nun in New Yorker Nachtlokalen. Insgesamt zog sie aus diesen Erfahrungen den Schluß, daß ein Mensch die Fähigkeit pflegen muß, sich psychisch unangreifbar zu machen, indem er z.B. seine Erwartungen reduziert:

„Am Sonnabend darf man nicht ohne Genehmigung hausieren. Ich verbrachte den Vormittag in der Academy of Medicine und den Nachmittag in der Stadtbibliothek. Ich las mit dem alten Interesse, aber ohne Ziel. Ich brauche nichts zu wissen, ich habe keine Erwartungen, deswegen erlebe ich auch keine Enttäuschungen. Ich habe mich mit meiner jetzigen Lage abgefunden und sie akzeptiert."

In diese Zeit fiel auch der Antrag der Geheimen Staatspolizei, ihr die deutsche Staatsangehörigkeit abzuerkennen, da sie aktive Sozialdemokratin gewesen sei. Dem wurde routinemäßig entsprochen.

Käte Frankenthal begann 1943 an der neugegründeten New Yorker Zweigstelle der Washington School of Psychiatry ein Studium der Psychoanalyse. Ihre therapeutische Ausbildung wurde von Clara Thompson und Harry Stack Sullivan betreut. Clara Thompson trat sie mit ihrem schon früher deutlichen Verhalten gegenüber, ihre Probleme wenn nicht zu leugnen, so doch auch nicht öffentlich einzugestehen: „Wenn ich mein Leben neu anzufangen hätte, würde ich es – abgesehen von einigen dummen Fehlern – gar nicht ändern, ich würde den gleichen Beruf wählen, die gleiche politische Tätigkeit und das gleiche freudige Alleinleben." Während Clara Thompson über dieses Verhalten entsetzt war, wurden Sullivan, den sie anfangs ähnlich behandelte, und Käte Frankenthal Freunde. Auch seine theoretischen und methodischen Vorstellungen von Therapie beeinflußten ihre weitere berufliche Entwicklung. Als Haupttheoretiker der Interpersonal-Relationship-Schule der amerikanischen Psychotherapie hatte Harry Stack Sullivan mit den Freudianern zugunsten einer Theorie der Gruppendynamik gebrochen. Er war so ein Pionier der Gruppentherapie, die sich radikal von den rigiden, puritanischen gesellschaftlichen und sexuellen Normen der 30er und 40er Jahre absetzte. Käte Frankenthal entwickelte Sullivans Theorie insofern weiter, als sie die Wirkung sozial-ökonomischer Faktoren in die Analyse mit einbezog. Käte Frankenthal schloß ihre Ausbildung am William Alanson White Institut 1947 ab und lehrte von 1947–1949 an diesem Institut.

Ihre Privatpraxis war inzwischen erheblich gewachsen, wodurch sich auch ihre wirtschaftliche Lage erheblich verbesserte. Zu ihrem erweiterten Patientenkreis gehörten u.a. Sozialarbeiter und Psychologen des Jewish Family Service (JFS), der größten jüdischen Wohlfahrts-Selbsthilfe-Organisation in New York. Auf Empfehlung ihrer Patienten wurde sie 1947 zur beratenden Psychoanalytikerin („consulting psychoanalyst") des JFS ernannt. Dort bot Käte Frankenthal Seminare an, zu den Themen Angst, Sexual-Therapie, sexuelle Aufklärung und Ehe- und Familienberatung. Ebenso von Bedeutung waren auch ihre Vorträge über die Rolle der Frau und die Funktion der Familie in der modernen Industriegesellschaft sowie Entwürfe einer sozialpolitischen Entwicklung hin zur Gleichberechtigung.

Einen besonderen Schwerpunkt ihrer Arbeit war die Theorie und Behandlung der Angst. Sie betonte wie Sullivan, daß Angst als Ursache und als Wirkung psychologischer Störungen eine ausschlaggebende Rolle spiele. Sie besaß den Ruf einer wirksamen, erfolgreichen und beliebten Therapeutin, nicht zuletzt bei den unteren Klassen. So wurden gerade ihr „schwierige" Patienten zugewiesen.

Gegenüber diesem umfangreichen beruflichen Wirken spielten persönliche Beziehungen zumindest eine untergeordnete Rolle. Dies mag auch in Zusammenhang mit ihrer Ablehnung des „typisch" Weiblichen stehen. Obgleich sich nicht rekonstruieren läßt, wie ihre persönlichen Beziehungen nun beschaffen waren, läßt sich mit einiger Sicherheit annehmen, daß Käte Frankenthal intime, dauerhafte Beziehungen mied.

Der Schlußpunkt eines öffentlichen Engagements für das andere und zu ändernde Deutschland: Mitarbeit an einer Denkschrift über den Aufbau eines demokratischen Gesundheitswesens in Deutschland (1944–1945)

Ihr politisch sehr engagiertes Leben der Weimarer Zeit und auch des europäischen Exils setzte sie nach dem 13. Oktober 1936 nicht fort. Sie hielt Distanz zur amerikanischen sozialistischen Bewegung wie auch zu entsprechenden Emigrantengruppen.

Als letzten „verkümmerten Fortsatz" ihrer politischen Tätigkeit könnte ihre Mitarbeit, nun „nur" als Expertin, bei der Vorbereitung einer Denkschrift über den „Aufbau eines demokratischen Gesundheitswesens" (New York, Mai 1945), die sie zusammen mit zwei weiteren Ärzten, Felix Boenheim und Kurt Glaser, vorlegte*, gewertet werden. Diese Denkschrift wurde für den Council for a Democratic Germany, einer Koalition von demokratischen und linken politischen Flüchtlingen, erstellt und auch von ihm beschlossen. Diese am 2. Mai 1944 gegründete Organisation hatte sich zum Ziel gesetzt, eine Alternative zum Morgenthau-Plan, ein Modell für den demokratischen Wiederaufbau zu entwickeln. Bis auf eine Denkschrift zum Wiederaufbau der Gewerkschaftsbewegung wurden diese von einem breiten politischen Spektrum getragenen Memoranden nicht veröffentlicht.

Käte Frankenthal beschränkte sich hier also im wesentlichen auf eine fachliche Teilnahme. Auch spätere Schriften zu politischen Problemen knüpfen

* Die Denkschrift ist abgedruckt in: Forum für Medizin und Gesundheitspolitik, Heft 17, Juli 1981, S. 72–95.

kaum mehr an ihre entschiedenen, sozialistischen Auffassungen der Weimarer Zeit an.

Die Bilanz einer Vertreibung: „Wiedergutmachung"

Dieser Nachtrag zur Geschichte eines politischen Lebens würde entschieden verkürzt, wenn er nicht auch die offiziell gezogene „Bilanz einer Vertreibung" umfaßte. Käte Frankenthal meldete ihre Entschädigungsansprüche am 16. März 1951 anläßlich eines Besuches in Berlin an.

Im Rahmen des nun einsetzenden Überprüfungsverfahrens wurde die Akte mit den Vermerken „keine Vorstrafen" und „keine politischen Strafen" versehen. Letzteres umfaßte ausdrücklich auch die Negativfeststellung, „daß ... sie als Anhänger eines totalitären Systems die demokratische Staatsform bekämpft", und bezog sich somit nicht nur auf eine von gesetzlichen (Entschädigungs-)Ansprüchen ausschließende NS-Vergangenheit, sondern gerade auf die aktuelle gesellschaftspolitische Situation. Man denke nur an die Zeit nach dem Koreakrieg: wachsender Antikommunismus und Antisozialismus. „Verfassungsfeinde" schloß das Entschädigungsrecht von seinen Leistungen aus.

Die Annahme, daß hier ein Prozeß der Ausgrenzung von politischen Minderheiten zu beobachten ist – nicht zuletzt solcher, die im politischen Widerstand und für den politischen Fortschritt gekämpft hatten – läßt sich anhand des Fortgangs des Verfahrens konkretisieren: Für den *Schaden am Vermögen* (§§ 19–21 BEG), der Käte Frankenthal durch die Zerstörung ihrer Berliner Wohnung zugestoßen war, beantragte sie gemäß § 20 Bundesentschädigungsgesetz (BEG) pauschale Entschädigung. Im Bearbeitungsblatt für diesen Antrag ist als Anspruchsgrundlage zu § 1 BEG „Jude" vermerkt und die Alternative „politisch verfolgt" ausgestrichen. Käte Frankenthal war aber aus Deutschland geflohen, weil sie sich politisch gefährdet wußte, nach ihren eigenen Angaben vor allem aufgrund ihrer Aktivitäten gegen den „Gebärzwang", und nicht deshalb, weil sie Jüdin war.

Zur Auszahlung der von ihr zunächst beantragten pauschalen Abgeltung ihres Vermögensschadens mit DM 20.000,–, den sie später in Höhe von DM 34.000,– detaillierter nachwies, gelangten nur DM 5000,–.

Über den Schaden am beruflichen Fortkommen, den sie erlitten hatte und der an ihre Stellung als „Fürsorgeärztin" bzw. „stellvertretende Stadtärztin" anknüpfte, wurde entschieden:

"1. Die Antragstellerin hat Anspruch auf bevorzugte Wiederanstellung, sofern sie die sonstigen allgemeinen Voraussetzungen für die Berufung in das Beamtenverhältnis erfüllt.
2. Bis zur Wiederanstellung erhält die Antragstellerin mit Wirkung vom 1. April 1951 an das Ruhegehalt aus einem Amt der Besoldungsgruppe A 2 c 2 der Reichbesoldungsordnung (RBO) mit einer ruhegehaltsfähigen Dienstzeit bis zum 31. März 1951.

3. Die Antragstellerin ist berechtigt, die Amtsbezeichnung ‚Magistratsmedizinalrat' bis zur Wiederanstellung mit dem Zusatz ‚a.D.' zu führen.
4. Für die Zeit vom 1. April 1950 bis zum 31. März 1951 wird eine Entschädigung in Höhe eines Jahresbetrages der sich nach Ziffer 2) ergebenden Versorgungsbezüge gewährt . . ."

Die ruheghaltsfähige Dienstzeit erhöhte sich später aufgrund eines neuerlichen Antrages von Käte Frankenthal gemäß einem Änderungsgesetz, da nun auch die Zeit ihrer Arbeitslosigkeit angerechnet wurde; so erhöhte sich rückwirkend ihre Rente. Trotzdem mag es ironisch wirken, wenn sie hier entsprechend den Karriereströmen einer Gesundheitspolitik entschädigt, pensioniert und „geehrt" (Magistratsmedizinalrat) wurde, deren zerstörerische Wirkungen im Mittelpunkt ihrer Kritik im europäischen Exil gestanden haben.

Soviel zur offiziellen Bilanzierung einer Vertreibung, die, trotz einiger sachlicher Unebenheiten, doch immerhin eine Alterssicherung aufweisen kann — aber doch auch, daß sie sich auf die materielle Wiedergutmachung beschränkte, also keine politisch-soziale Anerkennung und sachliche Reintegration zum „Unterbau" hatte. Somit bedeutete diese Wiedergutmachung auch eine institutionalisierte Gleichgültigkeit gegenüber einem „lebenssatten" Leben, einem kämpferischen Leben für Emanzipation, für eine Fortentwicklung der Kommunalpolitik, der kommunalen Gesundheitspolitik in der damals zentralen Stadt Berlin, dem reformpolitischen „Laboratorium" der Weimarer Zeit.

Letzte Lebensjahre und „Bilanzierung" des beruflichen und des politischen Lebens

Nach der Pensionierung durch den Jewish Family Service (JFS) lebte Käte Frankenthal äußerst zurückgezogen. Sie fühlte sich isoliert und war verbittert. Sie starb am 21. April 1976 im Alter von 87 Jahren an Arteriosklerose.

Was bleibt, ist ein Porrät einer hochbegabten, beruflich engagierten Frau, die dem beruflichen Erfolg ihr privates Leben und ihre persönlichen Beziehungen unterordnete; das Bild einer großen, physisch auffallenden Frau mit dem Image eines „enfant terrible", die das „typisch Weibliche" ablehnte und ein ungebundenes Leben ohne Ehe und ohne Kinder bevorzugte. Festzuhalten bleibt jedenfalls auch, daß unter US-amerikanischen Verhältnissen sich ihre schon in der Weimarer Zeit auffallende „Einzelgängerrolle" zu der eines Außenseiters verstärkte — trotz beruflichem Erfolg und materieller Sicherheit.

Dies mag auch mit ihrer Vertreibung aus Deutschland zusammenhängen — das einzige Erlebnis, mit dem sie sich wohl nie abfinden konnte. Sie verlor damals ihre eigentliche, ihre politische Existenz, ihren Lebensmittelpunkt. Sie verlor ihre politischen und gesundheitspolitischen Wirkungsmöglichkeiten.

Unter möglichen anderen ist dies wohl mit der wichtigste Grund für die Entscheidung gewesen, nicht nach Deutschland zurückzukehren. Felix Boenheim und Kurt Glaser, ihre Koautoren bei der Denkschrift „Über den Aufbau eines demokratischen Gesundheitswesens in Deutschland", waren nach Deutschland zurückgekehrt. Sie hingegen wählte New York als ihren Lebensmittelpunkt.

Auch in der Bundesrepublik hätte sich ihre Hoffnung auf das Mitgestalten einer *neuen* gesellschaftlichen Ordnung kaum mehr erfüllen können. In der Bundesrepublik wäre sie weitaus schmerzlicher mit den von ihr vertretenen, inzwischen politisch und bürokratisch mehrfach „verschütteten Alternativen in der Gesundheitspolitik" konfrontiert worden.